MATTHIAS WESTERHOFF

DAS PAULUSVERSTÄNDNIS IM LIBER GRADUUM

PATRISTISCHE TEXTE UND STUDIEN

IM AUFTRAG DER

PATRISTISCHEN KOMMISSION

DER AKADEMIEN DER WISSENSCHAFTEN
IN DER BUNDESREPUBLIK DEUTSCHLAND

HERAUSGEGEBEN VON

H. C. BRENNECKE UND E. MÜHLENBERG

BAND 64

WALTER DE GRUYTER · BERLIN · NEW YORK

DAS PAULUSVERSTÄNDNIS IM LIBER GRADUUM

VON

MATTHIAS WESTERHOFF

WALTER DE GRUYTER · BERLIN · NEW YORK

BX
177.15
.W47
2008

∞ Gedruckt auf säurefreiem Papier,
das die US-ANSI-Norm über Haltbarkeit erfüllt.

ISBN 978-3-11-020732-3
ISSN 0553-4003

Bibliografische Information der Deutschen Nationalbibliothek

Die Deutsche Nationalbibliothek verzeichnet diese Publikation in der Deutschen
Nationalbibliografie; detaillierte bibliografische Daten sind im Internet
über http://dnb.d-nb.de abrufbar.

Printed in Germany
Einbandgestaltung: Christopher Schneider, Berlin

uxori carissimae filiisque

Vorwort

Die vorliegende Studie wurde im Juli 2006 von der Theologischen Fakultät der Friedrich-Alexander-Universität Erlangen-Nürnberg als Ha-
bilitationsschrift angenommen. Für den Druck ist sie geringfügig
überarbeitet worden.

Im Herbst 1998 begann ich mit Hilfe der deutschen Übersetzung
von Peter Nagel den Liber Graduum, seinem Paulusverständnis auf
der Spur, zu übersetzen. Im Laufe der Arbeit wurde mir klar, dass die
Besonderheit dieses syrischen Anonymus des späten vierten Jahrhunderts wesentlich mit seiner Paulusrezeption zusammenhängt.

Wurde bisher, besonders seit Vööbus, nach rückwärts, in die Vergangenheit gefragt, mit dem Ziel, zu erheben, was das Stufenbuch für
die Erforschung der Anfänge der syrischen Christenheit austrägt oder
allenfalls nach dem Zusammenhang mit zeitgenössischen spirituellen
Strömungen, namentlich dem Messalianismus und Pseudo-Makarius
gesucht, so weist die Frage nach dem Umgang mit dem paulinischen
Erbe in die Zukunft. In seiner bewussten Berufung auf den Apostel
sprengt der Autor seine Grenzen. Insofern ist die Aufgabe der Untersuchung des Paulusverständnisses des Autors lohnend, da sie auch den
heutigen Theologen auf die Entdeckung der viva vox evangelii verweist, derer er angesichts verkrusteter Kirchlichkeit mehr denn je als
Luft zum Atmen bedarf.

Mit dieser Arbeit trägt das Studium der syrischen Sprache, das ich
im Wintersemester 1991 am Seminar Christlicher Orient und Byzanz
der Martin-Luther-Universität Halle-Wittenberg bei Peter Nagel begonnen und dann bei Walter Beltz und Jürgen Tubach weitergeführt
habe, seine erste Frucht.

Bei der Wiedergabe syrischer Wörter habe ich mich für die Schriftart Sertō mit der jakobitischen Vokalisierung entschieden, da diese dem
Anfänger vertraut ist und somit auch dem weniger Geübten das Mitle-
sen erlaubt.

Ich danke Peter Nagel für die Themenstellung, Hanns Christof Brennecke, dass er mir die Türen zu seinem Oberseminar und damit zur Theologischen Fakultät in Erlangen geöffnet hat, Otto Jastrow dafür, dass er sich als syrologischer Fachgutachter zur Verfügung stellte, meiner bayerischen Landeskirche, dass sie mich im Jahre 2003 für die Arbeit an meiner Habilitation beurlaubte, Otmar Hesse, der mir anlässlich der Tagung der Patristischen Arbeitsgemeinschaft im Januar 2004 sein Exemplar des „Liber Graduum" geschenkt hat, Andreas Heiser für den Hinweis auf Johannes Chrysostomus, Martin Schamberger für technische Hilfe, der freundlichen Betreuung durch den Verlag de Gruyter und meiner lieben Frau für die Arbeit am Register und ihre Ermunterung, fertig zu werden.

Lendershausen, am Reformationsfest 2008

Matthias Westerhoff

Inhalt

1 Prolegomena

„Werdet[1] wie ich, denn auch ich wurde wie ihr" (Gal 4,12), lässt der unbekannte Autor des ܟܬܒܐ ܕܡܣܩܬܐ „Buches der Stufen" den Apostel reden und schließt den 18. Traktat zum Leser gewandt mit dem Fazit: „Du siehst, dass wenn wir wollen, wir wie Paulus werden" (18,5 [444,15-17]).[2]

Der ebenfalls ungenannte Herausgeber des LG rechnet in seiner Vorrede den „Seligen, der nicht wollte, dass sein Name geschrieben werde" (Vorrede [1,3]) gemäß einer Tradition zu einem der letzten Paulusschüler (1,6) und zu einem „der ersten Lehrer, die in syrischer Sprache aufgetreten sind" (1,8). Wenn ersteres in das Reich der Legende zu verweisen ist, hat der Herausgeber doch darin Recht, dass der Autor bei dem Apostel in die Schule gegangen ist, während letzteres einen zeitlichen Abstand des Herausgebers zum Autor ausdrückt, der ihm an seinem als schlicht und altertümlich empfundenen Syrisch bewusst wird (4,13). Diese Überzeugung vom Alter des Autors wird von den meisten heutigen Kommentatoren geteilt und der LG daher nach Aphrahat († nach 345) an den Beginn der syrischen Literaturgeschichte gestellt.

Der Herausgeber charakterisiert den Autor als Propheten (4,2) nach Art der urchristlichen Prophetie.[3] In seiner Bedeutung stellt er ihn dem „großen Gregor [von Nyssa]" († um 390), dem „seligen Basilius" († 379) und „dem großen und seligen Evagrius" († 399), mithin den Begründern der monastischen Theologie, zur Seite (5,16).

---

1   Die blasse Partikel ܠܡ, die an zweiter Stelle des Satzes stehend ein Zitat anzeigt (Brockelmann, Lexicon 367a), wird in unserer Übersetzung nicht berücksichtigt.

2   Die Stellenangaben erfolgen, indem zuerst die Nummer des Traktates mit der Zahl des Paragraphen, sodann Seite und Zeile der Edition bei Kmosko genannt werden.

3   Der Autor ist zugehörig der „Ordnung der Apostel" und ist „ein Gefährte der Propheten wie diese, die in der Apostelgeschichte genannt werden, Agabus und seine Gefährten (Apg 11,27f; 21,10f [Vorrede 4,8-10]).

1.1 Quellenlage

Michael Kmosko, der Herausgeber und erste Kommentator des LG, setzte an den Beginn der praefatio zu seiner Edition die Beschreibung der Codices[4], denen die Edition zugrunde liegt.[5]

Hauptzeuge ist Codex Syrus 201 der Pariser Nationalbibliothek (α) aus dem 12. Jh., der den LG auf foll. 172[b]–281[a] von Schäden abgesehen, vollständig bringt.[6] Vom letzten Traktat fehlt der Schluss. Der Kodex enthält auch das Vorwort mit dem 31. Traktat, außerdem ein Inhaltsverzeichnis, in dem angegeben wird, dass der 30. Traktat ursprünglich am Anfang gestanden habe, hier aber an das Ende des Werkes gesetzt wurde.[7] Etwa die Hälfte des Textes des LG findet sich nur in Codex α. Elf weitere Codices mit Teilen des LG werden im Britischen Museum aufbewahrt, von denen fünf hohen Alters sind:[8]

Add.14,578 (A), 6./7. Jh., enthält den 14. Traktat unter der Autorschaft des Evagrius Ponticus;[9]

Add. 14,612 (B), gleichen Alters, den 20. Traktat;[10]

Add. 18,814 (C), 7./8. Jh., den 16. und 19. Traktat unter dem Namen des Johannes Monachos;[11]

Add. 12,160 (D), gleichen Alters, den 19. Traktat;[12]

Add. 14,621 (E), 802 n. Chr., den 18., 20. und 29. Traktat, außerdem, unter der Autorschaft des Evagrius, den 14. Traktat, der mit dem Text von Codex A so übereinstimmt, dass er von diesem abgeschrieben worden zu sein scheint.[13]

---

4   Kmosko, PS I.3, I-XI.
5   Eine Übersicht über die fünfzehn Textzeugen findet sich a.a.O., CCCVII.
6   Zotenberg, Catalogues 150-152. Die umfangreiche Sammelhandschrift asketischer Literatur setzt mit den dreißig Traktaten des Philoxenus über das christliche Leben ein. Nach einigen kürzeren Stücken folgt an neunter Stelle der LG.
7   Kmosko, a.a.O. If.
8   Kmosko bezeichnet die älteren Codices mit lateinischen, die jüngeren mit griechischen Buchstaben.
9   Wright, Catalogue II, 446 (DLXVII,11). Der 14. Traktat findet sich in einer Hs mit Werken des Evagrius.
10 Wright, a.a.O., 698 (DCCLIII,20). LG 20 steht in dieser Sammelhandschrift zwischen einer vita des Evagrius und einem Brief des Johannes Monachos.
11 Wright, a.a.O., 734 (DCCLXVII,2). Kmosko, a.a.O., XI, identifiziert diesen Johannes mit Johannes von Lykopolis. – Ein Leser des Kodex aber habe die Herkunft erkannt und an den Rand ܡܢ ܟܬܒܐ ܕܡܣܩܬܐ „aus dem Liber Graduum" notiert.
12 Wright, Catalogue III, 1091 (DCCCCXLII,II.1).
13 Wright, Catalogue II, 757 (DCCLXXIX,4).

Add. 14,613 (β), 9./10. Jh. enthält Exzerpte aus insgesamt achtzehn Traktaten, davon werden die Traktate 8, 11, 12, 18, 24 und 26 vollständig wiedergegeben. Der Text gleicht dem von Codex α und enthält auch das Vorwort des Herausgebers.[14]

Add. 17,178 (γ), 11./12. Jh. bietet Exzerpte aus dem 1., 13. und 19. Traktat, dazu die Traktate 2 und 14 vollständig.[15]

Add. 14,611 (δ), 10. Jh., enthält den 29. Traktat als Werk des Evagrius;[16]

Add. 17,180 (ε), 11. Jh., den 2. Traktat;[17]

Rich. 7,190 (ζ), 12./13. Jh., den 14. Traktat unter dem Namen des Evagrius[18] und

Add. 14,728 (η), 13. Jh., den 2. Traktat.[19]

Ferner hat Kmosko folgende drei Codices eingesehen:

einen Kodex (N), 8./9. Jh. im Besitz von Wilhelm Neumann, Wien, der unter anderen asketischen Schriften Traktat 20,1-11 in einer aus rechtgläubiger Sicht korrigierten Version enthält;[20]

Codex CXXIII syrus der Bibliotheca Vaticana (Z), gleichen Alters, mit den Traktaten 2, 14 und 20,1-11[21]

sowie den Codex Syrus 180 des syrisch-orthodoxen Markusklosters in Jerusalem (R), 7./8. Jh., der 30 Traktate enthielt und das 31. Stück, das in Ms. α in das Vorwort aufgenommen ist, an den Schluss des 30. Trakta-

---

14   Wright, a.a.O., 810 (DCCCVI,1).
15   Wright, a.a.O., 856 (DCCCXXVIII,13).
16   Wright, a.a.O., 824 (DCCCXIII,2.d).
17   Wright, a.a.O., 852 (DCCCXXVI,2).
18   Forshall, Catalogus, 77 (XLIX,5).
19   Wright, a.a.O., 882 (DCCCXLII).
20   Wo sich dieses Ms jetzt befindet, konnte ich bisher nicht feststellen; in den Besitz der österreichischen Nationalbibliothek ist es, nach Auskunft derselben, nicht übergegangen.
21   In J.S. Assemanis Bibliotheca Orientalis I von 1719 finden sich die Auszüge aus dem LG unter der Nr. XIX der „Codices Nitrienses" (S. 568). Vgl. dazu Kowalski, Perfezione e Giustizia, 29 Anm. 2. Die Herkunftsbezeichnung lässt auf das Kloster der Maria Deipara in der nitrischen Wüste schließen. Stephanus Euodius Assemanus et Joseph Simonius Assemanus, Bibliothecae Apostolicae Vaticanae Codicum Manuscriptorum Catalogus pars 1, tom. 3 von 1749 enthält 139-143 eine Beschreibung von cod. CXXIII. Die Diskussion der Auszüge aus dem LG findet sich 141. In diesem Sammelband stehen die Stücke aus dem LG an vierter Stelle; er enthält außerdem Schriften des Gregor Monachus, des Johannes von Apamea und des Abraham Nephtareni. Die Hgg. berichten, dass sie die Kapitel des LG mit der Paradiesesleiter des Johannes Climacus verglichen und dabei festgestellt hätten, dass es sich um ein anderes Werk handeln müsse (a.a.O., 141).

tes setzt.[22] Der Kolophon gibt einen beschreibenden Titel: „Dreißig Traktate über die Lebensführung der Vollkommenheit und über die Unterscheidung der Gebote unseres Herrn" und bestätigt die Anonymität des Autors: „zusammengestellt von einem Seligen, der seinen Namen nicht zur Kenntnis gab"[23]. Ein Späterer hat hier den Namen „Philo" eingefügt, der in einer Randnotiz mit einem der Siebzig identifiziert wurde.[24] Der Titel ist insofern von Interesse, als sich von ihm eine Brücke zu der mittelalterlichen Notiz des Abdischo von Soba, der ein Buch „Über die Unterscheidung der Gebote" erwähnt und dieses Symmachus zuschreibt, schlagen lässt.[25] Der Text von R, der in 7,18 einsetzt (180,6) und in seinem Wert nahezu Kodex α entspricht, ist überarbeitet und es muss jeweils entschieden werden, ob dem Text von α oder R gefolgt werden soll. Offenbar hatte Kmosko bereits seine kritische Ausgabe erstellt und konnte daher die Autopsie von Kodex R nicht mehr einarbeiten. Daher eine nachgetragene Collatio.[26]

---

22 Kmosko hat von diesem Kodex zunächst nur durch Photographien, die ihm von dem Patriarchen der unierten Syrer, Ignatius Ephraemus II. Rahmani (daher das Sigel R) übermittelt wurden, Kenntnis gehabt und berichtet davon in seiner praefatio VIIIf. Auf einer Fahrt ins Hl. Land i. J. 1916 sei er einem Hinweis eines Mönches gefolgt, habe in dem besagten Kloster syr. Hss. eingesehen und den Kodex gefunden, den er von den Photographien her bereits kannte. Der Bericht von der Autopsie nebst einer Kollation findet sich in Appendix II der praefatio Kmoskos (CCXCIII-CCCVI). Codex 180 des Markusklosters fidnet sich in dem aus hs. Einträgen zusammengestellten Katalog von Dolabany/Ibrahim aus dem J. 1994.

23 Kolophon (Kmosko, CCXCV): „Es sind aber enthalten in diesem obigen Buche dreißig Traktate über die Lebensführung der Vollkommenheit und über die Unterscheidung der Gebote unseres Herrn, zusammengestellt von einem Seligen \Philon/, der seinen Namen nicht zur Kenntnis gab." Wickham, OCA 274, 178f hält dafür, dass der ursprüngliche Titel der Traktatsammlung in diesem Kolophon enthalten ist und schlägt als Titel vor: ܘܡܢ ܘܚܕܐ، ܘܚܕܬܐ ܟܡܚܬܠܐܘܕܐ، ܡܠܐ ܗܡܙܚ ܗܘܡܐ ܦܩܡܝܗܘܡܗ ܘܡܢ، „Über die Lebensführung der Vollkommenheit und über die Unterscheidung der Gebote unseres Herrn". Den Titel „ܚܠܕ ܘܡܚܬܡܐ", der von sieben Mss geboten wird, hält Wickham für sekundär.

24 In dem Marutha von Maiperkat zugeschriebenen Werk „De Sancta Nicaena Synodo" wird Philo als Autor von Briefen an den Herrnbruder Jakob erwähnt (Kmosko, praefatio CCXCV).

25 Vgl. u. Anm. 29.

26 Kmosko, a.a.O., CCXCVI-CCCVI. – Kmosko, a.a.O., XI-XIII, führt einen weiteren, mittelbaren Zeugen des LG an, Brit. Mus. Add. 17,193 fol. 3, der vorgeblich einen Auszug aus dem von einem Mönch Eusebius verfassten Liber Graduum enthält. Es stellt sich jedoch heraus, dass der Autor dieses Exzerptes aus LG 29,4 zwar geschöpft, seine Lektüre jedoch eigenständig als Auslegung von I Kor 5,5 verarbeitet hat.

Beobachtungen, die in Codex C einen älteren Text vermuten lassen, der der homogenen Gruppe Dαβγ gegenüberstehe, führen Kmosko in der Frage der Textgeschichte zu dem Schluss, dass es eine jüngere Rezension gegeben habe und der Autor dieser Rezension mit dem Herausgeber, dessen Vorwort in α und β erhalten ist, identisch sei.[27] Codex R wurde in diese Erwägungen zur Textgeschichte nicht mehr einbezogen.

1.2 Forschungsgeschichte

Die Forschungsgeschichte am LG setzt mit der Forschungsarbeit ab 1901 und der Edition von 1926 des ungarischen Patristikers Mihály Kmoskó ein, der das Werk, dessen Gedächtnis nur Einträge in Bibliothekskatalogen aufrecht erhielten, der Vergessenheit entriss.[28] Selbst in der syrischen Literaturgeschichte fand das Werk trotz der zahlreichen Abschriften keine Erwähnung,[29] wenngleich es nicht ohne Wirkung auf nachfolgende Theologen blieb, namentlich auf Philoxenus von Mabbug (+532)[30] und, nach Alfons Kemmer, auf Johannes Cassian (+430/35).[31]

---

27 Komsko, a.a.O., X.

28 Der LG wird in Europa mit seinem latinisierten Titel erstmals in dem von J.S. Assemani im Jahre 1719 erstellten ersten Band der Bibliotheca Orientalis Clementino-Vaticana (p. 568) erwähnt (s.o. Anm. 20; vgl. Kowalski, a.a.O., 29).

29 Kmosko, a.a.O. XIII: „Quamquam ipsa multitudo codicum Libri suadeat monachos syros Lum G. diligenter legisse, singularis est viros, qui rei literariae inter Syros operam dabant, prorsus de Libro nostro tacere." – Eine Ausnahme in dem Schweigen der syrischen Literaturgeschichte stellen vier Zeilen in dem metrischen Katalog des des Abdischo von Soba († 1318) dar, in denen er sagt, dass „der Kommentator" (i. e. Theodor von Mopsuestia) in seiner Auslegung des Psalters ein Buch des Symmachus mit dem Titel „Über die Unterscheidung der Gebote" erwähnt habe. Diesen Titel erwähnt der Autor in 19,38 (520,22) als Verweis auf seinen ersten Traktat. Kmosko kann nicht erklären, wie es zur Zuschreibung des 19. bzw. 1. Traktates an Symmachus kam (Kmosko, a.a.O., XIV).

30 Gribomont zeigt in L'Orient 2 (1957), 419-432, einer Art Rez. der 1956 veröffentlichten Übers. der asketischen Homilien des Philoxenus (Lemoine, SC 44), an zwei Punkten, dass Philoxenos Motive des LG verarbeitet hat 1. Philoxenus lehre in seiner 8. Homilie wie der LG den Gegensatz zwischen Gerechten und Vollkommenen: „il s'agit (...) d'états opposés et contradictoires" (a.a.O., 426), wobei er allerdings nicht den im LG streng unterschiedenen eschatologischen Ausgang dieser beiden Wege des Christseins ausführe (a.a.O., 427). 2. Philoxenus kenne für den, der die erste Stufe des Christseins überwunden hat, dieselbe Unbefangenheit, mit aller Welt Umgang zu haben und allen alles zu werden (I Kor 9,2) wie sie auch der LG lehrt (a.a.O., 428).

Während der Zeit, in der Kmosko an seiner Edition arbeitete, hat Ignatius E. Rahmani den Autor des LG als Zeitgenossen Aphrahats erkannt und das Buch „als Fundgrube über die Peschitta hinaufweisender NTlicher Zitate bewertet".[32] Anton Baumstark zitierte Rahmani, zog jedoch eine Einordnung des LG in das asketische nach Schrifttum der jakobitischen Syrer des 6. Jh. vor und identifizierte ihn mit einem gleichnamigen griechisch abgefassten Werk, gegen das Severus von Antiochien (+538) polemisierte.[33]

Kmosko selbst hat seiner kritischen Edition eine ausführliche praefatio vorausgeschickt.[34] Die in dieser praefatio zusammengestellte Forschungsarbeit bildet bis heute den Ausgangspunkt der Diskussion des LG. Diese lässt sich in drei Fragenkomplexe unterteilen: Zunächst stellt sich, im Rahmen der Peschitta-Forschung, die Frage nach dem Bibeltext

---

31   Kemmer, Charisma maximum, 52-91, versucht den Nachweis, dass Johannes Cassian in seiner 21. Collation aus dem LG geschöpft hat. Übereinstimmung stellt er in der antithetischen Begriffsbildung der beiden Autoren fest: 1. Cassians Unterscheidung des esse sub lege und esse sub gratia entspreche derjenigen, die der LG zwischen den Geboten der Gerechtigkeit und dem NT, d.h. den Geboten der Vollkommenheit trifft (a.a.O., 56.61-64). Beiden gleich ist die Auffassung, dass allein evangelische Vollkommenheit die Sünde radikal auszureißen vermag (56f). 2. Die Gerechten, die im Weltumgang und die Vollkommenen, die in Weltentsagung leben, werden unterschieden. (59-61). Allerdings ist Johannes Cassians Antithetik schlichter gefasst: Die Unterscheidung zwischen kleinen und großen Geboten ist ihm deckungsgleich mit der von AT und NT, die er in statischem Nebeneinander fasst, während der LG quer durch die Testamente große von den kleinen Geboten unterscheidet und in der ihm eigenen eschatologischen Dynamik atliche durch ntliche Gebote abgeschafft sieht (s.o. 4.4.2.2.3, S. 107ff). – Es mag sein, dass Johannes Cassian während seiner Studienzeit in Palästina und Ägypten – vor 399 zog er „eine unbestimmte Zeit lang bei den Asketen Ägyptens umher ..." (Chadwick, TRE 7, 650) – Gedanken aus dem LG übermittelt bekommen hat. Entscheidend bleibt jedoch, dass der lat. Autor den eschatologischen Zusammenhang, in dem die Unterscheidung der Gebote ihren Sinn findet, die Wiedererlangung des verlorenen Urstandes durch die ntliche Asekese, nicht übernimmt. Johannes Cassians Interesse zielt auf die Errichtung eines Mönchsstandes in dieser Welt, während das engelgleiche Leben, das der LG propagiert, auf Weltüberwindung hinaus will. Dieser Unterschied zeigt sich beim Thema der Arbeit (s. o. 5.2, S. 174): Während die Vollkommenen des LG in paradiesischer Sorglosigkeit leben, werden bei Johannes Cassian die Mönche zur Arbeit verpflichtet (Kemmer, a.a.O., 65f).

32   Baumstark, Geschichte, 165 Anm. 7. Rahmani konnte diese Beobachtungen aufgrund des ihm in Fotografien vorliegenden Codes (Komskos Codex R) machen.

33   Baumstark, a.a.O., 165.

34   Sie enthält in sechs Kapiteln die Beschreibung der Quellen, eine Inhaltsangabe, eine Darstellung der Lehre des LG, eine Untersuchung der Verwandtschaft der Lehren des LG mit denen des Messalianismus, einen Datierungsversuch, sowie eine Diskussion des Bibeltextes, nach dem der Autor zitiert.

des LG. Zum zweiten geht es in einer religions- und kirchengeschichtlichen Fragestellung um die mögliche Zeugenschaft des LG für heterodoxe Anfänge des Christentums in Mesopotamien, seine Beziehung zum Manichäismus und zum Messalianismus[35] sowie um die Frage nach Alter und Herkunft des Werkes. Eine dritte Fragestellung schwingt dabei stets mit, obwohl sie nur selten explizit gestellt wird: Es ist die Frage nach dem proprium des LG, dem Kern der Lehre, um den es dem Autor in der Vielfalt der angesprochenen Themen eigentlich geht, und damit auch nach dem literarischen genus des Buches.

Kmosko, der in dem langen Kapitel „De doctrina Libri Graduum"[36] den LG nach den loci einer klassischen Dogmatik durchgeht[37] und den Autor vom Standpunkt der katholischen Rechtgläubigkeit beurteilt, erkennt den Kern der Lehre des Autors in seinem kosmischen Dualismus: „Doctrina (...) Li Gr. de mundo invisibili deque eius imagine visibili, radix est totius operis theologiae et fundamentum asceseos rigorosae."[38] Bezüglich der Verwandtschaft des LG mit dem Messalianis-

---

35 Zum Messalianismus vgl. TRE 22, 607-613 (Staats) mit Lit. und bes. Fitschen, Messalianismus und Antimessalianismus. Die Bezeichnung ܡܨܠܝ̈ܢܐ „Messalianianer", gr. εὐχῖται. ist ein Ketzertitel für eine in Syrien entstandene asketische Bewegung, die, wie Murray sie kurz und treffend charakterisierte, „laid too much stress on experience of the Spirit for the liking of ecclesiasticals in the institutional Church" (Murray, Symbols, 35). Der Begriff taucht zuerst bei Ephraem im Hymnus contra haereses (vor 362; vgl. dazu Fitschen, a.a.O., 19) 22,5 auf und erscheint dort als letztes Glied einer neunteiligen Aufzählung von Häretikern: „... und die Messalianer, weil sie sich maßlos gebärdeten" (Beck, CSCO 169 [CSCO.S 76], 79,18 vgl. die Übers. Beck, CSCO 170 [CSCO.S 77], 78,17). Allein diese erhalten eine originär syr. Bezeichnung, während die anderen Gruppenbezeichnungen gr. sind, ein Indiz dafür, dass der M. eine originär syr. Bewegung ist. Der M. wird endgültig auf der Synode von Ephesus 431 (Fitschen, a.a.O., 45-50) verurteilt, wobei sich die verurteilten Sätze auf die Lehren der Textsammlungen, die unter dem Namen des Makarius von Ägypten umliefen, zurückführen lassen (Staats, TRE 22, 610). Da, nach Photios, auf dem Konzil v. Ephesus die Kephalaia eines βιβλίον ἀσκητικόν verurteilt wurden, welches von der Forschung mit einem bekannten Werk nicht identifiziert werden konnte, wurde, nach seiner Edition, der LG als möglicher Kandidat ins Spiel gebracht. Kmoskos Edition hat schon insofern die Messalianismusforschung weitergebracht, indem er in seiner praefatio eine einschlägige Textsammlung mit häresiologischen Zeugnissen zusammenstellte (Komsko, a.a.O., CXV-CXLIX).

36 Bemerkenswert ist die große patristische Bildung des Editors, die ihm erlaubt, zu jedem locus umfangreiches Vergleichsmaterial zur Verfügung zu stellen.

37 Diesem Muster folge ich in dem systematischen Teil meiner Studie.

38 Kmosko, a.a.O. XXXIV. – Allerdings ist das Denken des LG nicht eigentlich räumlich und statisch. Im Vordergrund steht die Arbeit der Unterscheidung, die bei der Schriftauslegung einsetzt, im Hinblick auf das Ende mit der Wahl des vollkommenen Weges fortschreitet und in der visio beatifica ihr Ziel findet. In diesem durch die

mus führt Kmosko in dem einschlägigen quellenreichen Kapitel seine in der introductio geäußerte Vermutung aus, dass der LG ein Zwischenglied in der Entwicklung der asketischen Bewegung bis hin zum Messalianismus darstelle.[39]

Für die Datierung setzt Kmosko die Zeit vor dem Ausbruch der arianischen Streitigkeiten, für die Lokalisierung das römische Mesopotamien an.[40] Dabei werden die 8,4 und 30,4-6 gegebenen Hinweise auf eine offenbar wenige Zeit vor der Niederschrift der Traktate zurückliegende Christenverfolgung auf die diokletianische gedeutet.[41] Allerdings möchte Kmosko seine Aussagen über die Datierung und Verortung des Autors als Hypothesen bewertet wissen.[42]

Irenée Hausherr griff im Jahre 1935 die Frage der Datierung auf und plädierte gegen Kmosko für eine jüngere Entstehungszeit.[43] Als Zeitpunkt ante quem setzte er das Todesjahr des Rabbula (+435) an, in dessen Amtszeit als Bischof von Edessa der Gebrauch des Diatessarons, dessen sich der Autor des LG noch bedient, durch den des „Evangelium der Getrennten" ersetzt wurde.[44] Die Datierung Kmoskos zu Be-

---

„Unterscheidung" veranlassten dynamischen Element ist m. E. die „radix (...) totius operis theologiae" zu suchen. Der von Kmosko in den Vordergrund geholte kosmologische Dualismus kann vielmehr als der Hintergrund gelten, vor dem sich die eschatologische Dynamik der Paränese des Autors abspielt.

39   „... Librum Graduum (...) nil nisi membrum aliquod intermedium esse in illa doctrina Encratitarum evolutione, quae ex hyperascesi Apotacticorum Hieraticarumque ad placita Messalianorum libertina depravata est" (Kmosko, a.a.O., 6*).

40   Kmosko, a.a.O., CL. Kmosko findet in der Kenntnis, die der Autor von römischer Verwaltung hat (Amt des ἡγεμών, milit. Rang des speculator, Todesstrafe durch das Schwert [LG 22,6]) Hinweise darauf, dass der Autor „imperio Romano subiectum fuisse" (a.a.O. CLVII). Vgl. dazu u. 5.3, S. 177-180.

41   Für eine römische Verfolgung sprechen nach Kmosko die Todesarten, die die Märtyrer erlitten (Tod durch Feuer, Tiere und Schwert [LG 8,4]); gegen eine persische Verfolgung spricht nach Kmosko, dass die Perser keine Götzenbilder kannten und somit der Aufruf LG 8,4 (196,21) „Verleugnet den Herrn und opfert den Götzen!" nicht aus dem Munde des persischen Verfolgers stammen könne, sie ferner andere Hinrichtungsarten angewendet hätten und ihre Verfolgung besonders Kleriker betroffen habe, weniger Laien, die im LG offenbar die Opfer der Verfolgung sind (Kmosko, a.a.O., CLIf).

42   Kmosko, a.a.O., CLIX.

43   OCP 1 (1935), 495-502.

44   Zum Gebrauch des Diatessarons im LG vgl. Kmosko a.a.O., CLXIIf. Die These, dass Rabbula selbst die Promulgierung der Peschitta verantwortet habe, vertritt Burkitt, Urchristentum, 36-43. Dagegen argumentierte Vööbus, der sie einerseits für früher hält und andererseits behauptet, sie habe sich, was den Evangelientext betrifft, erst um 500 durchgesetzt. Vgl. das Referat der Diskussion bei Metzger, Early Versions, 57-60.

ginn des vierten Jahrhunderts, die sich auf die Identifizierung der im LG erwähnten Christenverfolgung mit der diokletianischen stützt, wird zurückgewiesen, da diesen Berichten nichts spezifisch Historisches anhafte, sondern die Möglichkeit des Martyriums nur allgemein benannt werde.[45] Hausherrs eigene Datierung geht von dem innerkirchlichen Konflikt um den Messalianismus aus, in dem der LG zwischen zwei Fronten stehe. Zunächst meint Hausherr, aus gewissen Unterschieden zur Lehre des Messalianismus und aus der Kritik des LG an verantwortungslosen Lehrern, die törichte Schüler in die Welt entlassen (Traktat 27,5), eine Distanz des LG gegenüber den Messalianern feststellen zu können und folgert, dass der Autor des LG „non praecursorem esse, ut placet illustrissimo Kmosko, sed orti iam messalianismi ex parte fautorem, ex parte vituperatorem" und somit dem Ps.-Makaraius an die Seite zu setzen sei.[46] Sodann wird Hausherr bei der Frage, wer die „Söhne des Hauses des Glaubens" seien, die nach 30,4 (872,19) die „Zeugen der Liebe" (872,15) töten, bei Ephraem fündig, dessen „severitas" in der Ketzerverfolgung notorisch sei und zu der die „mansuetudo" und „tolerantia" des Autors das historische Gegenstück bilde.[47] Somit sei der LG als Reaktion auf Ephraem zu verstehen und also nach ihm (+373) entstanden. Ebenso seien die Sanktionen des Theodoret gegen die Messalianer und andere antihäretische Aktionen als der Erfahrungshintergrund für den LG heranzuziehen.[48] Mit weiteren Argumenten, in denen er den Gebrauch bestimmter theologischer Termini und gewisse Lehrstücke der Zeit nach Aphrahat und der Zeitgenossenschaft des Evagrius zuweist, folgert Hausherr schließlich, dass der LG nicht vor 370, wahrscheinlich um 400 ausgearbeitet worden sei.[49]

---

45 OCP 1, 496f.

46 A.a.O., 498.

47 A.a.O., 499.

48 „Talia mihi videntur facinora esse quae scriptori Libri Graduum ob oculos versantur, cum de interfectoribus discipulorum caritatis conqueritur" (a.a.O., 501).

49 A.a.O., 502. – Der § über den LG in der Patrologia Syriaca des Ignatius Ortiz de Urbina, welcher wohl den ersten Unterricht über den LG im Rahmen eines Lehrbuches darstellt (Patrologia Syriaca, 2. Aufl. 1965, §28 [89-91]) knüpft in der Datierung an Hausmann, in der Darstellung der Lehre an Kmosko an. Die Diskussion der 50-iger und 60-iger Jahre wird nicht eingearbeitet. Als Gattungsbegriff findet Ortiz de Urbina den des Sektenhandbuches: „Sermones agunt (...) et constituunt quasi directorium alicuius sectae quae, licet quandam similitudinem cum Messalianis prae se ferunt (...)" (a.a.O., 89).

Hans Lietzmann hat im vierten Band seiner „Geschichte der Alten Kirche" den Inhalt des LG erstmals einem breiteren deutschen Publikum bekannt gemacht.[50] Er ordnet den LG innerhalb der Geschichte des Mönchtums in der Alten Kirche hinter Symeon (=Ps.-Makarius) ein, die er beide als Formen des Messalianismus versteht, wobei letzterem, dem „Messalianiertum in griechisch verdelter Form", im LG die Gestalt des „syrisch-radikalen Fanatismus" gegenübertrete. [51] In der Frage der Datierung schließt sich Lietzmann Hausherr an,[52] ohne auf dessen Versuche einer genaueren kirchengeschichtlichen Einordnung weiter einzugehen.

Die Forschungsarbeit am LG wurde nach dem zweiten Weltkrieg von Arthur Vööbus wieder aufgenommen und steht seither im Zeichen der Wahrnehmung des mesopotamischen Christentums als einer eigenständigen Größe.[53] Es ist lohnend, seine bahnbrechenden Thesen von 1954 bezüglich der Lehren, die aus dem LG für die mesopotamische Kirchengeschichte zu erheben seien, nachzuzeichnen.[54] Indem er den LG der Fragestellung, wie er zum Messalianismus ins Verhältnis zu setzen sei, entreißt, schafft sich Vööbus Freiheit für seine eigenen Thesen. Der Autor lasse zum einen typisch messalianische Lehrstücke vermissen,[55] zum anderen baue er im Gegensatz zum Messalianismus eine positive Beziehung der Asketen zur sichtbaren Kirche auf.[56] Seine eigene Theorie gründet Vööbus auf die Beobachtung der Unterscheidung zwischen den Gerechten und den Vollkommenen. Die Vermu-

---

50 Lietzmann, Geschichte der Alten Kirche, Bd. 4, 181f184. Lietzmanns knappe und doch alle Gebiete des LG umfassende, dazu flüssig geschriebene Darstellung bleibt bis heute unübertroffen.

51 Lietzmann, a.a.O. 181.

52 Lietzmann, a.a.O. 180 Anm. 265.

53 Vööbus, History of Asceticism I, 183, schreibt programmatisch: "In studying these texts one has not to forget that here we are in the midst of the milieu of the Syrian Orient, for the measurement of which the standards of Western thought simply do not apply."

54 Vööbus, PETSE 7 (1954), 108-128. Der Aufsatz ist aus einem Guss und lebt von der Entdeckerfreude eines Wissenschaftlers, der neue Wege bahnt.

55 A.a.O., 109-111. Gennant werden folgende Punkte: 1. Dem LG sei das Gebet im Rahmen der Askese zwar geläufig, es nehme jedoch nicht die prominente Stellung wie bei den Messalianern ein. 2. Im Rahmen der Lehre von der Ursünde ist dem Autor das Lehrstück vom einwohnenden Dämon fremd, vielmehr wird die Ursünde im Begehren manifest. 3. Die Herabsetzung der Kirche und ihrer Sakramente wird vom LG nicht geteilt.

56 A.a.O., 111-113. Vööbus bezieht sich hier auf Traktat 12.

tung, manichäische Vorstellungen hätten hier eingewirkt wird mit dem Argument zurückgewiesen, dass der Manichäismus selbst Schuldner der Traditionen des christlichen Syrien sei.[57] Die Unterscheidung sei vielmehr aus der Kirchengeschichte des syrischen Orients zu erklären: Das Christentum habe den mesopotamischen Boden als asketische Religion betreten. Wie plural die christliche Gründergeneration auch gewesen sei – in ihrer asketischen Ausrichtung sei sie eins gewesen.[58] Glieder der Kirche seien zunächst allein die Asketen gewesen, allein sie hätten die Sakramente genossen, während die anderen, weltlich lebend, einen Kreis von Büßern und Sympathisanten gebildet hätten.[59] Der LG, beseelt von einem „spirit of conservatism"[60] habe die Auffassung des Christentums als eines Kampfes bewahrt und angesichts einer Verwestlichung der syrischen Kirche[61] an der „deeply rooted distinction between the two categories of Christians" festgehalten.[62]

Vier Jahre später, im ersten Band seiner „History of Asceticism in The Syrian Orient" erneuerte Vööbus seine These, dass der Anfang des Christentums in Persien, wo er den LG verortet, durchgehend asketisch gewesen sei. Erst mit Aphrahat sei das archaische Kirchenbild zugunsten einer Entwicklung, die ein Christsein auch in Arbeit, Ehe und Besitz möglich machte, abgetreten.[63] Im LG sei dokumentiert, wie das archai-

---

57   A.a.O., 117. – Lit. zum Erbe des christlichen Syrien bei den Manichäern bei Drijvers, Athleten des Geistes, 117 Anm. 45. Drijvers fasst zusammen: „Deshalb weisen auch spätere Erscheinungen im syrischen Christentum wie der *Liber Graduum* und die dahinterstehenden Kreise oft manichäische Züge auf, die nur aus einem gemeinsamen Ursprung (scil. der syrischen Askese und Gnosis) zu erklären sind" (Drijvers, a.a.O. 118).

58   PETSE 7, 117. Vööbus nennt hier außer der Kirche eines Marcion, Tatian und Valentinus die Gruppen, die etwa in den ps.-clementinischen Briefen „De virginitate" literarisch bezeugt sind (Vööbus, a.a.O. 117f). - Die Briefe „De virginitate stammen aus der 1. Hälfte des 3. Jh. und sind in Übers. bei Duensing, ZKG 63 (1951), 166-188 leicht zugänglich.

59   Vööbus, a.a.O. 119, bezieht sich auf die 7. Demonstratio des Aphrahat, in der er den Ernst der Taufe predigt und eine Heirat nach der Taufe ausschließt (Dem 7,20 [PS I.1, 345]). In diesem protreptikos des Aphrahat werden Fragmente einer alten Taufliturgie vermutet, aus denen hervorgehe, dass die Taufe zunächst als Initiation zum Asketenstand verstanden worden sei. Die gewagte These von einer rein asketischen Kirche am Ausgangspunkt des mesopotamischen Christentums wird durch die Taufparänese bei Aphrahat allerdings nicht gedeckt.

60   A.a.O., 120.

61   A.a.O., 122.

62   A.a.O., 123.

63   Vööbus, History of Asceticism, 186.

sche Asketentum im vierten Jahrhundert auf den „move of Persian Christianity towards Western standards"[64] reagiert und sich mit seiner Tradition auf die neue Situation eingestellt habe.[65] Entsprechend der Hypothese von der fundamentalen Gliederung des mesopotamischen Christentums in Asketen und Weltchristen setzt Vööbus in seiner Darstellung des Wesens des LG bei der Unterscheidung der beiden Ränge an.[66] Indem er von dem „higher spiritual life"[67] der Vollkommenen spricht, versäumt er jedoch zu benennen, dass es sich dabei um einen Abstieg in Demut handelt und dass „Geist" im LG an die Christusnachfolge gebunden ist. Das pädagogische Motiv, das bei den Gerechten um den Aufstieg zur Vollkommenheit wirbt, wird von Vööbus nicht gesehen. Sein Bild der Vollkommenen als einer sich abgrenzenden, alte Besitzstände verteidigenden Gruppe wird vom Text nicht gedeckt.[68]

Alfred Adam hat in seiner Rezension von 1960 des ersten Bandes der „History of Asceticism" Vööbus' Einschätzung des LG entschieden widersprochen und das Werk voll und ganz dem Messalianismus zugewiesen.[69] Wenn dies nicht so offen zu Tage liege, so habe das in der Sprache des LG seinen Grund, die „ein weiches, verhüllendes Gepräge"[70] trage und den LG als eine „mit größter Klugheit berechnete Werbeschrift"[71] qualifiziere. Adam verortete den LG geistesgeschichtlich

64 A.a.O., 187.
65 A.a.O., 196f.
66 A.a.O., 191-194.
67 A.a.O., 191.
68 Der Autor operiert nie mit dem historischen Argument, die Lebensweise der Wanderasketen sei die ältere und originär christliche. Argumentationsbasis ist ihm allein die Hl. Schrift.
69 Frank, Askese, 238-244. – Adams Rez., die ursprünglich in GGA 213 (1960), 127-145 erschien, wird hier nach Frank, Askese und Mönchtum in der Alten Kirche, WdF 409, Darmstadt 1975, 230-254 zitiert.
70 A.a.O., 242
71 A.a.O., 240. Auch ein Gattungsbegriff! – Die Argumente, mit denen Adam Vööbus' These von der archaischen, nicht-messalianischen Spiritualität des LG widerspricht, und die Messalianerthese wieder herstellt, sind folgende (Adam, a.a.O., 240f): 1. Der LG lehre das Dauergebet, das von jeder Versuchung rette. 2. Der LG teile mit den Messalianern die Lehre vom Satansgeist, der im Menschen einwohne und ausgetrieben werden müsse. 3. Der LG teile mit den Messalianern die Verachtung der Kirche und der Sakramente, da nach seiner Lehre die Kirche „die Unterstufe" sei, „die es zu verlassen gilt". 4. Der LG sei antinomistisch: „Genauso wie Gott *sine lege* ist, haben auch die „Vollkommenen" die Stufe des moralischen Gesetzes weit hinter sich gelassen" (Adam, a.a.O. 241). – Gegen Adams Argumente ist im einzelnen einzuwenden: 1. 10,2, worauf sich Adam bezieht, wird das Gebet weder als Dauergebet beschrie-

„auf dem Boden einer voll entfalteten syrischen Gnosis" die zeitlich vor der Ausbildung gnostischer Systeme liege.[72] Die Einteilung der Christen in Vollkommene und Gerechte weise auf Marcion zurück.[73]

Die Einordnung des LG in den Messalianismus wurde von Peter Bäss auf dem XVII. Deutschen Orientalistentag 1968 wieder in Frage gestellt.[74] Auf der Suche nach der Herkunft der Zwei-Stufen-Ethik des LG dachte Bäss eher an den Manichäismus,[75] während die Affinität zum Messalianismus, gerade in der in Traktat 18 verhandelten Lehre zum Gebet, Bäss zu literarkritischen Überlegungen veranlasste.[76] In seinem Eintrag im „Kleinen Wörterbuch des Christlichen Orients" verfolgte Bäss die Vermutung manichäischen Einflusses nicht weiter und

---

ben, noch als sichere Methode angegeben, sondern, gemeinchristlich, als Mittel, mit dem Anfechtungen zu begegnen ist, gelehrt. 2. In 3,11 heißt es zwar von Menschen, „bei denen etwas von Gott und von Satan ist" und bei denen dem „Angeld des Geistes" ein „Angeld der Sünde" entspricht, weshalb der Geist mahnt, „sich selbst zu kreuzigen mit dem Bösen" (67,18-26). Es ist aber nicht davon die Rede, dass der böse Geist ausgetrieben werden müsse. – Wie Martikainen, GOF.S 24, 36-46 zeigte, ist das „Wohnen des Bösen im Menschen" eine dem LG, dem Pseudo-Makarius und Ephraem gemeinsame, wenn auch jeweils anders ausgeprägte Vorstellung. 3. Nach der Lehre des 12. und 28. Traktates wird zwar eine himmlische von der irdischen Kirche unterschieden, die letztere wird aber nur im treuen Dienst an der ersteren geschaut (12,2.4; vgl. dazu u. 4.5.3, S. 115ff). 4. An der angegebenen Stelle 22,3 (640,18ff) wird das Ansinnen dessen, der darin Gott gleichen möchte, dass er ohne Gesetz ist, als Hybris zurückgewiesen. Der Autor sagt zwar: „Über den Mann, der im Geiste der Liebe nachfolgt, hat das Gesetz keine Macht, sondern er ist über dem Gesetz" (16,8 [405,10-12]), dieser Anspruch bleibt jedoch, wie 16,8 weiter ausgeführt wird, dem Spruch des ersten, des atlichen Gesetzes, das über Fleischessünden richtet und des letzten, des ntlichen, das über Gedankensünden richtet, unterworfen.

72 Adam belegt seine These mit der allegorischen Auslegung des Gleichnisses vom verlorenen Sohn Lk 15,11ff in LG 15,17.18, die dem Perlenlied (ActThom 108-113 [NTApo5 343-348]) gleichlaufend sei (Adam, a.a.O., 242f). Hier hat Adam Recht. So ist in der Auslegung des Autors der Hunger des Schweine hütenden Sohnes der Hunger nach Erkenntnis: „Er verlangte danach, dass er erkenne, wenigstens den rechten Sinn dieser Welt, oder wie er geschaffen wurde und weswegen er geschaffen wurde und warum er zum Sklaven der Sünde gemacht wurde. Und keiner offenbarte es ihm" (LG 15,18 [382,20-24]). Mithin stellt der Autor die einschlägigen Fragen des Gnostikers.

73 Adam, a.a.O., 243.

74 ZDMG Suppl. I, 368-374.

75 „Was aber im Liber Graduum nicht durch christliche Tradition gedeckt ist, hat vielleicht mehr manichäische als messalianische Entsprechungen" (a.a.O. 370). Eine Auseinandersetzung mit Adams These, dass der Manichäismus aufgrund des üppigen Lebens der electi keinesfalls an der Wiege der christlichen Askese stehen konnte (Frank, a.a.O., 233-238), findet bei Bäss nicht statt.

76 Bäss stellt die literarkritische Frage: „Haben die wenigen ,messalianischen' Partien ursprünglich zum Liber Graduum gehört?" (ZDMG Suppl. I, 374).

statuiert, in Fortführung der These Vööbus', eine mit Hypothesen be-
lastete kirchengeschichtliche Einordnung des Stufenbuches.[77] Die Frage
des Verhältnisses des LG zum Manichäismus wurde inzwischen durch
Peter Nagel einer differenzierten Lösung zugeführt.[78]

Antoine Guillaumont wollte in dem Fazit seines dreijährigem Stu-
diums des Werkes (1974)[79] zwar nicht so weit gehen wie Vööbus und
jede Verbindung des LG mit dem Messalianismus abstreiten, sah jedoch in dem Ausgangspunkt von der Frage, ob das Stufenbuch messa-
lianisch sei oder nicht einen grundsätzlichen Methodenfehler und sta-
tuierte deshalb: „Le livre doit d'abord être étudié en lui même."[80] Er erkannte in dem Buche eine „mystique pneumatique"[81], die „l'essentiel
de la doctrine du Livre des degrés"[82] bilde und charakteristisch für die
syrische Spiritualität insgesamt sei.[83] Auch der Messalianismus stelle

---

77   „Der L. G. verteidigt die heimische asketische Lebensform (...) gegen mit kirchl. und
       politischem Druck unternommene Versuche, dieses alte Mönchtum nach westlichem
       Muster zu verändern" (KWCO 218 [Bäss]).

78   Im Grundsatz teilt, nach Nagel, der LG den Geist des Manichäismus nicht, während
       sich im Einzelnen eine Beeinflussung zeigt. Grundsätzlich ist der LG nicht manichä-
       isch, weil er nicht dualistisch denkt: „Jedoch ist die Konzeption des Liber Graduum
       (LG) so fest in einer monotheistischen Schöpfungslehre verankert, daß kein Raum
       für dualistische Spekulationen bleibt" (Nagel, HBO 29 [2000], 117). Im Einzelnen
       wird jedoch eine „nahezu mechanische Entsprechung" (Nagel, StOR 49, 182) des
       Verhältnisses von electi und auditores auf der einen und perfecti und iusti auf der
       anderen Seite konstatiert: Tertium comparationis ist die Arbeitsverweigerung des
       jeweils höheren Standes. Die manichäischen electi wie die Vollkommenen des LG
       unterscheiden sich von der gemeinchristlichen Askese darin, dass sie außerdem die
       Arbeit ablehnen (a.a.O., 180), wenngleich die Motivation der Arbeitsverweigerung
       unterschiedlich begründet wird (a.a.O., 184). So wie bei den Manichäern die audito-
       res verpflichtet sind, die electi zu ernähren, schaffen die Gerechten des LG durch gu-
       te Werke, die im besonderen im Unterhalt der Vollkommenen bestehen, ihr Heil
       (181f). Des weiteren sieht Nagel in Einzelheiten der Schriftauslegung und der
       Christologie Spuren der Bekanntschaft des LG mit dem Manichäismus (a.a.O., 183).
       Nagels Fazit: „Mit aller Behutsamkeit kann angenommen werden, daß der Autor
       des Liber Graduum mit dem Manichäismus vertraut war. Unter dieser Voraussetzung
       ist es nicht ausgeschlossen, dass die Bipolariät seiner Gemeinde dem manichäischen
       Vorbild nachgebildet ist" (a.a.O.).

79   OCA 197 (1974), 311-322.

80   A.a.O., 311.

81   A.a.O., 312.

82   A.a.O., 317.

83   Guillaumont erkennt eine Linie, die sich in der syrischen Theologie von den Oden
       Salomos (2. Jh.) bis zu Philoxenos (†532) und Joseph Hazzaya durchziehe (a.a.O.,
       317-319). – Es bestehe ein grundsätzlicher Gegensatz zwischen der syrischen Spiritu-
       alität des Geistes und der griechischen des Wortes und der Annäherung an Gott auf
       dem Wege der Vereinigung mit demselben (a.a.O., 317).

auf sinnliche und erfahrungstheologische Weise eine Gestalt dieser pneumatischen Spiritualität dar. Guillaumont kann somit beide unter das eine Thema syrischer Spiritualität einordnen, ohne eine Abhängigkeit unseres Autors vom Messalianismus behaupten zu müssen.[84]

Auf dem dem 4. Symposium Syriacum 1984 wurden zwei sehr unterschiedliche Beiträge zum LG vorgetragen: Alexander Böhlig holte den LG in die griechisch-römische Kultur zurück, indem er in seiner Untersuchung der Rhetorik des LG an drei Textbeispielen nachwies, dass der Autor des LG, dessen Stil er aufgrund der argumentierenden Redeweise des Autors dem genus deliberativum zuwies,[85] dem Aufbau der antiken Rede folgt.[86]

---

84 A.a.O., 320. Vgl. das Fazit a.a.O., 322. Guillaumonts zwei Jahre später erschienerer Eintrag im Dictionnaire de spiritualité fasst seine Forschungen zu einem Artikel zusammen, den man klassisch nennen möchte (DSp 9, 749-754). Während die Diskussion über die Beziehung zum Messalianismus breiten Raum einnimmt, wird, wenn der LG als „un précieux témoin de la spiritualité la plus archaïque de l'Église de Mésopotamie" (a.a.O., 750) beschrieben wird, eine Bestimmung des „Archaischen" vermisst. Bezüge zu den Thomasakten und Marcion werden nicht hergestellt. Der Begriff der „mystique pneumatique", den Guillaumont auch hier wieder einsetzt (a.a.O.,753), unter dem er die verschiedensten Autoren einordnet, und der aus salomonischer Weisheit geboren scheint, enttäuscht doch zuletzt, weil er zu weit gefasst ist.

85 Übergänge zum genus demonstrativum werden beobachtet; vgl. das Fazit bei Böhlig, Gnosis und Synkretismus 1. Tl., 209.

86 Böhlig, a.a.O., 202-208. Juhl hat in der Einleitung zu ihrer Arbeit „Die Askese im Liber Graduum und bei Afrahat", 25ff Böhligs Vorschlag mit inhaltlichen Gründen zurückgewiesen, die sich jedoch als nicht stichhaltig erweisen. 1. Juhl scheint der Auffassung zu sein, das genus deliberativum könne nur in einer systematischen Abhandlung zur Anwendung kommen. Der LG aber sei keine „vollständige theologische Abhandlung" (Juhl, a.a.O., 25). Dem ist entgegenzuhalten, dass das „genus deliberativum" eine Gattung der Rede ist. Auch wenn der Autor nicht systematisch schreibt, sondern im Schreiben der mündlichen Rede verhaftet bleibt, geht er doch bei jedem seiner verschiedenen Themen argumentativ vor, so wie es das genus deliberativum will, gemäß dem „der Redner eine der Zukunft angehörende Handlung empfiehlt oder von ihr abrät" (Böhlig, a.a.O., 200). 2. Böhlig benannte als Beleg dafür, dass der Autor das Lernen aus der Vergangenheit, das zu diesem genus gehört, kennt, „die Personen des Alten Testamentes, Adam, die Patriarchen und die Propheten, sowohl als auch die Personen des Neuen Testamentes, Jesus und die Apostel." (Böhlig, a.a.O. 201). Er biete das Personal der Heilsgeschichte auf, um aus der Erfahrung der Vergangenheit für die erstrebenswerte Zukunft der Hörer zu argumentieren. Juhl weist dies zurück: „Das Zitieren alt- und neutestamentlicher Worte ist im Schriftverständnis des Autors begründet. Der syrische Anonymus weiß, daß in den Schriften durch Prophetenhand der Wille Gottes zu allen Zeiten verkündet wurde und wird" (Juhl, a.a.O. 26). Ich halte dafür, dass diese Sicht dem differenzierten Schriftverständnis des Autors nicht gerecht wird. Der Autor weiß von Worten Gottes, die immer galten, als auch von Worten, die Gott seinerzeit den Propheten gesagt

Robert A. Kitchen versuchte in einem religionssoziologischen Zugang zum LG, seine Gattung ähnlich wie schon Ortiz de Urbina als Sektenregel („sect-canon") zu bestimmen.[87] Die Niederschrift der „Regel" sei dann akut geworden, als die einst hoch geschätzten asketischen Ideale nicht mehr so im Schwange waren und die nachfolgende Generation der Mahnung zur Rückkehr zu den alten Idealen bedurfte.[88] Bei der Ethik der „Vollkommenen" handele es sich mehr um eine regulative Idee als um eine lebendige Realität, die den durchaus realen Weltchristen, den „Gerechten" als geistliches Ziel vorgestellt werde. Kitchen hielt die seit Vööbus herrschende Meinung, es handele sich beim LG um den Zeugen einer archaischen Stufe asketischer Lehre, für ein Vorurteil. Der LG sei nicht archaisch, vielmehr repristiniere er.[89] Daher schlug Kitchen vor, die Gemeinde des LG als „example of Syriac ‚neoorthodoxy'"[90] zu begreifen.

Die erste eigentlich theologische Studie über den LG wurde von dem polnischen Patristiker Aleksander Kowalski verfasst und an der Gregoriana i. J. 1985 als Dissertation angenommen. Mit dem von Robert Murray angeregten Thema „Perfezione e giustizia di Adamo nel Liber

hat, die aber seit Christus nicht mehr gelten. Der Autor hat, wie es von dem im „genus deliberativum" Redenden erwartet wird, durchaus ein gegliedertes Verständnis von Vergangenheit, Gegenwart und Zukunft.

87 OCA 229 (1987), 175.

88 „The LG was written precisely at this juncture. Already the author laments that there aren't ascetics around anymore like the old ascetics" (a.a.O. 177). Kitchen bezieht sich hier auf Traktat 29,3, wo den Adressaten im Blick auf die früheren Lehrer vorgehalten wird, dass sie sich in der Welt eingerichtet haben: „... Und Menschen, deren die Welt nicht wert ist, waren mit Häuten von Schafen und von Ziegen bekleidet (Hebr 11,37). Und nicht haben sie etwas in dieser vergänglichen Welt erworben. Und wir, die wir diese Dinge andere lehren, lehren sie uns selbst nicht. Sondern wir essen Fleisch und trinken – wir! – Wein ohne Anstand, während unsere alten Gefährten Asche aßen und im Weinen ihre Tränen tranken. Und wir kleiden uns mit verzierten Gewändern, und wir schmücken uns das Begehren unseres Fleisches aus, während unsere Gefährten mit Häuten von Ziegen bekleidet waren und mit hässlichen Säcken. Und wir haben Besitz (...), während unsere Gefährten zu Fremden und Fremdlingen ihren Brüdern und ihren Eltern wurden und nichts in dieser Welt erwarben abgesehen von minderwertiger Nahrung und verächtlichem Gewand. Und diese unsere früheren Lehrer waren verächtlicher und demütiger als alle Menschen" (29,3 [820,10-821,5]).

89 Wird Kitchen in seiner Kritik Vööbus gerecht? Schon dieser hatte den Gruppen, in denen der LG entstand, einen „spirit of conservatism" bescheinigt, „which enabled them to retain something from the past" (Vööbus, PETSE 7, 120). Kitchen verschärft Vööbus' These, ist ihr aber eigentlich nicht entgegengesetzt.

90 OCA 229, 182.

Graduum" behandelte Kowalski ein zentrales Thema der an der Wiederherstellung des protologischen Zustands orientierten Eschatologie des LG. Das Wesen der Theologie dieses ersten Systematikers der syrischen Theologie erkennt er in der asketischer Mentalität entsprechenden Methodik, Theologie „in modo riduttivo" zu behandeln, indem der Autor die ihm von der Tradition überkommenen Themen vereinfache und rigoros in seine Schema einordne.[91] In einem letzten Kapitel führt Kowalski die Diskussion über Lokalisierung und Datierung des LG fort: Während seiner Meinung nach genau so viel für eine römische wie für eine persische Lokalisierung spricht, fand er für eine relativ späte Datierung innere Indizien, die eine Abhängigkeit von Aphrahat und Ephraem als wahrscheinlich erscheinen lassen,[92] hält jedoch eine genauere Datierung nach dem gegenwärtigen Forschungsstand für nicht möglich.

Vincent Desprez' Essay über den LG von 1992, als Erstinformation für eine kirchlich interessierte Leserschaft geschrieben, stellt den Versuch einer systematisch geordneten Darstellung der Lehren des LG dar, wobei wie in der vorliegenden Studie der Ausgangspunkt beim „Unterscheiden" (LG 1,1) genommen wird.[93] Wenn er dann den Begriff der Stufen einfachhin auf Ränge von Menschen von den Schwachen bis zu den Vollkommenen überträgt,[94] gerät ihm die Darstellung des LG zu statisch.[95] Die durch das eschatologische Ziel motivierte Dynamik des Aufstiegs wird nicht erkannt. Die Darstellung wird gerahmt von Theorien über die Herkunft und die Nachfolge der „Vollkommenen" des LG: Sie seien Erben der wandernden Missionare der Thomasakten und der pseudoklementinischen Briefe De virginitate und seien verwandt mit den „Erwählten" des Mani, wenngleich eine Abhängigkeit von die-

---

91 „Costruisce in tal modo un sistema schematizzato, semplificato e radicalizzato che doveva accordarsi meglio con la sua mentalità ascetica" (Kowalski, Perfezione e giustizia, 200).

92 Kowalskis Argument für eine relativ späte Datierung wird besonders am Punkte der Unterscheidung der beiden Klassen von Christen deutlich. Wenn diese beim Autor stärker ausgeprägt sei als bei Ephraem, so liege das an seiner generellen Tendenz, ihm vorgegebene theologische Themen zu radikalisieren. Die ausgeprägtere Form gilt ihm als die spätere: „… como abbiamo osservato più volte, il nostro autore spesso radicalizza concetti a lui noti dalla tradizione" (Kowalski, a.a.O., 221).

93 Lettre de Ligugé 262 (1992), 16. Zur Methode des „Unterscheidens" vgl. u. 1.3, S. 18f.

94 A.a.O., 17f.

95 Die Stufen beziehen sich auf die jeweils gestellte ethische Aufgabe, nicht etwa auf einen menschlichen Stand.

sen ausgeschlossen werden könne.[96] Die Nachfolger des LG sieht
Desprez in Adelphios, dem ersten bekannten Sektenhaupt der Messalianer, aber ebenso in den asketischen Homilien des Ketzerbekämpfers
Philoxenus wie auch in Ps.-Makarius. Desprez' überraschende These:
Der LG steht möglicherweise an der Quelle aller asketischen Lehre Syriens![97] Robert Murrays Auffassung einer mehr westlichen Lokalisierung[98] kommt Desprez' Bemühung, diese verwandtschaftlichen Bezüge
herzustellen, entgegen.[99]

Im selben Jahre referierte Lionel Wickham auf dem VI. Symposium
Syriacum über den LG. Erstmals werden wieder Einleitungsfragen auf-
geworfen, die nach dem ursprünglichen Titel und der Ordnung der
Traktate.[100] In der Frage des Verhältnisses zu Ps.-Makarius und der
Herkunft messalianischer Frömmigkeit plädiert Wickham für den Vor-
rang des LG: „The presumption must be that Pseudo-Macarius is in-
fluenced by the spirituality found in LG, which is therefore quite as
‚Messalian' as he is.“[101] Eine Untersuchung der Gotteslehre und
Christologie des Autors ließ Wickham ein Jahr später in der FS für Luise Abramowski folgen.[102]

Im Rahmen eines Vergleiches mit Aphrahat behandelte Diana Juhl
in ihrer von Peter Nagel angeregten und 1994 abgeschlossenen Mar-
burger Dissertation die asketische Theologie des LG mit den Themen-
schwerpunkten Protologie und Sündenfall, Christologie und Praxis der
Askese und legte damit die zweite, im engeren Sinne theologische Studie zum LG vor.[103] Juhl charakterisierte dabei die im LG geforderte asketische Praxis, soweit sie sich in äußerlichen Übungen zeige, als „Bedingungen des himmlischen Seins“, während das Wesen des LG in der

---

96   A.a.O., 16.

97   A.a.O., 26-28. „Le *Livre des degrés*, inspirateur possible de ces spirituels ...“ (a.a.O., 28).

98   Das Fehlen des poetischen Symbolismus auf der einen und die Verwandtschaft zu Balai und Ps-Makarius führen Murray zu der Vermutung, dass der LG „perhaps from farther west than most of our authors“ ist (Murray, Symbols, 36).

99   Lettre de Ligugé 262 (1992), 22 Anm. 10 und 27 Anm. 18: „Je situerais l'ouvrage plu-tôt en Mésopotamie occidentale“.

100 Wickham, OCA 274 (1994), 177-187.

101 Wickham, a.a.O., 185.

102 Logos. FS Abramowski, 486-498

103 Zum Inhalt dieser vorwiegend texterschließenden und exegetischen Studie vgl. mei-ne Rez. in ZAC 5 (2001), 342-344.

inneren Askese liege, „die vor allem in der Demut zum Ausdruck kommt und als Kreuzaufnahme verstanden wurde".[104]

Peter Nagel hat sich in den Jahren 1996 bis 2000 viermal zu verschiedenen Aspekten des LG geäußert.[105] Er charakterisiert das Buch als eine „*summa* des christlichen Lebens im Zeichen nicht nur der Askese, sondern konsequenter Weltablehnung schlechthin".[106] Seinen Einzeluntersuchungen schickte er jeweils eine ähnlich lautende kurze Einführung in den LG voraus, in der das Wesen des LG in zwei Denkbewegungen erfasst wird: Der hauptsächliche Wesenszug der Lehre des LG sei in der durch die Protologie bestimmten Eschatologie bestimmt, der „Wiedergewinnung der göttlichen Glorie, die Adam einst innehatte."[107] Dieses eschatologische Ziel motiviere die unter dem Zeichen des radikalen Liebesgebotes und der Angleichung an Jesus stehende Askese. Das zweite, dem ersten nachrangige Grundthema sieht Nagel in der Unterscheidung der größeren Gebote der Liebe von den kleineren des Dekalogs und der goldenen Regel, die sich der (seelsorgerlichen) Einsicht verdanke, „dass das Liebesgebot und die völlige Angleichung an Jesus Christus nicht von allen Gläubigen (...) verwirklicht werden kann."[108] Alle weiteren Antithesen, die das diastatische Denken des Autors hervorbringt, seien „diesem Grundsatz untergeordnet oder erscheinen als dessen Folge."[109] In seinem längsten Beitrag von 1998[110] veröffentlichte Nagel eine Übersetzung derjenigen Abschnitte des 30. Traktates, die den Konflikt zwischen den „Märtyrern des Glaubens" und den „Märtyrern der Liebe" betreffen (§§1-4.6-14). Dieser Konflikt, der vom Beginn der Forschungsgeschichte bis heute Anlass für Versuche einer kirchengeschichtliche Verortung des LG gegeben hat, bleibe gleichwohl „eigentümlich geschichtslos".[111] Die Akteure werden nicht beim Namen genannt. Nagels Zurückhaltung in der Frage einer konkreten kirchengeschichtlichen Einordnung ist das Vorzeichen, nach dem dann doch die Verfolgungen unter Schapur II als geschichtlicher

---

104 Juhl, a.a.O., 165.
105 Vgl. das Literaturverzeichnis. Eine Zusammenfassung der Studien Nagels zum LG findet sich bei Jaspert, Mönchtum und Protestantismus Bd. 3, 458-466.
106 HBO 29 (2000),117.
107 FS Wießner, 128.
108 A.a.O., 129.
109 Ebd.
110 A.a.O., 127-142.
111 A.a.O., 131.

Hintergrund für die „Märtyrer den Glaubens" in Erwägung gezogen
werden können.[112] Der Diskussion der für die erste Hälfte des 30. Traktates spezifischen Thematik schickt Nagel eine konzise Einleitung voraus, die den Inhalt des LG sowie den bisherigen Forschungsstand klar
zusammenfassen. Für die Abfassungszeit schlägt Nagel einen Zeitpunkt „noch im vierten Jahrhundert" vor, da den Autor mit Aphrahat
die Zitierung nach dem Diatessaron verbindet.[113] Die Erwähnung des
Euphrat und des kleinen Zab (30,14 [896,1f]) lassen auf eine Heimat des
Autors im nordöstlichen Mesopotamien schließen.[114] Mit Vööbus und
Guillaumont hält Nagel die Messalianerthese für überwunden und
sieht aufgrund des eigenständigen Charakters des Werkes der Forschung, die eine „Zuordnung zu einer bestimmten Strömung oder
Richtung" anstrebt, eine Grenze gesetzt.[115]

In Klaus Fitschens umfangreicher Darstellung des messalianischen
Streites (1998) nimmt die Frage, in welcher Beziehung der LG zum
Messalianismus steht, einen breiten Raum ein.[116] Fitschen verortet den
LG in der Vorgeschichte des Messalianismus und sieht in ihm, ähnlich
wie Vööbus, wenn auch versöhnlicher, einen Vermittlungsversuch zwischen alten asketischen Idealen und kirchlichem Christentum.[117] Originell bei Fitschen ist der nach Hausherr umfangreichste Versuch einer
an konkreten Daten festgemachten kirchengeschichtlichen Einordnung.
Fitschen folgt der Einschätzung des Herausgebers vom hohen Alter des
Autors. Er sieht das Werk im persischen Herrschaftsgebiet entstanden,
in einer kirchengeschichtlichen Situation, die durch Auseinandersetzung im Inneren und gleichzeitige Verfolgung von außen charakterisiert war.[118] Das Machtstreben von Kirchenleuten, das der Autor kriti-
siere, macht Fitschen an der Person des Mar Papa, des Bischofs von Seleukia-Ktesiphon fest, der um 313 „patriarchalische Rechte über die o-

---

112 Ebd.
113 A.a.O., 127. Nagel äußert sich HBO 29, 115 genauer: Der LG sei im letzten Drittel des
     4. Jh. verfasst worden. Zu Beginn des 5. Jh. habe ein Redaktor die Traktate gesam-
     melt und herausgegeben.
114 FS Wießner, 128.
115 Ebd.
116 Fitschen, Messalianismus und Antimessalianismus, 108-128.
117 „Wenn der LIBER GRADUUM nun in die Vorgeschichte des Messalianismus gehört, ist
     er als Versuch aufzufassen, archaische Strömungen des syrischen Mönchtums und
     bürgerliche Christen aneinander zu binden" (Fitschen, a.a.O., 128).
118 Fitschen, a.a.O., 119.

rientalischen Bischöfe" beansprucht habe.[119] Die Verfolgung (seit 339) unter Schapur II. sei bereits angebrochen. Die Traktate seien vor der ersten Erwähnung des Messalianismus bei Ephraem verfasst worden.[120] Als terminus ante quem wird das Martyrium des Quardag (358/59), als Entstehungsort die Gegend von Nisibis oder Arbela bestimmt.[121] Die

---

119 Fitschen, a.a.O., 116. Winkler steht diesen, der umstrittenen „Chronik von Arbela" ntnommenen Angaben im einzelnen skeptisch gegenüber, möchte aber die Grundinformation, dass es zu Beginn des 4. Jh. „Widerstand gegen den Primatanspruch des Bischofs der Hauptstadt" gab, Glauben schenken (Baum/Winkler, Apostolische Kirche des Ostens, 15f.). – Allerdings wird die von Fitschen zitierte Kritik an Kirchenführern vom Text nicht gedeckt: In Traktat 19,31 und 22,7 geht es um die ܡ̈ܪ und das Verhältnis der „Vollkommenen" zu diesen (vgl. dazu o. 4.5.1, S. 149-151). ܡ̈ܪ bezeichnet eine kirchliche Obrigkeit, die mit einer durchaus politischen Machtfülle ausgestattet ist. Nach 19,24 sind das Leben in der Vollkommenheit und das kirchliche Amt unvereinbar: „... weil die Vollkommenen jedermann mit Demut lehren und sie die Menschen nicht mit Zwang fordern können wie die Oberen. Den Oberen aber, die über einzelne Länder Gewalt haben, ist erlaubt, dass sie alles mit Gerechtigkeit einfordern (...). Die, welche Recht und Vergeltung einfordern, können nicht vollkommen werden" (493,13-18.21f). In 19,31 schreibt der Autor der Obrigkeit eindeutig das Recht zur Judikative zu, damit sie den Schwachen beistehen und den Bösen wehren. Die Vollkommenen sollen aber durchaus Verständnis für diese Obrigkeit haben: „Lasst uns also verstehen, Brüder, was der Oberen ist" (508,2f). Ebenso werden diese um Toleranz gebeten: „Auch ihr Oberen, habt Verständnis für die Lebensweise der Vollkommenheit und seid nicht ungehalten über uns und tadelt uns nicht bei etwas, das unser ist, und hasst uns nicht ohne Grund, und verfolgt uns nicht umsonst, (uns entfremdend) von dem Dienst, welcher für uns gerecht ist ..." (508,5-9). – Es wird zwar ausgeschlossen, dass man als Kirchenfürst vollkommen werden kann, aber abgesehen davon hat der Autor Verständnis für kirchliche Obrigkeit, wirbt sogar um deren Anerkennung bei seinen Leuten. Von einer Kritik des LG an machthungrigen Kirchenmännern kann keine Rede sein. Die Bedenken Winklers (und anderer) die Chronik von Arbela betreffend und meine andere Sicht der Dinge, was die Aussagen des Textes selbst zum Verhältnis zur kirchlichen Obrigkeit angeht, lassen mich an diesem Punkt von Fitschens zunächst verlockend konkreter kirchengeschichtlicher Einordnung des LG abrücken.

120 Vgl. o. S. 7 Anm. 35, dazu Fitschen, a.a.O., 19f.

121 Fitschen bezieht die Notiz aus 30,4 (869,19-23), nach der die „Zeugen des Glaubens" deshalb Verfolgung erleiden, weil sie in ihrem Eifer den Heiden „mit Härte widerstehen, wegen ihrer bösen Lehre, und sie ihre Altäre umstürzen" auf Aktionen des christlichen Unterkönigs Quardag gegen den Feuerkult: „Der Christ Quardag, Unterkönig des Gebietes von Bet Garmai bis Nisibis und Feldherr im Krieg gegen die Römer, zerstört nach seiner Rückkehr aus dem Krieg Feuerheiligtümer und baut Kirchen an ihrer Stelle. Er wird deshalb von den Magiern beim Großkönig angezeigt und erleidet im 49. Jahr Schapurs (also 358/59) das Martyrium" (Fitschen, a.a.O., 118). – Für die Lokalisierung sprechen nach Fitschen folgende Indizien: die Erwähnung der Assyrer in 22,7 (216,19), wobei Assyrien „im engeren Sinne die Gegend um Mossul und Arbela" und im weiteren Sinne das Perserreich meint, die Erwähnung des Kleinen Zab (30,14 [896,2]), die Tatsache, dass Arbela der Regierungssitz des o. g. Quardag war (Fitschen, a.a.O). – Wie bestechend Fitschens Argumente für eine

Linie, die sich von den manichäischen electi zu den Vollkommenen des LG ausziehen ließe, lässt Fitschen nur als Analogie gelten,[122] zieht aber eine Verwandtschaft mit den Graden der Valentianer, der τέλειοι und der Psychiker in Erwägung, zumal da die Valentinianer im Edessa des vierten Jahrhunderts präsent gewesen seien.[123]

Im Jahre 1999 wurde von Philippe Escolan in seiner Geschichte des syrischen Mönchtums noch einmal die häresiologische Frage nach dem Zusammenhang des LG mit dem Messalianismus gestellt. Escolan geht dabei von einer Charakterisierung des Messalianismus aus, nach der dieser durch den Glauben an die Möglichkeit bestimmt sei, das Heil durch eine asketische Methode zu erreichen.[124] Dieses Methodische stellt er nun auch beim LG fest, dessen Autor „insiste particulièrement sur la nécessité de l'ascétisme pour obtenir l'Esprit Saint".[125] Deshalb bestehe die Möglichkeit, „de faire de cet ouvrage un texte messalien, ou prémessalien."[126] Escolan schließt sogar die Möglichkeit nicht aus, den LG mit dem „mystérieux *Asceticon* messalien" zu identifizieren.[127] Wenn aber der LG einer messalianischen Gruppe „ou du moins ,prémessalien'"[128] angehöre, dann, so schließt Escolan, habe diese Häresie ihren Ursprung in der ältesten syrischen Spiritualität. Escolans Gedanken ist abzuspüren, dass sich die Erforschung des LG zur Zeit an einem Endpunkt befindet und beginnt, sich im Kreise zu drehen.[129]

---

genaue Verortung des LG auch sind, so muss doch berücksichtigt werden, dass der Autor selbst sich konkrete zeitgeschichtliche Anspielungen verboten hat und dadurch der Forschung eine Grenze setzt. Mit Nagel, FS Wießner, 128, bleibt festzuhalten, dass das „Werk des unbekannten ,Seligen' eigentümlich zeitlos" ist.

122 Fitschen, a.a.O., 220 Anm. 136.

123 Fitschen, a.a.O., 121.

124 Escolan, Monachisme et Église, 92.

125 Escolan, a.a.O., 95. Escolan bezieht sich hier auf 5,18 (132,17-19) „Es kam also der Paraklet, dessen die Welt nicht würdig ist. Und nicht kann ihn jemand empfangen, es sei denn, dass er der Welt fremd geworden ist."

126 Ebd.

127 Dazu Fitschen in seiner Rez. „Der Vf. bringt im Strom der bisherigen Forschung den Liber Graduum mit dem Messalianismus in Verbindung, geht aber mit seiner Vermutung in die Irre, dieses bedeutende und zugleich rätselhafte Werk könnte das 431 in Ephesus verurteilte Handbuch der Messalianer, das Asketikon, sein" (Fitschen, ThLZ 125 (2000), 1031).

128 Escolan, a.a.O., 109

129 Mit dem Erscheinen des LACL, dem Nachfolger der „Patrologie", i. J. 1998 ist ein Artikel über den LG in einem kirchengeschichtlichen Standardwerk vorhanden. Peter Bruns wählte in seinem Eintrag a.a.O., 397f einige Themen des LG aus: Er referiert die Anthropologie des LG nach Traktat 28 und, nach Kowalskis Studie, die pro-

Mit der durch Peter Brown angeregten und 2004 erschienenen englischen Übersetzung des LG durch Robert A. Kitchen und Martien F. G.
Parmentier ist der Anonymus nunmehr einer breiten Öffentlichkeit bekannt gemacht. In seiner Einführung stellen die Übersetzer den Autor
als Seelsorger vor, der in der Situation des Übergangs zwischen der
nicht ortsgebundenen frühsyrischen Aseke und der Übernahme des
ägyptischen Vorbilds[130] seiner von inneren und äußeren Konflikten er-
schütterten Gemeinde Rat gibt,[131] mit dem Ziel einer „spiritual reforma-
tion".[132] Originell in dem Interpretationsansatz von Kitchen/Parmentier
ist die von der Beobachtung, dass die Adressaten der letzten sechs
Traktate mehr die Gerechten als die Vollkommenen sind, ausgehende
These von einer Enttäuschung des Autors über den vollkommenen
Stand und seiner Hinwendung zu den Gerechten, deren Glaubenstreue
unter den Bedingungen einer weltlichen Lebensweise der Autor hoch-
schätze.[133]

Die vorliegende Arbeit, die dritte in der Reihe der theologischen
Studien über den LG, versucht einen neuen Zugang zu dem Anonymus, indem er ihn, der keinen Gedanken ohne Schriftbegründung formuliert, als Ausleger der Schrift beim Worte nimmt und seine Auslegung des Apostels, die einen maßgeblichen Teil seiner asketischen
Theologie ausmacht, untersucht.

---

tologische Herrlichkeit Adams, den Fall und die Wiederherstellung durch Christus
mit Hinweisen auf ethische Implikationen.

130 Kitchen/Parmentier, a.a.O., xlix

131 „The starting point of the *Liber Graduum*, however, was the pastoral response of this
author to the situation of his faith community" (Kitchen/Parmentier, lxxx).

132 Kitchen/Parmentier, a.a.O., lxii.

133 Kitchen/Parmentier, a.a.O., lxxii. lxxix.- Die ersten Ergebnisse der von der englischen
Übersetzung angeregten Forschung, die z. B. im Workshop „Breaking the Mind.
New Perspectives on the Syriac Book of Steps" auf der XVth International Conferen-
ce on Patristic Studies 2007 vorgelegt wurden, konnten in vorliegender Studie nicht
mehr eingearbeitet werden.

1.3 Hermeneutische Methode, Themen und literarisches genus des LG

Der LG stellt eine Sammlung von dreißig oder einunddreißig[134] Traktaten (ﻣﺎﻣﺘﺎ)[135] verschiedener Länge dar. Eine gewisse Ordnung ist erkennbar.[136] Des öfteren ist zu beobachten, wie in einem späteren Traktat
die Gedanken eines früheren weiter entwickelt werden. Hin und wieder bezieht sich der Autor auf in früheren Traktaten Gesagtes.[137] Der
erste Traktat legt mit dem Zitat von Röm 12,2 den Grund zur hermeneutischen Methode:

> „Werdet Unterscheidende und Sehende, welcher der Wille Gottes ist, der
> wohlgefällige und vollkommene" (1,1 [12,14-16]).

Der Autor versteht dabei die verbale Aussage ﻣﻮﻣﻪܘ ﻓﺮܘﻣﻰ „werdet Unterscheidende", die auch in der Peschitta εἰς τὸ δοκιμάζειν wiedergibt,

---

134 In den Hss α, die der Edition Kmoskos zugrunde liegt, und β ist die Vorrede enthal-
    ten, die der Herausgeber mit der Mitteilung des von ihm so genannten „letzten Ab-
    schnittes des letzten Traktates seiner Lehre", der eine Beglaubigung des Autors als
    eines echten Propheten darstellt, beschließt. Zählt man diesen „Abschnitt" dazu, er-
    hält man die Zahl von 31 Traktaten.

135 Zur Bedeutung von ﻣﺎﻣﺘﺎ vgl. Wickham, FS Abramowski, 487: „a word which has
    the same semantic field as the Greek logos, and can mean ‚essays', ‚literary pieces',
    or ‚books' in the sense of parts of a treatise."

136 Kmosko möchte den LG in eine pars didactica (Traktate 1-21) und eine pars polemi-
    ca (Traktate 22-30) teilen. Wickham diskutiert OCA 274, 181-184 die Frage der Ur-
    sprünglichkeit der jetzigen Anordnung und gelangt zu dem Schluss, dass die Trak-
    tate 1-9 eine Einheit bilden, die unter dem Thema „Unterscheidung der Gebote" ste-
    hen". Das Folgende sei teils falsch angeordnet. Das zweite Thema, der „Lebenswan-
    del der Vollkommenheit" setze bei Traktat 16 ein (Wickham, a.a.O., 182). Die
    Zweiteilung, die Kmosko vorgenommen hat, könnte, so Wickham, mit der Absicht,
    welche der Redaktor mit der jetzigen Ordnung hatte, übereinstimmen (Wickham,
    a.a.O., 184).

137 So bezieht sich der Autor 19,7 zurück auf das Thema von Traktat 9: „Über den Wan-
    del aber der Propheten und über das Alte Testament wurde von uns (schon) oben
    gehandelt [Traktat 9], wie wir die Bücher der Propheten und das Gesetz des Mose
    hören sollen" (461,14-17). 19,38 verweist der Autor auf seine hermeneutische Grund-
    entscheidung in Traktat 1 zurück: „Und siehe, oben ist durch uns alles erklärt in die-
    sem Traktat, das genannt wird ‚Unterscheidung der Gebote'" (520,20-22). Wickham,
    a.a.O., 178 will diesen Verweis auf die ganze Reihe der Traktate 1-9 bezogen wissen.
    – 20,3 (532,4) bezieht sich der Autor zurück auf Traktat 19 (so Wickham, a.a.O., 182),
    22,11 (657,16f) auf 17,8.

mehr in der Linie der Grundbedeutung „trennen"[138] und nicht im Sinne einer aufmerksamen, kritischen Wahrnehmung.[139] In der Unterscheidung zwischen den Geboten, die der Rechtschaffenheit dienen von den Geboten, die die Absage von der Welt fordern und das Schauen des Antlitzes Gottes für den, der sie befolgt, zum Ziele haben, liegt die hermeneutische Methode des Autors, die in den folgenden Traktaten in wiederholten Gegenüberstellungen entfaltet wird. Traktat 7 fällt in seinen überraschend konkreten Bezügen zu den alltäglichen Leiden und der Religiosität des Volkes aus dem Rahmen.[140] In späteren Traktaten werden thematische Schwerpunkte entfaltet: der Status der Gerechten des Alten Testamentes (Traktat 9), das Verhältnis der sichtbaren zur unsichtbaren Kirche (Traktat 12), Sündenfall und Sexualität (Traktat 15), das Verhältnis von alttestamentlichem Gesetz und Evangelium (Traktat 26). Die Traktate 22-24 enthalten theologischen Streitfragen: Ist der Staat göttlichen Rechtes? (Traktat 22), Gibt es eine Vorherbestimmung zum Bösen? (Traktat 23), Gibt es eine zweite Buße? (Traktat 24). Weitere Fragen diskutieren Traktat 27: Was heißt verantwortlich lehren? und Traktat 28: Wie sind in der Anthropologie Seele und Geist ins Verhältnis zu einander zu setzen? Die Reihe der Traktate findet ihren krönenden Abschluss im 29. Traktat über die Kasteiung des Leibes, der mit einer Bitte um Gedenken an den Autor im Gebet und einem beeindruckenden Bekenntnis zu Christus schließt.

Der 30. Traktat fällt mit seinem besonderen Anlass der Verfolgung der „Jünger der Liebe" durch die „Jünger des Glaubens" heraus und scheint als Anwendung der Lehre des Autors auf den aktuellen Fall ein nachgetragenes Kapitel zu sein.[141] Die theologische Argumentation ist nicht mehr originell, sondern epigonal.

---

138 Brockelmann, Lexicon, 607a, Bedeutung 1.a. „separavit".

139 Lettre de Ligugé 262 (1992),16. Desprez setzt in seinem Essay über den LG ebenfalls mit dem grundlegenden Zitat von Röm 12,2 ein und merkt in seiner Übersetzung die Ambiguität von ڡيذ an: „Discernez (ou "distinguez", *parshin*) et voyez quelle est la volonté de Dieu agréable et parfaite."

140 Der Autor setzt sich mit Magie und Zauberei auseinander (§3) sowie mit der als heidnisch erachteten Musik (§16) und hält ein Lob der Medizin (§18). Interessant sind die reichen Wortfelder zu den genannten Themen.

141 So schon Kmosko, a.a.O., CLIX: „Doxologiae enim crebrae versus finem Sermonis XXXIX ostendunt opus totum olim hocce sermone desise (sic! besser: desinisse) Sermonemque XXX postea demum adiectum fuisse, probabiliter interiectis aliquot annis pace Ecclesiae restituta."

Im Blick auf die Frage nach dem literarischen genus des Buches erweist der im ersten Traktat formulierte streng schriftgelehrte Zugang
zur asketischen Lehre und die Breite der behandelten Themen, dass es
sich beim LG, anders als bei Ps.-Makarius nicht um reine Erbauungsli-
teratur handelt. Es geht um eine systematisch-theologische Fundierung
asketischer Praxis.[142] Die beiden Beobachtungen, hermeneutische
Strenge und Themenvielfalt geben den meisten Versuchen, das literari-
sche genus des LG auf einen Begriff zu bringen, Recht: Ortiz de Urbi-
nas „directorium alicuius sectae", Kitchen's „sect-canon" und Nagels
vorsichtigerem Begriff der „Summe". Der Ton des LG bleibt stets argumentativ. Mit Recht hat Böhlig den Text in seiner rhetorischen Analyse dem „genus deliberativum" zugerechnet.[143] Durch Argumente soll
der Leser für den Weg der Askese gewonnen werden. Das Systematisch-Theologische bleibt dabei stets im Fluss der Rede und im Rahmen
des Stils einer lehrhaften Predigt.[144] Predigtmäßig sind die vielen Wie-
derholungen, die Anrede an den Leser und der Stil der Diatribe, in dem
theologische Streitfragen in Rede und Gegenrede behandelt werden.

---

142 Vgl. dazu die Einschätzung Kowalskis: „L'autore del LG e il più sistematico fra gli
     scrittori siri dell'epoca anteriore alle controversie cristologiche" (Kowalski, a.a.O.,
     200).
143 Böhlig, a.a.O., 200f. 209 (Fazit).
144 Kmosko, a.a.O., XXII, charakterisiert den Stil des Autors: „Indoles enim totius operis
     non tam didactica quam potius homiletica est; lectores veluti orator ex ambone allo-
     quitur ..." Dagegen: Dem Autor geht es in erster Linie durchaus um Lehre, nur legt
     er sie innerhalb der Möglichkeiten und Grenzen des Predigtstils dar.

2 Zitieren und Interpretieren

Der unbekannte Autor ist Schrifttheologe. Er zitiert die Schriften Alten[1] und Neuen Testamentes. Des weiteren zitiert er die Didache und den Hirten des Hermas. Anspielungen auf die Thomasakten sowie auf die Akten des Paulus und der Thekla sind erkennbar. Ferner werden eine Reihe von außerkanonischen Herrenworten bzw. Pauluszitaten zitiert.[2]

Im Hinblick auf die freie Zitierweise der syrischen Väter des vierten Jahrhunderts allgemein stellen Aland/Juckel fest, dass sie derjenigen der griechischen Väter des späten zweiten und dritten Jahrhunderts gleicht.[3] Gleichwohl zeigen sich Unterschiede in der Zitationsweise auch unter den Syrern, wie der Vergleich zwischen Aphrahat und dem Autor erweist. Während letzterer Zitat und Kommentar trennt,[4] erscheinen die Zitate beim Autor häufig in den fortlaufenden Text eingewoben. Während Aphrahat ordentlich zitiert, geht der Autor mit den Worten des Apostels kreativ um. Die Variationsbreite von wörtlichem Zitat bis zu freier Paraphrase ist bei einer einzigen Paulusstelle groß, wie das folgende Beispiel aus II Tim 2,4 zeigt:

---

1   Etwa 3/10 der atlichen Zitate entstammen den Psalmen. Kowalski hat beobachtet, dass die Psalmen genauer zitiert werden als andere biblische Texte und dass ihr Text dem der Peschitta besonders nahe steht. Dies sei auf die Übung der Psalmenrezitation zurückzuführen (Kowalski, a.a.O., 188).

2   In dem mir zur Verfügung gestellten Ms. der deutschen Übers. listet Nagel eine Reihe von außerkanonischen Herrenworten und anderen apokryphen Zitaten auf. Zu den apokryphen Pauluszitaten s. u. 2.4, S. 65-67. – Für die Spruchtradition hat Baker, NTSt 12 (1965/66), 49-55 einen dem Thomasevangelium und dem LG gemeinsamen Hintergrund erwiesen.

3   „Angestrebt wird hier und da, so scheint es, eine sinngemäße Genauigkeit, noch nicht oder doch nicht durchweg die wortwörtliche Wiedergabe des Textes" (Aland/Juckel, Das NT in syrischer Überlieferung II.1,70). – Zur freien Wiedergabe der Zitate aus Jesus Sirach im LG vgl. Strothmann, FS Vööbus, 156.

4   Vgl. die Beurteilung der Schriftauslegung Aphrahats durch Martikainen: „Aphrahat reiht oft Bibelzitate aneinander und läßt eigene Gedanken oder Beobachtungen spärlich zum Vorschein kommen" (Martikainen, a.a.O, 10).

P	LG 3,1 (48,7-9)	LG 25,6 (745,7-10)
„Und nicht leistet jemand Militärdienst und lässt sich binden von den Dingen der Welt, damit der dem gefalle, der ihn erwählt hat."	„... da nicht jemand, der Militärdienst leistet und sich von den Dingen der Welt binden lässt, dem, der ihn erwählt hat, gefallen kann".	„Die Möglichkeit besteht nicht, dass jemand Gott im Geiste diene,5 solange er von Angelegenheiten der Welt verwirrt wird, sondern, wenn er sich für denjenigen, der ihn erwählt hat, freimacht, dass er ihm gefalle."

Hier tritt ein grundsätzlich anderer Umgang mit der Schrift, als er bei Aphrahat beobachtet wird, zu Tage. Während bei letzterem die Lehre Jesu und des Paulus „aus dem heiligen Buche gewonnen wird", schöpft der Autor „aus der lebendigen Überlieferung."[6] da er, in der Tradition der Propheten und Apostel stehend, sich als ein Mann des Geistes weiß.

Die Art der Zitate ist ganz verschieden. Auffällig sind zunächst die kurzen Merksprüche, die häufig in Zitatkombinationen entweder mit einer anderen Paulusstelle oder mit dem Evangelium erscheinen. Sodann sind längere Zitate zu beobachten, die explizit als Sprüche des Apostels gekennzeichnet werden und in der Argumentation als Schriftbeleg dienen. Von besonderer Bedeutung sind kunstvoll mit Interpretationen durchwobene Zitate oder Paraphrasen, in denen der Predigtstil des Autors zur Entfaltung kommt. Indem er die Exegese schon in der Darbietung des Textes selbst vornimmt, lassen sich beim Autor die Vorgänge des Zitierens und des Interpretierens nicht trennen.

---

5 Da ܦܠܚ in der freien Paraphrase nicht mehr die spezifische Bedeutung des Kriegsdienstes trägt, habe ich das Verbum hier im allgemeineren Sinne übersetzt.

6 Schwen schreibt zum Schriftverständnis des Aphrahat: „Grundlegende Autorität sind Jesus und Paulus; die Kenntnis ihrer Lehre wird aber nicht aus der lebendigen Überlieferung, sondern aus dem heiligen Buche gewonnen" (Schwen, Afrahat, 52). Der LG, den Schwen noch nicht kannte, entspricht genau der formulierten Antithese zu Aphrahats Umgang mit der Schrift.

2.1 Lesen und Hören

Der Autor ist primär ein Mann des Hörens. Die Bekanntschaft mit den Heiligen Schriften wird durch einen Hörvorgang geschlossen. Darauf weist die Überschrift des elften Traktates: „Über das Hören der Schriften und wenn das Gesetz vor uns verlesen wird" (272,1). Der Autor weiß von dem gottesdienstlichen Gebrauch, dass ein Schreiber vorliest und möglicherweise noch jemand dabei ist, der das Verlesene auslegt:

> „... so auch die Schriften, wenn der Schreiber vorliest, wenn es jemand gibt, der (sie) uns erklärt, und wenn nicht, so ist es nicht (unbedingt) erforderlich" (11,1 [272,7-9]).[7]

Unter den Schriften, die vorgelesen werden, werden der Apostel und das Evangelium (sg.) eigens genannt:

> „Und wenn der Apostel und das Evangelium verlesen werden ..." (11,1 [273,22f]).

Der Autor scheint auch eine private Bibellektüre zu kennen:

> „Und es gibt Menschen, die aus eigenem Antrieb das Wort unseres Herrn aus dem Text der Tinte hören können" (15,18 [377,22f]).

Hier ist zugleich der Sinn der Bibellektüre angesprochen: Es soll zum Hören des Wortes Gottes kommen.[8] An mehreren Stellen gibt der Autor zu verstehen, dass für ihn das Ohr das wichtigste Glied darstellt, so in der Wiedergabe von Röm 6,19, wo die „Glieder", die dem Dienst der Gerechtigkeit gewidmet werden sollen, durch den Gehorsam ersetzt werden (ܐ̈ܕ̈ܢܐ ܡܫܡܥܬ wörtl. Ohr-Hören).[9]

Hier stellt sich die weitere Frage, von welchen Vorlesungen der Autor selbst den Apostel kennt. Einen Hinweis geben kurze Zitate, deren

---

7 Zum Hören der Schrift vgl. auch 19,7: „Über den Wandel aber der Propheten und über das Alte Testament wurde von uns (schon) oben gehandelt [Traktat 9], wie wir die Bücher der Propheten und das Gesetz des Mose hören sollen" (461,14-17).

8 Der Kontext belehrt, dass der Autor drei Arten des Zugangs zum Hören kennt. Zunächst gibt es Menschen, denen eine intuitive Fähigkeit zum Hören eignet: „Wer aber in der Lage ist, dass er (etwas) von unserem Herrn hören kann, den ruft unser Herr, dass er auf seinen Weg komme" (15,18 [377,14f]). Wem jedoch diese Gabe versagt ist, soll sich von einem Vollkommenen belehren lassen. Durch diese Vermittlung wird er zum Hören kommen: „Er soll wissen, dass er von einem gereiften Menschen die Wahrheit hören kann" (377,20f). – Nach Kretschmar, ZThK 61 (1964), 39 nimmt in der syr. Liturgie das Hören auf Gottes Wort einen wichtigen Platz ein: „Aber unverkennbar spricht das »Hören des Wortes Gottes« in der liturgischen Tradition Syriens eine besonders auffällige Rolle nicht gegenüber, aber neben Taufe und Herrenmahl."

9 LG 15,9 (356,19f). Vgl. dazu u. 4.3.1, S. 114f.

Abgrenzungen er mit anderen, auch späteren Autoren teilt.[10] Wenn der Autor sich zum Teil in festen Zitiergewohnheiten bewegt, lässt sich folgern, dass er in eine Katechetenschule gegangen ist, in der er den Apostel in einer bestimmten Aufbereitung kennengelernt hat. Man möchte dabei an Nisibis (bis 363) oder, bei einer Spätdatierung des Autors, an Edessa denken, wo die Schule unter Ephraem „ab 365 als ,Perserschule' einen neuen Aufschwung nahm".[11] Auf eine andere Möglichkeit weist die Nähe des Autors zu Aphrahat. An manchen Stellen zeigt sich, dass der Autor die Paulusinterpretation des „persischen Weisen" gekannt und diese weiter entwickelt hat. Möglicherweise gab es im Sassanidenreich eine sonst nicht namentlich bekannte Schule Aphrahats. Den in der Schule des Aphrahat erworbenen Grundstock der Paulusauslegung hätte der Autor dann durch Bekanntschaft mit anderen Auslegern, vielleicht auch durch eigenes Schriftstudium erweitert. Eher unwahrscheinlich ist, dass er beim Diktat seiner Traktate auf den Apostel in Buchform zurückgegriffen hat. Er hat Gehörtes, Gelerntes und selbst Gelesenes in das Diktat eingearbeitet und im Rahmen seiner Argumentation neu ausgelegt.

2.2 Der Paulustext des Liber Graduum

Unter den neutestamentlichen Zitaten überwiegen die Evangelienzitate leicht die Zitate aus den Paulusbriefen. Zitiert wird das ganze Corpus Paulinum, jedoch ohne den kurzen Philemonbrief.[12] Der Hebräerbrief gilt dem Autor des LG selbstverständlich als pl. Die Anzahl der Zitate

---

10   Die Zitierweise des Autors bewegt sich zum Teil in den Bahnen einer bestimmten Zitiergewohnheit, die sich über Jahrhunderte gehalten hat, wie unten 2.3.1, S. 34 gezeigt wird.

11   KWCO, 161 (Krüger). Drijvers vertritt die These, dass die Schule von Edessa „at least from the second half of the second century C.E. on" bestanden habe (Drijvers/MacDonald, Centres of Learning, 51). Mit dem Philosophen Bardesanes trete diese Schule in das Licht der Geschichte (a.a.O., 52). Ephraem sei mit seiner orthodoxen Gruppe der „Palutianer" zu den bereits bestehenden Lehrrichtungen erst hinzugekommen (a.a.O., 57). Eine Kurzinformation über die Schule von Edessa in Drijvers' Art. Edessa, TRE IX (1982), 285.

12   Nach Kerschensteiner, Paulustext, 169f ist das Fehlen des Philemon im LG im syr. Kanon der Paulusbriefe begründet: „Der Philemonbrief fehlte in diesem Briefcorpus; dafür beinhaltete er einen dritten Korintherbrief. (...) Auch der Liber Graduum, der sonst alle kanonischen Paulusbriefe verwertet, erwähnt ihn nicht." Da sich im LG im Unterschied zu Ephraem und Aphrahat kein Zitat aus III Kor findet, vermutet Kerschensteiner eine Entstehung des LG „erst um 400" (a.a.O., 170).

oder Anspielungen verteilt sich wie folgt auf die pl Briefe: Röm 52, I Kor 53, II Kor 27, Gal 24, Eph 19, Phil 13, Kol 16, I Thess 3, II Thess 6, I Tim 7, II Tim 4, Tit 2, Hebr 35.[13] Ein einziges Mal nennt der Autor einen Brief namentlich, den an die Galater (5,18 [133,13]).[14]

Der Apostel rangiert in seiner Autorität gleich hinter dem Evangelium „Unser Herr und der Apostel" werden im gleichen Atemzug als Autoritäten genannt (5,5 [108,15.21]).[15] Während pl Stellen einerseits unterschiedslos in eine Reihe mit den evangelischen Weisungen gestellt werden, gibt es andererseits paarweise Zusammenstellungen, in denen der Apostel gleichsam als authentischer Ausleger des Herrn erscheint. Das Verhältnis von Evangelium und Apostel wird an einer Stelle, an der der Autor in die Gefahr gerät, Paulusworte über Herrenworte zu stellen, präzisiert. Auf die sich stellende Frage, ob „etwa der Apostel die Worte unseres Herrn" auflöse (8,2 [192,23]), erfolgt die Antwort des Autors mit Nachdruck:

> „Das sei ferne! Nicht auflösend löst er auf, sondern aufbauend baut er auf ihnen auf" (192,24f).[16]

Mit der Edition Kmoskos und seinen einschlägigen Ausführungen in der praefatio wurden die Zitate aus dem Evangelium sowie aus dem Apostel Gegenstand der Forschung. Während der Text des Evangeliums Spuren des Diatessarons aufweist,[17] stellte Kmosko für den Pau-

---

13 Die Verteilung der Zitate entspricht ungefähr der bei Aphrahat. Vgl. dazu das Schriftstellenverzeichnis in PS I.2, 486 und Corbett, Paul in Aphrahat, 20. Auch hier wird I Kor am meisten zitiert und erhält Hebr ein großes Gewicht. Während er bei Aphrahat an zweiter Stelle rangiert, erscheint er beim LG an dritter. Diese Stelle nimmt bei Aphrahat Röm ein, der beim LG auf den zweiten Platz kommt.

14 „wie in den ‚Galatern' geschrieben steht". Der Autor spielt hier auf Gal 2,14, ܐܡܪ ܚܒ ܕܡܚܒ ܠܟܝܬܐ, die Zurechtweisung des Petrus durch Paulus, an.

15 Der Zusammenhang ist die Gesetzgebung auf der niederen ethischen Stufe: „Sondern alles, was unser Herr und der Apostel so ihren Jüngern befohlen haben, (erfolgte) zunächst wegen ihrer Schwäche ..." (5,5 [108,14-16]). – Ebenso auch Aphrahat: „unser Herr und sein Apostel" (PS I.1, 357,7). Vgl. dazu Schwen, Afrahat, 51.

16 Der Zusammenhang ist folgender: Nachdem in der Exposition von Traktat 8 Sätze aus I Kor 13 (I Kor 13,2f.) mit der Deutung, dass Sozialarbeit oder theologische Erkenntnis ohne Liebe nichts sind, zitiert und Worten Jesu gegenübergestellt werden, in denen diakonischem Handeln bzw. theologischem Erkennen Lohn verheißen wird, erhebt sich die Frage, ob „etwa der Apostel die Worte unseres Herrn auflöse."

17 Kmosko, a.a.O., CLXIIf. Die Frage stellt sich, wie die 200 Jahre zwischen Tatian und dem LG zu überbrücken sind. Metzger argumentiert, dass „Tatianic readings" durch einen altsyrischen Evangelientext weiter überliefert und so bei Aphrahat, dem LG und der arm. und georg. Übersetzung erhalten blieben (ders., Early Versions, 27). - Eine vielschichtige Quellenlage für den Evangelientext des LG vermutet Baker, Studia Evangelica 5, TU 103 (1968), 175: 1. eine Version des Diatessarons von der Mitte

lustext grundsätzlich fest, dass er keinen gravierenden Unterschied zur Peschitta zeige.[18] Doch führten ihn Unterschiede vom Peschittatext, die der -rahat teilt, zur These der Existenz eines altsyrischen Pls.[19] Für die Geschichte der Peschitta bedeute dies, dass sie als eine Redaktion einer älteren Übersetzung zu betrachten sei, die bei Aphrahat und im LG fragmentarisch bezeugt sei.[20]

Josef Kerschensteiner hat in seiner von Ignatius Ortiz de Urbina angeregten und 1962 an der Gregoriana angenommenen Dissertation eine eingehende Untersuchung des syr. Apostels vor der Peschitta auf breiter Quellenbasis unternommen.[21] Der Titel seines Werkes „Der altsyrische Paulustext" beinhaltet seine These: Vor der Peschitta habe ein fester Paulustext bestanden.[22] Aus dem LG kann er nunmehr 38 Pauluszitate anführen, die er mit Vergleichsmaterial zusammenstellt und somit dem altsyrischen Paulus zuweist.

Die bislang ausführlichste Zusammenstellung und Vergleichung des syrischen Paulus in dem dreibändigen Werk von Barabara Aland und Andreas Juckel[23] vermeidet allerdings die These des „altsyrischen Paulustextes". In ihrer chronologisch angeordneten Synopse aller Textzeugen rangieren Aphrahat, Ephraem, der LG und Maruta von Maipherqat zurückhaltend unter dem Titel: „Frühe Syrische Autoren

---

des 4. Jh., 2. verschiedene altsyrische getrennte Evangelien, 3. eine nicht kanonische Quelle, die für die Agrapha des LG verantwortlich zeichnet.

18   Die Forschungsmeinung hat sich an diesem Punkt nicht geändert. Aland/Juckel II.1, 70 schreiben knapp siebzig Jahre später, „daß der Text der altsyrischen Zitate in erstaunlich hohem Maße mit dem der Peschitta identisch ist."

19   „Quae concordantia vix aliter explicari potest nisi supponas versionem Epistolarum S. Pauli apud Syros vulgatam non esse antiquissimam, sed meram redactionem antiquioris translationis, qua et Aphraates et Li G. auctor adhuc utebantur" (Kmosko, a.a.O., CLXIV). Kmosko stellt elf Stellen der Übereinstimmung mit Aphrahat gegen P zusammen (a.a.O., CLXIVf).

20   Kmosko, a.a.O., CLXV.

21   Kerschensteiner griff dabei auf Vorarbeiten von Theodor Zahn, Michael Kmosko, Joseph Molitor und Arthur Vööbus zurück. Seine Textgrundlage wird vor allem durch den arm. erhaltenen Pauluskommentar des Ephraem vermehrt (Kerschensteiner, Paulustext, 10). Eine Zusammenfassung seiner Thesen findet sich bei Aland/Juckel II.3, 27.

22   Kerschensteiner, 159. Für das Verbreitungsgebiet des altsyrischen Pls nimmt Kerschensteiner das „Land zwischen Euphrat und Tigris", „vor allem die Osrhroene um Edessa und die Adiabene um Mosul" an (Kerschensteiner, a.a.O., 164).

23   Aland/Juckel stellen ausgehend vom Text der Peschitta eine Synopse von Autoren und Übersetzungen vom vierten bis zum neunten Jahrhundert zusammen. Übers. von syr. Autoren in andere Sprachen werden, anders als bei Kerschensteiner, nicht berücksichtigt.

aus der Zeit vor der Peschitta".[24] Gegen die Sicherheit der These Kerschensteiners von der Einheitlichkeit des altsyrischen Paulustextes halten Aland/Juckel dafür, dass die Existenz der Vetus Syra nur „wahrscheinlich gemacht werden" kann.[25] Zudem möchten Aland/Juckel auf
die Unterschiede unter den Zeugen der „Vetus Syra" aufmerksam machen und erwägen die Möglichkeit einer „Entwicklung von Aphrahat
bis zum relativ späten *Liber Graduum*".[26] Neu gegenüber der Forschung
Kerschensteiners ist die Beobachtung, dass Varianten des Peschittatex-
tes mit dem altsyrischen Pls übereinstimmen.[27] Diese beträfen jedoch
nur Details. Somit formulieren Aland/Juckel die These von der „Ver-
zahnung von Vetus Syra und Peschitta": Wenngleich der Paulustext
der Peschitta „von seinem Anfang an eine feste Größe war", so entstand er doch als „Revision einer ganz oder teilweise vorliegenden
altsyrischen Übersetzung".[28] Es wird angenommen, dass „der ,altsyri-
sche' Paulustext und die Peschitta zunächst nebeneinander existiert
haben".[29]

Für die Beurteilung der Pauluszitate des Autors genügt für die
Praxis grundsätzlich der Vergleich mit der Peschitta. Abweichungen
verdanken sich zumeist dem freien Umgang des Autors mit dem Apostel; nur in Fällen, in denen Vergleichsmaterial vorliegt, können sie als
Zeugen des altsyrischen Apostels bewertet werden.

Im folgenden wird zunächst gezeigt, dass der Autor manche Freiheit
im Paulustext mit der Peschitta teilt. Drei Beispiele mögen genügen:

Röm 12,19 ἐμοὶ ἐκδίκησις, ἐγὼ ἀνταποδώσω, λέγει κύριος

P ܐܰܟ̇ܶܐ ܐܶܡܰܪ. ܘܶܡܰܢ ܐܳܚܶܒ̣ ܐܳܢܳܐ ܟ̇ܶܢܰܦ̣ܶܡ: ܘܣܳܐ ܐܳܚܶܒ̣ ܠܳܐ ܘܳܠܺ "Wenn du dir nicht selber
Recht verschaffst, (so) verschaffe ich dir Recht, spricht Gott."

LG 5,12 (121,16) ܐܰܟ̇ܶܐ ܐܶܡܰܪ. ܘܶܡܰܢ ܐܳܚܶܒ̣ ܐܳܢܳܐ ܟ̇ܶܢܰܦ̣ܶܡ: ܘܣܳܐ ܐܳܚܶܒ̣ ܟ̇ܶܡ ܐܳܠܐ "Wenn du
dir nicht selber Recht verschaffst, (so) verschaffe ich dir Recht, spricht
Gott."

---

24   Aland/Juckel II.1, 3.625.
25   Aland/Juckel, a.a.O., 69. Zur Kritik an Kerschensteiner vgl. a.a.O., 69 Anm. 3.
26   Aland/Juckel, a.a.O., 71.
27   Vgl. dazu Aland/Juckel II.3, 28, Anm. 5. - Eine Liste der Übereinstimmungen varian-
     ter Lesarten in Hss. der Peschitta mit Aphrahat und dem LG findet sich für Röm und
     I Kor bei Aland/Juckel II.1, 72, für I Thess bis Hebr bei Aland/Juckel II.3, 29 Anm. 1.
28   Aland/Juckel, II.1, 72.
29   Aland/Juckel, II.3, 29.

Röm 12,21b νίκα ἐν τῷ ἀγαθῷ τὸ κακόν

P ܘܙܟܝ ܠܒܝܫܬܐ ܒܛܒܬܐ „Besiegt das Böse mit Gutem", ebenso

LG 5,11 (120,11; vgl. 2,3 [29,17]) ܘܙܟܘ ܠܒܝܫܬܐ ܒܛܒܬܐ

Hier setzt der Autor mit P ipt. pl. gegen ipt. sg. im gr. Text, während die Harklensis (H)[30] dann zum sg. des gr. Urtextes zurückkehrt.[31]

I Kor 14,32 καὶ πνεύματα τῶν προφητῶν

P ܘܪܘܚܐ ܕܢܒܝܐ „denn der Geist der Propheten"

ebenso LG Vorwort (5,2; 8,1) ܘܪܘܚܐ ܕܢܒܝܐ „der Geist der Propheten"

H setzt wie die gr. Vorlage den pl.

Diese Textbeispiele, die in der mit P gemeinsamen Abweichung von der gr. Vorlage nichts anderes als den P-Text zeigen, erweisen, dass nicht einfachhin der ganze Paulus des LG der altsyrischen Übersetzung zugeschlagen werden darf. Die denkmögliche These, dass P bestimmte Freiheiten der Übersetzung aus der altsyrischen Übersetzung übernommen hätte, wäre zu kompliziert.

Sodann seien aus denen von Kmosko und Kerschensteiner aufgeführten Zeugen des altsyrischen Paulus aussagekräftige Stellen ausgewählt, um zu zeigen, dass Kerschensteiners Hypothese zwar Argumente für sich hat, das Gesamtbild aber dennoch nicht restlos zu überzeugen vermag.[32] Im folgenden wird der Begriff „Vetus Syra" als Arbeitshypothese gebraucht.

Röm 8,9[33] εἴπερ πνεῦμα θεοῦ οἰκεῖ ἐν ὑμῖν

P ܐܢ ܫܪܝܪܐܝܬ ܪܘܚܐ ܕܐܠܗܐ ܥܡܪܐ ܒܟܘܢ „wenn (denn) wirklich der Geist Gottes bei euch wohnt"

LG 3,11 (68,17) ܘܐܢ ܐܝܬ ܒܟܘܢ ܪܘܚܐ ܕܐܠܗܐ „wenn bei euch der Geist Gottes ist"

Aphrahat, Dem 8,5 (PS I.1,369,9) ܘܐܢ ܐܝܬ ܒܟܘܢ ܪܘܚܐ ܕܡܫܝܚܐ „wenn bei euch der Geist Christi ist"

---

30   Mit „Harklensis" (vgl. dazu Metzger, a.a.O., 68-75) bezeichnet man die Revision des NT durch Thomas von Harqel (615/16). Er war auch Mitarbeiter des Paul von Tella, der das AT neu übersetzte. Thomas' Übersetzung ist im Gegensatz zum idiomatischen Syrisch der Peschitta durch sklavische Texttreue charakterisiert (vgl. Metzger, a.a.O., 69).

31   Aland/Juckel II.1, 244f.

32   Das Beispiel aus Phil 2,10 habe ich selbst hinzugefügt.

33   Aland/Juckel II.1 geben hier weder den LG noch Aphrahat wieder.

Man muss ܐܢ ܫܪܝܪܐܝܬ zusammen genommen als Wiedergabe von εἴπερ „so gewiss" (Bauer/Aland, 444) verstehen. P versucht hier also, genauer als die Vetus Syra, den Ton der gr. Vorlage zu treffen.

Röm 15,1 Ὀφείλομεν δὲ ἡμεῖς οἱ δυνατοὶ τὰ ἀσθενήματα τῶν ἀδυνάτων βαστάζειν
P ܚܝܒܝܢܢ ܗܟܝܠ ܚܢܢ ܚܝܠܬ̈ܢܐ ܕܟܘܪܗܢܐ ܕܡܚܝ̈ܠܐ ܢܫܩܘܠ „Wir sind daher schuldig, wir Starken, dass wir die Schwäche der Schwachen tragen"
LG 4,3 (89,16;vgl. LG 11,4 [280,23];19,29 [501,16] u.ö.) setzt ܟܪ̈ܝܗܐ statt ܡܚܝ̈ܠܐ, ebenso Aphrahat, Dem 7,11 (PS I.1,332,11). Allerdings hat der LG 11,3 (277,5), in einem von insgesamt sieben Zitaten der Stelle wie P ܡܚܝ̈ܠܐ.[34]

I Kor 1,27 ἵνα καταισχύνῃ τοὺς σοφούς
P ܢܒܗܬ ܠܚܟܝ̈ܡܐ „dass er die Weisen beschäme"
LG 27,5 (777,10) und Aphrahat (PS I.1,648,8) fügen ܒܗܘܢ „durch sie" (scil. die Törichten) ein: ܢܒܗܬ ܒܗܘܢ ܠܚܟܝ̈ܡܐ „dass er durch sie die Weisen beschäme". P 11 liest hier jedoch wie Aphrahat und der LG[35] und stellt somit ein Beispiel für die „altsyrische" Energie[36] im Peschittatext dar.

I Kor 2,15 ὁ δὲ πνευματικός
P ܪܘܚܢܐ ܕܝܢ „der Geistliche aber"
LG 14,3 (332,20; vgl. 30,3 [868,7]) ܓܒܪܐ ܕܝܢ ܕܒܪܘܚ „der Mann aber, der im Geiste (ist)"[37]

---

34 Kerschensteiner bemerkt zu dieser Ausnahme: „Der Text dieser einen Stelle stammt aber aus den sehr späten Hss α (12. Jh.) und β (9./10. Jh.) und so ist es leicht verständlich, daß hier eine syp-Lesart eindringen konnte" (Kerschensteiner, a.a.O., 118). – Aland/Juckel schreiben zur Stelle, dass ܡܚܝܠܐ eine Übertragung von τῶν ἀδυνάτων"dem Wortstamm gemäß" sei, ebenso wie ܚܝܠܬܢܐ eine „dem Wortstamm gemäß(e)" Übersetzung von οἱ δυνατοί sei (Aland/Juckel, II.1, 71). Es scheint, dass Aland/Juckel Lom „schwach werden" und ܚܝܠܐ „δύναμις" vom Wortstamm her in Beziehung setzen. Das wäre allerdings falsch, da es sich um zwei verschiedene Wurzeln handelt. Allerdings mag der ähnliche Klang der beiden Worte den Autor von P bewogen haben, sie für das im gr. Text vom gleichen Stamme gebildete Wortpaar zu setzen.

35 Aland/Juckel, a.a.O., 290 Anm. 3. Vgl. die Liste mit den Varianten in der Peschitta-Überlieferung, die mit altsyrischen Zeugen übereinstimmen bei Aland/Juckel, a.a.O., 72.

36 Aland/Juckel II.3, 29.

37 Bei ܒܪܘܚ wird wie in anderen adverbialen Ausdrücken der stat. abs. gebraucht (Nöldeke §202 G.5 [148]).

Aphrahat, Dem. 8,5 (PS I.1,369,3) ܟ݁ܢܫܐ ܘܪܘܚܢܐ „der Mensch des Geistes"
Während das abstrakte Adjektiv in P genau wiedergegeben wird, wird dieses im LG und bei Aphrahat vermieden und bei ersterem mit einer adverbialen Phrase, beim letzteren mit einer Genitivverbindung wiedergegeben. ܘܚܕ̈ܢܫܐ ܒܗ kehrt auch später, in syr. Evagriana, wieder.[38] Eine vergleichbare Wiedergabe von πνευματικός liegt in I Kor 3,1 vor, wo allerdings kein Gegenstück aus Aphrahat zur Verfügung steht:

I Kor 3,1 ὡς πνευματικοῖς

P ܐܝܟ ܕܥܡ ܪܘܚܢܐ „als mit Geistlichen"

LG 19,5 (457,1): ܐܝܟ ܕܥܡ ܐܢ̈ܫܐ ܘܚܕ̈ܢܫܐ „als mit Menschen, die im Geiste (sind)"

Kerschensteiner erkennt in dieser nominalen Verbindung den „antikere(n), man möchte sagen, syrischere(n) Charakter des altsyrischen Paulustextes": „Altsyrische Texte spiegeln noch die Armut der semitischen Sprachen an Adjektiven wieder".[39]

I Kor 8,8 βρῶμα δὲ ἡμᾶς οὐ παραστήσει τῷ θεῷ

P ܡܐܟܘܠܬܐ ܕܝܢ ܠܐ ܡܩܪܒܐ ܠܢ ܠܐܠܗܐ „Speise aber bestätigt uns nicht bei Gott"

LG 15,6 (348,6) ܡܐܟܠܬܐ (...) ܘܠܐ ܡܩܪܒܢ ܠܢ ܡܪܡ ܠܐܠܗܐ „Speisen (...), die uns nicht nahe vor Gott bringen"

Aphrahat, Dem 15,2 (PS I.1,732,11) ܘܠܐ (...) ܡܩܪܒܢ ܠܢ ܡܪܡ ܡܐܟܠܬܐ ܠܐܠܗܐ „denn die Speisen bringen uns nicht nahe vor Gott"

I Kor 12,31 ζηλοῦτε δὲ τὰ χαρίσματα τὰ μείζονα. Καὶ ἔτι καθ' ὑπερβολὴν ὁδὸν ὑμῖν δείκνυμι

P ܐܢ ܕܝܢ ܛܢܝܢ ܐܢܬܘܢ ܒܡܘܗ̈ܒܬܐ ܪܘܪ̈ܒܬܐ: ܐܢܐ ܬܘܒ ܐܚܘܝܟܘܢ ܐܘܪܚܐ ܕܡܝܬܪܐ „Wenn ihr aber den großen Gaben nacheifert, will ich euch einen noch besseren Weg zeigen"

LG 28,3 (789,20) ܠܟܘܢ ܡܘܗ̈ܒܬܐ ܪܘܪ̈ܒܬܐ: ܐܢܐ ܬܘܒ ܐܚܘܝܟܘܢ ܡܘܗܒܬܐ ܕܪܒܐ ܡܢ ܟܠܗܝܢ ܐܢ ܕܝܢ ܛܢܝܢ „Wenn ihr, heißt es, den großen Gaben nacheifert, will ich euch noch die Gabe zeigen, die größer ist als sie alle"

Aphrahat, Dem 2,16 (PS I,1,81,8) ܪܘܪ̈ܒܬܐ: ܐܢܐ ܬܘܒ ܐܚܘܝܟܘܢ ܐܝܕܐ ܡܘܗܒܬܐ ܕܡܝܬܪܐ ܘܪܘܪ̈ܒܬܐ ܐܢ ܕܝܢ ܛܢܝܢ ܐܢܬܘܢ ܒܡܘܗ̈ܒܬܐ „Wenn ihr den großen Gaben nachstrebt, will ich euch noch zeigen, welche Gabe besser ist"

---

38 Aland/Juckel II.1, 308. Die „Evagriana syr." werden unter die „monophysitischen Übersetzungen aus der Zeit zwischen Peschitta und Harklensis eingeordnet" (Aland/Juckel, a.a.O., 625f).

39 Kerschensteiner, a.a.O., 177.121.

Während alle drei syr. Übersetzungen darin übereinstimmen, dass sie die beiden Sätze der Vorlage in ein konditionales Verhältnis zu einander setzen, zeigen sich am Ende Unterschiede. Der LG und Aphrahat stimmen jedoch darin überein, dass sie ܡܰܘܗܰܒ̈ܬܐ „Gabe" setzen, während P die Vorlage korrekt mit ܐܘܼܪܚܳܐ „Weg" wiedergibt.[40]

I Kor 15,40 ἀλλὰ ἑτέρα μὲν ἡ τῶν ἐπουρανίων δόξα ἑτέρα δὲ τῶν ἐπιγείων

P ܐܝܼܬ ܗܘ ܫܘܒܚܐ ܕܫܡܝ̈ܢܐ: ܘܐܚܪܝܢ ܕܐܪ̈ܥܢܐ „Aber eine andere ist die Herrlichkeit der himmlischen (scil. Körper) und eine andere die der irdischen"

LG 16,12 (412,13) ܐܚܪܝܢ ܗܘ ܓܝܪ ܫܘܒܚܐ ܕܒܫܡܝܐ ܘܐܚܪܝܢ ܕܒܐܪܥܐ „Eine andere ist, heißt es, die Herrlichkeit, die im Himmel und eine andere, die auf Erden (ist)"

Wie schon oben I Kor 2,15;3,1 gesehen wurde, vermeidet die Vetus Syra die abstrakten, vom Nomen abgeleiteten Adjektive und gibt sie durch adverbiale Phrasen wieder. So schreibt der LG statt: „Herrlichkeit der himmlischen (Körper)" „Herrlichkeit, die im Himmel (ist)".[41] Aphrahat bezeugt diese Stelle nicht, jedoch den bei Pls vorangehenden Teilsatz mit den selben, auch hier durch adverbiale Phrasen wiedergegebenen Adjektiven:

Aphrahat, Dem 8,4 (PS I.1,365,22) ܘܐܚܪܝܢ ܗܘ ܓܝܪ ܦܓܪܐ ܕܒܫܡܝܐ ܘܐܚܪܝܢ ܕܒܐܪܥܐ „Ein anderer ist der Körper, der im Himmel (ist) und ein anderer, der auf Erden (ist)"

I Kor 15,41 ἀστὴρ γὰρ ἀστέρος διαφέρει ἐν δόξῃ

P ܘܟܘܟܒܐ ܡܢ ܟܘܟܒܐ ܡܝܬܪ ܗܘ; ܒܫܘܒܚܐ „und ein Stern ist hervorragender an Glanz als ein (anderer) Stern"

LG 16,12 (412,15) ܘܟܘܟܒܐ ܓܝܪ ܡܢ ܟܘܟܒܐ ܡܝܬܪ ܗܘ; ܒܢܘܗܪܗ „und ein Stern, heißt es, ist hervorragender durch sein Licht als ein (anderer) Stern", ebenso Aphrahat, Dem 22,19 (PS I.1,1032,2 vgl. 22,19 [PS I.1,1029,9]) ܟܘܟܒܐ ܡܢ ܟܘܟܒܐ ܡܝܬܪ ܗܘ;

II Kor 5,8 ἐκδημῆσαι ἐκ τοῦ σώματος καὶ ἐνδημῆσαι πρὸς τὸν κύριον

P ܘܢܚܒ ܡܢ ܓܝܪ ܦܓܪܐ ܘܢܗܘܐ ܠܘܬ ܡܪܢ „dass wir aus dem Fleisch abscheiden und bei unserem Herrn sind."

---

40 Da der arm. Diatessaron- und Pauluskommentar des Ephraem beide „Weg" schreiben, sieht Kerschensteiner die Existenz einer altsyrischen Lesart („Gabe" statt „Weg") wieder in Frage gestellt (Kerschensteiner, a.a.O., 129).

41 Der pl. Bezug auf die σώματα geht dabei verloren.

LG 15,15 (372,20; vgl. 16,12 [413,5], 20,15 [569,23]) ܐܡܬܝ ܕܢܦܘܩ ܡܢ ܦܓܪܐ ܥܡ ܡܪܢ ܢܗܘܐ „wenn wir aus dem Fleische abscheiden, werden wir mit unserem Herrn sein", ebenso
Aphrahat, Dem 8,23 (PS I.1,404,3) ܐܡܬܝ ܕܢܦܘܩ ܡܢ ܦܓܪܐ ܥܡ ܡܪܢ ܢܗܘܐ

In dem bei Aphrahat und dem LG bezeugten Text werden die beiden im gr. Text von εὐδοκοῦμεν abhängigen Infinitive in einen eigenständigen Hauptsatz mit konditionalem Nebensatz umgewandelt. Kerschensteiner scheint sich nicht ganz sicher zu sein, ob eine altsyrische Lesart vorliegt.[42] Die grammatische Eigenständigkeit des Satzes spricht m. E. dafür, dass es sich hier um einen aus dem pl Kontext ausgezogenen Lehrsatz und nicht um ein Stück aus einer fortlaufenden Übersetzung handelt.

II Kor 5,10 τοὺς γὰρ πάντας ἡμᾶς φανερωθῆναι δεῖ
P ܟܠܢ ܓܝܪ ܥܬܝܕܝܢܢ ܠܡܩܡ „Uns allen steht bevor, zu stehen"
LG 8,4 (197,5; ebenso 14,3 [332,7]) ܕܟܠܢ ܠܡܩܡ ܐܝܬ ܠܢ „Wir alle haben zu stehen"
Aphrahat, Dem 8,5 (PS I.1,368,4) ܕܟܠܢ ܠܡܩܡ ܠܢ (ebenso Dem. 23,2 [PS I.2, 4,22]) „Wir alle (haben) zu stehen"
Kerschensteiner zum Unterschied zwischen dem Text des LG und des Aphrahat: „Das bei LG zweimal gegen Aphrahat bezeugte *est* mag vielleicht auf einen kleinen Unterschied zurückgehen, der sich schon innerhalb der altsyrischen Textüberlieferung fand. Der Verfasser von LG könnte dieses verdeutlichende Wörtchen auch eingeschoben haben."[43]

Gal 6,1 ἐὰν καὶ προλημφθῇ ἄνθρωπος ἐν τινι παραπτώματι ὑμεῖς οἱ πνεύματικοὶ καθαρτίζεσθε τὸν τοιοῦτον ἐν πνεύματι πραύτητος
P ܐ̱ ܐܢܫ ܡܢܟܘܢ ܢܬܩܕܡ ܒܣܟܠܘܬܐ : ܐܝܬܘܢ ܐܢܬܘܢ ܕܒܪܘܚ ܐܝܬܘܢ : ܐܬܩܢܘܗܝ ܒܪܘܚܐ ܡܟܝܟܬܐ „Wenn jemand von euch in einer Sünde ergriffen wird[44], (so) weist ihr, die ihr im Geiste seid, ihn mit demütigem Geiste zurecht."

42 Kerschensteiner, a.a.O., 137.

43 Kerschensteiner, a.a.O., 137. Kerschensteiner weist darauf hin, dass das ܐܝܬ textkritisch nur schwach bezeugt ist: An der erstgenannten Stelle: α om. ܐܝܬ; an der zweiten: γ om. ܐܝܬ α om. in textu, sed addit in margine.

44 Brockelmann, Lexicon, 648, 8b führt zu ܩܕܡ Etpa. unter 2. die Bedeutung ‚deprehensus est' mit Bezug auf diese Galaterstelle an.

LG 4,3 (89,14) ܘܐܢܫܐ ܠܗ ܕܡܬܟܬܫ ܒܣܟܠܘܬܐ : ܐܝܠܝܢ ܠܗ ܒܪܘܚܐ ܡܟܝܟܬܐ ܐܪܬܘܗܝ „Welcher an einer Sünde leidet, den ermahnt mit demütigem Geiste.
Aphrahat, Dem. 7,11 (PS I.1,329,22) ܘܐܢ ܐܢܫ ܡܢܟܘܢ ܢܬܟܬܫ ܒܣܟܠܘܬܐ : ܐܝܠܝܢ ܐܢܬܘܢ ܕܒܪܘܚ ܐܝܠܝܢ: ܐܬܩܢܘܗܝ ܒܪܘܚܐ ܡܟܝܟܬܐ „Wenn jemand von euch an einer Sünde leidet, (so) weist ihr, die ihr im Geiste seid, ihn mit demütigem Geiste zurecht.“

Während es aus dem Vergleich mit P erhellt, dass Aphrahat, der immer ordentlich zitiert, auch hier den besseren Text hat als der Autor, so erweist die Gemeinsamkeit beider darin, dass sie von einem, der an seiner Sünde leidet, schreiben, anstatt von einem, der in seiner Sünde ertappt wird, dass beide Autoren dem gleichen Text folgen.

Phil 2,10 ἵνα ἐν ὀνόματι κυρίου πᾶν γόνυ καμψῇ
P ܕܒܫܡܗ ܕܝܫܘܥ ܟܠ ܒܘܪܟ ܬܬܟܦܦ „dass in dem Namen Jesu alles Knie sich beuge“
LG 29,19 (857,3) ܕܒܗܢܐ ܫܡܐ ܕܝܫܘܥ ܬܬܟܦܦ ܟܠ ܒܘܪܟ „dass in diesem Namen Jesu sich beuge alles Knie“
Aphrahat, Dem 14,31 (PS I.1,652,25) ܕܒܗ ܒܫܡܐ ܕܝܫܘܥ ܬܬܟܦܦ ܟܠ ܒܘܪܟ „dass in dem Namen Jesu sich beuge alles Knie“
P setzt die verbale Aussage getreu der gr. Vorlage an das Ende des Satzteils, die Vetus Syra dem syr. Sprachgefühl entsprechend vor das Subjekt ܟܠ ܒܘܪܟ.[45]

Kol 1,20 εἴτε τὰ ἐπὶ γῆς εἴτε τὰ ἐν τοῖς οὐρανοῖς
P ܐܢ ܕܒܐܪܥܐ ܘܐܢ ܕܒܫܡܝܐ „sei es auf Erden und sei es im Himmel“
LG 2,6 (37,20) u.ö. ܡܐ ܕܒܐܪܥܐ ܘܡܐ ܕܒܫܡܝܐ „was auf Erden und was im Himmel (ist)“
Ephraem Comm. Diat. II,14 vgl. VI,1a (Leloir 8,17 vgl. 56,28) ܡܐ ܕܒܫܡܝܐ ܘܕܒܐܪܥܐ „was im Himmel und auf Erden (ist)“[46]
P setzt ܐܢ, um εἴτε wiederzugeben, dagegen vermeidet die Vetus Syra die Disjunktion und setzt, sprachlich flüssiger, gleich das Objekt des Versöhnungsgeschehens ein.

45 Nach Nöldeke, Grammatik §324 wird bei aller Freiheit der Wortstellung im Syr. das Prädikat lieber dem Subjekt vorangestellt.
46 Diese bei Aland/Juckel II.2, 406f gebotene Stelle aus Ephraems Comm. Diat. wird von Kerschensteiner nicht angeführt.

Kol 1,29

εἰς ὃ καὶ κοπιῶ ἀγωνιζόμενος κατὰ τὴν ἐνέργειαν αὐτοῦ τὴν ἐνεργουμένην
ἐν ἐμοὶ ἐν δυνάμει

P ܀ܕ ܡܗܕܟܬܡܘ܂ ܐ܂ܠܡܣܘ ܐ܂ܠܐܙ܃ܪܟܬܟܚ :ܐܡܐ ܐܟܠܚܕܡܗ ܐܠܚ ܟܘ ܐܚ ܢܡ ܘ ܪܘܐܡܚ ,,Denn
dafür auch arbeite ich und mühe mich, durch die Hilfe, die mir gegeben ist"

LG 3,9 (64,16; ebenso 20,15 [572,20]) ܐ܂ܠܦ܃ܕܚܚܣܚܕ ܣܚܘ܃ܐ ܟܚܠܚ ܐܠܘ,

;ܙܟ̣ܘ ܐ܂ܠܣܚ ܚܕ ܐܪ̣ܟ̣ܣܚܚܡܗ, ,,Das ist meine Arbeit und mein Wettkampf, in
der Wirkung, die in mir am Werk ist durch die Kraft unseres Herrn."
Kerschensteiner zieht hier den arm. Paulus-Kommentar des Ephraem
zum Vergleich heran und stellt fest, dass „hic est labor meus et certa-
men meum per operationem" altsyrische Lesart sei.[47] Irritierend ist
allerdings die Beobachtung, dass die Wiedergabe von P, auch wenn sie
syntaktisch dem gr. Text näherkommt, in der Übersetzung der von
κατά abhängigen präpositionalen Phrasen ausgesprochen blass ist und
hinter der Übersetzungskunst der angenommenen Vetus Syra zurück-
bleibt. Sollte die Übersetzung der Peschitta in Einzelfällen einen Rück-
schritt gegenüber der Vetus Syra bedeuten?[48] Interessant ist zudem,
dass der dem Autor vorliegende Text das in ἀγωνιζόμενος enthaltene
Nomen ἀγών als Fremdwort ܢܘܓܐ wiedergibt.

Hebr 10,26f

P „Denn wenn jemand aus seinem Willen sündigt, nachdem er die Erkenntnis der Wahrheit erlangt hat, gibt es für ihn kein Opfer mehr, das
für die Sünden dargebracht werden (könnte), sondern das Gericht der
Kraft steht bereit und der Eifer des Feuers, das die Feinde frisst."
LG 24,1 (713,4) „Wenn jemand abkommt und sündigt, nachdem er die
Erkenntnis der Wahrheit erlangt und die Süße der kommenden Welt
geschmeckt hat, gibt es für ihn kein anderes Opfer, das für seine Sünden dargeboten werden könnte, sondern ihm steht bereit der Neid des
Feuers, das die Menschen frisst, die widersprüchlich gegen sich selbst
waren und sich nicht bekehrt haben."[49]

---

47 Kerschensteiner, a.a.O., 148.
48 Wenn Kerschensteiner, a.a.O. sagt, dass der „Text von syp (...) hier ganz eigene
    Wege" geht, sieht er das durch diese „eigenen Wege" aufgegebene Problem noch
    nicht.
49 In die Wiedergabe von Hebr 10,26f mischt der Autor Anklänge aus der inhaltl.
    Parall. 6,5 („und geschmeckt haben (...) die Kraft der zukünftigen Welt") und fügt

Der Vergleich mit Ephraem, Comm. Paul. (arm.) führt Kerschensteiner an drei Stellen zur Annahme altsyrischer Lesarten: Ephraems „si aberretis et pertinaciter peccetis" deute auf die altsyrischen
Lesart „si homo aberret et peccet", ebenso Ephraems „aliam hostiam",
sowie die eigentümlich reflexive Deutung der Feindschaft, bei Ephraem: „inimicos, qui facti sunt adversarii animis suis".[50]

Hebr 12,4 Οὔπω μέχρις αἵματος ἀντικατέστητε πρὸς τὴν ἁμαρτίαν
ἀνταγωνιζόμενοι
P „Ihr seid bisher noch nicht bis zum Blut gelangt im Kampf gegen die
Sünde."
LG 20,4 (533,11) „Ihr seid (noch) nicht zum Töten gelangt, und ihr habt
(noch) nicht bestanden im Kampfe bis zum Blut gegen die Sünde."
Kerschensteiner führt als Parallele Ephraem, Comm. Paul. (arm.) an:
„ad occisionem non pervenistis, et quamvis in minori pugna huc resti-
teritis, sed adhuc nondum ad sanguinem (et) sudorem usque contra
peccata certastis" und behauptet eine altsyrische Lesart, wobei die
Freiheit im zweiten Teil des Zitates bei Ephraem hier außer Betracht
bleibt.[51] Wenn der Satz im LG und bei Ephraem in zwei Teile auf-
gespalten ist, die sich im synonymen Parallelismus ergänzen, mag sich
darin semitisches Sprachgefühl zeigen.

Hebr 12,13 ἵνα μὴ τὸ χωλὸν ἐκτραπῇ
P ܘܗ݁ܘ ܠܐ ܬܡܚܐ: ܘܡܥܐ „dass das lahme Glied nicht strauchele"
LG 11,4 (280,21; vgl. 19,29 [501,17]) ܢܣܡܫܩ ܠܐ ܡܝܒ: „Ein Lahmer soll
nicht zu Fall kommen"
Aphrahat, Dem 7,11 (PS I.1,332,11) ܢܣܡܫܩ ܠܐ ܡܝܒ: ܘܡܥ „Wer lahm ist
soll nicht zu Fall kommen"
P versucht, durch die Verdeutlichung ܘܡܥܐ „Glied" dem gr. Neutrum zu
entsprechen. Die angenommene Vetus Syra hingegen gibt das Subjekt
sinngemäß personal wieder. Außerdem unterscheidet sie sich in der
Verbalaussage lexikalisch von P, indem sie ἐκτραπῇ mit ܢܣܡܫܩ „kommt
zu Fall" wiedergibt, während P ܢܬܟܠ „strauchelt" setzt.[52] Hier stellt sich

---

am Ende eine Erweiterung „und sich nicht bekehrt haben" hinzu. Die für den Autor
typischen Mischzitate werden unten 2.3.3, S. 39ff diskutiert.

50 Kerschensteiner, a.a.O., 155f.
51 Kerschensteiner, a.a.O., 156f.
52 Kerschensteiner, a.a.O., 157.

dieselbe Frage, die schon oben bei II Kor 5,8 aufgeworfen wurde, ob es sich bei dem Zitat nicht eher um einen aus Hebr ausgezogenen Merkspruch als um ein Stück aus einer fortlaufenden Übersetzung handelt.

Zuletzt seien einige bisher nicht beachtete Stellen betrachtet, bei denen sich, wie schon oben bei Kol 1,29 gesehen wurde, eine größere Nähe des Textes des Autors zum gr. Text gegenüber einer freieren Wiedergabe in P zeigt.

II Kor 2,11 ἵνα μὴ πλεονεκτηθῶμεν ὑπὸ τοῦ σατανᾶ

P ܠܐ, „ ... damit uns der Satan nicht besiege".

Severus und später H behalten die passive Konstruktion des gr. Textes bei.[53] So auch der Autor in seiner Adaption der Stelle:

LG 4,1 (88,1) ܠܐ, „damit er nicht vom Satan verschlungen[54] werde!"

Kol 4,12 Ἐπαφρᾶς (...) πάντοτε ἀγωνιζόμενος ὑπὲρ ὑμῶν ἐν ταῖς προσευχαῖς

P (...) ܐܦܩܕ, „Epaphras (...) indem er allezeit sich für euch im Gebet müht"

LG 18,3 (437,11) ܕܪܗܛܐ ܐܦܩܕ, „Epaphras hat für euch einen Kampf in seinem Gebet geführt."

Die Wiedergabe geht verkürzend und frei mit der Vorlage um. Doch wird ἀγωνιζόμενος vom Autor mit Aufnahme des gr. Fremdwortes wiedergegeben mit ܟܬܪ ... ܐܓܘܢܐ, während P das Fremdwort vermeidet und dafür das syr. ܚܦܛ setzt. H übersetzt dann ebenfalls mit Benutzung des gr. Fremdwortes: ܐܓܘܢܐ „ist im Kampfe".[55]

Hebr 11,13 καὶ ἀσπασάμενοι

P ܗܘ ܘܡܣܒ, „und sie freuten sich an ihm (scil. dem Verheißenen)"

LG 9,12 (229,12) ܚܒܬܗ „und sie grüßten ihn (scil. den Frieden[56])"

---

53 Vgl. Aland/Juckel II.2, 69
54 LG hat als einziger der Zeugen des syr. Pls wohl unter dem Einfluss von I Petr 5,8 ܒܠܥ „verschlingen" statt ܚܣܟ „besiegen".
55 Aland/Juckel II.2, 443.
56 Gegen den Text setzt der Autor hier den Frieden (ܫܠܡ) aus Eph 2,14 als den Begriff des Heilsgutes. Den dem Hebr eigenen Begriff der Ruhe (κατάπαυσις [P: ܢܝܚܬܐ]) kennt der Autor nicht.

Der Text wird in P blaß wiedergegeben. Der Autor hat hier den besseren Text und entspricht der Übersetzung von H1 ܘܫܐܠܘ ܫܠܡܗܘܢ. „und sie grüßten sie (scil. die Verheißungen)"[57]
Hebr 11,40 τοῦ θεοῦ περὶ ἡμων κρεῖττόν τι προβλεψαμένου
P ܡܛܠ ܕܐܠܗܐ ܩܕܡ ܚܙܐ ܒܥܘܕܪܢܢ ܕܠܢ „weil Gott in unserer Hilfe für uns vorausgesehen hat"
LG 15,13 (368,11) ܘܠܫܠܝܚܐ ܕܝܬܝܪ: ܡܢܗܘܢ ܩܕܡ ܚܙܐ „Und den Aposteln hat er, was besser ist als dieses vorhergesehen."
Der Autor gibt die Stelle zwar, indem er sie auf die Apostel bezieht, verändert wieder; gleichwohl ist hier im Vergleich zu P, die hier ganz frei mit der Vorlage umgeht, eine größere Nähe zum Text zu erkennen, wie sie dann auch bei Severus und in H3 sichtbar wird: Severus Ep. LXIX (Brooks II, 94b,14) ܟܕ ܐܠܗܐ ܡܛܠܬܢ ܒܡܕܡ ܕܡܝܬܪ: ܩܕܡ ܚܙܐ „indem Gott um unsertwillen etwas Besseres vorausgesehen hat"; H3 ܕܡܝܬܪ: ܩܕܡ ܚܙܐ ܟܕ ܐܠܗܐ ܡܛܠܬܢ ܡܕܡ „indem Gott um unsertwillen etwas Besseres vorausgesehen hat."[58]

Diese Beobachtungen stehen, sofern man beim Paulustext des LG durchgehend die Vetus Syra vermutet, der bei Aland/Juckel vertretenen These, dass es von der Vetus Syra über die Peschitta zur Harklensis eine Tendenz der fortschreitenden Annäherung an den gr. Text gegeben habe, entgegen.[59]

Das Gesamtbild, das sich nach dieser Durchsicht zeigt, deutet nicht so einheitlich auf eine Vetus Syra, wie Kerschensteiner sicher behauptete und Aland/Juckel vorsichtiger formulierten. Vielmehr ist es uneinheitlich: 1. Mancher Text ist typisch für P. 2. Viele Zitate weisen auf einen Text, zurückhaltender gesagt, eine Zitierweise, die älter ist als der P-Text. Manche dieser Zitate, die aus dem fortlaufenden Paulustext Merksprüche isolieren, geben zu der Vermutung Anlass, dass ein alter Paulustext gar nicht als ganzer, sondern nur in einem bestimmten Zitatenschatz bestand. 3. An wenigen Stellen ist der Text des LG besser als der der P und weist somit auf spätere, genauere Übersetzungen der gr. Vorlage voraus.

57 Aland/Juckel II.3, 376f.

58 Aland/Juckel, a.a.O., 388.

59 Die Beobachtung von einigen Varianten der P, die als Korrekturen erkennbar sind, welche den Text der P dem gr. Text annähern sollen, führt Aland/Juckel zu der These von einem „allgemeine(n) Revisionsgefälle auf den griechischen Text hin" (Aland/Juckel, a.a.O., 26).

2.3 Zitierweisen

Das große synoptische Werk von Aland/Juckel lässt erkennbar werden, dass bestimmte Paulusstellen in bestimmter Abgrenzung durch die Jahrhunderte zitiert werden und offenbar zur festen Lehrtradition gehören. An vielen Stellen zeigt sich, dass der LG in einer Zitiertradition steht.

2.3.1 Feste Zitiertraditionen

Röm 2,14

LG 22,10 (657,7-9) „Den Gerechten aber ist das Gesetz nicht auferlegt (I Tim 1,9), denn sie sind sich selber Gesetz (Röm 2,14)."[60]
Der Satzteil wird seines Kontextes, der pl Argumentation, dass den Heiden etwas dem Gesetz des Mose Entsprechendes gegeben ist, entfremdet und bezeichnet jetzt, stets in Kombination mit I Tim 1,9, den Stand einer Gerechtigkeit, die der Anklage des Gesetzes enthoben ist. Ebenso Aphrahat, Dem 2,2 (PS I.1,52,7): „Und für ihre (scil. der Gerechten des AT) Gerechtigkeit war das Gesetz nicht auferlegt (vgl. I Tim 1,9). Und sie waren das Gesetz für sich selbst." In dieser Abgrenzung findet sich der Satzteil Röm 2,14 bei Johannes v. Ephesus (+586) wieder.[61]

Röm 8,17

LG 17,1 (416,10f) „Wenn wir mit ihm leiden, werden wir auch mit ihm verherrlicht werden" vgl. LG 15,15 (372,27-373,2 mit einer Erweiterung): „Wenn jemand mit ihm leidet, spricht Paulus, wird er auch mit ihm verherrlicht werden, gleich wie er mit ihm entehrt wurde"
Als wichtiger Schriftbeleg für die Leidensnachfolge, leitmotivisch im 17. Traktat, gilt dem Autor der Schluss von Röm 8,17. Dabei ist der Konditionalsatz aus dem Satzzusammenhang herausgelöst und zu einem Lehrsatz geworden, den der Autor insgesamt sechsmal in ver-

---

60 Vgl. auch 22,14 (668,20-22) „Diesen ist das Gesetz nicht auferlegt, denn sie sind das Gesetz der Liebe für sich selbst". 30,16 (900,20-24) „... weil das Gesetz nicht den Gerechten und den Aufrichtigen und den Guten und den Schönen auferlegt ist. - Denn sie setzen das gute Gesetz für sich selbst fest."

61 Aland/Juckel II.1,107.

schiedenen Variationen zitiert.[62] Diese Paulusstelle ist, wie die Synopse bei Aland/Juckel zeigt, schon bei Ephraem als isolierter Lehrsatz bezeugt, sodann von Philoxenus und vielen anderen mehr.[63]

I Kor 10,12

P „Daher, wer meint, dass er stehe, nehme sich in Acht, dass er nicht falle" LG 24,1 (716,26): „Welcher steht, nehme sich in Acht, dass er nicht falle".

Das Pauluswort wird als von vielen in dieser Abgrenzung zitiert, von zwei Zeugen, wie der LG, in der kurzen Form ohne „wer meint".[64] Durch die Isolierung aus dem Kontext ist eine gängige Verhaltensregel entstanden.

II Kor 5,21

Das Zitat wird im LG und bei Aphrahat vor dem Finalsatz abgebrochen: LG 16,5 (397,19-21) „Denn jenen, heißt es, der die Sünde nicht kannte, machte er um euretwillen zur Sünde." Aphrahat Dem 7,1 (PS I.1,314,7) „Jenen, der die Sünde nicht kannte, machte er um unseretwillen zur Sünde."

An anderer Stelle zeigt sich, dass der Autor des LG den Finalsatz durchaus kennt: „ ... und als er sich selbst zur Sünde machte, wegen unseres Unrechts, damit wir durch ihn Gerechtigkeit würden" (LG 22,12 [661,12-14]).[65]

Gal 3,19

LG 26,4 (764,2) „Das Gesetz wurde wegen der Abirrung hinzugefügt, dieses, das durch Mose gegeben wurde". Von der Zufügung abgesehen ist das Zitat wörtlich und entspricht P. Das Zitat findet sich in dieser

---

62 Der Lehrsatz kann auch in einem neuen syntaktischen Zusammenhang geltend gemacht werden, hier in einer Weisung an den Einzelnen: „Wenn du aber deine Neigung unterdrückst und für den betest, der dich schlägt und dich mit ihm versöhnst, leidest du mit unserem Herrn und wirst mit ihm verherrlicht" (17,2 [420,10-13]).

63 Aland/Juckel, a.a.O., 180.

64 So Jakob von Sarug, Johannes von Ephesus. Ps.-Clemens Rom, De virginitate und Severus bringen das Zitat auch isoliert, jedoch getreu der pl Form „Wer meint ..." (Aland/Juckel, a.a.O., 394).

65 Diese reflexive Umformung von II Kor 5,21 kennt auch Aphrahat, Dem. 17,10 (PS I.1,813,5): „... und er wurde in sich selbst zur Sünde gesetzt."

Abgrenzung beim syr. Kyrill, bei Jakob von Sarug (+521), Johannes von Apamea (Anfang od. Mitte 5. Jh.) und Babai (nach 628).[66]

Gal 4,18 καλὸν δὲ ζηλοῦσθαι ἐν καλῷ πάντοτε

P ܚܕܠܟ ܐܠܬܡܩܚ ܡܩܣܡܠܐ, ܦܘ ܚܩܡ „Gut ist es aber, dass ihr euch im Gutem allezeit umwerben lasst."

LG 21,3 (589,20f) ܚܕܠܟ ܐܠܬܡܩܚ ܡܩܣܡܠ ܟܡ ܚܩܡ „Gut ist es, dem Guten allzeit nachzueifern."

Die Wendung von ܣܡܩ (wörtl. „beneiden") ins Aktive wird ebenso von Johannes von Apamea bezeugt, der den Spruch in derselben Abgrenzung (ohne ܚܕܠܟ) bietet.[67] Damit gerät der Sinn der Paulusstelle außer Betracht, in dem es um Abgrenzung von den Abwerbungsversuchen durch die Gesetzlichen geht. Aus der Entscheidungsfrage, in welchem Sinne man sich umeifern lassen soll, im gesetzlichen oder im evangelischen, ist eine allgemeine Regel für die sittliche Bemühung entstanden.

Eph 1,10

LG 21,3 (592,17) „Alles wurde erneuert durch Christus von Anfang an." So und in mehreren anderen Variationen wird der aus dem Zusammenhang von Eph 1,10 isolierte und beim Autor zum Lehrsatz der Anakephalaiosis gewordene Teilsatz zitiert. Die Abgrenzung dieses Zitates war üblich, wie die Parallelen mit Severus (+538) zeigen.[68]

Eph 2,14

Während es in P heißt: „ ... und er hat die Einschließung, die in der Mitte bestand und die Feindschaft an seinem Fleische aufgelöst" formuliert der Autor verkürzend: „Und er durchbrach die Einschließung der Feindschaft" (LG 15,12 [365,14 und 21f], vgl. auch 2,6 [37,19], 21,3 [592,14f]).[69] Kerschensteiner führt zum Vergleich Ephraem an (Hymnen contra haereses IV,4 [CSCO 169,15,2]) „Durch sein Fleisch löste unser Herr die Einschließung des Streites auf" und vermutet hier, dass die Vetus Syra den Text vereinfachend wiedergegeben habe.[70] Ich sehe hier wiederum eine feste Zitiertradition.

---

66 Aland/Juckel II.2, 211.

67 Aland/Juckel, a.a.O., 225.

68 Aland/Juckel, a.a.O., 252f. Andere Autoren fügen den Nachsatz „was im Himmel und was auf Erden ist" hinzu (Philoxenos, syr. Kyrill, Johannes von Apamea).

69 Zur Verwendung des Verbums ܬܪܒ „durchbrechen" statt wie P ܠܐܐ „auflösen" vgl. u. 4.4.1.2, S. 131.

70 Kerschensteiner, a.a.O., 144.

Phil 2,3b

„... sondern in Demut der Gesinnung halte jeder den anderen für hervorragender als sich selbst." (P)

Der vom Autor am häufigsten, in verschiedenen Variationen insgesamt 16 mal zitierte Satz des Apostels ist Phil 2,3b. Beim ersten Zitat (LG 2,6 [37,1f]) lautet das Apostelwort: „Halte, heißt es, jedermann für hervorragender als dich selbst."[71] Der Satzteil erscheint durchgehend herausgelöst aus dem pl Satzzusammenhang und zumeist als Weisung im ipt. sg. zitiert. Entsprechend der Allgemeinheit der Weisung wird das Objekt in den meisten Fällen generalisiert, indem der „andere" durch „jedermann" ersetzt wird. So wird ein für die Demutsethik des Autors grundlegender Lehrsatz formuliert. Erstaunlicherweise kennt nur der syr. Makarius das Zitat in derselben Abgrenzung als Lehrsatz: „Jedermann fasse den anderen als (etwas) Besseres als sich selbst auf".[72] Offenbar zeigt sich hier eine Eigenart des Autors.[73]

Kol 1,29

LG 3,9 (64,16-19) vgl. 20,15 (572,20-23) „... und wie der Apostel sprach: „Das ist meine Arbeit und mein Wettkampf, in der Wirkung, die in mir am Werk ist durch die Kraft unseres Herrn, (Kol 1,29), dass ich jeden Menschen als vollkommen in Christus hinstelle (Kol 1,28)."

Bereits oben in der Diskussion des altsyrischen Paulus wurde der eigenartige Text von Kol 1,29 behandelt. Es bleibt anzufügen, dass der Autor an das Zitat einen Teil von Kol 1,28 anschließt und somit Kol 1,28f in umgekehrter Reihenfolge zitiert. Das geschieht zwei Mal an verschiedener Stelle in nahezu identischer Form. Der Autor muss nach einer für ihn festen Zitierform geschrieben haben. Diese Reihenfolge wird auch von Ephraem, Comm. Paul. (arm.) bezeugt. Kerschensteiner stellt die Frage, ob „sich diese Anordnung in der Vetus Syra fand".[74] Die Annahme, dass sich die Umstellung der Herauslösung aus dem Kontext verdankt und das Zitat in dieser Form eine Zitiertradition bezeugt, erscheint mir wahrscheinlicher.

---

71 Das Zitat wird mit einer anderen Weisung, einem Extrakt aus I Kor 9,22b fortgeführt: „und sei alles mit Allen".

72 Aland/Juckel, a.a.O., 346. Vgl. auch die Ed. von Al ep 5 bei Strothmann, GOF.S 21, Tl. 1, 226,13. Allerdings wird hier statt ܡܚܣ „halten für" ܚܕܒ gesetzt, das in seiner Grundbed. „nehmen" heißt und hier im. Sinne von „auffassen" gebraucht wird.

73 Vgl. dazu u. 5.5.4, S. 202f.

74 Kerschensteiner, a.a.O., 149.

Die untersuchten Stellen zeigen, dass der Autor in bestimmten Zi-
tiertraditionen lebt. Die so gefassten Zitate isolieren Lehrsätze aus dem
Kontext der Paulusbriefe. Aus ihrer Prägnanz, die ein leichtes Aus-
wendiglernen ermöglicht, lässt sich folgern, dass sie dem katecheti-
schen Schulbetrieb entstammen. Für die Diskussion des altsyrischen
Paulus hat diese These Konsequenzen. Wie schon oben in der Diskussion der Vetus Syra vermutet wurde[75] hat es wahrscheinlich keinen
altsyrischen Paulustext gegeben, sondern nur ein Schulkompendium
mit ausgewählten Sprüchen des Apostels.

2.3.2 Zitate in der gebundenen Form des parallelismus membrorum

Ebenfalls in die Richtung der Lehrübermittlung deutet eine poetische
Form, in die der Autor Kurzzitate aus dem Apostel fasst: Er ergänzt sie
zur Zweigliedrigkeit des parallelismus membrorum, indem er den
Paulusspruch durch eigene Formulierung zweigliedrig erweitert oder
Spruchpaare entweder aus dem Evangelium und dem Apostel oder aus
zwei Sprüchen des Apostels zusammenstellt. In diese Zweigliedrigkeit
werden vor allem Weisungen gefasst, welche entweder beim Apostel
als solche schon vorgegeben sind oder erst zu solchen umformuliert
werden. Zwar kennt der Autor auch eingliedrige Parolen wie
„Verkehre nicht mit den Sündern!" (I Kor 5,11; LG 5,17 [132,7]), die
zweigliedrigen Sätze sind ihm jedoch geläufiger.

Ergänzung zur Zweigliedrigkeit durch eigene Formulierung

Röm 8,9
LG 3,11 (68,17f) „...wie der Apostel sagt: Wenn bei euch der Geist Gottes ist, und wenn nicht, seid ihr verworfen."
Durch die Antithese erweitert der Autor den Apostelspruch zur Zweigliedrigkeit.

I Kor 7,32a
LG 21,3 (592,24-593,1) „So befahl unser Herr und seine Apostel: Seid
ohne Sorge und ohne (Hinter)gedanken!"

---

75   S. o. 2.2, S. 43f.

Die Weisung des Apostels „Deshalb will ich, dass ihr ohne Sorge seid"
(P) wird vereinfacht und zu einem synonymen Parallelismus ergänzt.

Spruchpaare aus dem Evangelium und dem Apostel

Mt 6,35 mit Kol 3,1f
LG 12,6 (300,21-23) „Sorge dich nicht um deinen Leib, was du anziehen
sollst und auch nicht um dein Leben, womit du dich nähren sollst, sondern suche, was droben ist und sinne dem nach, was droben ist."
Hier bilden zwei Sprüche, die in sich im synonymen Parallelismus
aufgebaut sind, zusammen genommen eine Antithese.[76]

Mt 18,22 mit Phil 2,3
LG 11,5 (284,6f) „Vergib ihm siebzig mal sieben mal und halte ihn für
besser als dich" (vgl. 12,5 [300,2]).

Spruchpaare aus dem Apostel

Röm 15,1 mit I Kor 9,22

LG 12,5 (297,25f) „Trage die die Schwäche der Schwachen, und sei alles
mit Allen."
Die Aussage des Apostels „Allen bin ich alles geworden" (P) wird in
die Form der Weisung für den Einzelnen gebracht.
Röm 15,1 wird auch mit Phil 2,3, I Thess 5,14 und Hebr 12,13 kombiniert: LG 30,14 (897,7f) „Tragt die Schwachheit der Schwachen, und
haltet jedermann für besser als euch." LG 4,3 (89,16-18) „Und die Starken, heißt es, sind schuldig, dass sie die Schwächen der Schwachen
ertragen, und sie sollen geduldig sein mit jedermann." 19,29 (501,16-18)
„Ihr seid schuldig, dass ihr die Schwäche der Schwachen tragt; und
welcher lahm ist, soll nicht zu Fall kommen."

---

76 Ähnlich Mt 6,25 mit Kol 3,2 in LG 25,5 (744,4-6): „... von diesem erhabenen Gebot,
    das er den Vollkommenen gesagt hat: ‚Sorge dich nicht einmal, heißt es, um dein
    Leben' und von jenem Gebot: ‚Sinnt dem nach, was droben ist und nicht dem, was
    auf Erden ist'."

I Kor 5,11 mit II Thess 3,6
LG 30,2 (864,11f) „Esst nicht mit den Ehebrechern und mit jedem Bruder, der böse wandelt."

I Kor 6,19 mit Eph 3,16f
LG 12,2 (292,11-13) „Eure Leiber sind Tempel des Herrn und in eurem inneren Menschen wohnt Christus"
Mit dieser Kombination bringt der Autor die Harmonie zwischen äußerer und innerer Wahrheit der Kirche zum Ausdruck.[77]

I Kor 13,7
LG 30,4 (869,4) „Die Liebe erträgt alles und duldet alles."
Die erste und die dritte Aussage des Apostels zur Liebe sind zu einem Paar zusammengestellt.

Gal 2,20 mit Kol 3,2
LG 21,5 (600,3f): „Sondern es lebt in mir, spricht er, Christus, der dem nachsinnt, was im Himmel und nicht, was auf Erden ist."
Die Weisung aus Kol wird hier umgesetzt in eine Beschreibung der Gesinnung Christi.

Phil 4,5 mit Röm 16,16 (vgl. I Kor 16,20)
LG 2,6 (37,6-8) „Bekannt werde, eure Demut allen Menschenkindern und gebt den Gruß mit dem heiligen und reinen Kuss jedermann.[78]"
Kol 3,1f

LG 12,6 (300, 22f) „Suche das, was droben ist und sinne dem nach, was droben ist." Versteile aus Kol 3,1f werden zu einem Paar zusammengestellt. Aus dem ipt. pl. bei Pls wird eine Weisung an den Einzelnen.

---

77 S. u. 4.5.3, S. 154.
78 Wie auch schon in seiner Wiedergabe des Liebesgebotes – „Du sollst seinen Nächsten lieben wie dich selbst (Mt 22,39), das heißt alle Menschen" (7,2 [149,14f]), ebenso „... Liebe (...), welche ihren Nächsten wie sich selbst liebt, wobei unser Nächster ‚alle Menschen' ist" (9,2 [205,8-10]; vgl. auch 9,3 [209,11f]) – fügt der Autor auch in der Wiedergabe von Paulusstellen generalisierende Formeln ein: „Ihr besiegt das Böse mit allem Guten für alle Menschen!" (Röm 12,21b; 2,3 [29,17f]). Vgl. dagegen die dem Text entsprechende Fassung in LG 5,11 (120,11): „Besiegt das Böse mit Gutem" (ipt. pl. wie P).

II Thess 3,12 mit 3,8 (vgl. I Thess 2,9)
LG 19,13 (473,18-20) „Ihr sollt Arbeitende sein und Brot essen und nicht schwer auf jemand liegen".

Antithesen aus Sprüchen des Apostels

LG 13,14 (897,4-8) „Und Paulus gebietet seinen Jüngern: Esst nicht Brot mit den Ehebrechern und verbindet euch nicht mit den Bösen (I Kor 5,11). Und anderen gebietet er: Tragt die Schwachheit der Schwachen (Röm 15,1), und haltet jedermann für besser als euch (Phil 2,3)."
Zitatenpaare werden einander gegenüber gestellt, um den Gegensatz zwischen den Weisungen für die Gerechten und für die Vollkommenen vor Augen zu führen.

LG 30,13 (893,15-22) „Mit den Schwachen bin ich ein Schwacher geworden, damit ich die Schwachen gewinne (I Kor 9,22), und mit denjenigen, die kein Gesetz hatten, bin ich wie ein Mann geworden, der kein Gesetz hat, indem mein Gesetz in dem Gesetz Christi ist, dass ich auch diejenigen, die ohne Gesetz sind, gewinne (I Kor 9,21), und denjenigen, spricht er, die die Vollkommenheit erreichen, ihnen habe ich feste Speise gegeben (vgl. Hebr 5,14)."

Dem synonymen Parallelismus ist eine Antithese zugeordnet; sie bildet das Ziel der Argumentation. Der Schlussteil mit Motiven aus Hebr ist in die Satzstruktur der Paraphrase von I Kor 9,21 eingeordnet.

2.3.3 Mischzitate

Wenn Bibelstellen aus dem Gedächtnis zitiert werden, entstehen Verbindungen durch Stichwortanschluss oder sinnverwandte Stellen gehen eine Mischung ein. Dabei kann das Evangelium in den Apostel hineinspielen, oder mehrere Stellen aus dem Apostel werden miteinander vermischt.
   Im Zitat von Tit 2,14 findet sich ein Einschlag von Lk 1,17:

P	LG 5,15 (128,2f)
„... und dass er sich ein neues Volk reinigte, das eifert mit guten Werken"	„...und dass sie dem Herrn ein vollkommenes Volk bereiteten (Lk 1,17), das eifert mit guten Werken".

Im Kontext des LG wird Tit 2,14 zur Beschreibung des Auftrags der Vollkommenen an der Menschheit. Sollen, wenn Lk 1,17 hineinspielt, die Vollkommenen in der Nachfolge Johannes des Täufers erscheinen?

I Tim 6,17-19
Die Mahnung an die Reichen wird umgestellt, indem der positive Teil der Weisung vorangestellt wird und der negative Teil folgt. In seiner Wiedergabe von V. 19 gerät der Autor allerdings in das Gleis von Mt 6,20. Diese Ersetzung wird abgesehen von der Ähnlichkeit im Inhalt sprachlich durch das in I Tim 6,19 und Mt 6,20 gleiche Prädikat ܣܡܝܡ „(an)legen" erleichtert.

P	LG 3,7 (57,12-16)
17 „Den Reichen dieser Welt gebiete, dass sie sich nicht überheben in ihrem Sinnen und sich nicht verlassen auf den Reichtum, auf dem keine Sicherheit ist, sondern auf den lebendigen Gott, der uns alles reichlich zu unserem Wohlbefinden gibt, 18 und dass sie gute Werke tun und reich seien an schönen Taten und willig seien zu geben und mitzuteilen, 19 dass sie sich für ihre Seele ein schönes Fundament legen für alles, was bereit steht, dass sie das wahrhaftige Leben ergreifen."	„Den Reichen, die in dieser Welt sind, lehre (I Tim 6,17), dass sie zu guten Werken bereit seien (V. 18) und sich Schätze im Himmel anlegen (Mt 6,20 ersetzt hier V. 19) und dass ihre Sicherheit nicht auf vergänglichem Reichtum beruhe (V. 17).

Röm 2,6 mit II Kor 5,10
LG 3,5 (53,22-24) „Er wird an jenem Tage des Gerichts jedermann gemäß seiner Werke vergelten (Röm 2,6), seien sie gut und seien sie böse (II Kor 5,10)." Ebenso, nur ins Passiv gewendet LG 25,5 (724,23f) „Jedermann wird gemäß seiner Werke vergolten, seien sie gut oder böse".[79]

Röm 8,15 mit II Tim 1,7
LG 5,19 (133,23-136,1) „Ihr habt nicht empfangen den Geist der Furcht." „Geist der Knechtschaft wiederum zur Furcht" (Röm 8,15) wird mit dem Stichwort „Geist der Furcht" aus II Tim 1,7 ersetzt.

---

79 Derselbe Gedanke frei reformuliert in LG 3,11 (69,2) „Und wenn es (so ist), dass sie so verbleiben, werden an jenem Tage des Gerichts ihre guten und bösen Werke vergolten werden".

Röm 15,33 mit Phil 1,2

P	LG 29,10 (837,12-14)
Röm 15,33 „Der Gott des Friedens sei mit euch allen."	„Und der Herr des Friedens sei mit euch
Phil 1,2 „ ... und Friede von Gott, unserem Vater, und unserem Herrn Jesus Christus."	von Gott unserem Vater und von unserem Herrn Jesus Christus."

Die überladene Formulierung des Segensgrußes am Ende von LG 29,10 erklärt sich durch ein Mischzitat. Der Anschluss wird durch das Stichwort „Friede" ermöglicht. Da mit dem „Herrn des Friedens" der binitarische Gruß von Phil 1,2 zum trinitarischen erweitert ist, möchte man diesen von Gott Vater und Sohn kommenden Herrn mit dem Hl. Geist identifizieren.

II Kor 3,18 mit I Kor 13,12

P	LG 2,5 (36,19-23)
II Kor 3,18	
Wir alle aber sehen (...) die Herrlichkeit des Herrn wie in einem Spiegel.	„Und sie erblicken unseren Herrn im Geiste in dieser Welt wie in einem Spiegel.
Und wir werden in sein Bild verwandelt werden von Herrlichkeit zu Herrlichkeit gleich wie von dem Herrn Geist.	Und wenn sie aus ihren Leibern abscheiden, werden sie ihn von Angesicht zu Angesicht sehen, gleich wie von Herrlichkeit zu Herrlichkeit."[80]

Im Syrischen ist die Verbindung beider Stellen durch den Stichwortanschluss ܡܰܚܙܺܝܬܳܐ „Spiegel" gegeben, da der Syrer (wie der Deutsche) κατοπτριζόμενοι (II Kor 3,18) nur umschreiben kann: ܐܰܡܺܝܪ ܘܰܚܙܶܝܢ ܐܰܝܟ ܕܰܒܡܰܚܙܺܝܬܳܐ „wie in einem Spiegel sehen wir".

Eph 2,14f mit Kol 1,20

LG 9,6 (216,15-17) „Aber von dem Tage an, an dem unser Herr die Feindschaft löste (Motive aus Eph 2,14f) und durch das Blut des Kreuzes versöhnte, was auf Erden und was im Himmel ist (Kol 1,20) ..."

---

80 Aus I Kor 13,12: die antithetische Struktur „in dieser Welt ... und wenn sie ..." (I Kor 13,12: „hier ... dann aber"), ebenso das Stichwort „von Angesicht zu Angesicht"

Phil 4,12 mit II Kor 6,8;11,27

LG 21,6 (600,13-19) „In alles bin ich eingewiesen (Phil 4,12), in Hunger und in Sättigung, in Kälte und in Nacktheit (II Kor 11,27) und in Ehre (ܐܝܩܪܐ; P: ܗܕܪܐ) und in Entehrung (II Kor 6,8), in *vielen* Schlägen (II Kor 6,5), indem uns die Hälfte der Welt flucht und ihre Hälfte uns segnet, in Segnungen und Flüchen (Reformulierung von „in Preis und Beleidigung" II Kor 6,8), während wir jedermann lieben und in Gegenwart von jedermann verachtet werden, wie Verführer, jedoch, indem wir wahrhaftig sind (II Kor 6,8)."

Der Autor stellt aus mehreren Peristasenkatalogen des Apostels und eigenen Ergänzungen eine Neukomposition zusammen.

II Tim 1,8 mit Hebr 12,2

LG 30,21 (913,14-17) „Schämt euch nicht der Demut Christi (Ersatz für: „des Zeugnisses von unserem Herrn"), auch nicht unser, die wir seine Gefangenen sind (II Tim 1,8), sondern schaut auf Jesus, der der Erstgeborene (vgl. Kol 1,15) und der Anführer und Vollender für unseren Glauben ist (Hebr 12,2) und gleicht euch ihm an."

Hebr 5,14 mit Eph 3,18

LG 12,3 (293,10-13) „...dass den Vollkommenen die wahre Speise zukommt, die mit Kraft ausgebildet sind (Hebr 5,14), zu erkennen, was die Höhe und die Tiefe und die Länge und die Breite ist (Eph 3,18) ...“

2.3.4 Freie Zitation

Der Rekurs auf den Apostel erfolgt bald in genauer, bald in freier Form. Längere Zitate pflegen freier zu sein als kürzere. In der freien Wiedergabe durch den Autor werden Paulusstellen vereinfacht, verkürzt, umgestellt oder aus Teilsätzen neu zusammengestellt.

I Kor 8,9.11f

LG 11,4 (277,20-23) „Werdet nicht zum Anstoß für die Schwachen (I Kor 8,9), bis dass sie gesund werden. Und wenn nicht, (so) sterben sie (V. 11), und ihr sündigt an Christus (V. 12), der für sie gestorben ist (V. 11)."

Der Autor komponiert aus Teilsätzen des Paulus einen neuen Satz.

Eph 4,29

P	LG 22,14 (668,14-17)
„Jegliches hässliche Wort soll aus eurem Mund nicht herauskommen, sondern dasjenige, das schön ist und nützlich zur Erbauung, das Gnade gibt denen, die's hören."	„Irgendein hässliches und loses Wort, heißt es, soll aus eurem Munde nicht gehen, sondern alle Reden, die Gnade geben, zur Erbauung eurer Person."

Während aus Eph 4,29 an drei Stellen nur der Vordersatz als Lehrsatz zitiert wird, z. B. „Ein hässliches Wort soll aus eurem Munde nicht herausgehen" (27,6 [780,15]), erscheint an dieser einen Stelle fast der ganze Vers, jedoch in vereinfachter Form.

Hebr 11,38.37
LG 29,3 (820,10-12) „Und Menschen, derer die Welt nicht wert ist, sind mit Häuten von Schafen und von Ziegen bekleidet".
Versteile aus Hebr 11,37f werden hier in umgekehrter Reihenfolge neu zusammengestellt.

Hebr 12,15

P	LG 20,4 (536,22f)
„Und ihr sollt wachsam sein, dass nicht bei euch jemand gefunden wird, dem es an der Gnade Gottes mangelt, und dass nicht etwa eine Wurzel von Bitterkräutern eine Blüte sprossen lässt, und euch schadet und durch sie viele befleckt werden."	„Seht, dass nicht die Wurzel der Bitterkeit eine Blüte sprossen lässt und vielen schadet."

Der Autor formuliert aus der komplizierten Periode einen fasslichen Satz.

Frei wiedergegeben werden zumal alle Aufzählungen wie Tugend- und Lasterkataloge. Für Beispiele vgl. die verschiedenen Tugendkataloge unter dem Thema „Früchte des Geistes" und den Lasterkatalog I Tim 1,9f.[81]

---

81 Tugendkataloge: 5.5.1, S. 192; Lasterkatalog: 2.3.7, S. 64.

2.3.5 Paraphrasen und Neuschöpfungen aus pl Material

II Kor 5,17-20

Der Autor kennt offenbar die pl Predigt von der durch Versöhnung geschaffenen neuen Kreatur II Kor 5,17-20, gibt das pl Material jedoch nur in seiner Reformulierung wieder. Unter mehreren Stellen kommt der „neuen Kreatur" von II Kor 5,17 am nächsten LG 20,17 (581,4-6): „... d. h. wir sind eine neue Schöpfung in Christus, in der Reinheit des Herzens, wie Adam gewesen ist, bevor er sündigte ...". Der Versöhnungspredigt II Kor 5,18ff kommen LG 9,7 (220,26-221,3) „Heute aber, seit dass Frieden auf Erden ist und Versöhnung zwischen Gott und den Menschen, und sich Gott mit seinen Geschöpfen versöhnt hat durch Jesus, den Erlöser ..." und LG 20,16 (573,15-17) nahe: „Die Einladung[82] aber ist diese, dass der Vater wollte, dass durch seinen Sohn alle Menschen versöhnt werden."

Eph 4,26

LG 13,4 (313,6f) wird die bekannte Regel weiter gedacht: „Und vom Abend an versöhnt sie (scil. die Liebe der Gerechtigkeit) sich mit dem, der ihr zürnt."

2.3.6. Exegese durch Textveränderung und Interpolation

Die Interpretation der Paulusstellen erfolgt zumeist nicht in einem selbständigen Kommentar, sondern am Text selbst, indem der Text auf die erwünschte Deutung hin verändert, durch Interpretationen aufgefüllt oder indem eine Interpretation mit der Formel ܗܢܘ ܕܝܢ „d.h." ein- oder angefügt wird.

Röm 8,18

LG 16,11 (409,17-20) „Ich halte dafür, dass die Leiden dieser Zeit nicht wert sind und der Lauf, den die Vollendeten laufen, hinsichtlich der Herrlichkeit und der Schönheit, die bereitet stehen, dass sie (sie) empfangen ...".

Mit der Einfügung des Laufes der Vollendeten zeigt der Autor, wem diese Stelle gilt; indem er andererseits „dass sie an uns offenbart wird"

---

82   Der Zusammenhang ist eine Auslegung der königlichen Hochzeit Mt 22,1-14.

durch „dass sie (sie) empfangen" ersetzt, wird die Herrlichkeit als eschatologischer Lohn konkretisiert. Auffüllung wie Ersetzung dienen der Konkretion im Hinblick auf eine Aussage über das eschatologische Geschick der Vollkommenen.

I Kor 2,9
LG 16,11 (409,20-23) „„...etwas, das kein Auge gesehen und kein Ohr gehört hat und zum Menschenherz nicht hingelangt ist, was ihnen Gott auf den höheren Stufen bereitet hat, denjenigen, die ihn lieben"
Die Einfügung weist die Verheißung klar den beim Autor vorher genannten „Vollendeten" zu.

I Kor 2,15
LG 14,3 (332,20-22) „Ein Mann aber, der im Geiste ist, d. h., der die Wahrheit erkennt und vervollkommnet ist, richtet jedermann und wird von niemand gerichtet."
Wiederum wird der Sinn einer Paulusstelle auf das eschatologische Geschick der Vollkommenen gedeutet: Diese kommen nicht ins Gericht, sondern richten vielmehr selbst. Daher wird das Objekt vom sächlichen ܟܠ ܡܕܡ zum persönlichen ܟܠܢܫ.

I Kor 11,1
19,5 (457,9) „Ahmt mich nach, Brüder, wie ich Christus ähnlich und vollkommen geworden bin".
Durch seinen Zusatz identifiziert der Autor seine Vollkommenheitsethik mit der Christusnachfolge.

I Kor 13,11

P	LG 19,5 (457,4-7)
„Als ich ein Kind war, redete ich wie ein Kind und sann wie ein Kind und dachte wie ein Kind; als ich aber ein Mann wurde, legte ich diese (Dinge) der Kindheit ab."	Ich, spricht er, als ich ein Kind war, wandelte ich wie ein Kind in den kleinen Geboten; als ich, spricht er, ein Mann wurde, legte ich das Denken meiner Kindheit ab."

Der Apostel versteht das Kindsein als Gleichnis für die menschliche Existenz, die der eschatologischen Vollendung noch nicht teilhaftig geworden ist; der Autor deutet es allegorisch als Metapher für die niedere Stufe christlicher Ethik, wie an seiner Einfügung erkennbar wird.

I Kor 13,12

P	LG 18,3 (440,6-9)
„Hier sehen wir wie in einem Spiegel wie in einem Rätselbild, dann aber von Angesicht zu Angesicht."	In dieser Welt, heißt es, wie Paulus sagt, sehen wir wie in einem Spiegel mit den Augen unserer Herzen, aber in jener Welt von Angesicht zu Angesicht.

Der Autor ersetzt das „hier" und „dann" in Hinblick auf den ihm eigenen kosmologischen Begriff von den „beiden Welten." Die Bestimmung „im Rätselbild" (ܐܠܦܢ), welche die irdische Bedingung des getrübten Blickes auch des Christenmenschen ins Bild setzt, lässt der Autor in seinen Zitaten von I Kor 13,12 weg, weil sie seiner Vorstellung einer für die Vollkommenen bereits irdisch möglichen klaren Schau *mit den Augen unserer Herzen"* widerspräche.

Eph 6,12

LG 12,7 (304,1-4) „Euer Kampf ist nicht mit Menschen von Fleisch und Blut, sondern mit Herrschaften und Machthabern (Auslassung) und bösen Geistern und mit Satan, dem Verderber."

Indem der Autor „Menschen" einfügt, bringt er den Vers in die Richtung seiner Interpretation, gemäß der mit Menschen Frieden zu halten ist, während der Kampf allein dem Satan gilt. Diese Linie der Interpretation, nach der mit der Geltung des Liebesgebotes Feindschaft nicht mehr Menschen, sondern nur mehr dem Satan und den bösen Geistern gelten darf, wird noch klarer in einer freien Wiedergabe dieser Epheserstelle ausgezogen: „Und es gibt für dich nicht Kampf mit Fleisch und Blut der Adamskinder, es sei denn, dass du Krieg führst mit den bösen Geistern, den Heeren der Sünde" (16,9 [408,13-15]).

Phil 2,5ff

LG 21,11 (616,10-16) „Deshalb sagt der Apostel: Christus (Auslassung) *wollte* nicht im Raub Gottes Gleichen sein wie Adam, sondern entäußerte sich selbst, auch von allem, das Adam liebte und begehrte, dass er durch irdischen Reichtum Gott werde, und nahm die Gestalt des Sklaven an, in dem er gleich wie jene Schöpfung des ursprünglichen Menschen war ..."

Hier liegt die theologisch bedeutsamste Auslegung des Autors vor. Durch seine Zusätze wird das Christusbekenntnis des Philipperbriefes in das christologische und soteriologische Schema des Autors eingebet-

tet, nach dem die Sendung Christi in Demut das Gegenbild zum adamitischen Hochmut darstellt und die Menschheit Christi als Wiederbrin-
gung der prälapsarischen Menschheit Adams erscheint.[83] Ein kürzeres
Zitat aus Phil 2,7 konkretisiert durch Zufügungen den paradoxen Charakter der Tat Christi: Der Schöpfer wird gleich seinem Geschöpf:
„Die Gestalt eines Knechtes nahm der Herr der Schöpfung an, indem er
gleich wie der Mensch, seine Schöpfung war" (20,8 [548,6-8]).

Kol 3,1f
LG 3,14 (76,15-18) „... sondern nach oben blickt und sucht, was droben
ist und dem, was droben ist, sinnt nach, dort wo Christus in den Höhen
zur Rechten Gottes sitzt und gestorben ist von der Welt zu seinen Leb-
zeiten."
Der Zusatz am Ende, der von der Fortsetzung in Kol „denn ihr seid
gestorben" angeregt ist, macht Christus selbst zum Vorbild der vom
Autor propagierten Weltentsagung.

Hebr 12,2
LG 19,7 (461,18-20) „ ... und dass wir auf den neuen Bund schauen,
welcher Jesus Christus ist, und wir uns ihm angleichen, denn er ist der
Anführer und Vollender unseres Glaubens."
Durch die *Zusätze* ordnet der Autor das Zitat aus Hebr in seine heilsge-
schichtliche Systematik und seine Ethik der Nachfolge ein.[84]

Hebr 12,22f
LG 25,4 (741,7-12) „Und ihr, heißt es, seid zum Berg Zion gelangt und
zur Stadt Gottes, die im Himmel ist, zu den Armeen der Engel und zu
den Geistern, heißt es, der Gerechten, dieser früheren, die in Gerechtigkeit entschlafen sind und durch Jesus vollendet wurden und in das
geistige Paradies eingetreten sind".
Der Autor komprimiert den Text[85] und erweitert ihn andererseits durch
seine Interpretation, in der die „Geister der Gerechten" mit den Gerechten des Alten Bundes identifiziert werden.

---

83 Louf vertritt AnBib 17-18 (1963), 523-533 die These, dass der Autor mit seiner Inter-
    pretation der ursprünglichen Intention des Philipperhymnus entspricht.
84 Der Hinweis auf die Nachfolgeethik als Angleichung an Christus ist stereotyp, so
    auch im Zitat von I Kor 1,22f in LG 30,21 (912,4-7) „Die Juden verlangen Zeichen
    und die Heiden suchen nach Weisheit. Wir aber verkünden Jesus Christus als Ge-
    kreuzigten und gleichen uns ihm an."
85 LG 15,15 (372,9-15) findet sich ein ausführliches Zitat von Hebr 12,22-24a.

2.3.7 Aktualisierung des zeitgebundenen pl Zeugnisses

Bekanntermaßen behandelt der Apostel, insbesondere I Kor, konkrete Fragestellungen, die aus seiner Zeit und Umwelt zu verstehen sind. Gemäß der Freiheit, die sich der Autor erlaubt, nimmt er die Übertragung in seine Zeit, seine Umwelt und sein Denken am Text selbst vor.

Röm 9,1.3 Paulus und die Bösen statt Paulus und seine jüdischen Brüder
Für den Autor ist der Antagonismus zwischen Juden und Christen in der apostolischen Ära nicht mehr aktuell. So wird Röm 9,1.3, wo der Apostel für seine jüdischen Brüder verflucht sein möchte, verallgemeinert, indem die „Israeliten" durch „Böse" ersetzt werden. Im Zusammenhang der Stelle zeigt sich, dass die Adaption von Röm 9,1.3 als Beleg für die Feindesliebe des Apostels gewertet und so in die Ethik des Autors eingearbeitet wird.

P	LG 21,15 (623,7-10)
(1) „und mein Gewissen bezeugt für mich im heiligen Geist ..."	„Zeuge ist für mich der Herr, dass ich hätte sterben wollen, damit die Bösen den Herrn der Herrlichkeit preisen, wenn Gott gewollt hätte, dass er mich annehme und meinen Tod für ihr Leben einwechselte (ܣܟܐ)."[86]
(3) „Denn ich habe (darum) gebetet, dass ich selbst von Christus Gebanntes sei für (ܣܟܐ) meine Brüder"	

Ebenso wird an der Wiedergabe von Phil 3,7f und Eph 2,14f deutlich, dass dem Autor das Thema des Judentums bzw. die Existenz eines Judenchristentums fern gerückt ist:

Phil 3,7f Verallgemeinerung der Auseinandersetzung des Apostels mit seiner jüdischen Identität

P	LG 18,5 (444,12-15)
7 Aber das, was mir Gewinn war, habe ich als Schaden erachtet um Christi willen, 8 Auch erachte ich dieses alles als Schaden wegen der Größe der Erkenntnis Jesu Christi, meines Herrn. wegen	„Alles, was sichtbar ist, habe ich verachtet, und wie Kot erachtet habe ich allen Gewinn, der hier bleibt und mich nicht zu jener Welt der Wahrheit und Herrlichkeit begleitet."

---

86 Eine sprachliche Nähe der Reformulierung des Autors zum pl Text mag sich darin zeigen, dass ܣܟܐ „einwechseln" und ܣܟܐ „für" zur selben Wurzel gehören.

welchem mir alles schädlich wurde und ich (es) wie Kot erachtet
habe.

Durch Auslassungen und Hinzufügungen gelingt es dem Autor, die
Aussagen des Paulus ihres konkreten Charakters, der Absage an den
jüdischen Stolz um Christi willen, zu entkleiden und ihnen den allgemeinen Sinn der Lösung vom Sichtbaren um des Jenseits willen zu
verleihen.

Eph 2,14f Zweiheit der beiden Testamente statt Zweiheit von Juden
und Heiden
In gleicher Weise verschwindet der historische Bezug bei der versöhn-
ten Zweiheit von Eph 2,14f. Während es sich dabei in Eph um die
durch Christus gestiftete Gemeinschaft von Juden und Heiden handelt,
deutet der Autor „die beiden" auf das für ihn drängende theologische
Problem der Vereinbarkeit der beiden Testamente:

P	19,7 (461,21-464,5)	22,21 (681,21-23)
„... welcher die bei-den eins gemacht, und die Einschlie-ßung, die in der Mit-te bestand, aufgelöst hat, und die Feind-schaft an seinem Flei-sche, und das Gesetz der Gebote durch seine Gebote abgetan hat, dass er aus ihnen beiden durch seine Person einen neuen Menschen schaffe"	„Er hat die Testamen-te, das erste und das letzte, zu einem Tes-tament gemacht. Und er hat das Gesetz der Gebote, die nicht not-wendig waren, durch seine Gebote abgetan, dass er durch die bei-den (...), diese Testa-mente, welche er zu einem Evangelium gemacht hatte, die Menschen aufs Neue erschaffe."	„Da er nun sagt, dass er sie beide zu einem Testament gemacht und das Gesetz der Gebote durch seine Gebote abgetan hat ...".

Diese Umdeutung ist durch Aphrahat vorgegeben, der die Zweiheit
von Eph 2,14f auch schon auf die beiden Testamente gemünzt hat.[87]

---

87 „Und er bekräftigte die beiden Testamente und machte sie, die beiden, eins, und hob
das Gesetz der Gebote durch seine Gebote auf" (Dem 2,6 [PS I.1,57,10]).

I Kor 7,34 Jungfräulichkeit für beide Geschlechter
Der Autor fügt in die Vorlage des Paulus, die sich nur auf die unverheiratete Frau bezieht, den enthaltsamen Mann ein, da er die Jungfräulichkeit beider Geschlechter predigen will:
LG 19,15 (476,24-477,3) „Die Jungfrau, die dem Manne nicht (zu eigen) wird, und der Mann, der die Frau nicht heiratet, die gefallen dem Herrn am Leibe und am Geiste. Aber jene, die sich verheiraten, gefallen einer dem anderen."

I Kor 8,7.10 Essen bei Heiden statt Essen des Götzenopferfleisches
Das Problem des Götzenopferfleisches wird aktualisiert. Während bei Pls der Schwache Anstoß daran nimmt, wenn ein Christ im Tempel den Göttern Geweihtes isst, sieht der Autor den Fall des Anstoßes gegeben, wenn ein Anhänger der Lehren des Autors bei Heiden isst:

P	LG 11,3 (277,9-12)
(7) „und weil ihr Gewissen schwach ist, wird es befleckt."	„Welcher schwach ist in seinem Gewissen, wird sehr angefochten,
(10) „denn wenn jemand dich, der du Erkenntnis hast, sieht, dass du im Götzenhause sitzest"	wenn er denjenigen, der gesund ist in seinem Gewissen, sieht, wie er mit den Heiden isst und sie ermahnt"

In der Adaption werden Versteile aus I Kor 8,7.10 neu zusammengesetzt und entsprechend der Situation der Prediger des LG verändert. Es geht nicht mehr um den Ort eines heidnischen Tempels und die Göttern geweihte Speise, sondern schlicht um die Tischgemeinschaft mit Heiden. Freilich wird sofort erklärt, worum es in dieser Tischgemeinschaft geht: um das Lehren.[88]

I Kor 12,28 Vollkommene statt Apostel

P	LG 9,14 (233,18-21)
„Denn Gott hat in der Kirche eingesetzt: zuerst Apostel, nach ihnen Propheten, nach ihnen Lehrer, nach ihnen Wundertäter, nach ihnen Gaben der Heilung und Helfer und Führer, und Arten von Sprachen."	„Und der Apostel zeigt, dass Gott in der Kirche eingesetzt hat Vollkommene und nach ihnen Propheten und nach ihnen Starke und Lehrer und Erbauer und Helfer und nach ihnen Gaben der Heilung."

---

88   Zur Fortdauer des Heidentums in Syrien vgl. Drijvers, East of Antioch, XVI,35-43.

Die Vollkommenen des LG <u>ersetzen</u> die Apostel! Außerdem lässt sich, indem Wundertäter und Zungenrede in Wegfall kommen, an der Neugestaltung der pl Reihe eine starke Betonung auf der Lehre und dem Wort in der Charismenlehre des Autors ablesen.

I Kor 14,27 Schriftlesung statt Zungenrede.

P	LG 1,1 (12,18-13,2)
„Und wenn jemand in Zungen spricht,	„Wenn die Schriften gelesen werden,
sollen zwei sprechen und höchstens drei.	zwei oder drei und so weiter,[89]
Und einer nach dem anderen sollen sie sprechen.	so möge jener auslegen (ܢܦܫܩ), welcher auslegt, d. h. wer mit dem
Und einer soll auslegen (ܢܦܫܩ)."	Geist verschwistert ist."

Der Autor sieht die Glossolalie durch die gottesdienstliche Schriftlesung abgelöst. Das bedeutet andererseits für Schriftlesung und Auslegung, dass sie als lebendige Prophetie zu verstehen sind.

Kol 2,20 Mammonsdienst statt Engeldienst
Durch eine geringe lexikalische Änderung passt der Autor die Auseinandersetzung des Kol mit einer Frömmigkeit, die kosmische Mächte berücksichtigt, seiner paränetischen Intention an: Die Nachfolge des apostolischen Sterbens von der Welt schließt die Absage der Beteiligung am Wirtschaftsleben ein:

P	LG 21,5 (597,13-15).
„Denn wenn ihr mit Christus den Elementen der Welt abgestorben seid, warum lasst ihr euch, als ob ihr in der Welt lebtet, beurteilen?"	„Wenn ihr dem Kommerz (ܣܘܥܪܢܐ)[90] der Welt abgestorben seid, warum verhaltet ihr euch wie Lebende im Handel und Wandel, Nehmen und Geben?"

---

89 ܘܫܪܟܐ heißt „und das Übrige". Kmosko übersetzt unkorrekt „et alius". Ich verstehe ܘܫܪܟܐ im technischen Sinne „und so weiter" entsprechend dem gr. καὶ τὰ λειπόμενα.

90 In ähnlichem Zusammenhang das Verbum ܫܚܡ etp. „und der die Erde nicht benutzen (ܡܬܚܫܚ) kann, sondern nach oben blickt" (LG 3,14 [76,14]; folgt freies Zitat von Kol 3,1f).

I Tim 1,9f Anpassung eines Lasterkatalogs

P	LG 22,14 (668,4-12)
„da man weiß, dass den Gerechten das Gesetz nicht gesetzt ist, sondern den Übeltätern und den Widerspenstigen und den Frevlern und den Sündern und den Lasterhaften und denen, die nicht rein sind, und denen, die ihre Eltern schlagen, und den Mördern und den Hurern und denen, die mit Männern liegen, und die Freie rauben, und den Lügnern und den Eidbrechern, und (gegen) alles, was der gesunden Lehre entgegensteht."	„...sondern das Gesetz ist allen denen gesetzt, die Böses tun, den Mördern und den Ehebrechern und den Dieben und den Lügnern und den Hurern und den Bedrückern und den Verleumdern und den Götzendienern und den Magiern und den Zeichendeutern und den Wahrsagern und den Fluchenden und den Streithähnen und den Zornigen und den Eidbrechern und den Gierigen und den Trunkenbolden und den Sängern und denen, die schmutzige Worte reden, die schmutzig und schamlos sind ..."

Von den 21 Gliedern des Lasterkataloges stammen vier aus dem 14-gliedrigen des Pls (Mörder, Huren, Lügner, Ehebrecher). Wenn der Autor besonders Personen, die mit heidnischer Gottesverehrung und Magie im Zusammenhang stehen, nennt, hat er dabei die Situation der Christen seiner Zeit im Blick, die sich gerade erst vom Heidentum gelöst haben. An anderer Stelle (7,3) führt der Autor seine Warnung, sich mit Magiern der verschiedensten Art einzulassen, in breiter Form aus. In demselben Traktat wird Musik und Gesang mit Götzendienst in Verbindung gebracht (7,16). In diesem Zusammenhang muss man die Sänger, sehen, die in dem Lasterkatalog an 19. Stelle vor denjenigen, die schmutzige Geschichten erzählen, rangieren. Der Autor tritt mit dieser Neuformung des Lasterkatalogs in die Fußtapfen der auch sonst von syrischen Asketen geübten Schelte. [91]

Zuletzt soll hier nur angedeutet werden, wie die theologische Klimaveränderung seit Paulus sich in der Zitierweise des Autors niederschlägt. Diese betrifft besonders die Eschatologie, in der die Apokalyp-

---

[91] So in der Doctrina Addai, in der von verschiedenen Arten von Zauberern und Wahrsagern gewarnt wird, bei Ephraem und Isaak v. Antiochien (Drijvers, East of Antioch, XVI,40). Drijvers schreibt a.a.O.: „The accusations of magic and belief in demons repeated so emphatically thus are the most convincing proof that paganism was still alive and was even believed to be a real threat for the Christian church. It is, therefore, more than a coincidence that the Christian ascetics and saints, who won the victory over their carnal body, at the same time attacked the pagan deities and demons and severely warned against magic and sorcery."

tik von einer individuellen Eschatologie abgelöst wird, die sich im Rahmen der Vollkommenheitslehre des Autors zu einer realisierten Eschatologie noch steigert:

II Kor 3,18

P	LG 14,2 (328,15-17)
„Wir alle aber sehen (...) die Herrlichkeit des Herrn wie in einem Spiegel.	„Und sie wandeln von einer Herrlichkeit zur anderen im Geiste.
Und wir werden in sein Bild verwandelt werden von Herrlichkeit zu Herrlichkeit gleichwie von dem Herrn Geist."	Und sie sehen unseren Herrn wie in einem Spiegel in ihrem Herzen".

Der Autor deutet den eschatologischen Ausblick auf Vollkommene, für die jetzt schon der „ganze Himmel Türen vor ihnen ist" (14,2 [328,12f]). Die Hoffnung auf das Verwandeltwerden ist in eine realisierte Eschatologie aufgelöst, gemäß der der Herr jetzt schon im Spiegel des Herzens geschaut wird.

2.4 Apokryphe Apostelworte

Das erste der Pauluszitate des LG ist ein apokryphes:

> „... es ziemt sich uns, dass wir die Worte unseres Herrn eines nach dem anderen untersuchen, wie der Apostel gesagt hat: ‚Untersucht sie heute und morgen und in alle Ewigkeit.'" (1,1 [12,7-10]).

Am nächsten kommt dem die Paränese in Barn 2,1:

> „Da nun böse Tage sind und der, der sie bewirkt, selbst die Macht hat, müssen wir auf uns achtgeben und die Rechtsforderungen des Herrn erforschen."[92]

Ein weiteres apokryphes Apostelwort, das gleichfalls in den Kontext der Lehre von der rechten Schriftauslegung gehört, findet sich im 11. Traktat:

---

92   SUC 2,141 (Übers. Wengst). Das ἐκζητεῖν „Erforschen" von Barn 2,1 stimmt in der Richtung mit der Methode der „Unterscheidung" des Autors überein. Zur Intention des Barn vgl. Kühneweg, Das neue Gesetz, 34: „Barnabas will zwar seinen Lesern zu einer ‚vollkommenen Gnosis' verhelfen, aber diese ist offenbar kein abgeschlossenes Ganzes, nur eine Methode, eine Richtschnur zur Erforschung der Schrift, um aus ihr die eigentlichen δικαιώματα κυρίου herauszufiltern."

„... wie der Apostel sagt: Ihr sollt euch diese (Dinge), die demütig sind, auslesen aus denen, die hart sind, und so werdet ihr vervollkommnet werden" (11,1 [273,19-22]).

Im Zusammenhang geht es um eine unterscheidende Schriftlesung, besonders des AT: Die Schüler des Autors sollen lernen, dass atliche Worte, in denen von Vergeltung und Hass gegen Feinde die Rede ist, sie nichts angehen, während sie diejenigen Worte, die von Friedensliebe sprechen, beherzigen sollen.

Zwei weitere apokryphe Apostelworte enthalten eine platonische Seinslehre:

„wie der Apostel sprach: Alles, was sichtbar ist, ist ein Schatten von dem, welches nicht sichtbar ist, und es vergeht" (21,4 [596,7-9]). [93]

Der „Schatten" erinnert an Hebr 8,5 (vgl. 10,1), wo vom schattenhaften Dienst der Stiftshütte die Rede ist. Gleichwohl verdankt sich der Spruch in seinem Charakter als Lehrsatz, wie auch schon der Begriff des „Schattens" in Hebr selbst,[94] hellenistischer Bildung. Man muss für unseren Autor nicht auf Platon selbst zurückgehen; in der frühen christlichen Literatur finden sich vergleichbare Sätze.[95] So heißt es im „frühesten christlichen Gesangbuch"[96]:

„Das Bild von dem, was unten ist, ist das, was oben ist" (OdSal 34,4)[97]

---

93   Ohne ausdrückliche Angabe der pl Autorschaft wird das Axiom kürzer 23,8 (703,18-20) wiederholt: „... so verstehe, dass er sagt: Alles, was sichtbar ist, ist ein Schatten von allem jenem, das nicht sichtbar ist."

94   In Abgrenzung von Auslegern, die platonisches Erbe bei Hebr zugunsten eines biblisch-eschatologischen Denkens zurückweisen, findet Gräßer bei Hebr 8,5 den platonischen Hintergrund: „Unser Text führt (...) nahe an die platonische Ideenlehre heran: Irdisches und himmlisches Heiligtum stehen sich nicht wie »unten« und »oben« gegenüber, also in positiver Entsprechung wie in Apokalyptik und Rabbinat, sondern wie (gutes) Original und (mindere) Kopie, (...) also in qualitativ-ontologischer Verschiedenheit (Gräßer, EKK XVII,2, 88; zur Auseinandersetzung vgl. a.a.O., Anm. 101).

95   Die im folgenden beigebrachten Vergleichsstellen wurden von Peter Nagel gefunden.

96   Charlesworth, Odes of Solomon, vii.

97   Text: Harris/Mingana, Odes and Psalms of Solomon vol. 1, p. ܘܝ.ܗ (= 76.77); Charlesworth, Odes of Solomon, 122f. Eleganter die Übers. von Diettrich, Oden Salomos, 116: „Gleich dem was unten ist, ist das was oben ist." Man würde es lieber umgekehrt lesen: „Das (Ab)bild von dem, was oben ist, ist das, was unten ist." Weil es aber nicht so dasteht, sagt Charlesworth, in Auseinandersetzung mit Unnik, die Oden seien gar nicht platonisch (Charlesworth, a.a.O., 123, Anm. 4). Der in der Ode folgende Satz zeigt (34,5) jedoch klar die Priorität des Oberen gegenüber dem Unteren: „Denn alles ist oben, und unten ist nichts, aber es wird (so) eingeschätzt von denen, bei denen keine Erkenntnis ist."

und in den Lehren des Silvanus aus dem siebten Kodex von Nag Hammadi:

> „Denn alles Offenbare existiert als Abdruck (τύπος) des Verborgenen" (NHC VII,4, p 99,5).[98]

Außerdem:

> „Dieses, das sichtbar ist, sagt der Apostel, ist von diesem, das nicht sichtbar ist" (28,8 [800,10-12]).

Das Gegensatzpaar sichtbar/unsichtbar könnte zwar von II Kor 4,18 angeregt sein. Dort wird jedoch nicht der generische Zusammenhang der Herkunft des Sichtbaren vom Unsichtbaren ausgesagt. Im Zusammenhang des 28. Traktates begründet der Satz die ekklesiologische Systematik des Autors, nach der die sichtbare Kirche ihr Sein von der verborgenen empfängt.[99]

Die vier apokryphen Pauluszitate zeigen, dass dem Autor der Apostel als Bürge sowohl seiner Hermeneutik der Unterscheidung als auch seiner Seinslehre galt.

---

98 Janssens, Les Leçons de Silvanus, BCNH.T 13,56. Silvanus führt diesen Grundsatz ein, um ihn auf die Christologie anzuwenden: Gott Vater kann nur durch sein Abbild Christus erkannt werden.

99 Kmosko, a.a.O., XCII mit Anm. 7, stößt auf der Suche nach der Herkunft dieses, wie er sagt, „abgedroschenen theologischen Axioms" auf Clemens, Strom IV,8: εἰκὼν δὲ τῆς οὐρανίου ἐκκλησίας ἡ ἐπίγειος (Stählin, Clem. Alex. 2, GCS, 278,10). Clemens begründet im folgenden dieses „Axiom" mit Verweis auf die dritte Bitte im Vaterunser. Vgl. auch Irenäus, Adv. haer. IV,19.1 „Was aber die irdischen (Dinge) betrifft, die uns gegenüber angeordnet wurden, so ist klar, dass sie Abdrücke sind von denen, die himmlisch sind, dennoch von dem selben Gott gemacht wurden" (Brox, FC 8/4, 20-22). Zur Ekklesiologie des 28. Traktates s. u. 4.5.4, S. 157ff.

3 Lehren in der Nachfolge des Apostels

3.1 Das Selbstverständnis des Kreises um den Autor als Prediger und Lehrer

3.1.1 Der Autor in der Tradition der syrischen Wanderlehrer

Das Selbstbild des Autors und seines Kreises fußt auf der Tradition der syrischen Wanderlehrer,[1] die ihrerseits in den urchristlichen Lehrern und Propheten ihre Wurzeln haben.[2] Seine Aufgabe erkennt der Kreis

---

1   Über die Geschichte der christlichen Lehrer allg. bis ins 3. Jh. vgl. v. Harnack, Mission und Ausbreitung 1, 332-379: „Die christlichen Missionare"; v. Campenhausen, BHT 14, 195-233: „Propheten und Lehrer im zweiten Jahrhundert." Zu den syr. Wanderlehrern insbes. vgl. Kretschmar, ZThK 61 (1964), 27-67, hier: 30-40; Neymeyr, SVigChr 4, 139-168: „Christliche Lehrer in Syrien." Das älteste Zeugnis für christliche Wanderlehrer in Syrien ist die Didache, die wahrscheinlich Anfang des 2. Jh. in Syrien entstanden ist (SUC 2, 61-63 [Wengst]). Die Vorläufer der Wanderapostel und – prophenten der Did waren nach Theißen, Wanderradikalismus, WUNT 19, 79-105, hier 105, die von ihm so gen. „Wandercharismatiker". Zu beachten ist hier allerdings, dass Theißen deren Existenz aufgrund einer soziologischen Betrachtungsweise des Spruchgutes der Evv fordert und nicht etwa aus Quellen erhebt. Neymeyr legt in seiner Analyse der Did (a.a.O., 140-142) Wert auf die Unterscheidung zwischen ortsfesten und wandernden Lehrern (a.a.O., 141). Letztere heißen „Apostel und Propheten" (Did 11,3). Daneben gibt es Propheten und Lehrer, die sich niederlassen (Did 13,1f). Die Möglichkeit, dass auch Bischöfen und Diakonen das Amt der Propheten und Lehrer ausüben dürfen, nimmt Wengst in seiner Einleitung zur Did als ein Indiz dafür, dass Propheten und Lehrer „offensichtlich rar geworden sind" und somit gewählte Amtsträger die Charismatiker ersetzten (SUC 2,42).– Unser Autor bezeugt, dass er der Tradition der wandernden Lehrer anhängt: „Denn die Vollkommenen, weil sie an viele Orte gehen, sagen sie das Wort jedermann, wie es ihm zur Hilfe (gereicht), und sie begeben sich zu einem anderen Ort" (19,31 [505,16-19]). Die wandernde Existenz steht im Gegensatz zu der stabilitas loci der Bischöfe, deren Amt der Autor hier anschließend beschreibt (s.o. 4.5.1, S. 112ff). Er denunziert Bestrebungen des Hausbaus und des Anlegens von Gärten um der Gastfreundschaft willen, d.h. die klösterliche Niederlassung, als Einflüsterung des Satans (25,5 [741,20-743,6]).

2   Vgl. dazu Zimmermann, WUNT 12; Schürmann, „... und Lehrer", in: Orientierungen am NT, 116-156; Kraft, ThLZ 100 (1975), 81-98, hier 93f. Tiwald, ÖBS 20, 299, hält die syrischen Wanderasketen der ps.-Clem. Briefe De virginitate und der Thomasakten für die Erben der urchristlichen Wanderradikalen: „Zweihundert Jahre nach der Lo-

um den Autor des LG im Lehren.[3] Die Selbstbezeichnung ist ܟܳܪܽܘܙܳܐ „Prediger, Verkündiger" oder ܡܰܠܦܳܢܳܐ „Lehrer", stets im pl.[4] Einzig in dem im Vorwort wiedergegebenen „letzten Abschnitt" heißen sie ܘܰܢܒ̈ܺܝܐ ܕܗܳܫܳܐ „Propheten von heute". Diese Lehrer gründen ihre Autorität allein auf die Beauftragung durch den Herrn, wie aus der wiederholten Formulierung „unser Herr und seine Prediger" ersichtlich ist.[5] Ihr Amt ist mithin charismatisch, getreu der Tradition, die in der Didache und den ps.-clementinischen Briefen aufbewahrt wird.[6] Zu den Wanderasketen der ps.-clementinischen Briefe zeigt sich gleichwohl ein spezifischer Unterschied. Waren diese als „Prediger, Lehrer, Fürbitter, Exorzisten und Wundertäter"[7] tätig, beschränkten sich die Wanderasketen des LG

---

gienquelle, hundertfünfzig Jahre nach der Didache und hundert Jahre nach Lukian begegnen uns nun im gleichen syrischen Habitat zölibatäre Wanderasketen als Erben des Wandercharismatikertums."

3   Aus dem Zitat des Taufbefehls (Mt 28,19), in dem das Taufen durch das Lehren nicht ergänzt, sondern ersetzt wird, wird deutlich, dass im Unterschied zum Priester, der die Sakramente spendet, der Kreis um den Autor seinen Auftrag als Lehrauftrag versteht: „Geht hin zu allen Völkern und lehret sie im Namen des Vaters, des Sohnes und des heiligen Geistes" (5,17 [129,18-20]). Hier zeigt sich eine Wahlverwandtschaft mit dem Apostel, der sich weniger als Täufer denn als Prediger verstand (I Kor 1,14ff).

4   Damit nimmt der Autor für seine Anhänger diejenigen Titel in Anspruch, die nach I Tim 2,7 und II Tim 1,11 der Apostel selbst trägt: ܟܳܪܽܘܙܳܐ „Prediger" und ܡܰܠܦܳܢܳܐ „Lehrer". Den dritten der hier vorkommenden Titel „Apostel" behält der Autor dem Apostel selbst vor. Nach dem Zeugnis der Did war dieser neben dem des Propheten für einen Wanderprediger im 2. Jh. noch geläufig (Did 11,3-6; vgl. dazu v. Harnack, a.a.O., 360). ܡܰܠܦܳܢܳܐ auch I Kor 12,28, beim Autor zitiert LG 9,14 (233,20). ܡܰܠܦܳܢܳܐ ist auch in den ps.-clementinischen Briefen De virginitate der Begriff für die Lehrer (De virg. 1,11,3 [Beelen, 52,7-9; Duensing, 176,6ff]). ܡܰܕܪܳܫܳܐ „Lehrer" wird, wohl mit Rücksicht auf Mt 23,10, nicht verwendet. - Der Autor bezeichnet sich selbst nie als Lehrer, doch wird an seiner Bitte um Gedenken, die an Hebr 13,7 und Did 4,1 gemahnt, deutlich, dass er sich für einen solchen gehalten hat: „Und diejenigen, die lesen und (dabei) eifrig sich mühen und lernen und handeln und lehren in Jesu Christo, sollen meiner im Gebet im Namen unseres Herrn Jesus Christus gedenken" (29,19 [856,19-22]).

5   Z.B. 19,6: „Auch wenn er auf diesen Seitenwegen läuft, die unser Herr und seine Prediger gebahnt haben ..." (461,5f); vgl. 19,35 (511,12f).

6   Vgl. SUC 2,41. Bischöfe und Diakone werden gewählt (Did 15,1). Da im Zusammenhang mit den Aposteln, Propheten und Lehrern von einer Wahl keine Rede ist, folgert Wengst, dass es sich bei diesen um Charismatiker handelt.

7   Kretschmar, ZThK 61 (1964), 34. Kretschmar weist hier auf die vergleichbare Beschreibung der Tätigkeit des Apostels in ActThom 20, in der er einen Reflex der Praxis der syr. Wanderasketen sieht (a.a.O., 34f).

allein auf die beiden erstgenannten Funktionen.[8] Damit ist ausdrücklich ein Verzicht auf Wundertätigkeit verbunden, der ihrer Akzeptanz
offenbar abträglich war.[9]

Als Indiz für die Betonung, die auf dem Lehramt als dem Beruf des
Kreises um den Autor liegt, sei die spezifischen Abwandlung von I Kor
9,22 angeführt: Im Zitat von „Ich bin allen alles geworden, damit ich
einige rette" wird das Retten durch das Ermahnen bzw. Lehren ersetzt:

> „Auch befahl der Apostel, obwohl er alles mit allen geworden war, damit
> er jedermann ermahne (ܐܢܫ ܢܰܕ ܘܳܕܠܶܗ) ..." (5,5 [108,10f]).

> „Werde alles mit allen Menschen und lehre jedermann (ܐܢܫ ܠܟܠ), dass
> du allen Menschen Nutzen bringst" (19,26 [497,19-21]).

Der Auftrag an die Lehre für jedermann setzt voraus, dass der Lehrer
geübt, sich seiner selbst sicher ist und somit die soziale Abgrenzung
von den Sündern aufheben kann:

> „Und wenn sie stärker und größer werden, ist ihnen erlaubt, dass sie alles
> mit allen würden, dass sie jedermann helfen und jedermann ermahnen
> (ܐܢܫ ܠܟܠ ܘܳܕܠܶܗ) : ܡܟܝܢ ܘܳܢܳܐܦ) mit dem Beispiel, das unser Herr gab" (5,7
> [112,17-20]).[10]

Der Lehrauftrag der Vollkommenen gilt jedermann:

> „Weil die Vollkommenen in jeder Beziehung der Wahrheit vollendet sind
> und keine Furcht haben, sagen sie nicht: Dieser Ort ist unser, und dieser
> Ort ist nicht unser, oder: Dieser Mensch ist unser und dieser ist nicht unser
> – und weil sie jedermann zu ihrem Wort führen, weil die Wahrheit unseres

---

8   In ihrem Lehrauftrag gleichen die „Vollkommenen" des LG den zuerst bei Aphrahat
    erwähnten bnay bzw. bnāt qyāmā: „Werden wir in der Welt arm, damit wir die Vie-
    len durch die Lehre unseres Herrn reich machen" (Dem. 6,1 [PS I.1, 244,22f], Übers.
    Bruns, FC 5/1, 184,23-25). Caner beschreibt ihre Funktion als „informal role as spiri-
    tual instructors of their community (ders., Wandering, Begging Monks, 80).

9   In dem im Vorwort wiedergegebenen „letzten Absatz" muss der Autor seine Auto-
    rität rechtfertigen: „Nicht also sollst du zweifeln und sagen: Es gibt heutzutage keine
    Menschen, die prophezeien und über Gott erzählen. Und wenn du sagst: Die frühe-
    ren Propheten und Apostel nehme ich an, da sie mir zuverlässig sind durch die Zei-
    chen, die Gott durch sie getan hat, er, der durch sie spricht, (so höre:) Wenn auch die
    Propheten von heute keine Zeichen tun, (ist das so) weil unser Herr sie durch sie
    nicht tun will, weil er heute geglaubt wird" („letzter Absatz" [8,19-9,2]).

10 Anders Aphrahat, der den Bundesbrüdern die Abgrenzung von den Bösen vor-
    schreibt: „Einem Gottesfürchtigen offenbare er sein Geheimnis, von einem Bösen
    halte er sich fern. (...) Mit einem bösen Mann soll er keinen Umgang haben" (Dem.
    6,8 [PS I.1, 275,1-4], Übers. Bruns, FC 5/1, 197,7-9.15f).

Herrn durch sie zum Sieg kommt zu aller Zeit, und sie nicht der Lehre und dem Wort irgendeines Menschen nachfolgen, deshalb sind sie bevollmächtigt, dass sie mit jedermann zusammen sind. (19,31 [504,22-505,7]).

Das „Allen alles werden" fordert, dass die Botschaft den Adressaten angepasst wird. Deutlich zeigt sich diese Differenzierung in LG 10,5: Hier wenden sich die Lehrer nacheinander an drei verschiedene Adressaten. Zuerst werden Christen, die im Weltumgang stehen („die hier durch Mühe und durch Gewinn dieser Welt existieren" [256,24f]), sodann die enkratitisch lebenden „Einzelnen" (257,28) und zuletzt die „Völker" (260,3) angesprochen. So wird den Weltchristen geboten, sich vor Unrecht und Götzendienst zu hüten und alles im Namen Jesu zu tun („und dass sie sich nicht siegeln mit fremdem Namen, sondern dass sie im Namen Jesu alles Ding tun (Kol 3,17) und alle Leiden siegeln" [257,6-8]); den „Einzelnen" wird Askese nach Röm 14,21 und Weltentsagung gepredigt; die Völker werden vor Erwerb im Unrecht gewarnt, gleichzeitig wird ihnen die Vergänglichkeit der Welt vor Augen gestellt. Die Botschaft ist also differenziert: Während den Völkern im weisheitlichen Ton ethische Grundsätze auf dem Hintergrund der Vergänglichkeit gepredigt werden, ohne dass ein Wort vom christlichen Glauben fällt, geht an die Weltchristen die Weisung aus, gemäß dem Bekenntnis zu Jesus zu handeln und an die „Einzelnen" zusätzlich das Gebot der Askese nach Paulus.[11]

Die Mission der Lehrer des LG steht in einem heilsgeschichtlichen Zusammenhang: Sie setzen das Werk, das schon mit den Propheten begonnen hat und mit dem Herrn selbst und den Aposteln weiter geführt wurde, fort. Ihre Mission ist die Vermittlung der Friedensbotschaft an die Welt mit dem Ziel eines allgemeinen Bekenntnisses zu Gott:[12]

---

11   Wie tief der Autor den universalen Sinn des „allen alles werden" erfasst wird deutlich am Vergleich mit Balai, einem Autor des 5. Jh., bei dem die Stelle nur noch ein innerkirchlich erwünschtes Taktgefühl lehrt: „Rühme dich nicht deines Fastens bei dem, welcher schwach ist und halte deinen Mund nicht zurück bei einem, der isst, dass du alles mit allen werdest" (Hymnen auf Akakios 4,16 [Overbeck, 266,13-16]).

12   Nach Caner, Wandering, Begging Monks, 110, liegt der Sinn der Askese im Liber Graduum in der Vorbereitung auf den apostolischen Auftrag: „The author's intention in all his ascetic prescriptions is to prepare them for an apostolic mission directed back towards the society they had forsaken."

"Denn die früheren Propheten und die Apostel, zugleich freuen sie sich über das Reich gemäß dem Wort unseres Herrn: Der aussät und der erntet sollen sich zusammen freuen (Joh 4,36), welche die Propheten und die Apostel sind. Und es freuen sich mit ihnen alle, die vervollkommnet werden und (so) aus dieser vergänglichen Welt hinausgehen. Heute aber, da unser Herr gekommen ist und durch das Blut des Kreuzes befriedet hat, was auf Erden und was im Himmel ist (Kol 1,20), (und) die Menschen auch gehorchten durch die Propheten und durch unseren Herrn und seine Apostel und durch die Lehrer (ܡܠܦܢܐ) und durch die Starken und durch die Ermahner, so sagt jedermann: „Der Herr ist Gott", sei es rein oder nicht rein, in Wahrheit oder mit Unrecht" (9,14.15 [233,25-236,11]).

Das Ausgreifen der Lehrer des LG auch auf die Völkerwelt unterscheidet sie von den Wanderasketen der ps.-clementinischen Briefe, die sich nur an Christen wenden (2,6.3).[13] Die Lehrer des LG bleiben in einer sich verfestigenden und sich von der paganen Umwelt abgrenzenden Kirche dem missionarischen Auftrag treu. Für sie gilt v. Harnacks Diktum: „Die alten Lehrer der Kirche waren auch Missionare."[14]

3.1.2 Der Lehrer als Seelsorger

Das „Allen alles Werden" bezieht sich sowohl auf den räumlichen Radius des Lehrauftrages als auch auf die Weisheit, die Botschaft dem Fassungsvermögen des Adressaten anzupassen:

"Weil ihre Einsicht in der Vollkommenheit und in der Wahrheit vollmächtig und in der Erkenntnis unseres Herrn vollendet ist, deshalb sind sie ,alles mit allen' (I Kor 9,22), weil sie jedem Menschen, wie es ihm zur Hilfe (gereicht), zu gebieten wissen" (19,31 [505,7-11]).

---

13 Ps.-Clemens grenzt sich von christlichen Sängern ab, die „wegen eines geringen Bechers Weines" hingehen und „des Herren Lieder im fremden Lande der Heiden" singen (Duensing, ZKG 63 [1951], 184,8-10).

14 v. Harnack, Mission und Ausbreitung 1, 372. - Hier lässt sich eine Parallele zu Johannes Chrysostomus erkennen, welcher die Mönche besonders für die Mission für geeignet hielt (Auf der Maur, Mönchtum und Glaubensverkündigung, 141), da schon deren Lebensweise apostolische Verkündigung bedeute. Nach Chrysostomus habe bereits „bei den Aposteln (...) die Erklärung der Jungfräulichkeit, Armut, Philosophie und das Fasten zur Verkündigung des Evangeliums" gehört (a.a.O., 139). Hier greife Johannes Chrysostomus auf eine syrische Tradition zurück, „nach der kirchliche Verkündigung häufig mit Aszese und Jungfräulichkeit verbunden war (a.a.O., 110). Vgl. dazu auch Ritter, FKDG 25, 96f.

Indem der Lehrer das hilfreiche Wort sagt, wird er zum Seelsorger. Anthropologisch liegt der Auftrag, das hilfreiche Wort zu sagen, in der Lernbedürftigkeit des gefallenen Menschen begründet. Der LG kennt drei Arten des Lernens: das selbständige Lesen des Evangeliums, die Erkundigung bei Erfahrenen und als Ausnahme die unmittelbare Offenbarung durch den erhöhten Herrn:

> „Und wenn du nicht weißt, das Kreuz auf dich zu nehmen und in den Fußtapfen unseres Herrn zu laufen und in seinen Verhaltensweisen, lies das Evangelium und komme zu diesem Wort und lerne. Und frage denjenigen, der es weiß, und jener wird es dir zeigen. Oder demütige dich und flehe vor unserem Herrn, und jener wird es dir offenbaren" (20,15 [572,1-6]).

In der Regel bedarf der Lernende des äußeren Wortes.[15] Die heilsgeschichtliche Linie, deren Prinzip durch die Fleischwerdung des Herrn gesetzt ist, sich auf die Sendung der Propheten und Apostel erstreckt, und bis auf die Lehrer, die der Autor im Blick hat, reicht, zielt auf die Begegnung mit dem äußeren Wort:

> „Denn es sei denn, dass jedermann den Heiligen Geist zu hören verstünde, so wäre unser Herr nicht im Fleisch erschienen wie ein Mensch, auch hätte er nicht Propheten und Apostel geschickt, dass sie ihm Prediger wären und den Menschen seine Wahrheit und seine Herrlichkeit zeigten" (20,15 [572,15-20]).

Wie im einzelnen der Bedürftigkeit und dem Fassungsvermögen der zu Lehrenden entsprochen wird, indem die Lehrer dem einen Milch, dem anderen feste Nahrung geben, sie von der Schwäche zur Stärke und vom Kind- zum Mannsein führen, wird unten 5.4 ausgeführt. In das Bild des Lehrers als Seelsorgers und Seelenführers ist gewiss das Vorbild der großen alexandrinischen Lehrer mit eingeflossen.[16]

---

15 Vgl. 21,1: „Aber sie werden lernen, entweder von Gott oder von einem Menschen Gottes, wie sie von unserem Herrn in jener Welt gebunden werden (scil. im Gegensatz zur irdischen Bindung), in der es keinen Tod gibt ..." (588,4-6). Während unmittelbare Geisteinwirkung konzediert wird, erfolgt der Lernweg in der Regel über das äußere Wort eines „Menschen Gottes."

16 v. Campenhausen, BHTh 14, 228 zu Clemens als Lehrer: „Der Lehrer bringt den Schüler als Prediger und Seelsorger in den Bereich des göttlichen Geistes, und indem er das tut, erschließt er ihm zugleich die Tiefe des göttlichen Worts." Nach Heither, Translatio religionis, 44, sieht Origenes schon in dem Apostel selbst das Beispiel pädagogischen Einfühlungsvermögens: „Paulus geht bei seiner Verkündigung pädagogisch vor, er paßt sich den verschiedenen Bedürfnissen an und entspricht so dem Wirken des Heiligen Geistes" (a.a.O., 44).

3.1.3 Die Lehrer als Nachfolger des Apostels

Nur demütiger Sinn vermag es, die Boten dieses äußeren Wortes ausfindig zu machen und anzunehmen:

> „Und werde demütig vor jedermann, weil du, wo du es nicht erhoffst, Menschen der Erkenntnis finden wirst, die dir den Weg unseres Herrn Jesus zeigen. Denn sie sind verachtet und gedemütigt und gering in ihrem Aussehen, die Jünger unseres Herrn. Und wie unser Herr Vollkommene auf Erden gemacht hat, so stellen seine Vollkommenen Vollkommene auf Erden dar in unserem Herrn (vgl. Kol 1,28)" (20,15,6-13).[17]

Die dem Augenschein nach armseligen Jünger sind in Wirklichkeit die Vollkommenen, die „Vollkommene hinstellen". Damit ist das Ziel ihrer Lehrtätigkeit ausgesagt, das sie in der Nachfolge des Apostels ausüben:

> „Und so spricht Paulus: Das ist meine Mühe und mein Kampf, durch die Wirksamkeit, die bei mir kräftig am Werke ist (Kol 1,29), dass ich jeden Menschen als vollkommen in Christus darstelle (Kol 1,28b). Gleichwie Christus uns dargestellt hat und uns durch seine Kraft vollendet hat, so laufe ich, dass ich jeden Menschen als vollkommen in Christus darstelle. Und so bin ich am Laufen, dass ich ergreife, um wessentwillen[18] er mich ergriffen hat (Phil 3,12)" (20,15 [572,20-573,3]).“

In dem Zitat aus Phil 3,12 versteht der Autor aufgrund der durch P vorgegebenen Textfassung die Selbstaussage des Apostels vom Ergreifen Wollen aufgrund des Ergriffenseins in Hinblick auf den Lehrauftrag des Apostels: Der Zweck, um dessentwillen der Apostel ergriffen wurde, besteht darin, dass er das Amt der Vervollkommnung an jedem ausübt, zu dem ihn der Herr gesandt hat. Der Leser soll aus der Selbstbeschreibung des Berufes des Apostels lernen, den heutigen, mit vergleichbarem Anspruch auftretenden Lehrern Achtung entgegenzubringen:

---

17   Auch Johannes Chrysostomus zitiert Laud. Paul. 3,5 Kol 1,28, wenn er das Ziel der Bemühung des Apostels zum Ausdruck bringen möchte (Piédaguel, SC 300, 172,27f).

18   P und der LG übersetzen ἐφ᾽ ᾧ deshalb weil, weil" (Bauer-Aland, 582 [ἐπί II1bγ]) mit ܡܛܠ, „um dessentwillen", H dann wieder genau der Vorlage folgend ܚܠܦ „weil" (wörtl. „durch jenes"). P hat mit seiner konkretisierenden Übers. das himmlische Ziel im Blick. Der Autor versteht den Zweck des Ergriffenwordenseins im Sinne des irdischen Auftrags des Apostels: Deshalb wurde er ergriffen, dass er seinerseits Menschen ergreift, um sie „vollkommen in Christus darzustellen".

„Nicht also verachte du einen von diesen Kleinen (Mt 18,10), denn vielleicht wirst du durch seine Hand bereit gemacht, dass du die Vollkommenheit von unserem Herrn Jesus Christus, dem König der Herrlichkeit,
empfängst" (20,15 [573,4-7]).

In der ausdrücklichen Berufung auf den Apostel liegt das entscheidende Moment, durch das sich der Autor von der Tradition der syrischen
Wanderlehrer bei Ps.-Clemens und auch von der zeitgenössischen
geistlichen Strömung, wie sie bei Ps.-Makarius begegnet, unterscheidet.
Alle diese zitieren zwar den Apostel, aber sie berufen sich nicht auf ihn.
In der Berufung auf den Apostel liegt das Geheimnis der Eigenständigkeit des Autors. Die Korrelation mit dem Apostel wird durch zwei
konvergierende Linien ermöglicht. Einerseits gilt der Lehrer als Nachfolger der Apostel, andererseits ist das Apostelbild selbst durch das
Prädikat des Lehrers bestimmt. Bekanntermaßen galt Polykarp von
Smyrna (+156) als „prophetischer und apostolischer Lehrer".[19] Unter
den Märtyrern von Lyon (177) befindet sich ein Arzt, dem „apostolische Gaben" zugeschrieben werden, welche sich in seiner „Offenheit
im Reden" äußern.[20] Auf der anderen Seite gilt Paulus schon den Pasto-
ralbriefen als „Prediger" und „Lehrer der Heiden" (I Tim 2,7 vgl. II Tim
1,11). In dieser Linie zeichnet Polykarp den Apostel als den, der „das
Wort die Wahrheit betreffend lehrte" und darin unerreichbares Vorbild
ist.[21] Für Origenes gilt der Apostel als Exeget[22] und Prediger[23] mit pä-

---

19   „... dieser bewundernswerteste Polykarp, der in unseren Zeiten apostolischer und
      prophetischer Lehrer gewesen ist, Bischof der katholischen Kirche in Smyrna" (Mar-
      tyrium des Polykarp XVI,2 [Camelot, SC 10, 230,3-5]). Nach v. Harnack antizipiert
      das Lob des Polykarp, der Lehrer und Bischof zugleich ist, den Niedergang des Leh-
      rerstandes, der im 3. Jh. in das Bischofsamt aufging (v. Harnack, a.a.O., 356f).

20   „... Alexander aus Phrygien seinen Kenntnissen nach ein Arzt, der sich schon viele
      Jahre in Gallien aufhielt und fast überall wegen seiner Liebe zu Gott und seiner Of-
      fenheit im Reden bekannt war; er besaß nämlich apostolische Gaben" (Euseb, H.e. V,
      1, 49 [Schwartz/Mommsen/Winkelmann, Eusebius 2,1, GCS NF 6,1, 422,1-4;
      Übers. Kraft/Haeuser, 241f]).

21   „Denn weder ich, noch ein anderer, der mir ähnlich ist, kann der Weisheit des seli-
      gen und berühmten Paulus nachfolgen, der bei euch war (und) im Angesicht der
      damaligen Menschen, genau und zuverlässig das Wort die Wahrheit betreffend lehr-
      te ..." (Polykarp, II Phil 3,2 [Camelot, SC 10, 180,3-6]).

22   „Gerade als Exeget sieht er sich selbst in der Nachfolge des Paulus, den er vor allem
      als maßgeblichen Schriftinterpreten verehrt" (Heither, FC 2,1, 34).

23   „Paulus ist in allem Vorbild für Origenes; wie Paulus Christus nachahmt, so erkennt
      Origenes in Paulus sein maßgebendes Beispiel gerade für die Verkündigung"

dagogischem Einfühlungsvermögen.[24] Auch bei den Eremiten der A-
pophthegmata und der Religiosa historia ist das Bild des Apostels als
Lehrer geläufig. So behauptet der Eremit Johannes Persa von sich:
„Lehrer wie Paulus (bin ich geworden)";[25] Julianus Sabba orientiert sich
bei seiner Entscheidungsfindung an der Lehre des Paulus: „Denn von
dem großen Paulus wurde gelehrt ..."[26] Bei Johannes Chrysostomus ist
das am meisten gebrauchte Epitheton für den Apostel das des „des
Lehrers der Welt".[27] Das Bild des Apostels als des Lehrers war dem
Autor vorgegeben.

3.1.4 Die Lehrer des LG – ein Anachronismus?

Nach Neymeyr „endet" mit den Zeugnissen des Origenes und des Eusebius „eine Phase in der Geschichte des christlichen Lehrertums, in
der die Lehrtätigkeit verbunden war mit Heimat-, Besitz- und Ehelo-
sigkeit".[28] Mit dem LG wird eben dieses Lehrertum Ende des vierten Jh.
propagiert. Offenbar belebt er eine Tradition wieder, die eigentlich
schon abgestorben ist.[29] Dabei scheint er selbstverständlich vorauszu-

---

(Heither, Translatio religionis, 35). „Origenes sieht in seiner Verkündigung prophetische Lehre, aber es ist Prophetie des Neuen Bundes, apostolische Lehre, Paulus
spricht im Hl. Geist und setzt damit die Verkündigung der Propheten fort" (Heither,
a.a.O., 38). Das Besondere dieses Verkündigers ist seine Einheit mit Christus: „In
Paulus lebt und spricht Christus" (a.a.O., 39).

24   S. o. Anm. 16.

25   Der Apostel erscheint hier in einer zehngliedrigen Reihe von biblischen Gestalten,
     denen je ein Attribut zugeordnet wird (Johannes Persa 4 [PG 65, 240A]).

26   Es folgt ein Mischzitat aus I Kor 10,24 und Röm 12,16: „nicht das Seine zu suchen,
     sondern sich zu den geringen (Dingen) herunterzuhalten" (Theodoret, Religiosa
     historia, Julianos Sabba [PG 82,3, 1309A]). Im Kontext geht es um die Bitte seiner
     Jünger, ein Häuschen für Vorratsgefäße bauen zu dürfen. Zunächst lehnt Julianos
     ab. Dann kommt ihm das Pauluswort in den Sinn und er lenkt ein.

27   Mitchell, JR 75 (1995), 30. Stellenangaben a.a.O., Anm. 70.

28   Neymeyer, a.a.O., 148. Neymeyer bezieht sich auf Origenes, Cels (verf. 248) III,9, wo
     Origenes wandernde Missionare erwähnt, die auch Dörfer und Einzelhöfe aufsu-
     chen und nur das Nötigste zur Nahrung beanspruchen, und auf Euseb, H.e. III,37,2f,
     der von besitzlosen Missionaren zur Zeit des kleinasiatischen Apostelschülers Qua-
     dratus (1. Drittel 2. Jh.) schreibt.

29   Murray, Symbols 34f stellt als Möglichkeit in den Raum, dass es sich beim LG um
     ein „conservative work of the fifth century" handeln könne. In der Tat muss man

setzen, dass die Welt dieses Lehrerstandes bedarf, obwohl er Lehre und Erbauung durchaus zu den Aufgaben der ortsansässigen Priester zählt.[30] Der Autor propft auf den alten Stamm des altsyrischen Wanderasketentums ein neues Reis, das sich Schriftgelehrsamkeit und pl inspirierter theologischer Reflexion verdankt.[31] Für das Empfinden des Autors passt das neue Reis sehr gut auf den alten Stamm, da er das Wanderasketentum selbstverständlich für die apostolische Lebensform hält. In den „doctores" des Zeitgenossen Priscillian (+386)[32] kann man eine parallele Erscheinung sehen. Auch diese verstehen sich als lehrende Elite in der Nachfolge des Apostels, deren Aufgabe „die Lesung und Verkündigung des Evangeliums" ist, „worin der Apostel sich Tag und Nacht mühte".[33] Auch sie folgen in ihrem Verhalten der pl Regel, dass sie „allen alles werden", worin sie sich von der übrigen Christenheit unterscheiden.[34] Wie beim Autor ist auch bei Priscillian der repristinierende Rückgriff auf das charismatische Bild der Kirche zu beobachten.

---

das „conservative" festhalten, aber das ist der LG auch schon bei einer früheren Datierung. Der These Kitchens (OrChrAn 229 [1987], 181), dass der LG nicht archaisch sei, sondern repristiniere, ist unbedingt recht zu geben.

30 13,2 (309,2). Ein bischöfliches Lehramt ist offenbar nicht vorgesehen. Den Bischöfen ordnet der Autor allein die Aufgabe der Einberufung von Synoden und der kirchlichen Rechtsprechung zu. Vgl. hierzu oben 4.5.1, S.148f.

31 In seinem Paulinismus pfropft der Autor der im syrischen Wanderasketen fortlebenden Tradition des urchristlichen Wanderradikalismus ein Element auf, das diesem ursprünglich fremd war: „Als theologischer Gegenpol zu den Wanderradikalen kann die Theologie des Apostels Paulus angesehen werden, mit ihrer großen Offenheit für die hellenistische Welt und ihrer vergleichsweise geringen Anbindung an den historischen Jesus. (...) Somit kann man zwischen Paulus und den Wanderradikalen klare Trennungslinien ziehen" (Tiwald, ÖBS 20, 313).

32 Priscillian ist mit Martin von Tours (+397) und Johannes Cassian (+430/35) einer der westlichen Theologen und Asketen, „die sich zu einer rigorosen Askese, die sich aus dem östlichen Mönchtum speiste, bekannte und sie propagierte" (TRE 27, 451 [Fontaine]). Zu der Rolle der doctores vgl. a.a.O., 452: Priscillian verlangte persönliches Bibelstudium, das seine Ergänzung fand „durch die Predigt, die durch einen *doctor*, den der Heilige Geist unmittelbar inspiriert, empfangen und gegeben wurde."

33 Priscilliani in Pauli Apostoli epistulas canones, can. XXXIX (Schepss, CSEL 18, 126).– Zu den 90 Canones, die einen Leitfaden zur Lektüre der pl Schriften darstellen, vgl. Chadwick, Priscillian of Avila, 58-62.

34 Can. XLI: „Weil der Apostel allen alles geworden ist, damit er allen Nutzen bringe, wodurch er allen gefiel; welchen nachzuahmen es sich gehört, damit die Christen wie Lichter in ihrem Wandel leuchten unter den übrigen Christen, deren Werk solcherart zu sein hat wie auch die Predigt (ist)" (Schepss, CSEL 18, 127).

So setzt die Reihe der canones, die sich dem ekklesiologischen Thema widmet, mit der Trias von Aposteln, Propheten und Lehrern nach I Kor 12,28 ein.[35] Nicht zuletzt ist es die Berufung auf den Apostel, welche den Autor und Priscillians asketische Bewegung verbindet.

3.2 Das Apostelbild des Autors

Das Apostelbild des Autors wird im folgenden gemäß der Reihenfolge der Traktate nachgezeichnet. Im Vergleich mit dem in zeitlicher Nähe und räumlicher Nachbarschaft zum Autor entstandenen „Enkomium auf den heiligen Apostel Paulus" des Johannes Chrysostomus[36] erweisen sich fast alle Züge des Apostelbildes des Autors als konventionell. Die einzige Ausnahme bildet, wie im folgenden dargestellt wird, der Apostel als „Prototyp des bekehrten Sünders."

Bei aller Ähnlichkeit der Motivik im einzelnen bleibt jedoch grundsätzlich festzuhalten, dass dem Autor jede Heiligenverehrung fremd ist.[37] Der Rekurs auf den Apostel steht einzig im Dienste der Pädagogik der Vollkommenheit.

3.2.1 Paulus als Prototyp des bekehrten Sünders

Die erste Erwähnung des Apostels im LG geschieht im vierten Traktat wie beiläufig im Zusammenhang einer Argumentation gegen das Richten. Anlass ist hier das Zitat aus Röm 14,4, die Warnung vor dem Richten des fremden Knechtes, die am Beispiel des Apostels selbst verdeutlicht wird:

---

35 Can. XLVIII „Weil in den Ämtern der Kirche Gott zuerst Apostel, sodann Propheten, zum dritten Lehrer erwählt hat" (Schepss, CSEL 18, 130).

36 Piédaguel verortet die Entstehung des Enkomiums in Antiochien und datiert es um das Jahr 390 (ders., SC 300, 10-13. 19f). Die asketische Paulusdeutung des Chrysostomus hängt sicher mit seiner eigenen Erfahrung in einem „Asketerion" zu Antiochien, in dem das Studium der Schrift einen großen Raum einnahm, zusammen (SC 300, 7 Anm. 9).

37 Hier wird der kulturelle Unterschied des Autors zur kirchlichen Frömmigkeit deutlich. Zum religiösen Umfeld des Enkomium des Chrysostomus schreibt Mitchell: „Chrysostom lived at the time of great blossoming of Christian portraiture, and with it increasing veneration of the saints and their portraits" (JR 75 (1995), 28).

„Und was ist ihnen, dass sie Knechte richten, die nicht die ihren sind? Wenn sie fallen, fallen sie ihrem Herrn und wenn sie stehen, stehen sie ihrem Herrn. Denn stehend ist es, dass sie stehen. Denn es steht in der Macht Jesu, dass er sie aufrichte, wie er Paulus aufgerichtet hat (4,2 [89,1-6]).

Das Beispiel des Paulus dient dem Autor als Argument gegen das Richten:

„Denn woher weißt du, ob er nicht ein zweiter Paulus ist, eben dieser, den du zu verfolgen und zu richten suchst? (4,2 [89,6-8]).

Wer zum Richten neigt, soll bedenken, dass sein Gegenüber, das jetzt noch Sünder ist, in der Vorsehung Gottes bereits ein zweiter Paulus sein könnte. Sein erster Auftritt im LG zeigt den Apostel schlicht als bekehrten Sünder. Der Gedanke, dass für den Sünder vorgesehen sein mag, ein Paulus zu werden, wird im fünften Traktat aufgenommen und an zwei Reihen biblischer Personen, die vom Apostel jeweils angeführt werden, exemplifiziert. Im Zusammenhang mit der Mahnung, sich des Gerichtes gegen die Sünder zu enthalten, wird die doppelte Möglichkeit eröffnet, dass die Sünder entweder dem weltlichen Gericht verfallen oder:

„... wenn nicht, so wird an ihnen vielleicht unser Herr handeln wie an Paulus oder wie an dem Zöllner (vgl. Mt 9,9; Lk 19,9) oder an der Sünderin (vgl. Lk 7,50)" (5,2 [104,10-12]).

Wer dem Sünder zürnt, weiß nicht, wozu Gott diesen längst bestimmt hat:

„Denn woher weißt du, der du dem zürnst, welcher Böses tut, ob er nicht Paulus ist oder Zachäus oder Matthäus, der Zöllner (Mt 9,9) oder Rahab, die Hure (Jos 2,1ff; 6,22f.25), oder jene Samariterin, die mit vielen Ehebruch begangen hatte (Joh 4,17f) (...). Und alle diese bereuten und wurden gerettet" (5,3 [104,13-20]).

Somit steht Paulus an der Spitze einer Reihe von Sündern, die „bereuten und gerettet wurden." Die Vorbildlichkeit des Geschickes des Paulus wird sinnfällig in einer Weiterentwicklung des Bildwortes vom Unkraut und Weizen dargestellt:

„Es gibt Menschen wie Paulus und die Zöllner und die Huren, die am Anfang Unkraut waren und am Ende guter Weizen wurden (vgl. Mt 13,24ff)" (5,11 [120,5-7]).

Mit der Vorstellung des Apostels als eines bekehrten Sünders stimmt der Autor mit dem pl Selbstverständnis überein, der Selbsterkenntnis als eines Sünders, dem von vorneherein die gnädige Vorsehung Gottes gilt (vgl. I Kor 15,9f). Das mit der Frage des Richtens verwandte Problem, ob jedermann unterschiedslos Gutes getan werden solle, wird wiederum mit Verweis auf die Bekehrung des Paulus gelöst:

> Denn siehe, den Himmlischen gebietet er, dass sie durch Himmlisches jedermann Gutes täten. Denn woher weißt du, wenn du sagst, dass niemand mit einem Eitlen oder Irregeleiteten sprechen soll, ob (nicht gerade) er vollkommen und gerecht sein werde? So wie unser Herr zu Ananias geredet hat: ‚Geh hin, sprich mit Paulus!' Und Ananias sprach zu unserem Herrn: ‚Herr, er ist ein böser Mann, und ich habe gehört, dass er den Heiligen in Jerusalem Bedrückung aufbürdet.' Da sprach zu ihm unser Herr: ‚Geh hin, sprich mit ihm, weil er mir ein erwähltes Gefäß ist, und du weißt es nicht' (Paraphrase nach Apg 9,10-15)" (25,6 [745,13-23]).[38]

Der Hinweis auf die Bekehrung des Apostels in den Traktaten 4, 5 und 25 entspringt nicht biographischem Interesse, sondern dem Interesse der Lehre: Auf dem Wege zur vollkommenen Liebe ist zu lernen, dass sich das zwischen Guten und Bösen unterscheidende Erfahrungswissen im Lichte der Erwählung Gottes als Unkenntnis herausstellt.

3.2.2 Die apostolische Torheit

Im 16. Traktat diskutiert der Autor das rechte Verständnis des kindlichen Sinnes (§6) und der Torheit (§7) als Charakteristika des auf dem Weg zur Vollkommenheit befindlichen Christen. Tor im positiven Sinne ist derjenige Asket, der sich der bürgerlichen Besitzstände entäußert, sich des Zornes enthält und alles Sichtbare verachtet. Insbesondere zeichnet den Toren aus, dass er an seinem Wohltäter wie an seinem Feinde dieselbe Liebe übt. Diese so beschriebene Torheit bringt der Autor auf den Begriff der „Torheit der Apostel" (ﻟﺎﺘﺴﺪ ﻳ، ﺍﻟﻫﻤﻚ 16,7 [404,3f]). Damit ist auf einen Begriff angespielt, der zur pl Polemik gehört: In I Kor 1,18 führt der Apostel unter dem Stichwort der Torheit das Wort vom Kreuz ein und zeigt damit an, dass es menschlichem

---

38   Die Argumentation liegt parallel zu der aus den Traktaten 4 und 5 aufgezeigten, wie die Ergänzung zum Text der Apg „und du weißt es nicht" zeigt: Die Vorsehung Gottes stellt menschliche Einschätzung als Nichtwissen heraus. Daher ist jedermann Gutes zu tun, da auch der Eitle sich als „erwähltes Gefäß" herausstellen kann.

Herrschaftswissen stracks zuwiderläuft.[39] Einen anderen Gebrauch macht der Apostel vom Begriff der Torheit, wenn er ein Schimpfwort der Gegner aufgreift und in ironischer Brechung die von ihnen geübte Torheit der Selbstdarstellung sich zu eigen macht (II Kor 11,16-12,13).[40] Allerdings ist die Erinnerung an die polemische Kontur der apostolischen Begriffsbildung verschwunden. Die Spitzen, die der Apostel mit diesem Begriff setzt, werden nicht reflektiert. Beim Stichwort der „Torheit der Apostel" hat man es also mit einem Schlagwort zu tun, das einer Redensart gleich im allgemeinen Gebrauch steht und abgeblasst, nicht mehr im Rekurs auf die pl Herkunft des Begriffes, in ähnlicher Bedeutung wie die Gesinnung des „Kindes"[41] eingesetzt wird.

3.2.3 Der Apostel als Repräsentant der Vollkommenheit

Die Vorbildlichkeit des Apostels im engeren Sinne kommt im LG erst weit unten zum Tragen: Im 19. Traktat wird sie darin erkannt, dass der Apostel vom Kinder- zum Erwachsenenglauben gefunden hat. An der Art, wie der Autor des LG die bekannte Stelle aus I Kor 13 vom Ablegen des kindlichen Sinnens und vom Mann Werden zitiert und auslegt, wird die Kunst des Autors, die ihm eigene Systematik auf die Autorität des Apostels zu gründen, deutlich: [42]

> „Ich, als ich ein Kind war, wandelte ich wie ein Kind in den kleinen Geboten. Als ich ein Mann wurde, legte ich das Denken meiner Jugend ab. (I Kor 13,11) Das heißt aber, ich verließ die einfachen Pfade, welche die kleinen Gebote sind, und ich wurde ein Mann und wurde vollkommen." (19,5 [457,4-9]).[43]

---

39 Das Stichwort „töricht / Torheit" findet sich in I Kor weiter in 1,20f.23.25.27; 2,14; 3,19. Diese Bedeutung von „Torheit" ist dem LG nicht bekannt.

40 Darauf spielt Johannes Chrysostomus in Laud. Paul. 5,11 (Piédaguel, SC 300, 250,7) an.

41 Das Kindsein im Sinne der Jesussprüche (vgl. Mt 18,3f u. ö.), welches der Autor als Kennzeichen des Vollkommenen versteht, ist vom „Kind" als dem Unmündigen, dem der Schritt zum erwachsenen Glauben noch bevorsteht (vgl. das Folgende und u. 5.4.3, S. 189ff), zu unterscheiden.

42 Die eingearbeitete Auslegung wird vom Text des Zitates durch kursive Schreibung abgesetzt.

43 Zur Stelle vgl. o. 2.3.6, S. 44.

Durch den ersten Zusatz „in den kleinen Geboten" wird der kindliche Wandel als ein Verhalten gemäß den Geboten der Rechtschaffenheit interpretiert. Was unter dem Mannessinn zu verstehen sei, lehrt die mit der Formel „das heißt" angeschlossene Auslegung: das Verlassen der kleinen Gebote und ein Leben nach den großen Geboten, welche die Rechtschaffenheit zur Vollkommenheit hin übersteigen. Angefügt ist ein weiteres Zitat aus I Kor 11, das mit dem ersten eine Zitatkombination bildet:

> „Ahmt mich nach, spricht er, Brüder, wie ich, spricht er, dem Christus ähnlich geworden und vollkommen geworden bin (I Kor 11,1) " (19,5 [457,9-11]).[44]

Die Imitatio Christi wird durch den interpretierenden Zusatz in die Systematik des Autors eingestellt: Die Christusnachfolge des Apostels ist insofern nachahmenswert, als sie zur Vollkommenheit führt.[45]

3.2.4 Der Apostel als Vorbild der Weltentsagung

Auf das Thema der Entsagung stößt der Autor im 21. Traktat im Zusammenhang der Wiederherstellung des Menschen, welche als letztes Werk des Herrn seinem ersten Werk, der Schöpfung, entspricht. Des Herrn erster und letzter Wille ist,

> „dass nicht jemand irdisch werde und nicht zur Erde zurückkehre, sondern himmlisch werde und sein Sinnen von der Erde absterbe" (21,5 [597,9-11]).

Der Autor fährt fort, indem er Paulus als Zeugen für das Absterben anruft:

> „... so wie Paulus allem, was auf Erden ist, gestorben war und sagte: „Wenn ihr dem Kommerz der Welt abgestorben seid, warum verhaltet ihr euch wie Lebende im Handel und Wandel, Nehmen und Geben, diesen

---

44 I Kor 11,1 wird Laud. Paul. 3,1 (Piédaguel, SC 300, 162,5f) zitiert.

45 Beispiel der Vollkommenheit ist der Apostel schon bei Origenes (Heither, FC 2,1, 31-34). Er hat den höchsten Grad der Vollkommenheit erreicht, die Liebe, in der man nicht mehr sündigen kann: „Zu dieser Stufe nämlich der Vollkommenheit war der Apostel Paulus aufgestiegen, und auf dieser stehend sagte er zuversichtlich: Denn wer wird uns scheiden von der Liebe Gottes, die in Christus Jesus ist? (Röm 8,35)" (Comm. in Rom. V,10 [FC 2,3, 184,14-17]). Vgl. dazu Heither, FC 2,1, 34. - Bei Johannes Chrysostomus gilt der Apostel als „Archetyp der Tugend" (Laud. Paul. 2,10 [Piédaguel, SC 300, 158,1f]). Vgl. dazu Mitchell, JR 75 (1995), 18.

(Dingen), durch die niemand vollkommen gemacht wird, es sei denn er sterbe von der Welt? (vgl. Kol 2,20)" (597,11-17).[46]

In der Interpretation des Autors wird das „der Welt Sterben" auf die Beteiligung am Wirtschaftsleben bezogen. In einem Einwand wird dem Apostel nun sein eigener Weltumgang entgegengehalten:

> „Und wenn sie zu ihm sagen: 'Du isst und du trinkst und du sprichst', spricht er zu ihnen: ‚Welche so reden, sind von der Welt abgestorben. Nahrung, spricht er, und Kleidung werden überschüssig dazugegeben (vgl. Mt 6,31-33). Und (merke auf) dieses Wort, das ich sage: ‚Nicht', heißt es, ‚lebe ich, sondern Christus lebt in mir' (Gal 2,20) – Jener ist es, der (so) in mir spricht" (597,17-23).

Der unvermeidbare natürliche Weltumgang ist gänzlich durch Christus vermittelt, wie der Autor im weiteren ausführt:

> „Durch das Wort Christi ist es (...), dass ich stehe und sitze und esse und trinke und mich schlafen lege und aufstehe (vgl. Ps 3,6; 139,2f), und nicht durch fremde Reden oder durch senile Fabeln (I Tim 4,7; vgl. 6,20) oder durch Geschichten, die zur Vollkommenheit nicht nützlich sind oder durch Angelegenheit des Nehmens und Gebens oder des vergänglichen Gewinns, sondern: ‚Es lebt in mir', spricht er, Christus, der (nach dem) trachtet, was im Himmel und nicht, was auf Erden ist (Gal 2,20 mit Kol 3,2)" (21,5 [597,23-600,4]).

Das neue Subjekt des Paulus, Christus selbst ist es, der den ganzen Weltumgang des Apostels regiert, und dem auch das Trachten nach dem, was droben ist (Kol 3,2), zugeschrieben wird. Auch die Leiden des Apostels gemäß den vom Autor *ergänzten* Peristasenkatalogen II Kor 6,4-10 und 11,23-33 werden im Horizont des Absterbens von der Welt verstanden:

> „Ihr seht, wie Paulus abgestorben war von allem, das sichtbar ist (und) der Vollkommenheit entgegengesetzt ist, welche allem nachfolgt, was den Augen des Fleisches nicht sichtbar ist. Denn er lebte auch nicht seiner Kleidung und seiner Nahrung, weil er sich nicht um irgendetwas sorgte, was man sehen kann, sondern, indem er nach dem, was droben ist, trachtete (Kol 3,2), hungerte ihn zu Zeiten, und zu Zeiten war er nackt, weil er kein Gewand hatte, wie er (selbst) sagte: ‚In alles bin ich eingewiesen, in Hunger und Sättigung (II Kor 6,8), in Kälte und Nacktheit (11,27), in Ehre und in Entehrung (6,8), in vielen Schlägen (6,5), indem uns die Hälfte der Welt

---

46 Zur Stelle vgl. o. 2.3.7, S. 48. – Das Motiv des Absterbens findet sich in Laud. Paul. 1,3 (Piédaguel, SC 300, 116,5-8).

flucht und ihre Hälfte uns segnet, in Segnungen und in Flüchen (6,8), während wir jedermann lieben und in Gegenwart von jedermann verachtet werden, wie Verführer, heißt es, jedoch, indem wir wahrhaftig sind (6,8)" (21,6 [600,5-19]).[47]

3.2.5 Die Entrückung des Apostels

In II Kor 12 berichtet der Apostel nur ungern von seiner Paradiesesvision, genötigt durch die Infragestellung seiner apostolischen Autorität. Der Autor ist in zweierlei Hinsicht an dem Visionsbericht interessiert. Zum einen ist er ihm ein apostolisches Zeugnis für das durch Christus wiedergefundene Paradies, zum anderen spricht für ihn die Art, in der sich der Apostel mitteilt, von seiner Demut:

> „Jenes wahre Zelt, in das Jesus Christus vor uns vorangeht, damit in seinen Fußspuren auch wir hineingehen (vgl. Hebr 9,24; 10,19f.), das in den oberen Höhen ist, wie Paulus sagt: ‚Ich kenne einen Mann, der höher als drei Himmel[48] zum geistigen Paradies entrückt wurde'(II Kor 12,2.4). Und überhaupt, dass er sagte ‚ein Mann' ist, dass er sich nicht rühme, dass er es ist (12,5)." (21,4 [596,13-21]).

Die verhüllende Redeweise des Apostels, der von „einem Menschen" berichtet, dem die Vision zuteil wurde, ist dem Autor ein Zeichen für die Demut des Apostels, denn auch der Vollkommene „soll sich selbst verdammen mit den Sündern vor jedermann" (596,23f).[49]

Ein zweites Mal kommt der Autor 23,10 auf die Paradiesesvision zu sprechen. Wiederum zeigt er kein Interesse an dem Stellenwert des Visionsberichtes in der pl Argumentation. Er ist für ihn schlicht apostolisches Zeugnis für den Ort, den Adam verließ und zu dem Christus den Zugang wieder eröffnete:

---

47   Ein kurzer Peristasenkatalog findet sich Laud. Paul. 1,12 (Piédaguel, SC 300, 130.132).

48   P schreibt, gemäß dem gr. Urtext ܐܠܬܐ, ܩܡܥ ܚܒܪܐ „bis zum dritten Himmel", während der Autor das Paradies über dem dritten Himmel lokalisiert: ܐܠܬܐ ܡܢ ܠܥܠ ܡܥܐ „höher als drei Himmel".

49   Chrysostomus sieht in der Paradiesesvision den Lohn für die engelgleiche Lebensführung des Apostels (Laud. Paul. 2,8 [Piédaguel, SC 300, 156,2-5]). Einen schärferen Gegensatz im Apostelbild zwischen dem hochfahrenden Apostel bei Chrysostomus und dem demütigen bei unserem Autor kann man sich kaum vorstellen.

„Denn unser Herr kam, dass er den Menschenkinder die Demut zeigte und
den Weg und die Tür des geistigen Paradieses, aus welchem Adam ging,
zu welchem Paulus entrissen wurde, höher als drei Himmel" (23,10
[709,11-13]).

3.2.6 Paulus als Beispiel der Demut

Dem Hochmut Adams werden ab LG 21,12 aus der biblischen Geschichte Beispiele der Demut gegenübergestellt: Auf Mose (§12), Noah
(§13) und Hiob (§14) folgt der Apostel (§15). Die Reihe wird mit Maria,
der Mutter Christi, abgeschlossen (§16). Dabei wird in dem Paragraph
über Paulus der Begriff der Demut selbst vermieden und durch den der
Feindesliebe ersetzt. Grundlage des Bezugs auf den Apostel ist hier
Röm 9,1-3 mit der Aussage, dass Paulus wünschte, zugunsten seiner
jüdischen Brüder verflucht zu sein. Der historische und biographische
Zusammenhang der Feindschaft (Röm 11,28) jüdischer Volksgenossen
gegen die erste Christenheit und den Apostel ist in der sehr freien
Adaption aufgehoben:[50]

> „Auch Paulus aber ist sehr groß, der die Bösen mehr als sich selbst liebte
> und sprach: ,Zeuge ist für mich der Herr, dass ich hätte sterben wollen,
> damit die Bösen den Herrn der Herrlichkeit preisen, wenn Gott mich hätte
> annehmen wollen und meinen Tod für ihr Leben eingetauscht hätte', weil
> er sich unserem Herrn anglich (vgl. I Kor 11,1), der für die Sünder starb"
> (21,15 [624,5-12]).

Der Apostel erscheint in seiner Feindesliebe als imitator Christi[51] und
führt die Reihe der Apostel an, die allesamt „zugunsten der Sünder"
(624,12f) zu Märtyrern wurden. Die Exegese von Röm 9,1-3, welche die
anstößige Bereitschaft des Apostels, um der Seinen willen verflucht zu
sein, als Nachfolge Christi versteht, ist durch Origenes vorgebildet.[52]

---

50 Zur Stelle s. o. 2.3.7, S. 46.
51 Das Lob der Feindesliebe des Apostels in Laud. Paul. 3,2 (Piédaguel, SC 300, 164,2-
    5).
52 Origenes regt die Bereitschaft des Apostels, um seiner Volksgenossen willen ver-
    flucht zu sein, zu einem Gespräch mit dem Apostel an. Auf die Vorhaltung, dass er
    zu weit gehe, wenn er sein eigenes Heil aufs Spiel setzt, lässt Origenes Paulus ant-
    worten: „,So verhält es sich nicht', sagt er, ,sondern ich hab's von meinem Lehrer
    und Herrn gelernt, weil, wer seine Seele retten will, sie verliert, und wer sie verloren
    haben wird, sie finden wird (Mk 8,35).' Was nimmt es also wunder, wenn der Apos-

3.2.7 Der Apostel als Lehrer der Askese

Ausdrücklich wird auf das Vorbild des Apostels in der Traktat 29 entfalteten Lehre vom Sinn der Askese verwiesen. Der Leitsatz, mit dem der Traktat einsetzt, ist das bekannte Zitat aus I Kor 9,27:

> „Meinen Leib, heißt es, züchtige ich und unterwerfe ihn, spricht Paulus, dass ich nicht anderen predige, selbst aber verworfen werde" (29,1 [808]).[53]

Das Zitat wird durch eine längere, dieses interpretierende Rede in der ersten Person fortgesetzt, wodurch die Auslegung des Autors im Gewand einer Rede des Apostels erscheint. In ihrer grammatischen Struktur behält die Auslegung den Zusammenhang mit dem Ausgangszitat bei, indem das pl Ich die Werke der Askese von seinem Leib bzw. von seinem objektivierten Selbst abfordert:

> „Ich mache, heißt es, meinen Leib zum Sklaven und unterdrücke ihn und nicht gestehe ich ihm zu, dass er sich nach seinem Willen kleide und beschuhe und sich erquicke und sich ausruhe.
>
> Und nicht gestehe ich ihm zu, dass er geehrt werde, so wie er es will und auch nicht, dass er in Ehren sich bette, sondern ich versklave ihn, spricht er, mit Hunger und mit Durst und mit Blöße (II Kor 11,27) und mit Wachen (II Kor 6,5) und mit Erschöpfung und mit Kasteiung und mit Abzehrung und mit vielem Fasten (II Kor 11,27) und mit vielem Beten und mit Bitten und mit starkem Schreien und vielen und heißen Tränen (Hebr 5,7) und mit Demut und mit Ertragen und mit Geduld.

---

tel für seine Brüder ein Fluch sein will, welcher weiß, dass der, welcher in der Gestalt Gottes war, sich ihrer entäußert und die Gestalt des Sklaven angenommen hat (Phil 2,6f) und dass er für uns ein Verfluchter wurde (Gal 3,13)? Was nimmt es also wunder, wenn der Herr für seine Knechte ein Verfluchter wurde, dass der Knecht für seine Brüder ein Fluch wird? (Comm. in Rom. VII,13 [Heither, FC 2/4,134,4-12])". Vgl. dazu Heither, Translatio religionis, 53-56. - Für das Paulusbild des Goldmundes ist Röm 9,3 der zentrale Erweis der Tugend des Apostels. In Laud. Paul. wird die Stelle außer 1,14 (Piédaguel, SAC 300, 132,6-9) noch vier Mal zitiert oder darauf angespielt.

53 I Kor 9,27 spielt auch in der Paränese von Ps.-Clemens Rom. eine Rolle: „Jeder, in dem der Geist Gottes ist, stimmt überein mit dem Willen Gottes, deshalb tötet er die Werke des Fleisches und lebt Gott (Röm 8,13), bändigend und unterwerfend seinen Leib und ihn unterdrückend, damit er, während er anderen predigt, den Gläubigen ein Beispiel und schönes Vorbild sei, und in des Heiligen Geistes würdigen Werken wandle, damit er nicht verworfen werde, sondern bewährt sei vor Gott und Menschen (I Kor 9,27)" (Ps.-Clemens Rom., De virginitate 1,9.1 [Duensing, ZKG 63 (1951], 174,30-37]). – In Laud. Paul. wird I Kor 9,27 6,7 (Piédaguel, SC 300, 274,1f) als Erweis des Willens zur Tugend zitiert.

Und ich versklave, sagt er, meine Person, dass sie wie ein Sklave jedermann ehre und vor jedermann aufstehe und jedermann zuerst den Gruß
entbiete und vor jedermann ihr Haupt neige. Ich veranlasse, spricht er,
dass er mit seinen Füßen laufe wie ein Knecht und hinausgehe (und) seine
Feinde versöhne, auch wenn er an ihnen nicht Unrecht getan hat. Und er
neigt sein Haupt vor dem, der kleiner ist als er, wie unser Herr das Haupt
vor Johannes neigte und von ihm getauft wurde (vgl. Mt 3,13-17), obwohl
er kleiner war als er und obwohl er (scil. Jesus) seiner nicht bedurfte. (...)
Und ich veranlasse, spricht er, dass mein Leib die Füße seiner Feinde
wäscht (vgl. Joh 13,5 mit 18) und dass er denjenigen den Gruß entbietet, die
ihn töten, wie unser Herr den Iskariot gegrüßt hat (Mt 26,50) und für die
betete, die ihn töteten (Lk 23,34).
Und ich veranlasse, spricht er, dass er die Menschen ‚mein Vater' und
‚meine Mutter' und ‚meine Brüder' und ‚meine Schwestern' und ‚meine
Söhne' und ‚meine Töchter' und ‚meine Eltern' nennt, so wie der Herr seine Diener ‚meine Brüder' nannte (vgl. Mt 12,49f; Hebr 2,11).
(...) Ich veranlasse, spricht er, dass er[54] den Sklaven der Sklaven besucht als
wie jedermanns Sklave (I Kor 9,19), wie unser Herr die Bösen und die Fre-
chen, die ihn schimpflich behandelten, besuchte" (29,1 [808,3-809,23; 812,7-
10]).

Die Interpretation folgt einer Linie, die von der persönlichen Askese zu
ihrer sozialen Dimension, der Demutsethik, aufsteigt. Am Anfang steht
die Kleidungsaskese, das Wachen und die Nahrungsaskese. Dabei
werden Elemente aus den pl Leidenslisten aufgenommen. Die Beschreibung dieses ersten Bereiches asketischer Praxis wird mit der
Übung des flehentlichen Gebetes abgeschlossen. Indem dieses nach
Begriffen, die dem Gebet Jesu Hebr 5,7 entnommen sind, beschrieben
wird, erscheint der Apostel als Nachfolger der Gebetspraxis Jesu selbst.
In einem zweiten Gang folgt die Demutsethik, die mit der jedem zu-
kommenden Ehre einsetzt, mit der Versöhnung mit dem Feind fort-
fährt und mit der Demütigung vor dem Geringeren endet. Auf einer
dritten Stufe wird die Feindesliebe und die Brüderlichkeit mit aller
Menschheit genannt. Während hier Motive aus den Evangelien, besonders aus der Leidensgeschichte Jesu vorherrschen und die Auslegung
durch Exkurse unterbrechen,[55] gehört der letzte der im Duktus der
Ausgangsstelle gehaltenen Sätze wieder dem Apostel an: Mit einem

---

54   Subj. ist immer noch „mein Leib".
55   Diese sind in meiner Übers. fortgelassen.

Motiv aus I Kor 9,19, der freiwilligen Versklavung für alle Welt, die wiederum als Nachfolge Christi verstanden wird, schließt die Auslegung von I Kor 9,27.

Diese Auslegung in Form einer das Zitat fortsetzenden Ich-Rede ist singulär im LG und unterstreicht das Zitat I Kor 9,27 als wichtigen Schriftbeleg und Schlüsselstelle für die asketische Lehre des Autors. Der Stoff dieser Auslegung wird aus denselben Motiven der Christusnachfolge gewoben, die auch sonst für den LG charakteristisch sind. Nur erscheinen sie hier in einmalig verdichteter Weise. Der Apostel verkörpert in der Sicht des Autors das Wesen der Askese in der Christusnachfolge exemplarisch.

Die Autorität, die dem Apostel vom Autor des LG zugemessen wird, scheint auf einer Wahlverwandtschaft zu beruhen. Beiden ist eigen, dass sie predigen und lehren und diesen Lehrauftrag zwar für die Kirche aber doch in Distanz zu ihrem etablierten Führungspersonal ausüben. Formal ist beiden ist die Lust zur Argumentation eigen, die sich zuweilen im fingierten Wechselgespräch der Einwände und ihrer Widerlegung äußert. Inhaltlich verbindet beide die Auffassung, dass es ein Wachstum von einem kindlichen zu einem erwachsenen Glauben gebe und beide verfolgen leidenschaftlich ihren Beruf, den Christenmenschen zum Wachstum auf Vollkommenheit hin zu reizen.

4 Rezeption paulinischer Theologie

4.1 Gotteslehre und Christologie

4.1.1 Gesetzlosigkeit und Güte Gottes[1]

Dem Autor eignet das Bekenntnis zur Freiheit Gottes in seiner absoluten Macht. Das apostolische Argument der Souveränität des Schöpfers und Richters (Röm 9,20), welche dem Vernünfteln des Menschen eine Grenze setzt, ist ihm bewusst. Er bedient sich dieses Argumentes in der Auseinandersetzung mit denjenigen, die ein vorgebliches Recht auf Zorn mit Worten Jesu und des Apostels begründen. Harte Worte aus dem Munde Jesu sind grundsätzlich deshalb nicht nachzuahmen, weil „unser Herr ohne Gesetz ist" (19,22 [488,19f]); sie weisen auf das allein ihm gebührende Recht des Richtens. Anderen, welche die Dreistigkeit besitzen, zu behaupten, die Demut des irdischen Lebens Christi werde ihn zu derselben auch als Herrn des jüngsten Gerichtes verpflichten (19,22 [489,4-7]), hält der Autor entgegen, dass Christus sich aus freien Stücken erniedrigt hat (489,2-7) und dass sein Gebot zur demütigen Lebensführung auch dann gegolten hätte, wenn er selbst nicht diesen Weg gegangen wäre (489,14-16). Wer meint, dem Herrn Demut vorschreiben zu können, wird mit der Grenze seiner Geschöpflichkeit konfrontiert:

> „Wer hätte es (scil. das Leben in Demut) ihm befehlen (können)? Kann etwa der Sklave seinen Schöpfer tadeln? Nein! (vgl. Röm 9,20)" (489,17f).[2]

---

1 Zur Gotteslehre im LG vgl. Wickham, FS Abramowski, 490f.

2 Ähnlich die Ironie, mit der der Autor denjenigen zurechtweist, welcher die Lehrmeinung des Autors, dass die Geschlechtsorgane nur zur Ausscheidung da sind, in Frage stellt: „Und wenn du sagst: Weswegen hat er Männliches und Weibliches geschaffen? – Geh hin und tadle ihn, weil er Männliches und Weibliches gemacht hat" (15,7 [352,10-12]).

Wer meint, er könne die harten Worte Jesu und des Apostels nachahmen und sich damit das richterliche Recht des Herrn anmaßen, wird vom Autor mit Ironie bedacht und über die Souveränität Gottes belehrt:

> „Wohlan, schaffe Geschöpfe, und ziehe sie auf und ernähre sie wie er. Es ist nun unserem Herrn erlaubt, dass er töte und lebendig mache" (489,20-23).

Die Gesetzlosigkeit Gottes findet in seiner Erniedrigung ihre paradoxe Antithese, wie 22,13 grundlegend ausgeführt wird:

> „Denn da Gott ohne Gesetz ist und über sein Gebilde Macht hat (vgl Röm 9,22), schickt es sich für das Gebilde, dass es unter Gott sei und ihm diene. Und wenn ich, spricht er, der ich ohne Gesetz und euer Herr und Meister bin, mich so erniedrige, wie sehr ziemt es euch, die ihr unter Gott seid und der ich für euch Herr und Meister bin, dass ihr euch mehr demütigt als ich (vgl. Joh 13,14f)" (22,13 [664,7-14]).

Obgleich die Forderung des „mehr" besteht, stellt sich doch heraus, dass die Selbsterniedrigung Gottes in Christus uneinholbar ist. Insofern zeigt sich auch in der christologischen Antithese zum „gesetzlosen" Gott die Hoheit Gottes:

> „Aber auch (dann), wenn wir uns an die Demut unseres Herrn angeglichen haben, ist unsere Demut nicht der seinen gleich. Wenn wir unsere Wange den Schlägen darreichen, ist gemäß dem, dass unsere Natur beschränkt ist, diese Demut kleiner als jene Herablassung jener Natur, die nicht beschränkt und unverletzt war, aber beschränkt und verletzt wurde" (664,14-20).

Wer sich auf die demütige Offenbarung Gottes in Christus einlässt, dem begegnet Gott als Gütiger. So wird ܒܣܝܡܘ zum christlichen Gottesattribut par excellence. In seiner freien Wiedergabe des Erlösungsrufes Röm 7,24f fügt der Autor namentlich die Güte Gottes ein, die in Christus von der Sünde befreit:

> „Wehe mir Menschen! Wer wird mich von diesem Fleisch des Todes befreien? – es sei denn die Güte Gottes, die durch unseren Herrn Jesus Christus (ist)" (18,2 [435,19-21]).[3]

Der Tor im apostolischen Sinne geht allein mit der Güte Gottes um, insofern er ihr Nachahmer ist, während er sich des Richtens zu enthal-

---

3 P übers. den Nachsatz genauer: „Ich preise Gott durch Jesus Christus, unseren Herrn."

ten hat, da er sich sonst das gesetzlose Sein Gottes als des Schöpfers und Richters anmaßte:

> „Und gleiche dich der Güte Gottes an, und tu Gutes jedermann und gleiche nicht dem (scil. Gott, dem Richter), der jedermann nach seinen Werken vergilt. Denn du bist nicht wie er Existenz[4] und ohne Gesetz. Denn wenn er nicht Recht den Bedrängten schafft (vgl. Lk 18,1-8), wer wird es schaffen? Wie er willst du werden? Mache dir wie er eine Schöpfung! Werde nicht Gott inmitten seiner Kreatur, dass er dich nicht ausstöße wie den Satan!" (16,7 [405,1-9])[5]

4.1.2 Gibt es eine Prädestination zum Unheil?

In Traktat 23 mit dem Titel „Über den Satan und den Pharao und die Kinder Israel" diskutiert der Autor die Frage, ob Gott den Menschen zum Ungehorsam zwingt. Gemäß der Überschrift wird die Problem-

---

4 Vgl. dazu Martikainen, Gerechtigkeit und Güte Gottes, 27: „Unter dem Terminus ,der Seiende' (ܐܝܬܝܐ) versteht das Stufenbuch wie auch Aphrahat Gott als Schöpfer; damit gehört aber eng zusammen seine Tätigkeit als Richter."

5 Dasselbe Argument in einer Auseinandersetzung, in welcher dem Bedürfnis, selbst für Vergeltung zu sorgen, Röm 12,19 entgegengehalten wird: „Zum Unterdrückten aber spricht er so: Wenn du auf Gerechtigkeit wartest und dir nicht selbst Recht verschaffst, werde ich dir Recht schaffen, spricht Gott (vgl. Röm 12,19). (...) Wenn es aber jemand gibt, der spricht: ,Gott gleiche ich, der von den Übeltätern Rechenschaft fordert', (so) ist dies überaus böse, dass du Gott nachahmst und dich selbst mit Gott vergleichst, der ohne Gesetz ist, den, auch wenn er sündigte, kein Mensch tadelte, obgleich es fern von ihm ist, dass er Übles täte. Richter also willst du sein über Gott? Dann sei Schöpfer gleich wie er, und mache dir Himmel und Erde, in welchen er nicht Herr ist, und schaffe dir Menschen, über die es die Herrschaft des Herrn, der alles umfasst, nicht gibt. Und tu den Guten Gutes und den Bösen Böses, wenn du Existenz bist und nicht Kreatur und wie er ohne Gesetz bist" (22,3 [640,11]). Vgl. dazu Martikainen, a.a.O., 29. Für die Gotteslehre des Autors zieht Martikainen das Fazit: „Von diesem Ethos aus ist der Weg zur markionitischen Position nicht weit, die Güte und Gerechtigkeit zwei verschiedenen Göttern zuteilt" (ders., a.a.O., 29). – In seiner Unterscheidung zwischen Gott, insofern er reines Sein und insofern er Güte ist, gleicht der Autor der Unterscheidung Luthers zwischen dem verborgenen und dem gepredigten Gott (De servo arbitrio WA 18, 685). Was seine Majestät und sein Wesen betrifft, „so haben wir nämlich nichts mit ihm zu tun, noch hat er gewollt, dass von uns so mit ihm umgegangen werde. Aber insofern er bekleidet und zum Vorschein gebracht wird durch sein Wort, durch das er sich selbst uns gezeigt hat, haben wir mit ihm zu tun" (WA 18, 685,14-17). Luther trifft seine Unterscheidung auf dem Gebiete des Glaubens, der Autor auf dem der Ethik.

stellung dreifach an dem Ungehorsam und Fall des Satans, am Ungehorsam des Pharao und am Unglauben Israels, seiner Ablehnung Jesu,
abgehandelt. Die Frage wird vom Autor verneint: Der Glaube an den
freien Willen und das gerechte Gericht Gottes lassen die Annahme eines Zwanges zum Bösen nicht zu. Die Streitfrage wurde dem Autor
offenbar durch die Diskussion mit einer anderen Lehrmeinung aufge-
geben, die folgendermaßen wiedergegeben wird:

> „Und jetzt kann man dieses hören, dass der Pharao gerecht war und dass
> ihn der Herr in die Irre führte,[6] und die Kinder Israel gerecht waren und
> sie der Herr in die Irre führte, und dass, (nur) was der Herr dem Satan be-
> fohlen habe, er gemacht habe, und wie er ihn erschaffen, (so) sei er geblie-
> ben, und er werde ihn (trotzdem) richten und ihn am Ende vernichten ..."
> (23,3 [697,4-9]).

Die Argumentationslinie der Auseinandersetzung mit Anhängern der
Lehre der praedestinatio ad malum wurde von A. Böhlig in einer rhetorischen Analyse aufgezeigt.[7] Im exordium (§1) wird festgestellt, dass
Gott alles gut geschaffen habe und das Böse vom Satan komme. In der
narratio (§§2.3) wird der Gegenstand der Argumentation vorgestellt,
der Widerstreit zwischen der These des Autors, dass Gott nichts macht,
„das widersetzlich wäre" (§2 [693,16]) und dem biblischen, besonders
pl Zeugnis von der Verstockung des Pharao und dem Beschlossenwer-
den des Menschen unter den Ungehorsam. Das biblische Zeugnis wird
zum einen in der eigentümlichen an Röm 9,17 bzw. Ex 9,16 angelehn-
ten Formulierung „Ich habe den Pharao zum Disput gesetzt" reflektiert, zum anderen kommt es in dem Zitat von Röm 11,32 zur Geltung:

> „Eingeschlossen hat Gott die Kinder Israel, dass sie nicht gehorchen" (23,3
> [696,11f]; vgl. 23,10 [708,21]).

Wenn der Autor das pl „alle", die unter den Ungehorsam beschlossen
sind, durch „Kinder Israel" ersetzt, ist er offenbar der Meinung, dieses

---

6   Das Thema der Ungerechtigkeit Gottes gegen den Pharao findet sich in manichäi-
     sche Polemik. Die Ungerechtigkeit des „Gottes des Gesetzes" wird gerade auch am
     Beispiel der Vorgeschichte des Exodus von den Manichäern angeprangert. So heißt
     es bei Titus von Bostra, Adv. Manichaeos 3,7 syr.: „... Und ferner hält er (scil. Mani)
     auch dieses alles, was gegen die Ägypter (geschah), vom Vorwurf nicht fern, da es
     Grausamkeit, heißt es, und viel Bitterkeit gegen die Ägypter zeige und eine Partei-
     nahme, heißt es, die nicht in Gerechtigkeit (erfolge), zugunsten der Hebräer" (La-
     garde 85,17-19). Den Hinweis darauf verdanke ich Nagel.
7   Böhlig, Gnosis und Synkretismus Tl. 1, 205f.

Einschließen beziehe sich nur auf die Zeitspanne der Geschichte Gottes mit Israel. Ein Zwang zur Bosheit, so die Argumentation von §3, kann jedoch, da sie dem Gedanken vom gerechten Gericht Gottes widerspräche, nicht angenommen werden:

> „Unrecht ist nicht bei dem Gerechten (vgl. Röm 9,14)" (23,3 [697,3]).

Die in §§4-10 folgende argumentatio verortet die Entstehung des Bösen in dem Willen zunächst Satans (§4), dann des Judas (§5f) und Adams (§7). Wenn Gott sie gewähren ließ, so liegt es an seiner Demut. Die Herrschaft des Satans gründet sich allein darauf, dass Menschen ihm ihr Gehör schenken (§8). Die Verhärtung des Pharao durch Gott wird in einem uneigentlichen Sinn zugegeben: Gerade dadurch, dass Gott den Bitten des Pharao, die Plagen von ihm zu nehmen, jedes Mal Gehör schenkte, verhärtete er ihn; denn die Aussetzung der Strafe ließ ihn wiederum hochmütig werden:

> „Also hat das Erhören des Herrn und seine Langmut den Pharao verhärtet" (23,9 [705,23f]).

In demselben paradoxen Sinne ist auch die „Einschließung" Israels zu verstehen (§10): Gott hat sie durch seine Demut eingeschlossen, indem ihnen der nach Jes 53,3 verächtliche Gottesknecht vorgestellt wurde, der ihre Verachtung hervorrief. Eigentlich ist es aber nicht Gottes Demut, sondern die Verachtung Israels, welche die Einschließung bewirkte. So verschiebt sich die Argumentation des Autors von einem gewissen Zugeständnis an seine Gegner:

> „Die Kinder Israel hat Gott dadurch eingeschlossen, (nämlich) durch seine Demut und seine Verächtlichkeit" (23,10 [708,13f])

zur Widerlegung der These von der praedestinatio ad malum:

> „Siehst du etwa, dass Gott sie eingeschlossen hat? Vielmehr sie selbst haben sich eingeschlossen dadurch, dass sie ihn verachteten, weil er sich selbst klein machte und demütigte" (23,10 [709,8-10]).

Den abschließenden Paragraphen, dem Böhlig die Stelle der peroratio oder auch eines Exkurses zuweist, stilisiert der Autor als eine Gerichtsrede Jesu an die ungläubigen Juden, denen die Erniedrigung Christi zur Verhärtung gereicht.[8] Die Frage, ob Gott Menschen zum Bösen ver-

---

8   „Des weiteren werde ich sterben durch eure Hände, indem ich mich selbst erniedrige, und ich werde drei Tage im Herzen der Erde sein, damit diejenigen, die an mich glauben, sich demütigen bis zum Tode, und diejenigen, die an mir Anstoß nehmen,

härtet, wird pointiert christologisch entschieden. In der Ablehnung der demütigen Erscheinung Gottes verhärten sich die Ungläubigen, wobei die Ursache im uneigentlichen Sinne in der Demut Gottes liegt, im eigentlichen beim Ungehorsam des Menschen. Der Autor hat durch seine geschickte Argumentation der Schärfe der paulinischen Aussagen über das Recht Gottes zur doppelten Prädestination den Stachel gezogen.

4.1.3 Einheit Gottes und trinitarische Differenzierung

Aus der paradoxen Form, in der der Autor die Selbstbegrenzung des unbegrenzten Gottes entfaltet (22,13), wurde bereits deutlich, dass der Autor Gott und Christus ohne weiteres in eins setzt.[9] Der Autor bekennt zwar die Trinität,[10] hat jedoch kein Interesse an der Entfaltung einer Trinitätslehre,[11] und identifiziert genauso wie Gott auch die Dreieinigkeit unmittelbar mit Christus:

> „Denn diese (scil. Testamente von jedermann) sind mit dem Blute stummer Tiere gesiegelt. Und dieses ist gesiegelt mit dem sprechenden und reinen und heiligen Blut des Dreieinigen, unseres Herrn Jesus Christus (vgl. Hebr 9,12; 12,24)" (19,8 [468,7-10]).[12]

Auch im Versöhnungsgeschehen ist Gott in undifferenzierter Weise Subjekt. Das vermittelnde „durch ihn" im Christuslob des Kolosserbriefes (Kol 1,20), fällt beim Autor in die Einheit Gottes zusammen:

---

durch meine Demut eingeschlossen werden und mit verhärtetem Herzen sagen: Nicht demütigt sich Gott auf diese Weise ..." (23,11 [712,14-20]).

9   Kmosko sieht sich deshalb a.a.O., XXV-XXIX veranlasst, das, wie er meint, sabellianische Missverständnis in der Trinitätslehre des Autors zu rügen.

10 „Lasst uns also so gestaltet sein und für alle Menschen beten, von Adam bis zum letzten, dass sie gerettet werden und den Vater und den Sohn und den Heiligen Geist, die vollendete Dreiheit, preisen" (16,10 [408,21-24]).

11 Kmosko verwundert sich, dass der Autor von dogmatischen Fragen unberührt ist: „In toto opere nihil occurit, unde concludere possit Auctorem motus Arianos et quaestiones Christologicas saeculo V exortas prae oculis habuisse. Verum quidem est in toto opere indifferentiam aliquam circa quaestiones dogmaticas observari" (ders., a.a.O., XXXI).

12 Vgl. 29,19, wo die Trinität ihr Ziel im Jesusnamen findet: „Denn dies ist der Name, von dem die Trinität will, dass in ihm die Leiden und die Wunden Adams und seiner Kinder geheilt werden und ihre Flecken weiß gemacht und ihre Sünden geheilt werden" (857,22).

„Gott gab sich ihnen selbst um ihretwillen, dass durch sein Blut versöhnt werde, was auf Erden und was im Himmel ist" (22,9 [656,15-17]).[13]

Einzig hier, im Kontext des Versöhnungsgeschehens können die Personen von Vater und Sohn auch auseinandertreten. An zwei Stellen tritt diese personale Differenzierung zutage. An der ersten lässt sich der Einfluss von Kol 1,20 erkennen:

„... denn durch das Leiden und das Kreuz wollte der Vater die Versöhnung wirken" (15,12 [365,9f]).

An der anderen Stelle ist der Autor vielleicht von II Kor 5,18 beeinflusst:

„Die Einladung[14] aber ist diese, dass der Vater wollte, dass durch seinen Sohn alle Menschen versöhnt würden" (20,16 [573,15]).

4.1.4. Christologie

4.1.4.1 Gottheit Christi

Anders als die Darstellung der Menschheit Christi, ist die seiner Gottheit, bis auf eine Ausnahme, nicht pl inspiriert. Die Gottheit Christi wird, wahrscheinlich vorgegeben durch eine Bekenntnistradition, durch den Titel des „Schöpfers" bezeichnet.[15] So spricht der Versucher in 21,9 zu Jesus als „dem Schöpfer von allem" (608,21), und im selben Traktat werden, in einer Reflexion der Sündenfalls, der Schöpfer und Jesus Christus ausdrücklich identifiziert:

„Und sie vergaßen, dass es nichts gibt, das wie der Schöpfer aller Welten sein könnte – er, welcher der Schöpfer ist und welcher unser Herr Jesus Christus ist" (21,11 [616,3-6]).

---

13 Ebenso 2,6 (37,20); 9,6 (216,16). 15 (236,5); 22,7 (648,26).10 (656,16).

14 Kontext ist eine Auslegung des Gleichnisses vom großen Gastmahl (Mt 22,2-14).

15 In der, nach de Halleux auf der Synode von Seleukia-Ktesiphon im Jahre 410 angenommenen Fassung des Nicaenums wird die Schöpfungsmittlerschaft Christi schon am Anfang hervorgehoben (I,2 [Zählung von Vööbus/de Halleux]) und im zweiten Artikel im Blick auf die Menschenschöpfung wiederholt (II,14) (GOF.S 17, 162f). Vgl. die Übers. bei Baum/Winkler, Apostolische Kirche des Ostens, 21. – Darf man annehmen, dass das Epitheton „Schöpfer" für Christus schlicht dem frühen syrischen Bekenntnis entspricht?

Es ist bemerkenswert, dass der Autor in seiner Wiedergabe von Phil 2,6f die vom Text angebotene Beschreibung der Göttlichkeit Christi „obwohl er gleich wie Gott war" („dass er Gottes gleichen war" [P]) nicht übernimmt, sondern auf der Linie der ihm überkommenen Tradition durch den Begriff des „Schöpfers" ersetzt:[16]

> „Die Gestalt eines Knechtes nahm der Herr der Schöpfung an, indem er gleich wie der Mensch, seine Schöpfung war" (20,8 [548,6-8]).

An einer einzigen Stelle greift der Autor in der Beschreibung der Göttlichkeit Christi auf den Apostel zurück, wenn diese pneumatologisch als „lebendig machender Geist" ausgesagt wird:

> „Denn dies ist der Name, von dem die Trinität will, dass in ihm die Leiden und die Wunden Adams und seiner Kinder geheilt und ihre Flecken weiß gemacht und ihre Sünden geheilt werden. Denn das ist der Baum des Lebens des Gartens Eden,[17] durch den die Menschenkinder vom Tod zum Leben kommen; es ist dieser Baum der lebendig machende Geist (I Kor 15,45), so wie Paulus sagte, dass in diesem Namen Jesu sich alles Knie beugen und ihn alle Zunge bekennen soll, die im Himmel und auf Erden sind (Phil 2,10f)" (29,19 [856,22-857,5]).

4.1.4.2 Menschheit Christi

Aus der im vorangegangenen Abschnitt zitierten Wiedergabe von Phil 2,7 wird deutlich, dass der Autor die Einheit von Gottheit und Menschheit in Christus in reiner Paradoxie, nicht anders als schon Ignatius Eph 7,1, mithin vordogmatisch begreift.[18]

---

16 Hier fußt der Autor auf Aphrahat, der in seiner Wiedergabe von Phil 2,6f ähnlich wie der Autor den Begriff der μορφή, syr. ܐܣܟܡܐ bzw. des ἴσα (Neutr. Pl. als Adverb), syr. ܦܘܚܡܐ „Vergleich", „Gleiches", „Ähnliches" umgeht und stattdessen „Sohn des Herrn des Universums" bzw. „Gott und Sohn Gottes" setzt: „Und der Sohn des Herrn des Universums nahm um unsertwillen die Gestalt eines Knechtes an" (Dem. 2,19 [PS I.1,89,2-4]); „Und obgleich er Gott war und Sohn Gottes, nahm er die Gestalt eines Knechtes an (Dem. 6,9 [PS I.1, 277,2f]). Vgl. dazu Louf, AnBib 17-18, 531 Anm. 1.

17 Christus als „Baum des Lebens" außerdem in 20,7 (544,11) und 21,2 (589,6). Nagel, StOR 49, 183, erkennt in dieser Christus-Prädikation eine Spur manichäischer Bildsprache.

18 In den sechs antithetischen Gliedern bei Ignatius (SUC 1,146f) kommt der Gegensatz Schöpfer - Geschöpf allerdings nicht vor. – Aphrahat schreibt Dem 6,9 (PS I.1,276f)

Die Menschheit Christi ist die der prälapsarischen Herrlichkeit Adams.[19] So ist, gemäß der Auslegung des Philipperhymnus, im demütigen Christus das Gegenbild zum hochmütigen Adam und damit zugleich der ursprüngliche Adam offenbart, denn Adam

„suchte, dass er's mit Gewalt nehme und Gott gleich werde – durch Hochmut und nicht durch Demut. Deshalb sprach der Apostel: Christus wollte nicht mit Gewalt Gott gleich sein wie Adam, sondern er entäußerte sich selbst, auch von diesem allem, das Adam liebte und begehrte, dass er durch irdischen Reichtum Gott werde, und nahm die Gestalt des Sklaven an, indem er in der Gestalt jener Schöpfung des ursprünglichen Menschen war" (21,11 [616,9-16]).[20]

---

eine lange Reihe von Paradoxa, die Christus als Vorbild der Demut erscheinen lassen.

19 Vgl. Louf, a.a.O., 531: In seiner Kenose nimmt Christus nicht den Sündenleib an, „mais bien plutot de l'homme primitif d'avant la chute, dans toute la splendeur de son état originel." Ebenso Juhl, Askese, 72: „Durch die Adam-Christus-Typologie macht der Verfasser deutlich, daß Christus nicht den gefallenen Menschen abbildet, sondern den vollkommenen Menschen, wie er in Adam ursprünglich von Gott geschaffen war." – Die Identifizierung der Menschheit Jesu mit dem prälapsarischen Adam hat ihren Vorläufer in Methodius, der im späten 3. Jh. lehrte und „wahrscheinlich eher ein Wanderlehrer als ein Bischof gewesen ist" (TRE 22, 680 [Williams]): „Denn es war das Passendste, dass der Älteste der Äonen und Erste der Erzengel, der mit den Menschen verkehren sollte, im ältesten und ersten Menschen der Menschheit, in Adam, Wohnung nehme. Denn indem er auf diese Weise von neuem noch einmal malte und aus der Jungfrau und dem Geist wiederum aufs Neue bildete, verfertigt er denselben, da Gott ja auch am Anfang, als die Erde noch jungfräulich war und ungepflügt, Staub nahm und das verständigste Lebewesen aus ihr bildete, ohne Zeugung" (Musurillo, Methodius, Symp. III,4 [SC 95, 98,14-21]).

20 Loufs Interesse an der Auslegung von Phil 2,6f im LG nimmt ihren Ausgangspunkt von der ntl. Exegese: Versteht man den Christus-Hymnus des Phil von vorneherein auf dem Hintergrund der Adam-Christus-Typologie lässt sich der Begriff des „Raubes" zwanglos erklären: Was Adam sich mit Gewalt nehmen wollte, gewann Christus auf dem Wege der Demut (ders., a.a.O., 525). Loufs These: Der Autor des LG trifft die ursprüngliche Intention von Phil 2,6f (ders., a.a.O., passim). Diese Auffassung hat sich in der neueren Exegese nicht durchgesetzt. Müller, ThHK 11/I, 95 weist die These, der Hintergrund für Phil 2,6b sei in Gen 3,5, der Versuchung zum Sein wie Gott, zu suchen, ab. Einen protologischen Hintergrund hatte vorher auch Lohmeyer gesehen. Allerdings geht er bis zum Engelssturz zurück: „ ... im Hintergrund steht die Anschauung, daß der Teufel einst das ‚Gott gleich sein' ‚wie einen Raub' an sich gerissen habe" (Lohmeyer, KEK IX,1, 92).

Im Rahmen der Rekapitulationslehre formuliert der Autor noch einmal klar seine These, dass durch Christus der ursprüngliche Adam offenbart wurde:

> „Und er zeigte die Vollkommenheit und die Heiligkeit der ursprünglichen Schöpfung Adams offenbar an seiner Person, wie er gesagt hat: ‚Alles wurde noch einmal neu gemacht durch Jesus' (Eph 1,10). Du siehst, dass niemand offenbar gezeigt hat, wie Adam geschaffen war, es sei denn Jesus durch seine Lebensführung" (25,2 [736,10-16]).

Während man diese Auffassung von der Menschheit Christi für doketisch halten muss, da sie die Offenbarung einer utopischen, von keinem wirklichen Menschen geteilten Menschheit ist, kommt eine andere, von Hebr 5,7.9 inspirierte Aussagenreihe näher an die pl Aussage, dass Christus „in die Gestalt des *sündigen* Fleisches" (Röm 8,3) gesandt war, heran. So wenn der Autor in Auslegung des Gebetes von Getsemane schreibt:

> „und nicht war seine Kraft klein, als sein Engel, der seine Kreatur ist, kam und ihn stärkte, als er betete, und der ihn an dem Ort der Anfechtung durchkommen ließ (vgl. Lk 22,43), sondern in diesen (Geschehnissen) nahm unser Herr das Abbild von uns auf sich, die wir unter der Knechtschaft der Sünde und des Todes waren (vgl. Röm 6,16f)" (20,8 [545,11-16]).

Die Menschheit Christi gilt als vorbildhaft. Angefangen von Hebr 5,7.9, dem Gebet des irdischen Jesus, das der Autor auf das Gebet in Gethsemane bezieht,[21] weiß der Autor mehrere Paulusstellen für Christus als Vorbild anzuführen, darunter auch solche, die sich ursprünglich nicht auf Christus beziehen. Die Lehre vom vorbildhaften Gebet Christi steht im Kontext des Kampfes des Asketen gegen die wurzelhafte Sünde (20,4). Vorbild ist Jesus hier in dreierlei Hinsicht: In der Intensität des Gebetes (Hebr 5,7 in Verbindung mit Lk 22,44), darin, dass ihm in Gestalt des Engels ein Retter erscheint (Lk 22,43) und in der Vollendung des Betenden (Hebr 5,9), die zur Ursache der Vollendung der nach ihm Kommenden wird:

> „Und er wurde vollendet als der Vollender von allen denjenigen, die nach seiner Art vollendet werden" (20,8 [545,6f]).

---

21 Diese Identifikation sei, so Gräßer, vom Autor des Hebr nicht beabsichtigt worden: „Dabei ist vor allem der in der Passion Erniedrigte im Blick, nicht jedoch speziell der ‚Gebetskampf' in Getsemani" (EKK XVII/1, 297; zu anderen Positionen vgl. a.a.O. Anm. 240).

Christus hatte das Gebet jedoch nicht für sich selbst nötig, sondern betete um der Erlösungsbedürftigen willen, denn

> „er war nicht der Sünde unterworfen (vgl. Joh 8,46; II Kor 5,21), dass er gebetet hätte, um erlöst und vollendet zu werden" (545,9-11).

Da er nicht für sich selbst betet, hat sein Gebet soteriologischen Sinn, wie der Autor in einer Paraphrase von Phil 2,7 zeigt:

> „Die Gestalt eines Knechtes nahm der Herr der Schöpfung an, indem er in der Gestalt des Menschen, seiner Schöpfung war, um seiner Schöpfung willen, dass er alles Fleisch von seinem Tode und von seiner Knechtschaft befreie" (20,8 [548,6-10]).

Diese Befreiung vollzieht sich in der asketischen Praxis des heftigen Gebetes, bei der, nach dem Vorbild der Erscheinung des Engels in Getsemane, eine Erscheinung des Herrn erwartet wird:

> „Denn es gibt sonst keinen Aufstieg zu dieser Stufe, die die Athleten im Kampfe überschreiten, es sei denn von diesem Aufstieg her, den uns unser Herr zeigte, in vielem Wachen und vielem Fasten (II Kor 11,27) und vieler Demut und starkem Schreien, mit vielen Tränen (Hebr 5,7) und vielen Fürbitten und mit Schweiß der Anfechtungen. Und dann kommt unser Herr zu uns und erlöst uns ..." (20,8 [545,18-548,2]).

Die für den Asketen geforderte Gesinnung des „Suchens, was droben ist" (Kol 3,1f) gilt schon für Christus selbst:

> „... sondern es lebt in mir, heißt es, Christus (Gal 2,20), der sinnt, was im Himmel und nicht, was auf Erden ist (Kol 3,2)" (21,5 [600,3f]).

Ebenso gilt, was Hebr 11,13 von den Glaubenszeugen des Alten Testamentes gesagt wird, für Jesus selbst:

> „Denn er hatte keine Lagerstätte für sein Haupt auf Erden (Mt 8,20), sondern wie ein Fremdling und wie ein Ausländer[22] wandelte er auf Erden" (20,10 [553,6-8]).

Bezeichnenderweise werden beide Paulusstellen in einer Rede Gottes an Adam vor dessen Fall aufgeführt:

> „In diesen (Dingen), heißt es, wandle, gebot sein Schöpfer dem Adam, indem dein Sinnen im Himmel wie ein Bürger und dein Leib auf Erden wie

---

22 Die Lexik differiert hier zwischen P und dem LG. Während P ξένοι καὶ παρεπίδημοι mit ܐܚܫܒ ܘܠܩܠܐ wiedergibt, setzt der Autor für ܠܒܠ das synonyme ܐܡܪ: ܚܙܪ| ܐܚܣܐ ܐܡܪ ܚܙܪ| „wie ein Fremdling und wie ein Ausländer".

ein Fremdling und Ausländer[23] ist, und diene dem, was droben ist, und lobpreise mit diesem Wandel als ein Engel unter Engeln!" (21,3 [592,7-11]).

Hier schließt sich der Kreis: Für den Autor ist es deshalb möglich, Kol 3,2 und Hebr 11,13 auf Christus zu beziehen, weil er den ursprünglichen Menschen offenbart, welcher u. a. durch diese Stellen charakterisiert ist.

Jesus ist Vorbild auch im Übergang vom Gesetz zum Evangelium, auf dem der Mensch, nach Gal 4,1f zunächst unter dem Vormund des Gesetzes steht, bevor er das Erbe des Evangeliums antritt: Jesus ist zuerst der Erbe, vor den anderen, die mit ihm erben, und zugleich Herr des Hauses:

> „Heute aber, da der Erbe des Hauses erschienen ist, sind wir nicht unter den Vormündern, sondern unter der Hand des Herrn des Hauses, welcher der Sohn ist, der Christus in dem Neuen Testament, welcher unser Herr Jesus Christus ist" (19,7 [464,17-21]).

Es scheint sogar angedeutet zu sein, dass Jesus zunächst sich selbst von den „Vormündern und Verwaltern" befreien musste, um die Emanzipation auch seiner Diener möglich zu machen:

> „Heute aber, dieweil er erschienen ist, wie jener Erbe, der groß geworden ist und den Besitz seines Vaters von den Vormündern und Verwaltern in eigene Regie nimmt, haben auch sie (scil. Christi Diener und Hausgenossen) ihren Besitz erkannt, den ihr Herr erworben hat" (19,7 [465,4-7]).

4.1.4.3 Das Werk Christi: die Rekapitulation

Seit Irenäus gilt Eph 1,10 als biblischer Leitsatz für eine im Rahmen der Heilsgeschichte verortete Soteriologie, der gemäß „das Alte (...), um überwunden und geheilt zu werden, in Christus wiederholt werden" muss.[24] Der Autor kennt diese Lehre und gestaltet sie auf seine Weise um, indem er sie auf das Gebiet der Beziehung von Christus auf Adam begrenzt und entgegen der ihm vorgegebenen Tradition Christus nicht den gefallenen Adam, sondern den vollkommenen Adam wiederholen

---

23   Hier wieder wie P: ܐܟܣܢܝܐ ܘܥܡܘܪܐ.
24   RAC 18, 837 (Brox).

lässt,[25] welchem Christus nicht nur entspricht, sondern der er ist, wie im vorangehenden Abschnitt gezeigt wurde. Durch die Beschränkung der Rekapitulation[26] auf das christologisch – anthropologische Zentrum erhält die biblische Grundlage wieder neues Gewicht. Eph 1,10 wird dem Autor zur wichtigsten Paulusstelle in seiner Darlegung der soteriologischen Bedeutung Christi.[27]

In der Übersetzung von ἀνακεφαλαιώσασθαι τὰ πάντα ἐν τῷ Χριστῷ „dass alles zusammengefasst würde in Christus" überführt P den Text in ein fassliches Verständnis: ܟܠܡܕܡ ܢܬܚܕܬ ܡܢ ܕܪܝܫ ܒܡܫܝܚܐ „dass alles noch einmal[28] neu gemacht werde in Christus".[29] Das schlichte ܡܢ ܕܪܝܫ erhält beim Autor, der die Stelle, von verschiedenen geringfügigen Variationen abgesehen, wie P wiedergibt, dadurch, dass dieser Satz zum Lehrsatz für die Anakephalaiosis-Lehre wird, ein dogmatisches Gewicht. In Christus geschah eine Wiederholung der Schöpfung. Der Autor führt seine Lehre erst spät in sein Werk ein, erstmals im 21. Traktat.

---

25   Fragt man ausgehend von der Perspektive des Autors nach Irenäus zurück, welchen Adam Christus wiederholt habe, kann die Antwort nur heißen: Christus hat den gefallenen Adam antithetisch wiederholt: „Und er hat die alte Bildung (plasmationem) in sich wiederholt, weil, wie durch den Ungehorsam eines Menschen die Sünde Eingang fand und durch die Sünde der Tod sich geltend machte (vgl. Röm 5,12.19), so durch den Gehorsam eines Menschen die eingeführte Gerechtigkeit denjenigen Menschen das Leben als Frucht austrägt, die einst tot waren" (Adv. haer. III,21,9.10 [Brox, FC 8/3, 270,16-21).

26   Insbesondere verzichtet der Autor auf eine aus der Rekapitulation entwickelte umfassende Theorie eines Planes Gottes für die Weltgeschichte (οἰκονομία / dispensatio).

27   Der Autor zitiert Eph 1,10 sieben Mal.

28   ܡܢ ܕܪܝܫ heißt „von Anfang an" oder „noch einmal", „von neuem" (Brockelmann, Lexicon, 728b). Entsprechend gibt es auch für Eph 1,10 (P) zwei Übersetzungsmöglichkeiten, eine, die ܡܢ ܕܪܝܫ theologisch gewichtiger im Sinne einer Neuschöpfung schon in Richtung der irenäischen Rekapitulation auffasst („von Anfang an"), die andere, die es, wie in meiner Übers., schlichter auffasst („noch einmal"). Ein Argument für die schlichtere Übers. ist, dass der Autor, wenn der Sinn „von Anfang an" ohnehin schon bestanden hätte, es nicht nötig gehabt hätte, zur Verdeutlichung seines Verständnisses ܡܢ ܕܪܝܫ durch ܡܢ ܩܕܝܡ „von Anfang an" zu erklären.

29   In der P-Übers. scheint das in ἀνακεφαλαιώσασθαι enthaltene κεφαλή die Brücke zum idiomatischen ܡܢ ܕܪܝܫ (wörtlich: „vom Kopf her") geschlagen zu haben, während die mit ἀνά angezeigte Bewegung des Wiederkehrens, der Wiederaufnahme in ܢܬܚܕܬ „wird erneuert" seinen Ausdruck fand. - Im Deutschen würde die Übersetzung mit der umgangssprachliche Wendung „neu aufrollen" dem Syrer genau entsprechen: „In Christus wurde alles neu aufgerollt."

Den Kontext bildet eine Paränese zur Nachfolge des Geistes (21,3). Den Wandel gemäß den Früchten des Geistes habe der Schöpfer bereits Adam geboten; schon von Anfang an war der Mensch für den Weg des Geistes bestimmt:

> „Und dass du von Anfang an (ܡܢ ܩܕܝܡ) so gewesen bist, bezeugt unser Herr und seine Apostel, welche gekommen sind und den Adamskindern gezeigt haben, dass sie (solches) täten, nachdem jener erhöht wurde, der die Einschließung der Feindschaft, die zwischen ihm und den Kindern Adams bestanden hatte, durch diesen (Lebens)wandel zerbrach (vgl. Eph 2,14). Und demonstriert hat es der Apostel, indem er sagte: ‚Alles wurde erneuert durch Christus, noch einmal' (Eph 1,10), so wie er gewollt hatte, dass Adam sei, und wie er geschaffen war, bevor er das Gebot übertreten hatte" (21,3 [592,11-20]).

In seiner Anrede an den Leser „dass du von Anfang an so gewesen bist", lässt der Autor erkennen, dass er ܩܕܝܡ, ܙܒܢܐ ܡܢ im Sinne von ܡܢ ܩܕܝܡ verstanden haben will. Die Paränese wird somit mit dem Recht der Schöpfung begründet: Der Weg des Geistes führt den Menschen zu nichts anderem als zu seiner Natur, zu der er geschaffen wurde. Diese bringt Christus wieder. Im Kontext des LG dient die Rekapitulationslehre dazu, die Paränese zur Nachfolge des Geistes mit dem Recht der ursprünglichen Schöpfung zu begründen.

Die Anakephalaiosis setzt die Treue Gottes zu seiner Schöpfung voraus. Die Erneuerung durch Christus nach Eph 1,10 entspringt dem Willen Gottes zur Bewahrung der Schöpfung; umgekehrt gesagt: Indem es zu ihrer Erneuerung durch Christus kommt, wird die Schöpfung bewahrt:

> „Und wenn der Apostel sagte: ‚Noch einmal kam Christus, indem er alles erneuerte' (vgl. Eph 1,10), gemäß seinem Willen, dass die vom Hause A-dam bestehen blieben, verstehe (das so), dass Gott gemäß dieser Gebote der Vollkommenheit, die ich dir oben dargelegt habe, und gemäß der Früchte des Geistes, die der Apostel von denen des Fleisches unterschieden hat (vgl. Gal 5,22), gewollt hat, dass die Menschen wandeln, wie er es auch heute will. Und überhaupt ist Christus gekommen (...), dass er uns jene Wahrheit, die von alters her (ܘܡܢ ܩܕܝܡ) (gewesen ist), zeigte" (21,4 [593,10-19]).

Die Erneuerung durch Christus wurde ins Werk gesetzt, indem er an seinem eigenen Leibe das alte Bild Adams neu zur Geltung brachte:

„Denn unser Herr hat dieses offenbart, damit jedermann weiß, wie der Mensch geschaffen wurde. Und unser Herr zeigte an seiner eigenen Person die Schöpfung Adams. Und er zeigte, wie Adam war: wie die Engel des Himmels, ohne Zorn und ohne Begehren und ohne (Hinter)gedanken und Verfehlungen, gemäß jenem Bild, nach dem unser Herr geboren wurde. Denn im Bilde Adams kam unser Herr, dass er den Menschen ihre ursprüngliche Natur zeige, wie sie geschaffen waren, so wie der Apostel sagt: ‚Alles wurde noch einmal neu gemacht durch Jesus' (Eph 1,10), d .h. so wie von Anfang an (ܐܡܪ ܘܡ̇ܢ ܡܒ݂ܝܬܡ), meint er (23,1 [692,8-693,5])."[30]

An der Explikation „d.h. so wie von Anfang an", mit der der Autor die Intention des Apostels treu wiederzugeben meint, wird wiederum deutlich, dass der Autor das ܘܡܒ݂ܝ ܡ̇ܢ von Eph 1,10 in einem eminent dogmatischen Sinne verstanden haben möchte.

Einem Seitenast der Rekapitulationslehre des Irenäus gemäß der auch die widergöttliche Reaktion in der Heilszeit neu aufgelegt wird,[31] folgt der Autor, wenn er Satan und Judas parallelisiert:

„Trefflich ist also, dass Satan und Judas untereinander verglichen werden. Und wie am Anfang Satan mit den Söhnen der Rechten gefunden wurde,

---

30   Vgl. auch 25,2 (736,10-16); s. o. 4.1.4.2, S. 98. - Die von Methodius gelehrte Identität der Menschheit Christi mit Adam wird im Zusammenhang der Rekapitulationslehre hergestellt Um der Wiederherstellung der Menschheit willen ist Christus in Gestalt des ältesten Menschen gekommen. In dem o. Anm. 18 wiedergegebenen Zitat wird die Sprache der Rekapitulation deutlich an den mit ἀνά, gebildeten verba composita ἀναζωγραφεῖν und ἀναπλάσσειν. – Der Autor unterscheidet sich von Methodius allerdings in seinem Festhalten an der ersten Schöpfung. Während sich bei Methodius der Logos die Menschheit Adams als seine eigene Menschheit bei der Fleischwerdung noch einmal neu schafft, trägt Christus beim Autor das Bild des ursprünglichen Menschen, ohne dass gesagt wird, dass er im Zuge der Rekapitulation noch einmal neu geschaffen worden wäre.

31   Irenäus lehrt adv. haer. V,25-30, dass der Antichrist der Apokalypse die Abtrünnigkeit Satans wiederholt. Vgl. Adv. haer. V,25,1: „Jener nämlich, der alle Kraft des Teufels an sich nimmt, wird nicht gleichsam als gerechter König, noch als ein in Unterwerfung Gottes rechtmäßiger kommen, sondern als gottloser und ungerechter und ohne Gesetz, als ein Abtrünniger und Gesetzloser und Menschenmörder, als ein Dieb, der den teuflischen Abfall in sich wiederholt, und, indem er zwar die Götzen absetzt, deshalb, damit er überzeuge, er selbst sei Gott, sich selbst aber als einzigen Götzen erhebt, indem er in sich selbst den Irrtum der übrigen verschiedenen Götzen hat, damit diejenigen, die durch viele Abscheulichkeiten den Teufel verehren, durch diesen einen Götzen ihm selbst dienten" (Brox, FC 8/5, 190,4-13). Vgl. dazu RAC 18, 837 (Brox). – Diese apokalyptische Gestalt der Rekapitulation des Bösen konnte der Autor, der die Apokalypse nicht kannte, nicht nachvollziehen; er folgt auf seine Weise dem Schema des Irenäus und führt die Parallele Satan – Judas ein.

so wurde (auch) am Anfang der zweiten Schöpfung, der durch Jesus, der Satan bei den Söhnen der Rechten erfunden. Denn es kannte unser Herr den Iskariot, dass er ein Satan war (Joh 6,70), und er erwählte ihn, dass wir durch ihn wüssten, wie Satan von Anfang an von der rechten Seite abfiel. Denn alles hat Jesus noch einmal erneuert (Eph 1,10) und uns gezeigt" (23,5 [701,6-14]).

Ein einziges Mal wird die Rekapitulation beiläufig „eine zweite Schöpfung durch Jesus" genannt (23,5 [701,9]), ohne dass diese Lehre weiter entfaltet wird. Dies geschieht erst im 30. Traktat, wo unter der christologischen Voraussetzung, dass Christus der Erstgeborene der Vollkommenen sei, die Rekapitulationslehre des Autors auf die Vollkommenen zugespitzt wird. Denn nun scheint es, dass die Rekapitulation einzig um derer willen, die vollkommen werden würden, veranstaltet wurde. Die neue Schöpfung manifestiert sich, in der Sicht des Autors des Nachtragskapitels, einzig an den Vollkommenen. Dabei wird die zweite Schöpfung von der ersten abgehoben:

„Und unser Herr wird ‚Erstgeborener der Geschöpfe' (Kol 1,15) genannt. Nicht hat der Apostel über diese ursprünglichen Geschöpfe gesprochen, sondern über diese Geschöpfe, die durch den Sohn Gottes von neuem geschaffen und durch ihn vollendet wurden, hat der Apostel gesprochen, dass der Sohn Gottes ihr Erstgeborener sei. Denn (es gibt) eine Art der Geschöpfe, die von Anfang an (ist) und eine (andere) Art derer, die durch unseren Herrn Jesus erneuert wurden" (30,23 [918,4-11]).

Der Zusammenhang der Rekapitulation mit der Schöpfung wird somit gekündigt. Wenn im folgenden der Christustitel in „Erstgeborener der Vollkommenen" abgeändert wird, zeigt sich, dass die Rekapitulation nur um dieser willen veranstaltet wurde:

„Weil aber keiner der Menschen vollendet wurde, bis dass unser Herr vor ihnen vervollkommnet ward, obwohl er (dessen) nicht bedurfte, sondern, dass er sie lehrte, wie sie vollendet würden, deshalb nennt er ihn ‚Erstgeborener der Vollkommenen', d. h. ersten Vollkommenen. Weil sich die Menschen von der Vollkommenheit entfernt hatten, zu welcher Gott Adam geschaffen hatte, und von der Reinheit des Herzens, welche Adam zu eigen war, bevor er sündigte, und von der Heiligkeit, zu welcher er nach dem Bild der Engel geschaffen war, deshalb bezeugt der Apostel, der spricht: „Durch Jesus wurde alles noch einmal erneuert" (vgl. Eph 1,10). Es kam also unser Herr und wurde vervollkommnet, obwohl er es nicht nötig hatte, und er wurde geheiligt, obwohl er es nicht nötig hatte, und er reinigte sein Herz, als ob es nicht rein gewesen wäre. Und er setzte den Menschen ein Beispiel, dass sie sich ihm anglichen und sich vervollkommneten, und er wurde der Erstgeborene der Vollkommenheit im Himmel und auf Erden. Amen" (30,24 [917,19-920,14]).

Mit dieser Engführung der Rekapitulation hat der Autor des Nachtragskapitels seinen Teil zu der Feindschaft zwischen den „Jüngern des Glaubens" und den „Jüngern der Liebe" beigetragen.

4.2 Pneumatologie

4.2.1 Geist in der Heilsgeschichte

„Geist" ist für den Autor die Kommunikationsweise Gottes, die seine gesamte Geschichte mit den Menschen umfasst, und ist daher der menschlichen Erscheinung Gottes in Christus vorgeordnet. Das Bekenntnis des Autors zum „lebendigen und heiligen Geist, welcher der Herr ist" (9,1 [204,3]) zeigt zunächst im Unterschied zum Bekenntnis von Seleukia-Kthesiphon von 410, dass der Autor ܪܘܚܐ noch mit seinem ursprünglichen femininen genus kennt.[32] Andererseits gemahnt das Bekenntnis zum Geist als dem Herrn an das Constantinopolitanum.[33] Das Bekenntnis zum Geist, der Herr ist, steht bei dem Autor in einem heilsgeschichtlichen Zusammenhang, gemäß dem die Offenbarung durch den Geist die der Inkarnation frühere und vorzüglichere Weise der Kommunikation Gottes ist:

> „Denn die Propheten und alle Gerechten vermochten es, dass sie gerettet oder vollendet würden durch den lebendigen und heiligen Geist, welcher der Herr ist. Aber für alle Welt, die verloren war, erschien unser Herr im Fleische, damit die ganze Welt Gewinn habe und die ganze Welt den Willen Gottes erkenne, von Gott (selbst) und von seinen Wegen" (9,1 [204,1-7]).

Da Gott jedoch um der Gesamtheit der Menschen willen den Weg der Inkarnation ging, ist das Zeugnis des Geistes auf diesen bezogen. Wenn der Geist, zu Zeiten des Alten Bundes, bei Gott die Menschwerdung

---

32 Vgl. ܪܘܚܐ ܚܝܐ ܘܩܕܝܫܐ ܕܐܝܬܘܗܝ „der lebendige und heilige Geist, welcher der Herr ist" (LG 9,1 [204,3]) mit ܘܡܘܕܝܢܢ ܒܪܘܚܐ ܚܝܐ ܘܩܕܝܫܐ (GOF.S 17, 163 [III,21]). „Und wir bekennen den lebendigen und heiligen Geist".

33 Vgl. den Anfang des dritten Artikels des Constantinopolitanums: καὶ εἰς τὸ πνεῦμα τὸ ἅγιον, τὸ κύριον καὶ ζωοποιόν (DS[36], 66).

anmahnt, so erinnert dies deutlich an das Seufzen des Geistes von Röm 8,26: Nachdem die Gerechten des AT entschlafen sind

> „und als sich jene Zeit näherte, in der sich Gott offenbaren und Versöhnung und Frieden auf Erden schaffen wollte, da bat der Geist für alle Menschen[34], gute und böse, und sprach folgendermaßen: Erinnere dich an dein Wort zu deinem Knecht, das Adam und allen Gerechten vertrauen ließ und durch das sie in ihrer Niedrigkeit getröstet wurden, weil dein Wort sie am Leben erhielt (Ps 119,49f)" (26,4 [764,7-14]).[35]

In der Ära des Neuen Testamentes führt das „dem Geiste Folgen" zur Orientierung auf Christus:

> „Aber es ziemt sich für uns nunmehr, dass wir dem Geiste folgen und dass wir uns ihm anbequemen und auf das Neue Testament schauen, welcher Jesus Christus ist und ihm ähnlich werden, welcher der Anfänger und Vollender unseres Glaubens ist (Hebr 12,2)" (19,7 [461,17-20]).

Die ntlich durch Johannes und Paulus gelehrte Beziehung des Geistes auf Jesus verwirklicht sich für den Autor auf dem Felde der Ethik, der Angleichung an Christus bzw. der Liebesethik. Auf der Stufe der in der Nachfolge des Geistes geübten Ethik wird der Urheber des Liebesgebotes im Innersten verstanden. So heißt es in einem Rat für den, der wachsen will:

> „... und er bitte und bete, dass ihn Gott oder ein Mensch unseres Herrn, der im Geiste[36] (ist), wissen lasse, wie er unserem Herrn im Geiste diene (vgl. Röm 1,9; Phil 3,3) durch diese großen Gebote der Liebe, und dass er im Geiste mit den Augen seines Erkennes diesen Weg sehe und er im Geiste, indem er fleckenlos ist, zu jener Stadt, die im Geiste (ist), hingehe. Denn im

---

34   ܪܘܚܐ ܣܠܩ ܚܠܩ ܣܠܟ ܚܣܬ ܐܠܗܐ (f) ܚܕܐ könnte in der Tat von Röm 8,26 angeregt sein, zumal wenn H verglichen wird, die für ὑπερεγτυχάνει „ ܚܐ (m) „bittend" setzt: ܪܘܚܐ ܘܗ ܐܠ ܣܠܟܡ ܬ ܚܐ ܒܠܟܐ „Aber der Geist bittet beständig für uns". P hat hier ܡܨܪܠܐ „betend": ܘܡ ܐܠ ܪܘܚܐ ܐܠܡܪܟܐ ܣܠܟܡ „Aber der Geist betet für uns" (vgl. Aland/Juckel II.1, 189).

35   Der Geist als Herr und sein Auftreten als redendes Subjekt auch 28,5, wo er Adam vor dem Sündenfall warnt: „Denn es sprach zu ihm der Hl. Geist, welcher der Herr ist, an dem Tage, da er erschaffen wurde: Wenn du von diesem Baume isst, wirst du den Tod schmecken (Gen 2,17)" (793,3-5). Es ist kein Zufall, dass das Auftreten des Geistes als eigenständiges Subjekt wiederum in atl Zusammenhang steht.

36   Schweizer, ThWNT 6,424 setzt die pl. Formel ἐν πνεύματι mit ἐν Χριστῷ in eins. Das ist zu kurz gegriffen. Geist hat eine spezifisch eschatologische Bedeutung. So begreift ihn Bultmann als „Macht der Zukünftigkeit" (Bultmann, Theologie, 331 [9. Aufl. 336]). In dieser „Freiheit (...), die Zukunft erschließt" (Bultmann, a.a.O.) versteht ihn auch der Autor.

Geiste kann er mit dem Herrn der Gebote sein, und er gibt ihm Kraft, dass er ihn ihn liebe und seine Gebote halte (vgl. Joh 14,21) und vollkommen werde …" (19,38 [520,6-15]).

Der Weg der Erkenntnis des Geistes führt zum Liebesgebot und zugleich zur Gemeinschaft mit dem Geber des Gebotes. Der Begriff des Geistes kann auch den der Liebe ersetzen. In einer Auslegung von I Kor 12,31, wo der Apostel auf die Liebe als größte Gabe hinsteuert, hat der Autor den Geist im Blick. Wenn aber der Geist zur größten der Gaben wird, muss der Autor zwischen Geist und Gaben unterscheiden:

„Der heilige Geist aber existiert in vielen Gaben. ‚Und wenn ihr eifert', heißt es, ‚nach den größeren Gaben, so will ich euch die größte von allen Gaben zeigen' (I Kor 12,31). Du siehst, dass es etwas gibt, das hervorragender ist als etwas (anderes). Einer aber ist der heilige Geist Gottes und der Tröster. Und weil er die größeren Gaben von den kleineren (zu scheiden) weiß, benennt er (scil. der Apostel) den Parakleten-Geist und den heiligen Geist. Jener, der von der großen Gabe (her ist): vervollkommnet wird, wer ihn empfängt. Diese aber, die kleinen Gaben: nicht werden (diejenigen) vervollkommnet, die sie empfangen, weil sie (scil. die Empfänger) mit Mängeln behaftet sind. Und es sei denn jene große Gabe kommt, so werden sie nicht erfüllt, sondern jedermann wird gemäß seiner Werke und gemäß seiner Gabe groß sein am Tage unseres Herren. ‚Du bist, heißt es, zur Höhe aufgestiegen und hast die Gefangenschaft gefangen geführt und den Menschen Gaben gegeben' (Eph 4,8 nach Ps 68,19). Du siehst, dass es viele Gaben gibt" (28,3 [789,18-791,9]).

4.2.2 Angeld und Paraklet

Der Autor versteht I Kor 12,31 im Rahmen seiner dichotomischen Pneumatologie, einer Lehre vom Heiligen Geist, in der wiederum das Messer der „Unterscheidung" angesetzt und vom Heiligen Geist im Vollsinne eine geringere Gabe, oder diese in der Pluralität, wie in obiger Auslegung gesehen wurde, unterschieden wird. Gemäß dieser besonders in 3,11-14 entfalteten Lehre gibt es für den im Stande der Gerechtigkeit befindlichen ein „Angeld" des heiligen Geistes (II Kor 1,22; 5,5, Eph 1,14),[37] das der Autor mit dem bislang nur bei ihm nachgewiesenen

---

37 Das aus dem Semitischen übernommene Lehnwort ἀρραβών ist ein handelsrechtlicher Begriff, der „(Unter)pfand", „Anzahlung" zu übersetzen ist und eine „Anzahlung, die einen Teil der Gesamtschuld vorwegnimmt und den Rechtsanspruch bestä-

terminus ܚܦ̈ܪ̈ܐ bezeichnet, während der Fortgeschrittene den Parakle-
tengeist (ܩܦ̈ܡܟ̈ܐ) empfängt.[38] Wie auch schon bei Aphrahat erscheint
der Begriff des Angeldes beim Autor losgelöst vom pl Kontext.[39] Nach

---

tigt" bzw. ein „Angeld, das einen Vertrag gültig macht" bedeutet (TWNT 1, 474
[Behm]; vgl. auch EWNT 1, 379 [Sand]).

38   Diese Unterscheidung wird bereits im ersten Traktat am Beschluss einer Klage über
     fehlendes Unterscheidungsvermögen getroffen: „Desgleichen (verstehen wir) auch
     nicht (zu unterscheiden), durch welche Gebote jemand den Parakleten empfängt,
     noch, durch welche jemand gleichsam als Kranker geheilt wird, noch, durch welche
     jemand wie ein Kind wächst, noch, welche die Gebote sind, die zu jedermann gesagt
     sind, durch die jemand ein Gesegneter des Vaters (Mt 25,34) wird, durch das Angeld
     des Geistes (1,2 [16,20-26]). – Der Begriff des Parakleten stammt zwar aus den Ab-
     schiedsreden des Joh (Joh 14,16 u.ö.), ist beim Autor jedoch zum terminus für die
     vollständige Gabe des Geistes geworden. Ohne diese Sonderbedeutung firmiert
     ܦܪܩܠܛܐ als Begriff für den Geist auch im dritten Artikel des Bekenntnisses von 410
     (Halleux, a.a.O., 163 [III,22]). Der Begriff des ܚܘܙܓܐ hingegen ist eine besondere Prä-
     gung des Autors. Kmosko vertrat eine Ableitung von ܚܙܓ II „mischen" (Brockel-
     mann, Lexicon, 546). und übersetzte ܚܘܙܓܐ ܕܪܘܚܐ mit „commixtio Spiritus sancti".
     Kmosko schreibt in den addenda et corrigenda seiner Edition, dass er „non sine hae-
     sitatione" die Übers. „commixtio" gewählt habe und erwägt die Alternative, ܚܘܙܓܐ
     mit ܪܗܒܘܢܐ (ἀρραβών) gleichzusetzen und „pignus" zu übersetzen (Kmosko, a.a.O.,
     1163). Guillaumont hat in Mémorial Khouri Sarkis, 107-133 für die letztere Überset-
     zung plädiert. Seine Argumentation geht davon aus, dass in P mit ܪܗܒܘܢܐ eine
     Transskription des auf das semitische ‗‗‗‗ zurückgehenden ἀρραβών vorliege. Der
     LG sei mit seinem Begriff ܚܘܙܓܐ ein Zeuge für das ursprüngliche semitische Lexem
     im Syrischen, das durch den ähnlichen, aus dem Griechischen transkribierten und
     durch die syr. Bibel verbreiteten Begriff ersetzt worden sei (Guillaumont, a.a.O.,
     109). Den doppelten Geistbegriff im LG stellt Kmosko, a.a.O., LXXXII-LXXXVIII ne-
     ben die Pneumatologie der Briefe des Antonius-Schüler Ammon (zur Identität des
     Ammon vgl. PO 10,VI N° 51, 563), in denen zwischen dem spiritus paenitentiae und
     dem spiritus sanctus bzw. veritatis unterschieden wird. Letzteren empfingen allein
     die Herzensreinen. Kmosko hat die syr. Übers. dieser Briefe in PO 10,VI N° 51 ediert.
     Am klarsten tritt die Unterscheidung in ep. XIII,2 zutage: „Denn diesen Geist (scil.
     den Parakleten) gab er von Abel an und Henoch und bis heute den Seelen, welche
     sich selbst vollkommen reinigen. Denn jener, der sich bei diesen anderen Seelen nie-
     derlässt, ist nicht er, sondern jener hat mit Buße zu tun, weil der Geist der Buße
     (ܪܘܚܐ ܕܬܝܒܘܬܐ) bei den anderen Seelen wohnt" (PO 10,VI N° 51, 608,6-9). Letzterer hat
     die Aufgabe, den Menschen auf den Empfang des Hl. Geistes vorzubereiten. - Der
     Autor hat den bei Ammon angelegten Gedanken des doppelten Geistbegriffes durch
     sein systematisches Denken unvergleichlich klarer durchgeführt.

39   Die einschlägigen Paulusstellen werden weder von Aphrahat noch vom Autor zi-
     tiert. Der Autor ist insofern näher an Pls, als er ܚܘܙܓܐ ܕܪܘܚܐ „Angeld des Geistes"
     schreibt, während Aphrahat den Begriff ܪܗܒܘܢܐ ohne pneumatologische Näherbe-

Guillaumont kennt der Autor auch die verbale Aussage „als Angeld empfangen". So sei ܠܐ ܐ݂ܚܟܕ ܕܗ ܗܘ ܡܢ ;ܗ݂ܫܗ ,ܘܚܙ݂ܢܐ in 3,13 (73,5f), nach Kmosko: „nihil admiscetur ei de Spiritu Domini" anders als in Kmoskos Ausgabe ܐܘܚܕ݂ܬ (I ܚܕ݂ܬ Etpe. statt II ܚܕ݂ܬ Etpa.) zu vokalisieren und zu übersetzen: „n'a pas reçu d'arrhes de l'Esprit du Seigneur"[40] Die Belehrung über die Bedingung des Geistempfangs würde also insgesamt lauten:

> „Wer aber nicht einmal ein einziges Schönes tut, dem wird nichts von dem Geist des Herrn als Angeld gegeben, [41] und er ist ein Zurückgewiesener (vgl. Röm 8,9)" (73,5f).

Ebenso 28,5 beim Gebet des inneren und äußeren Menschen um das Dritte, die Gaben des Heiligen Geistes:

> „Und sie erbitten und empfangen die Gaben des Heiligen Geistes, und er wird bei ihnen als Angeld hinterlassen (ܘܡܫܬܚܕܠ ܗܘܢ;), und es besteht der Mensch in Dreiheit und lebt (d.h. i. Sinne der lebendigen Seele von Gen 2,7)" (792,22-25).[42]

Während das pl ἀρραβών τοῦ πνεύματος nach Behm im Sinne eines genitivus appositionis ‚das Angeld, nämlich der Geist' aufzufassen sei,[43] versteht es der Autor im Sinne eines genitivus partitivus: Daher sei der Übersetzung „Angeld", „Anzahlung" der Vorzug vor „Unterpfand" gegeben, da erstere den quantitativen Aspekt wiedergibt. Es handelt sich um einen Teil „vom Geiste des Herrn", der zunächst gegeben wird.[44] Dieser Teil muss auch erst zu einer gewissen Größe anwachsen, bevor die Gabe des Parakleten verliehen werden kann.[45]

---

stimmung setzt. Aphrahat schreibt Dem. 23,12 „Angeld des Lebens" (PS I.2, 32, 12.18) oder schlicht „Angeld" (l.20), vermeidet jedoch den Geistbegriff im Zusammenhang mit dem „Angeld".

40 Guillaumont, a.a.O., 110 Anm. 19.

41 Mit Nagel, der ansonsten Guillaumonts Auffassung folgt, ziehe ich hier das Präsens vor. Kitchen/Parmentier, 34,5 übersetzen blass: „... has nothing of the spirit of the Lord inside himself."

42 Nach Guillaumont, a.a.O., 111, Anm. 26; ebenso Nagel. Kmosko übersetzte: „et petentes accipiunt charismata Spiritus sancti a Deo et commiscetur in eis et homo in trinitate constitutus vivit" (791,25-28).

43 ThWNT 1,474.

44 So auch schon Irenäus, Adv. haer V,8,1 (Brox, FC 8/5, 66,16-68,1): „Jetzt aber nehmen wir einen gewissen Teil von seinem Geiste in Empfang, auf Vollendung hin und zur Vorbereitung auf die Unvergänglichkeit, indem wir uns allmählich daran gewöhnen, Gott zu fassen und zu tragen, welchen der Apostel auch ‚Unterpfand' (pignus)

Traditionell hat die Rede vom Geist als Angeld ihren Ort in der
Lehre von der Auferstehung des Fleisches. Dieser Zusammenhang ist
schon durch den Kontext von II Kor 5,5 vorgegeben und wird etwa von
Irenäus expliziert.[46] Der Deutung des Angeldes als Unterpfand für die
künftige Auferstehung folgt auch Aphrahat. Sein Gebrauch des Begriffes ܪܗܒܘܢܐ ist allerdings in sofern eigenartig, als er nur andeutungsweise
die Beziehung des „Unterpfandes" zum Geist knüpft und dieses vielmehr christologisch erklärt, als das Pfand, das der Menschheit hinterlassen wurde, im Austausch für die Annahme des Menschenleibes in
der Inkarnation.[47] Unser Autor hat zwar an der Lehre von der Auferstehung des Fleisches kein Interesse; die eschatologische Ausrichtung
der Geistesgabe, zumindest in ihrer Erfüllung als Paraklet, ist gleichwohl bestimmend. Indem er den Himmel vorwegnimmt hat der Paraklet beim Autor dieselbe Bedeutung wie das ἀρραβών bei Origenes,

---

genannt hat, das heißt Teil jener Ehre, die uns von Gott verheißen ist ..." (folgt Zitat
von Eph 1,13f) – In Irenäus' Theologie des zeitlichen Progresses kommt es selbstredend nicht zur Zweiteilung des Geistbegriffes wie bei unserem Autor. Ebenso versteht Origenes ἀρραβών als Teil des Hl. Geistes, der in seiner Fülle erst in der Vollendung verliehen wird: „Wir haben allerdings gleichwie ein Pfand des Heiligen Geistes (vgl. II Kor 1,22), den wir zur Gänze erlangen werden, nachdem gekommen sein
wird, was vollkommen ist (vgl. I Kor 13,10) (Hom. in Ezech. II,5 [Baehrens, Origenes
8, GCS 33, 346,25-27]).

45   „Denn welche dieser Welt brauchen und von ihr den Hungrigen und den Nackten
mitteilen, während sie niemandem schaden, werden gerettet, aber sie können den
Parakleten nicht empfangen, es sei denn, dass bei ihnen das Angeld des Heiligen
Geistes wächst" (3,14 [76,18-23]).

46   Irenäus, Adv. haer. V,8,1 „Wenn also dieses Unterpfand, das in uns wohnt, schon
Geistliche (scil. Menschen) hervorbringt und das Sterbliche von der Unsterblichkeit
verschlungen wird (...) wenn wir also jetzt im Besitze des Unterpfandes schreien:
„Abba, Vater", was wird sein, wenn wir ihn in der Auferstehung von Angesicht zu
Angesicht sehen werden, wenn alle Glieder überfließend den Hymnus des Jubels
vortragen werden, welche ihn rühmen, der sie auferwecken wird aus den Toten und
das ewige Leben ihnen geben wird?" (Brox, FC 8/5, 68,4-16).

47   Die Gabe des Angeldes knüpft an die schöpfungsmäße Geistesgabe an und wird
Dem. 23,12 ein einziges Mal terminologisch mit dem Geist in Zusammenhang gebracht: „Und wenn bei uns nichts vom Geist des Lebens gewesen wäre, so hätte er
uns auch nicht das Angeld des Lebens gegeben, dass wir auferstünden gleich ihm"
(PS I.2 32,11-13). – Indem Christus den Menschen annahm, hat er sich ein Pfand von
der Menschheit genommen und dieser gleichzeitig ein Pfand von sich vermacht, das
die Hoffnung auf künftige Gleichheit mit dem Leibe Christi begründet (Dem. 6,10
[PS I.1 277, 21-25]).

für den es nicht mehr primär die leibliche Auferstehung, sondern das Sehen von Angesicht zu Angesicht verbürgt.[48]

Die vom Autor vorgenommene Zweiteilung des Geistes hat Konsequenzen für seine Eschatologie. Während bei Paulus der Geist als „Garantie für die noch ausstehende Heilsvollendung"[49] aufzufassen ist, und bei den den Vätern das Angeld des Geistes auf den eschatologischen Vollbesitz des Geistes und die damit einhergehende Auferstehung des Fleisches bzw. die ungehinderte Schau Gottes zielt, versteht der Autor das Angeld im Hinblick auf den schon irdisch möglichen Vollbesitz des Geistes. Diese realisierte Eschatologie relativiert die jenseitige und endzeitliche Erfüllung. „Im Geiste" kann der mit dem Parakleten Begabte schon jetzt „zu jener Stadt" hingehen und „mit dem Herrn der Gebote" sein (19,38), auch wenn das Ziel endgültig erst mit dem Abscheiden erreicht wird. Dem Abscheidenden erlaubt die Ausrüstung mit der Parakletengabe das Sehen von Angesicht zu Angesicht (I Kor 13,12).[50]

---

48 Origenes kann zwar in der vorgegebenen Diktion vom „Pfand der Auferstehung" sprechen (Hom. in Ezech. 2, 5 [Baehrens, GCS 33 Orig. 8, 346,27]), die ihm eigentümliche Auslegung sieht jedoch das Angeld im Hinblick auf das eschatologische Ziel des Schauens von Angesicht zu Angesicht. Vgl. hierzu De princ. II 6,7: „ ... so ist zu sehen, ob nicht die Wahrheit von diesen allen Schatten in jener Offenbarung erkannt werde, wenn alle die Heiligen verdienen werden, die Herrlichkeit Gottes und die Gründe der Dinge und die Wahrheit nicht mehr ‚durch einen Spiegel und im Rätselworte, sondern von Angesicht zu Angesicht' (I Kor 13,12) zu betrachten. Da er von dieser Wahrheit bereits ein ‚Unterpfand' erhalten hatte durch den heiligen Geist, sprach der Apostel: ‚Auch wenn wir Christus einmal gemäß dem Fleisch gekannt haben, kennen wir ihn (so) nicht mehr' (II Kor 5,16) (Görgemanns/Karpp, 372,1-6 [Randzählung: 147,9-14]). – Ebenso in seiner Auslegung von Joh 4,23 in Comm. in Joh. 13, XVIII §§112.113 (Blanc, SC 222, 90,25-92,38): Die wahre Anbetung erfolgt jetzt im Angeld des Geistes und erst in der eschatologischen Vollendung im Geiste in seiner Gänze. Dem entspricht das Sehen durch einen Spiegel bzw. das Schauen von Angesicht zu Angesicht (I Kor 13,12).

49 EWNT 1, 379 (Sand).

50 „Und wer von dem Geist Christi erfüllt wird, tut alles Gute und denkt über jedermann Gutes, über die Guten und die Bösen, und in ihm ist kein Mangel. Und wenn in ihm irgendein Mangel erfunden wird, bemüht er sich und reißt ihn aus, und er ist oberhalb von dem Hässlichen existierend, obwohl er in dieser Welt ist. Und wenn er abscheidet, indem er vollkommen ist, wird er mit unserem Herrn sein und ihn von Angesicht zu Angesicht sehen (I Kor 13,12)" (3,12 [69,24-72,6]).

4.2.3 Geist und Schrift

Einerseits ist der Geist der Verfasser der Heiligen Schrift, andererseits ist diese nur demjenigen verständlich, „der sich im Geiste mit Gott verschwistert hat."[51] Der Geist als Autor der Heiligen Schrift sorgt zugleich dafür, dass die Schrift für jeden das seinem Maß des Verstehens zuträgliche Wort enthält.

Zum Sprechen des Geistes in der Schrift äußert sich der Autor grundsätzlich im elften Traktat „Über das Hören der Schriften". Gemäß der Regel der Unterscheidung soll der Leser erkennen, ob der Heilige Geist ihn mit einem Schriftwortes meint oder nicht. So soll der Leser die Aussage des Hasses gegen die Feinde Gottes nicht als Auftrag für sich selbst verstehen und folglich sagen:

> „Dieses gilt mir nicht. Der Geist hat es gewollt und gesprochen wider die Hasser des Herrn ..." (11,1 [273,6f]).

Im Hinblick auf die Mahnung des Apostels an die Starken, dass sie den Schwachen beistehen sollen (Röm 15,1) schreibt der Autor:

> „Trefflich aber hat der Geist geschrieben; während sie (selbst dessen) nicht gewahr werden, wird den Schwachen geholfen. Und welcher gesund ist, weiß, welches das ihn betreffende Gebot ist." (11,5 [281,5-7]).[52]

Der Geist hat die Gebote so verfasst, dass beide, Starke und Schwache Gewinn haben und letzteren von ersteren geholfen wird. Die Aussage vom Geist als Autor der Schrift ist mithin nicht im Sinne einer formalen Inspirationslehre zu verstehen, sondern im hermeneutischen Sinne aufzufassen: Weil er für jeden das ihm Verständliche und Zuträgliche bereit hält, „hat der Geist trefflich geschrieben." Daher ist selbst der Apostel nicht in allen Stücken nachzuahmen. So weist der Autor seinen Gegner, der sich zur Rechtfertigung seiner Injurien auf Jesu Scheltreden bzw. auf pl Ausbrüche beruft, zurecht:

---

51   ܠܐ̈ܗ ܡܥ ܣܘܢܙ ܐܗܕܡܐܕܐܘ ܐ̇ܙܒܚ „der Mann, der sich im Geiste mit Gott verschwistert" (1,2 [13,27-16,1]). ܐܝܕܡܐ ist wegen der Assoziationen, die vom primären subst. ܐܠܘܛܐܝ „Gemeinschaft", „Ehe", „Beischlaf" (Brockelmann, Lexicon, 767b) herrühren, nicht leicht adäquat zu übersetzen. Es ist dasjenige Verbum des Autors, in dem am meisten Mystik mitschwingt.

52   An anderer Stelle gilt der Herr selbst als Autor der Schrift: „Und es schrieb der Herr den Wandel Hiobs auf und stellte (ihn) aller Welt (vor Augen), dass sie sich ihm anglichen, wenn ihr Besitz zugrunde geht ..." (7,15 [173,23-26]).

„ ... oder wenn du dem Geist, der bei Paulus spricht, gleichen willst, und du die Menschen Toren (I Kor 15,36) und Schwachköpfe (Gal 3,1) nennst – (so halte dich zurück), denn nicht dir hat er diese Vollmacht zu eigen gegeben. Denn unser Herr ist ohne Gesetz - und Paulus: Der Heilige Geist hat ihm gestattet, (sie) so zu nennen" (19,22 [488,16-18]).

Weil also die Schrift nicht in naiver Weise als Autorität angerufen und umgesetzt werden darf, bedarf es einer kundigen Auslegung, die sich auf die Kunst der Unterscheidung versteht. In der Auffassung des Autors steht die Schriftlesung und der mit dem Geist verschwisterte Ausleger in der Nachfolge der Glossolalen der pl Gemeinde und ihrer Interpreten:

„Wenn die Schriften gelesen werden, zwei oder drei und so weiter, so möge jener auslegen (ܡܦܩ), welcher auslegt (vgl. I Kor 14,27), d. h. wer mit dem Geist verschwistert ist" (1,1 [12,18-13,2]).[53]

Diese Ausleger werden gerade deshalb gebraucht, weil die vom Autor vorgenommene Grundunterscheidung so nicht ohne weiteres aus der Schrift zu erheben ist:

„Es ist nicht (so), dass wir vollkommener als unser Herr und seine Apostel wären, da wir sie (scil. die großen Gebote) eigens aufschreiben. Aber weil es heute keine Ausleger (ܡܦܫܩܢܐ) gibt, es sei denn gerade noch einige wenige, ist es dringlich, dass wir sie aufschreiben ..." (2,1 [25,7-9]).

Die Voraussetzung für eine Schriftauslegung, die zur Erkenntnis der Wahrheit führt, ist die Übung der Demut. Wer sie nicht betreibt, hat, wie der Autor in Anspielung auf den pl Gegensatz von Tinte und Geist in II Kor 3,3 schreibt, bei der Schriftlesung nur Tinte vor Augen:

„Und es existieren (Leute), die, so sie ihren Verstand bezwingen, sich nicht vor allen, die auf Erden sind, selbst erniedrigen. Deshalb erkennen sie nicht. Denn der Hochmut ist der Wahrheit entgegengesetzt, so dass wir nicht erkennen. Und die Nachlässigkeit ist der Demut entgegengesetzt, so dass du's nicht verspürst. Denn nicht erkennt jemand den Willen Gottes aus Tinte, es sei denn derjenige, der sich mit ihm im Geiste verschwistert" (1,2 [13,15-22]).

---

53 Zur Stelle vgl. o. 2.3.7, S. 63. – Dass das Verstehen der Schrift des Auslegers bedarf, weiß, so v. Campenhausen, BHTh 14, 225, schon Clemens Alex.: „Der starre Text ist gut, wenn es darum geht, das früher Gehörte festzuhalten und daran zu ‚erinnern'; aber er kann von sich aus kein Gespräch entzünden und keine Frage beantworten – dazu bedarf er eben des Auslegers, des kundigen und verstehenden Lehrers."

4.3 Anthropologie

4.3.1 Fleisch, Leib und Herz, innerer und äußerer Mensch

Anthropologie ist für den Autor der „Kampf um das Ich", wie Udo Schnelle sein Kapitel über die Anthropologie des Apostels überschrieben hat:[54]

> „Von außen Kampf und von innen Furcht (II Kor 7,5). Von außen kämpfen die Heere Satans und von innen erhebt sich die Sünde zum Kampf" (20,4 [533,24-536,2]).

Wie der Mensch bei Paulus, so ist der Mensch auch in der Sicht des Autors einer, der „den in der Schöpfung herrschenden Mächten ausgesetzt ist: Gott und dem Bösen in Gestalt der Sünde."[55]

Das Ausgesetztsein des Menschen konkretisiert sich für den Autor im Organ des Ohres.[56] Der Versucher findet Einlass durch das Ohr.[57] Die Stimme Gottes und des Satans sprechen auf den Menschen ein und ihm bleibt zu entscheiden, welcher Stimme er Gehör schenkt (Traktat 25 „Über die Stimme, die von Gott und dem Satan abstammt"). In seiner Wiedergabe von Röm 6,19 spricht der Autor statt von dem durch die Glieder ausgeführten Dienst der Gerechtigkeit vom Gehorsam der Gerechtigkeit. Dabei schwingt in ܡܫܡܥܬܐ ܐܕܢܐ „Gehorsam", wörtl. „Ohr-Hören",[58] der syr. Wiedergabe von ὑπακοή, die sinnliche Vorstellung vom Ohr als Organ des Gehorsams mit:

> „Es sprach aber der Apostel: Dieses sage ich: Wie ihr eure Glieder bereitet habt als Waffe für die Sünde,[59] so haltet euch zum Gehorsam (wörtl. Ohr-Hören) der Gerechtigkeit bereit" (15,9 [356,15-19]).

---

54 Schnelle, Paulus, 565.

55 Schnelle, Paulus, a.a.O.

56 S. o. 2.1, S. 29f.

57 „Und diese (scil. Genüsse der Erde) begehrten sie zunächst, wegen der Hoffnung, dass sie wie ihr Schöpfer würden (vgl. Gen 3,5) durch den Geschmack des Todes, den der Böse in ihre Ohren warf" (15,2 [337,15-18]).

58 Das Stichwort des Gehorsams aus der benachbarten Stelle Röm 6,16. Brockelmann, Lexicon, 787a. Zum Ausdruck des Genitivverhältnisses durch Konstruktus-Verbindungen vgl. Nöldeke §205.

59 In das Zitat ist Röm 6,13 eingedrungen: „Gebt nicht der Sünde eure Glieder hin als Waffen der Ungerechtigkeit" (P). Kerschensteiner berichtet zur Stelle, dass Ephraem, Comm. Paul (arm.) ebenfalls „arma in servitutem impuritatis" setzt. Er möchte es je-

Der Autor verwendet die Stelle als Argument im Zusammenhang der Befreiung vom geschlechtlichen Verlangen; der Kampf um das Ich findet, gemäß der asketischen Auslegung des Apostels, genau auf dem Übergang von der Stufe der Gerechtigkeit zur Stufe des engelgleichen Lebens (15,9 [356,14f]) statt. Der Autor betont, hier im Gegensatz zu Paulus, den freien Willen, der dem Gehorsam zur einen oder zur anderen Seite vorausliegt. Das pl Argument:

> „Wem ihr den Gehorsam (wörtl. Ohr-Hören) gebt, dessen Diener seid ihr, sei es zur Sünde, sei es zur Gerechtigkeit" (23,8 [706,2-4])[60]

begründet die These des Autors, dass die Herrschaft Satans auf Erden durch die Bereitschaft des Menschen, ihm Gehör zu schenken, ermöglicht wurde.[61]

In seiner Anthropologie ist der Autor durch die pl Kategorien Leib und Fleisch auf der einen und Herz und Geist auf der anderen Seite geprägt. Ebenso steht ihm der Gegensatz zwischen innerem und äußerem Menschen zur Verfügung. Wie Paulus kennt auch der Autor einen positiven und einen negativen Zugang zur Leiblichkeit.[62] Dabei erhalten ܗܰܕ̈ܳܡܶܐ „Glieder" und ܦܰܓܪܳܐ „Leib" positive und negative, das seltenere ܒܶܣܪܳܐ „Fleisch" eindeutig negative Bedeutung.[63]

Eine ihm eigene Würde erfährt der Leib, wenn der Autor ihn als das Instrument des Gottesdienstes herausstellt. So ist in seiner Kritik der Kirchenmusik, die Gott mit Instrumenten dienen will statt mit den eigenen Gliedern, die pl Aufforderung „Preist Gott mit eurem Leibe" (I Kor 6,20) vorausgesetzt:

---

doch unentschieden lassen, ob eine altsyrische Lesart vorliegt oder ob die „Waffen" aus Röm 6,13 stammen (Kerschensteiner, a.a.O., 116).

60 Der Autor macht aus dem umständlichen Satzgebilde des Paulus einen leicht fasslichen Lehrsatz. P übersetzt: „Wisst ihr nicht, dass ihr, wem ihr euch selbst widmet, dass ihr ihm gehorcht zur Knechtschaft, dessen Knechte seid, daher dass ihr ihm gehorcht, sei es zur Sünde und sei es zum Ohr-Hören der Gerechtigkeit?"

61 „Denn dieses (scil. Schattenbild), das er auf Erden wirkte, ist dadurch, dass wir Menschen ihm gehorchten, und er herrscht über alle, die seinen Willen tun" (23,8 [704,22-25]). Vgl. 7,8 (164,4f), wo dieselbe Paulusstelle in Bezug auf den Gehorsam gegen böse Geister eingesetzt wird.

62 Vgl. dazu Schnelle, a.a.O., 566-571.

63 Die besondere Nuancierung der pl. Termini σῶμα und σάρξ, wobei ersteres mehr auf das Phänomen des Leibes als solchen und letzteres auf den Leib als Sitz sündigen Bestrebens geht (vgl. dazu Bultmann, Theologie §23; Schnelle, a.a.O., 570), vollzieht der Autor nicht nach.

„Und weil sie die Wahrheit nicht erkannten, gab er (scil. Gott) ihnen sichtbare Instrumente, dass sie mit ihnen Gott mit geistlichen Liedern sängen,
weil sie seinen Namen nicht mit ihren Gliedern zu preisen wussten (I Kor
6,20), welche die Instrumente des geistlichen Dienstes und Gesanges sind"
(7,16 [176,21-26]).

Die Demut gebietet, den leiblichen Glaubensvollzug nicht zugunsten
eines rein geistigen geringzuschätzen.[64] So klagt der Autor sich und die
Seinen an:

„Und wir wollen uns nicht demütigen an unserem Herz und unserem Leibe, dass an unserem Herzen unsere Demut und unsere Unterwerfung für
Gott kund würde und an unserem Leibe unsere Demut und Unterwerfung
für jedermann offenbar würde. (10,3 [252,19-22]).[65]

Hier und in anderen Zusammenhängen wird die pl Unterscheidung
zwischen innerem und äußeren Menschen, die der Autor, wie das oben
genannte Zitat aus II Kor 7,5 zeigt, kannte, fruchtbar gemacht. Das Außen und Innen gewinnt in dem Gegensatzpaar von „Leib" und „Herz"
Gestalt. So kann der Autor die Antithese von atlichem Gesetz und ntlicher Liebe nicht nur in heilsgeschichtlicher Sicht diachron, sondern aus
anthropologischer Sicht auch synchron herausarbeiten. Dabei zielt ersteres auf Fleischessünden, das andere auf Gedankensünden:

„Du willst also, dass dich das erste Gesetz nicht richtet? (So) sündige nicht
in deinem Leibe. Und wenn du willst, dass dich das letzte Gesetz nicht tadelt, sündige nicht in deinem Herzen in hässlichem Sinnen gegen den
Menschen" (16,8 [405,12-16]).[66]

Im besonderen fußt die Ekklesiologie des Autors auf dieser anthropo-
logischen Unterscheidung.[67] So wird die Zitatenkombination

„Eure Leiber sind Tempel des Herrn (I Kor 6,19) und in eurem inneren
Menschen wohnt Christus" (Eph 3,16)" (12,2 [292,11-13])[68]

---

64 Nach Schnelle, a.a.O., 568 gilt für die Bedeutung des Leibes bei Paulus: „Gerade die
    Leiblichkeit erscheint als der Ort, an dem der Glaube sichtbar Gestalt gewinnt."
65 S. u. 5.5.4, S. 203f.
66 Den Gegensatz zwischen der Gesetzgebung des Mose und der Jesu als Alternative
    von Außen und Innen formuliert Origenes Fragmenta ex Comm. in Mt. 329 ad Mt
    15,11: „Denn das des Gesetzes blickte mehr auf den äußeren Menschen, das des
    Herrn aber auf den inneren" (Klostermann, Origenes 12, GCS 41, 143, 8f).
67 S. u. 4.5.3, S. 154.
68 Zur Stelle vgl. o. 2.3.2, S. 50.

zum Schriftgrund für die Anwesenheit der himmlischen in der sichtbaren Kirche:

> „... und im Abbild ihres Dienstes (scil. der himmlischen Kirche) dient der Leib von außen her und leistet das Herz Priesterdienst von innen her" (12,2 [292,17-19]).[69]

Gemäß der Vorgabe von I Kor 6,19 mit Eph 3,16 sind dabei innerer und äußerer Mensch gleichermaßen gleichnisfähig.

Zwar ist der Leib gewürdigt „Tempel des Herrn" zu sein, sobald aber die Frage, wie mit ihm umzugehen sei, gestellt wird, heißt die Antwort: opfern und töten. Das lebendige Opfer nach Röm 12,1 wird asketisch als Ertötung bei lebendigem Leibe gedeutet:

> „Ich erbitte, heißt es, von euch, meine Brüder, durch die Freundlichkeit und Demut Christi, dass ihr eure Leiber hingebt zu einem lebendigen und heiligen und wohlgefälligen Opfer im vernünftigen Gottesdienst (Röm 12,1). Denn was getötet wird, wird Opfer genannt. Denn etwas Lebendiges wird nicht (so) genannt. Wir aber, dieweil wir, solange wir am Leben sind, getötet werden, werden ,lebendiges Opfer' genannt. Denn die Bedrängnis (ist die) des Hungers und des Durstes und dass man in Abgewogenheit Brot und Salz esse und mit Maß Wasser trinke und gekreuzigt werde gegenüber dem Brot und dem Wasser und sich nicht sättige (Hes 4,16)" (29,4 [822,22-824,9]).

Während die Ertötung des Leibes als Abtötung des sexuellen Begehrens auch bei Johannes Chrysostomus unter den pl Tugenden gerühmt wird,[70] erhält sie beim Autor ein soteriologisches Ziel: Mit dem Fleisch, dem Sitz der Sünde, soll die Sünde selbst getroffen werden. Neben der dem Apostel entnommenen und auf die asketische Spitze getriebenen Rede vom Töten und Kreuzigen des Fleisches tritt die dem Autor eigene vom „Richten der Leiber":

---

69 Vgl. auch 12,2 „Sondern damit wir von dem (her), was sichtbar ist, in dem, was den Augen des Fleisches nicht sichtbar ist, seien, indem unsere Leiber Tempel sind und unsere Herzen Altäre ..." (288,23-25); 12,3„Und dann kommen sie zum Fortschritt und zur Erkenntnis des Leibes und des Herzens. Und sie machen ihre Leiber zu Tempeln und ihre Herzen zu Altären" (22,3 [293,2-5]).

70 Das der Welt Gekreuzigt werden (vgl. Gal 2,19) resultiert bei Chrystostomus in der Abtötung des Begehrens: „... und wie ein Toter zu einem Toten wurde er unbewegt" (De laud. S. Pauli 1,9 [Piédaguel, SC 300,126]). Vgl. De laud. S. Pauli 1,3.

„Deshalb gewährt er uns nicht jene unsere vollkommene Bitte,[71] es sei denn, wir werden der Welt tot und richten unsere Leiber und töten sie wegen der Sünde, die in uns wohnt (vgl. Röm 7,17.20), bis dass wir sie töten (vgl. Röm 8,13; Kol 3,5). Diejenigen, heißt es, die Christus anziehen (Röm 13,14), kreuzigen ihr Fleisch gegenüber all ihren Wünschen und Begehrlichkeiten (Gal 5,24) und so ziehen sie ihn an. Du siehst, wie die Menschen ihre Leiber gerichtet haben, die den Messias angezogen haben und sich nicht hingaben, dass sie sich freuten und Wohlgefallen hätten an den Vergnügungen dieser Welt und ihren Genüssen und an ihren Begierden. Und so sind ihre Leiber gestorben von der Sünde (vgl. Röm 6,2) und sie haben Christus angezogen (vgl. Röm 13,14). Deshalb spricht er: Wenn Christus bei euch ist, ist der Leib gestorben wegen der Sünde; der Geist aber ist lebendig wegen der Gerechtigkeit (Röm 8,10)" (15,5 [345,17-348,5]).

Beim Abscheiden ist das dieser Welt Gestorbensein Voraussetzung für das unmittelbar sich erfüllende Sein mit dem Herrn. Die Askese zur Ertötung des Leibes wird also um des Erwerbs der ungehinderten Gemeinschaft mit Christus willen angestrebt:

„Denn es sei denn, dass der Mensch in seinem Leben dem Schädlichen dieser Welt abstirbt und ihren verderblichen Genüssen und ihren mörderischen Begierden und der verdammenswürdigen Lagerstätte ihrer Häupter, so kann er nicht, wenn er aus seinem Leibe scheidet, mit unserem Herrn sein, wie Paulus sagt (II Kor 5,8) und wie unser Herr sagt: Eng ist, heißt es, und beschwerlich mein Weg (vgl. Mt 7,14)" (29,16 [852,1-8]).

4.3.2 Menschsein und Geistempfang

Die vom Autor entworfene Schöpfungsordnung ist von der Erlösungsordnung her konzipiert. Wenn der Geist ntl als Gabe erscheint, so überträgt der Autor diese Vorstellung zurück auf die Schöpfung des ersten Menschen. So wird der mit Leib und Seele erschaffene Mensch mit der Einhauchung des „heiligen Geistes" versehen (Gen 2,7), wobei dieser im Sinne der ntl Geistesgabe verstanden ist. Mensch ist er im eigentlichen Sinne nur, wenn der „Geist des Herrn" in ihm wohnt. So versteht

---

71 Es handelt sich um die Bitte um Befreiung vom sexuellen Verlangen. Vgl. Ps.-Clemens, De virginitate 1,3.6, wo die Ertötung des Leibes im Verzicht auf die Ausübung der Sexualität gesehen wird: „Und wenn er fest ist in der Furcht (scil. Gottes) kreuzigt er seinen Leib (Gal 5,24)" (Duensing, ZKG 63 [1951], 170,2).

der Autor Röm 8,9: „Wer aber Christi Geist nicht hat, der ist nicht sein"
grundsätzlich von der conditio humana:

> „Wenn der Geist des Herrn nicht in einem Menschen ist, ist er verworfen,
> so wie Paulus sagt."

Und er fährt fort:

> „Wenn aber in ihm der Hauch wohnt, dann wird er eine lebendige Seele,
> so wie an jenem Tage, an dem ihn der Herr anhauchte, als er ihn erschuf"
> (28,1 [788,6-11]).

Die in der Christenheit anzutreffenden Geistesgaben, die jedem in ver-
schiedenem Ausmaß zukommen, sind Schritte in Richtung der Wiederherstellung der ersten Schöpfung, von der sich der Geist nach dem
Sündenfall graduell zurückgezogen hat. Die auch qualitative Verschiedenheit der gegenwärtig anzutreffenden Geistphänomene wird mit
Eph 4,7 ausgesagt:

> „Und wenn sie sich bekehren, wird er (scil. der Geist) kommen und bei je-
> dermann wohnen, gleichwie in ihm (scil. Adam), gemäß dem Maß der Ga-
> ben Christi (vgl. Eph 4,7),[72] dieser oder jener Gaben. Es ist der Fall, dass
> seine Gabe groß ist, und es ist der Fall, dass sie klein ist, gemäß seinem
> Maß; und wie es sein Verstand vermag, dass er's fasse, so gibt es ihm unser
> Herr." (28,1.2 [788,16-21]).

Zwar ist der Mensch, in dem „wenig von dem heiligen Geist" ist
(788,23f), nicht verworfen, Ziel ist jedoch, vollkommen zu werden und
den Parakleten zu empfangen. Der Geistempfang wird äußerlich an
dem Wandel des Menschen erkennbar:[73]

> „ ... und er wird im Geiste dienen und wird gemäß dem Willen unseres
> Herrn sein, dem vollkommenen und wohlgefälligen (vgl. Röm 12,2)" (28,2
> [789,16f]).

---

72 Um der Absicht willen, etwas Graduelles auszusagen, setzt der Autor gegen den
    Text von Eph 4,7 die „Gabe Christi" in den Plural. Für μέτρον „Maß" setzt P hier
    ܟ̈ܝܠܐ, der Autor ܡܬܐ. Im zweiten Falle (l.21) schreibt der Autor wie P ܟ̈ܝܠܐ.

73 Kretschmar, FS v. Lilienfeld, 118, ist der Auffassung, dass der Autor des LG den
    Empfang des Parakleten für etwas Erfahrbares hält und er darin eine messalianische
    Grundüberzeugung teile, auch wenn der LG das nicht an „sinnlich wahrnehmbaren
    Widerfahrnissen oder an Krafttaten" festmache, sondern daran, dass einer „von al-
    lem Guten erfüllt ist und die ganze Wahrheit kennt" (28,2 [789,8f]).

4.3.3 Sünde

4.3.3.1 Innere Sünde (Ursünde) und äußere Sünden (Tatsünden)

Durch Röm 5,12-21 und I Kor 15,21f hat der Apostel eine Denkbewegung eingeleitet, die eine der Tatsünde grundsätzlich vorauslaufende Ursünde erkennt. Der Autor hat, obgleich er die einschlägigen Stellen nie zitiert, die pl Lehre eines der ganzen Menschheit anhaftenden „Heilsverlustes in Adam"[74] gekannt. Seine Gedanken erweisen sich als eigenständig, sind ein neuer Zweig aus dem pl. Wurzelgrund.

Der Autor des LG weiß, dass die adamitische Menschheit mit Sünde behaftet ist. So erkennt der Gerechtfertigte, dass er als Sünder gerechtfertigt wurde:

> „Denn es gibt keinen unter den Söhnen Adams, der nicht zuerst sündigte und so gerechtfertigt würde" (5,14 [125,4f.]).

Diese allgemeine Sündhaftigkeit ist, gemäß der dem Autor bekannten Lehre vom peccatum originale, auf die Versuchung Adams zurückzuführen. Material ist diese Ursünde Gedanke,[75] nämlich der durch den Versucher eingeflößte:

> „Denn jener Gedanke, der in Adam gesät wurde, an dem Tage, an dem er das Gebot übertrat, ist bei allen seinen Kindern eingesät, vom Leib ihrer Mutter an" (125,5-8).

Der Gedanke wird näher als Begehren (ﬞﬞ)[76] bestimmt, zunächst der Schönheit dieser Welt:[77]

---

74   So der Titel des ausführlichen Kompendiums der griechischen Erbsündenlehre von Manfred Hauke (1993).

75   Den bösen Gedanken als primären Ausdruck der Sünde zu erkennen, ist, so Beatrice, ein Verdienst der monastischen Spiritualität (TRE 32, 393f). Grundsätzlich trifft diese Beobachtung auch für den Autor zu, jedoch entwickelt er weder eine Lehre von der prinzipiellen Gleichheit aller Sünden, noch verfeinert er die Gedankensünde zu einer Lehre von den Lastern, wie sie zuerst bei Evagrius erscheint. Die Lehre des Autors von der Gedankensünde bleibt grundsätzlich, schlicht und elementar.

76   Die Bestimmung der Ursünde als Begehren geht auf Röm 7,7 zurück und wird in der theologischen Tradition weiter entfaltet. Zur Konkupiszenz bei Irenäus vgl. Hauke, Heilsverlust, 248f. Auffallend ist im Verhältnis zur Tradition die Klarheit, in der der Autor die Sünde als Konkupiszenz sieht. Der gemäßigte Asket Aphrahat identifiziert, einfältiger als der Autor, „die eine Begierde" mit der „Begierde der Speise" (PS I.1 685,15-18). Vgl. dazu Juhl, a.a.O., 65. – Anders Ps.-Makarius, Hom. 5,3, der in philosophischer Tradition an der „Bosheit der Leidenschaften" das Wesen der ada-

„Am Anfang also empfingen die vom Hause Adams den bösen Gedanken und begehrten (ܘܪܓܘ) die Schönheit der Erde" (15,2 [337,9-11]),

sodann als sexuelles Begehren:[78]

---

mitischen Sünde erkennt: „Denn wie von dem einen Adam das ganze Menschengeschlecht sich auf Erden ausgebreitet hat, so ist die eine Bosheit der Leidenschaften (κακία τῶν παθῶν) auf das sündige Menschengeschlecht übergegangen" (Dörries, PTS 4, 48,44-46).

77 Die Liebe zur Augenlust und zur Welt als etwas Verwerfliches schon I Joh 2,15-17.

78 Hier zeigt sich die enkratitische alexandrinische Tradition, die „hinsichtlich der Bestimmung des Wesens der Sünde der Voreltern im Garten Eden (...) von ihrer ‚geschlechtlichen Natur'" sprach (TRE 32, 392 [Beatrice]). Zu dieser Tradition gehört die Erniedrigung der Protoplasten auf die Stufe der unvernünftigen Tiere, wie sie auch der LG lehrt. - Die Einstellung des Autors zur Sexualität wird deutlich in der Art, wie er dem Argument, an den Genitalien sei die Bestimmung des Menschen zur geschlechtlichen Vereinigung klar erkennbar, entgegentritt: „Und wenn du sprichst: Siehe, die Glieder waren wie zur Vereinigung da – du aber, wenn du die Vereinigung nicht willst, (so wisse:) dazu, dass du aus ihnen ihnen Wasser lässt, hat sie der Schöpfer gemacht" (15,6 [349,15-18]). Allerdings ist diese Erkenntnis nicht rein empirisch, sondern pneumatisch, da sie erst aufgeht, wenn der Mensch auf dem Weg der Selbstvervollkommnung die verlorene Gerechtigkeit Adams wieder erlangt hat: „Also halte heute seine Gebote, wie er dir gesagt hat und gelange zu jener Vollkommenheit, die Adam verloren hat, und siehe, er nimmt von dir das Begehren weg, sobald du an jene Sache gelangt bist, von der Adam gefallen ist. Und sobald du heilig bist, ohne dass (in dir noch) Begehren ist, wirst du sehen, dass diese Glieder zur Ausscheidung da sind und nicht zur Vereinigung" (15,7 [349,19-24]).

Die Ablehnung einer schöpfungsmäßigen Bestimmung der Geschlechtsteile erinnert an das Zitat aus Julius Kassian (vgl. Hilgenfeld, Ketzergeschichte, 546-549) bei Clemens, Strom III,13,91,1: „In der (Schrift) ‚Über die Enthaltsamkeit und über das Eunuchentum' sagt er jedenfalls wörtlich: „Und niemand soll sagen, da wir ja solcher Art Geschlechtsteile haben, wobei das weibliche nun so beschaffen, das männliche aber so, das eine zum Empfangen, das andere zum Einsäen, dass der Verkehr von Gott eingeräumt sei. Denn wenn die so beschaffene Ausstattung von Gott wäre, hätte er nicht die Eunuchen selig gepriesen (Mt 19,12), noch hätte der Prophet gesagt, sie seien nicht fruchtloses Holz (Jes 56,3), indem er's vom Baume auf den Menschen gemäß dem Vorzug übertrug, der sich selbst durch solche Einsicht kastriert" (Stählin/Früchtel, Clemens 2, GCS, 238, 9-26).

Der Autor folgt dieser Linie des Enkratismus, abgesehen davon, dass er nie raten würde, Hand an sich zu legen, auch in sofern nicht, als er die Erlaubnis Gottes zum Geschlechtsverkehr ausdrücklich einräumt, auch wenn er diese der niedrigeren Gesetzgebung der Gerechtigkeit zuweist. Der Autor folgt dem Enkratismus also nicht bis zur Konsequenz des „Widerstand(es) gegen die Schöpfung Gottes" (Hilgenfeld, a.a.O., 549). Im übrigen ist der Autor nicht gegen die Prokreation als solche eingestellt, nur habe sie Gott auf anderem Wege geplant. Anders als Satan, der sie dem Menschen auf tierische Weise anbot und ihn so vom Stand der Engel in den

> „Und er (scil. Adam) sah die Tiere und begehrte (ﻛﺮﺝ), sich dieses Beilagers der geschlechtlichen Einheit anzugleichen" (337,25f).

Beweggrund dieses gegenständlichen Begehrens ist die törichte Hoffnung des Gleichsein Wollens wie Gott (Gen 3,5): [79]

> „Und diese (scil. Genüsse) begehrten sie allererst, wegen der Hoffnung, dass sie wie ihr Schöpfer würden, durch den Geschmack des Todes, den der Böse in ihre Ohren warf" (337,15-18).[80]

Die sich hier erst andeutende Lehre von der superbia (ﺍﻣﻌﺔﺍ) als dem eigentlichen Gehalt der Ursünde wird im 21. Traktat entfaltet. In der Auslegung von Phil 2,6f erscheint Christus als Gegenbild des hochmütigen Adam:

> „Gott aber sah es und sah darüber hinweg und war geduldig und ertrug's, als Adam seine Worte verachtete und seine Gebote zurückwies und suchte, dass er's mit Gewalt nehme (und) Gottes Gleichen werde (vgl. Phil 2,6)[81] durch Hochmut und nicht durch Demut" (21,11 [616,6-10]).

Der Autor zieht das Fazit aus dem Vergleich Christi mit Adam und erkennt im Hochmut Adams die eigentliche Ursache seines Falls:

> „... nicht wie Adam, der sich die Gestalt des Hochmuts nahm, dass er Gegner und Widerpart sei für seinen Herrn und seinen Schöpfer und sich ihm widersetze und widerspreche. Denn nichts stürzte Adam an dem Tag, an dem er fiel, es sei denn der Hochmut, dass er Gottes Gleichen werden wollte durch seinen Hochmut" (21,11 [616,21-617,1]).

Stand der Tiere herabzog, hätte sie Gott bei Adam und Eva auf geistigem Wege zustande gebracht: „Und Adam wusste nicht, dass sie fruchtbar würden und sich mehren, wenn sie das Gebot hielten, so wie er Eva fruchtbar gemacht hätte durch das Wort des Herrn, ohne Begierde" (15,6 [348,18-21]).

79 Das Gleichsein Wollen wie Gott wird in der Diktion des Autors stets als Hoffnung der Voreltern ausgedrückt, nicht als Begehren. Töricht ist diese Hoffnung nach 21,11: „Darin aber waren sie töricht (ﺣﺪﻧﻲ Grundbedeutung „Kinder", „Kleine" [Brockelmann, Lexicon, 754a]), dass sie hofften, wie Gott zu werden (616,2f).

80 Vgl. ähnliche Aussagen: am Ende von 15,2: „Und nicht begehrten sie begehrend, es sei denn wegen jener Hoffnung, dass sie groß würden wie Gott" (339,8f); 21,10: „Und es gehorchten (scil. dem Satan) Adam und Eva wegen der Hoffnung, dass sie wie ihr Schöpfer würden" (612,3f).

81 Hier ist schon Phil 2,6 eingearbeitet; das ausdrückliche Zitat folgt wenig später (s.o. 2.3.6, S. 36). Vgl. ﻟﻜﻬﺍ ﺭﺑﻜﺍ ﻗﺴﻤﺍ ﺑﻌﻬﺍ ﺑﺴﺪﻫﻮﺏ ﻣﺤﺍ „und suchte, dass er's mit Gewalt nehme (und) Gottes Gleichen werde" mit Phil 2,6 (P) ﻟﻜﻬﺍ ﺭﺑﻜﺍ ﻗﺴﻤﺍ ﻭﺍﻣﺪﻩﻮﺏ ﺍﻭﺭ. ﺳﻌﺤﺔ ﺳﻘﻮﻫﺍ ﻭﻩ ﻻ „Und er hielt dieses nicht als Raub, dass er als Gottes Gleichen existiert".

Der Autor steht hier in der Schule des Origenes, der den Hochmut als die größte und grundlegende Sünde bezeichnete[82] und nimmt die augustinische Analyse der superbia als des Wesens der Sünde vorweg.[83]

Die Ursünde, mit der der Mensch bereits geboren wurde, wird in seiner Manipulierbarkeit manifest. So wird der Pneumatiker gemahnt, sich vor kindischem Wesen zu hüten, worin die grundsätzliche Manipulierbarkeit des Menschen zu Tage tritt:

> „Denn nicht sei dein Sinnen so kindisch, dass du hinter der Bosheit herläufst wie jenes Kind, das, so wie ein Mensch ihm sagt „Fluche!" flucht und sowie ein Mensch ihm sagt: „Schlage!" schlägt und zürnt, weil mit ihm (scil. dem Kinde) die Sünde geboren wurde" (16,6 [401,9-13]).[84]

Diese schon immer vorgefundene Sünde hat ihren Sitz im Leibe bzw. Fleische (‏ܦܓܪܐ‎):

> „Und dadurch hat sich unser Leib mit der Sünde verbunden und ist ihr Gefährte geworden, weil er den Tod von Anfang an geschmeckt hat, als unser Vater Adam das Gebot übertreten hat, und er von der Wahrheit abgeirrt und dem Guten gestorben ist und dem Bösen gelebt hat" (29,18 [856,4-8]).

Aufgabe des Pneumatikers ist, diese angeborene Sünde zu besiegen und zu entwurzeln:[85]

---

82 Vgl. Hom. in Ezech. IX,2 „Der Hochmut ist größer als alle Sünden und die grundlegende Sünde des Teufels selbst" (Baehrens, Origenes 8, GCS, 409,4f.). Vgl. dazu RAC 3, 759 (Dihle).

83 Vgl. Civ. XIV,13 „Initium enim omnis peccati superbia est" (Dombart/Kalb II,32,2). Dazu Beatrice: „Augustin erkennt in der superbia, dem Geist der Auflehnung gegen Gott, das wahre Wesen der Ursünde" (TRE 32,392). Hat der große Theologe des Westens hier vom Osten gelernt?

84 Ps.-Makarius beschreibt Hom. 41,1 ganz ähnlich das Angeborensein der Sünde: „... indem sie (scil. die Sünde) von klein auf mitwächst und mit aufgezogen wird und das Böse gründlich lehrt" (Dörries, PTS 4, 280,12f). Zur Lehre von der Erbsünde bei Ps.-Makarius vgl. Stiglmayr, Sachliches und Sprachliches, 66 und Dörries, Theologie d. Makarios, 68.

85 Das Ausreißen der wurzelhaften Sünde gehört zu den Lehren, die Theodoret bei den Messalianern vorfand: „Das ausdauernde Gebet jedoch reißt auch die Wurzel der Sünde wurzeltief aus und vertreibt den von Anfang her ererbten bösen Dämon aus der Seele." (Haereticarum fabularum compendium 3 bei Fitschen, a.a.O., 63 [ohne Hervorhebungen des Autors]). Diese Metaphorik ist auch Ps.-Makarius geläufig. Er kennt das Ausreißen des Bösen als ein Ziel, das freilich weit entfernt und nur mit Mühe zu erreichen ist. Vgl. die Ἐρώτησις Hom. 15,41: „Wird das Böse schrittweise verdünnt und ausgerissen ...?" (Dörries, PTS 4, 151,571) und die Mahnung zur Ge-

„Und das ist eine weitere Stufe, wenn jemand alle Gebote hält (und) bei
sich die ganze Sünde ausreißt und ihr Sinnen und ihre Früchte aus dem
Herzen, jene Sünde, die bei unserem Vater Adam und unserer Mutter Eva
an jenem Tag eingepflanzt wurde, als sie sündigten, und die zu allen ihren
Kindern gekommen ist" (20,3 [532,7-12]).

Das Vordringen des Asketen bis zur Ursünde ist allerdings erst ein
zweiter Schritt, der von einem vorausgesetzten ersten zu unterscheiden
ist. Der Kampf gegen die innere Sünde kann erst aufgenommen werden, wenn die äußerlichen Sünden überwunden sind. Diese Unterscheidung zwischen innerer und äußerer Sünde wird im 18. Traktat
„Über die Tränen des Gebetes" vorgenommen:

> „Deshalb lasst uns alles, das sichtbar ist, zurücklassen, weil es vergänglich
> ist und Abstand nehmen von den äußerlichen Sünden. Und sobald wir alle
> sichtbaren Sünden abschneiden, stehen wir im Kampf gegen die Sünde
> (vgl. Hebr 12,4), die in uns wohnt, von innen her, welche die bösen Gedan-
> ken sind, welche die Sünde im Inneren des Herzens formt" (18,3 [436,22-
> 437,2]).

Die äußerlichen Sünden werden lexikalisch von der Gedankensünde
unterschieden: Erstere heißen ܣܟܠܘ̈ܬܐ, während letzere mit ܣܟܠܘܬܐ bezeichnet wird. Im 20. Traktat gilt der Übergang von der Bekämpfung
der Sünden zu dem Kampf mit der Sünde als beschwerliche Stufe, die
den Asketen als Athleten (20,4 [533,7]) herausfordert:

> „Und über diese Stufe spricht Paulus: Ihr seid (noch) nicht zum Morden
> gelangt und ihr habt (noch) nicht bestanden im Kampf bis aufs Blut gegen
> die Sünde (Hebr 12,4). Bis jetzt, spricht er, habt ihr (nur) die Blätter des tro-
> ckenen Baumes und seine Zweige und seine Äste abgehauen, und nicht,
> spricht er, habt ihr bisher gegen die Wurzel gekämpft. Und ihr wisst nicht,
> wie schwierig sie auszureißen ist. Das heißt aber, spricht er: Bisher habt ihr
> nur die sichtbaren Sünden (ܣܟܠܘ̈ܬܐ), welche die Blätter und die Äste und die
> Zweige der Sünde (ܣܟܠܘܬܐ) sind, besiegt. Und sobald ihr, spricht er, ihre
> Wurzel erreicht habt, seht ihr das Morden und den Kampf, den mit euch
> die Sünde und die Heere des Satans ausfechten, wie geschrieben steht: Von
> außen Kampf und von innen Furcht (II Kor 7,5). Von außen kämpfen die

---

duld 26,24: „Es ist keine leichte Sache, ein reines Herz zu erwerben, es sei denn mit
viel Kampf und Mühsal, damit der Mensch Gewissen und reines Herz erwerbe, dass
das Böse vollkommen ausgewurzelt werde" (a.a.O., 217,332-334). Vor Illusionen
wird 50,4 gewarnt: „Der Unerfahrene nun, getröstet von der Gnade, meint, wenn die
Gnade kommt, dass sie von allen Glieder der Seele Besitz ergriffen hat und die Sünde ausgewurzelt wurde" (a.a.O., 322,73-75).

Heere Satans und von innen erhebt sich die Sünde zum Kampf" (20,4 [533,10-536,2]).

Auf dieser Stufe hat das Gebet seinen vornehmlichen Platz. Neben dem Gebetskampf Jesu nach Hebr 5,7 wird das fürbittende Gebet des Epaphras (Kol 4,12) als Beispiel genannt:

> „Paulus spricht zu den Brüdern in unserem Herrn: Epaphras hat für euch einen Kampf in seinem Gebet geführt" (18,3 [437,10-12]).

Auch die allgemeine Mahnung zum Gebet in I Tim 2,8 wird auf das besondere Gebet um die Überwindung der Sünde bezogen:

> „Denn so, heißt es, ziemt es sich für die Männer, die in Christus sind, dass sie ihre Hände aufheben an allem Ort und überall, ohne Zorn und ohne böse Gedanken" (18,3 [437,22-25]).

Der Autor sah sich durch die Worte „ohne Zorn und ohne böse Gedanken" veranlasst, dieses Gebet auf den Kampf gegen die innere Sünde zu beziehen, da es sich bei dieser Sünde, „die im Herzen wohnt" (437,20f) um die „bösen Gedanken handelt, die in uns von innen her sinnen" (437,21f). Ziel der Überwindung der „verborgenen Sünde" (18,4 [440,11]) ist die Herzensreinheit nach Mt 5,8 und das Schauen von Angesicht zu Angesicht nach I Kor 13,12 (18,3 [440,2-4]). Im Kontext des 15. Traktates „über den Zug zur Ehe, der in Adam war" gilt das Gebet konkret der Überwindung der Sexualität:

> „Weshalb also bitten wir nicht unseren Herrn darum, dass wir wie die Engel sein mögen ohne Lüste und ohne fleischliches Verlangen und wir entsprechend dem vollkommenen Willen unseres Herrn sind?" (15,5 [345,6-9])

Da nun diese „unsere vollkommene Bitte" (15,5 [345,18]) offenbar nicht erfüllt wird, predigt der Autor den Angriff auf den Leib als den Träger der innewohnenden Sünde:

> „Deshalb gewährt er uns nicht jene unsere vollkommene Bitte, es sei denn, dass wir der Welt absterben und unsere Leiber richten und sie töten wegen der Sünde, die in uns wohnt (vgl. Röm 7,17.20), bis dass wir sie töten (vgl. Röm 8,13)" (345,17-21).

So nimmt der Asket im Gebetskampf und in der Abtötung des Leibes den Kampf mit der Ursünde auf, in der sicheren Hoffnung, diese schließlich ausreißen zu können.

4.3.3.2 Tod als Sold der Sünde

Es nimmt wunder, dass der Autor in seinen Reflexionen über den Fall der Voreltern und die Sündenfolgen (Traktate 15 und 21) das Todesgeschick außer Betracht lässt. Es scheint, dass der Autor aus seiner asketischen Perspektive den Schaden des menschlichen Geschlechts weniger im physischen Tod sieht als vielmehr im Verlust des engelgleichen und der Annahme tierischen Lebens erkennt.[86] Im Zusammenhang mit dem Nachdenken über die bleibende Sündigkeit des Menschen im Rahmen des 24. Traktates über die Möglichkeit einer zweiten Buße holt der Autor die Reflexion des Todesgeschickes nach. In seinem Verständnis dieses von Paulus vorgegebenen Themas (Röm 5,12; I Kor 15,21) unterscheidet sich der Autor deutlich von derjenigen theologischen Tradition, die im physischen Tod den Sold der Sünde erkennt.[87] Ausgehend von der Bobachtung am Text von Gen 3, dass der angedrohte physische Tod nicht sogleich eintritt, findet der Autor ihn im Moment der Gedankensünde. Diese zieht zwar den physischen Tod nach sich, das „Ausziehen des Fleisches", ist aber gleichwohl vom „Schmecken des Todes" zu unterscheiden:

„Auch wenn wir den Tod schmecken, wir, die wir Sünder sind, wegen der Sünden und der Fehler, die an uns sind, (so) werden wir doch auferweckt am Tage unseres Herrn. Denn der Tod ist die Sünden, die Vergehen und Mängel. Denn jenes, dass jemand das Fleisch auszieht, ist eines, und dass er den Tod schmeckt, ist etwas anderes. ‚An dem Tage',an dem du mein Wort übertrittst, wirst du den Tod schmecken', sprach zu Adam sein Schöpfer (Gen 2,17). Das heißt: An dem Tag, an dem du sündigst, wird dir böses Sinnen zuteil. Und so wie du mein Wort übertrittst, wird es (scil. das

---

86 Vgl. 15,2 „Der Mensch hat seine Ehre nicht verstanden, dass er heilig war wie die Engel und friedlich wie die Himmlischen. Und er sah die Tiere und begehrte, sich dieses Beilagers der geschlechtlichen Einheit anzugleichen" (337,22-26). Zur Engelgleichheit im LG vgl. Juhl, a.a.O., 41-43.

87 Vgl. Melito, Hom. de pascha 55: „Alles Fleisch nun fiel unter die Sünde und jeder Leib unter den Tod" (Lohse, Textus Minores 24, 23,2); Irenäus, Adv. haer. V,1,3: „...der (scil. der Vater) seine Menschwerdung bewirkt und eine neue Zeugung gezeigt hat, dass, wie wir durch die erste Zeugung den Tod geerbt haben, wir so durch diese Zeugung das Leben ererbten" (Brox, FC 8/5, 28,19-22); Adv. haer. V,12,3 „Dass er diese (scil. Substanz des Fleisches) lebendig machte, dazu kam der Herr, damit, wie wir in Adam alle sterben, da wir Seelische sind, wir in Christus leben, da wir Geistliche sind (vgl. I Kor 15,22)" (Brox FC 8/5, 98,6-8). Zum Todesgeschick bei Irenäus vgl. Hauke, a.a.O., 256ff.

Sinnen) sich mehrend mehren, und du wirst sterben. Denn sein Fleisch zog Adam aus, jenem Wort zufolge, nachdem er den Tod geschmeckt hatte" (24,8 [729,7-21]).

„Geschmack des Todes" kann die teuflische Versuchung heißen (15,2 [337,17]) ebenso wie der böse Gedanke, der in die Voreltern eintrat, als sie dem Satan gehorchten (15,6 [349,14]). „Geschmäcker des Todes" hat auch jede die Strenge des asketischen Ideals aufweichende Lehre:

> „Und diese Lehre, die so sehr permissiv ist, in der sind die Geschmäcker des Todes verborgen" (10,8 [265,5f]).

Der Autor folgt eher einem metaphorischen Verständnis von Tod, etwa so, wie schon Eph 2,1 vom „Totsein durch Übertretungen und Sünden" spricht, als der vom authentischen Paulus vorgegebenen Linie. Der Tod als letzter Feind (I Kor 15,26) kommt beim Autor nicht in den Blick.

4.4 Prinzipien der Heilsgeschichte

4.4.1 Vom Alten zum Neuen Testament

Ausgangspunkt für das heilsgeschichtliche Thema ist für den Autor die Frage, wie der atliche Gotteswille, der Weisungen an seine Propheten einschließt, welche dem ntlichen Liebesgebot, insbesondere der Feindesliebe widersprechen, mit dem NT zu vereinbaren sei.[88] Die Leitbegriffe, unter denen das Verhältnis zwischen Altem und Neuem Testament behandelt wird, Feindschaft und Frieden bzw. Versöhnung, sind Eph 2,14-17 bzw. II Kor 5,18 und Kol 1,20 entnommen, das temporale Argument, demgemäß die Gerechten des AT auf die Zeit der Apostel warten mussten, verdankt sich dem „nicht ohne uns" von Hebr 11,40 und anderen Stellen des Hebräerbriefes.

4.4.1.1 Die Ära der Feindschaft und das Problem der Gerechten des Alten Testamentes

Der Begriff der Feindschaft, der ebenso wie der Gegenbegriff des Friedens auf Eph 2,14-17 zurückgeht, charakterisiert die Lebensbedingung

---

88 Die Fragestellung teilt der Autor mit Marcion und dem Valentinianer Ptolemäus.

des Alten Bundes. Die Bedeutung des Begriffes der Feindschaft wird, abgelöst von der in Eph gemeinten Überwindung der Feindschaft zwischen Juden und Heiden, zur grundsätzlichen Bestimmung des Verhältnisses von Gott und Mensch zur Zeit des AT. So heißt es von der Zeit des Mose:

> „Denn zu jener Zeit war Feindschaft zwischen Gott und den Menschen" (9,5 [216,11f]).

Die Feindschaft liegt darin begründet, dass die Menschheit sich weigert, Gott zu bekennen:

> „Und (doch) wollte Gott nicht zu jener Zeit, dass er Frieden machte, weil die Menschen ihn nicht bekennen wollten" (9,12 [229,7-10]).

Bei Mose äußert sich die Feindschaft darin, dass Gott ihm gegen seinen Willen Gewalttaten aufzwingt, den Befehl zur Tötung der Anbeter des goldenen Kalbes (Ex 32,27) und den Krieg gegen Amalek (Ex 17,8ff). Vergleichbares gilt für andere Gestalten des AT, [89] denen zwar das Streben nach Vollkommenheit bescheinigt wird, denen aber Gott in bestimmten Fällen die Übertretung des Liebesgebotes befohlen hat.[90] Ebenso wie sie zu Bösem gezwungen wurden, wurden die Gerechten des AT am Guten gehindert:

> „Und der Herr hinderte sie, weil es so angemessen war zu jener Zeit" (9,3 [209,26-212,1]).

Solcherart verhindert erleiden die Gerechten des AT das Hebr 11,13 beschriebene Geschick:

> „Deshalb haben sie aus Entfernung den Frieden gesehen, der bereitet war, dass er durch unseren Herrn Jesus Christus geschehe, und sie grüßten ihn und sie ersehnten ihn. *(Hier folgt eine Trostrede Jesu an die Gerechten des AT.)* Und damit trösteten sich alle Propheten und Gerechten, und sie entschlie-

---

89 Jeremia (9,3.4) David (9,7), Abraham (9,8), Elia (9,9), Elisa (9,10). Vgl. die Größe und Grenze der Gerechten des AT zusammenfassende Aussage in 15,13: „Und als einige von ihnen in Jungfräulichkeit wandelten, zeitigten sie ein großes Wachstum. Aber sie wurden nicht vervollkommnet, weil der Herr sie selbst von der Gerechtigkeit abhielt, weil er sie aussandte, dass sie seine Feinde töteten" (368,5-9).

90 Da ihnen das Unrechttun gegen ihren Willen aufgezwungen wurde, bescheinigt der Autor den Gerechten des AT Unschuld: „Was verschuldeten die Propheten, als sie den Frevlern Böses taten und jenes Gebot der Gerechtigkeit übertraten (...), wenn es der Herr war, der sie übertreten ließ, mit Zwang, obwohl sie's nicht wollten?" (9,4 [211,8-14]).

fen alle im Glauben und in der Liebe und in der Gerechtigkeit, während sie das ihnen Verheißene nicht in Empfang nahmen" (9,12 [229,10-13.19-23]).

Die Erfüllung der Verheißung für die Gerechten des AT bedeutet, dass sie mit den Aposteln gleichrangig werden, wie der Autor mit Bezug auf Hebr 11,16; 2,11 erklärt:

> „Und wie sehr blickte das Sinnen der Propheten auf diesen Bund, und (doch) ist er in ihren Tagen nicht gekommen. Deshalb hatte Gott keine Scheu, dass er ihr Gott genannt werde (Hebr 11,16). Das heißt, er schämte sich nicht, dass er sie seine Brüder nennte (Hebr 2,11), so wie er die Apostel benannte (Mt 12,49). Und deshalb hat er ihnen eine heilige Stadt bereitet (Hebr 11,16), das heißt: Er hat sie vor den Augen der Apostel vollkommen gemacht" (9,4 [212,18-25]).

Die eigenartige Aussage „Er hat sie vor den Augen der Apostel vollkommen gemacht" bezieht sich auf das „nicht ohne uns" von Hebr 11,40, wie aus 15,12 erhellt:

> „Alle Propheten aber und Aufrechten und Gerechten, die bis an die Vollkommenheit herankamen und vor dem Kommen unseres Herrn entschliefen, indem sie (jedoch noch) nicht vollkommen waren, hat er vor den Augen der Apostel vollkommen gemacht, wie Paulus sagt: Ohne uns werden sie nicht vollendet werden (Hebr 11,40)" (15,12 [364,17-21]).[91]

Die Rehabilitierung der Gerechten des AT erfolgt, gemäß der Auslegung von Hebr 11,40, erst in der christlichen Ära, die der Autor in der Generation der Apostel konkretisiert.

4.4.1.2 Durchbrechung der Feindschaft, Friede und Versöhnung

Die Versöhnung liegt nicht in einer göttlichen Notwendigkeit beschlossen, sondern ist kontingentes Geschehen. Wären alle wie die Gerechten des Alten Testamentes gewesen, hätte es des Kommens Christi nicht bedurft:

> „Denn durch das Leiden und das Kreuz seines Sohnes wollte der Vater und Herr die Versöhnung wirken. Und wenn die ganze Welt vor seinem Kommen gewollt hätte, dass sie wie Mose und Elia wären, hätte ihnen unser Herr erlaubt, dass sie vollkommen würden, und es wäre nicht notwendig gewesen, dass er zur Geburt und zur Schande des Kreuzes komme und

---

91 Das Thema der Behinderung der Gerechten des AT zu ihrer Zeit und ihrer mit den Aposteln gleichzeitigen Vollendung wird in 15,12-15 breit verhandelt.

die Umschließung der Feindschaft durchbreche (Eph 2,14), weil er (scil. Adam) das Gebot übertreten hatte, als er im Himmel saß in der Herrlichkeit seiner Größe, und die Propheten hätten abgelassen von dem Krieg gegen die Verleugner und die Frevler, und sie wären vervollkommnet worden." (15,12 [365,8-18]).

Die Aussage des Durchbruchs durch die Umschließung der Feindschaft:

„Denn in dem Neuen Testament durchbricht der Herr die Umschließung der Feindschaft, welche von alters her war" (365,21f) [92]

ist zwar einerseits auf Eph 2,14 zurückzuführen; das hier gebrauchte Verbum ܫܪܐ „durchbrechen" statt ܫܪܐ „auflösen" (P) weist jedoch auf eine alte syrische Bekenntnistradition, die in der Lehre des Addai bezeugt ist und dort im Rahmen des descensus ad inferos steht.[93] Der Autor des Stufenbuches, der auf das Lehrstück von der Höllenfahrt Christi nicht zurückgreift,[94] wandelt die Tradition, indem er sie an Eph 2,14 anknüpft, vom Mythologischen ins Ethische: Statt um die Überwindung der Trennung von Toten und Lebenden geht es beim Autor um die Überwindung der durch die Feindschaft gesetzten Grenze. Mit der Inkarnation bricht die Zeit des Friedens an:

„Deshalb (scil. weil sie Gott zum Bösen gezwungen hatte) waren sie ohne Tadel in allem, das ihnen der Herr gebot, bis dass unser Herr von Maria geboren wurde und Demut und Befriedung und Frieden machte, ein Testament, das besser ist als das frühere" (9,4 [211,14-24]).

Synonym zu „Frieden" setzt der Autor auch „Versöhnung" als Grundbegriff für die heilvolle Lebensbedingung der ntlichen Zeit. Den Aus-

---

92   Die Formel kommt im LG viermal vor: 2,6 (37,19), 15,12 (365,14.21), 21,3 (592,14).

93   „... und gekreuzigt wurde und hinabgestiegen ist in das Haus des Todes und die Trennungsmauer durchbrochen hat, welche von je her nicht durchbrochen wurde und die Toten durch seine Tötung lebendig machte und als einziger hinabgestiegen und aufgestiegen war zu seinem herrlichen Vater ..." (Übers. nach dem Text bei Ungnad 35*,23-36*,3; vgl. die Edition von Phillips, p. ܚ [=8], l.12). Das Eph 2,14 und dem Bekenntnis gemeinsame ܣܝܓܐ (gr. φραγμός) bedeutet „Gehege" (Brockelmann, Lexicon, 463a).

94   Darin unterscheidet sich der LG von der sonstigen syr. Literatur seit den Oden Salomonis und den Thomasakten, in welcher der Hadeskampf Christi anlässlich seines descensus ad inferos ein beliebtes Motiv darstellt (Murray, East of Byzantium, 13f). Zum Descensusmotiv in der Soteriologie Aphrahats vgl. Juhl, a.a.O., 91.

sagen des Autors spürt man noch deutlich die Herkunft des Begriffes aus II Kor 5,18 ab:[95]

> „Heute aber, seit dass Frieden auf Erden ist und Versöhnung zwischen Gott und den Menschen und sich Gott mit seinen Geschöpfen versöhnt hat durch Jesus, den Erlöser ..." (9,7 [220,26-221,3]).

Das Versöhnungsgeschehen, das der Autor noch häufiger nach Kol 1,20 formuliert, intendiert den Weltfrieden:

> „Und wenn von alters her Feindschaft zwischen Gott und den Menschen war, so hat heute Gott durch das Blut seines Kreuzes versöhnt, was auf Erden und was im Himmel ist (Kol 1,20), und er hat gesagt: Aufhören sollen die Kriege von den Enden der Erde (vgl. Ps 46,10)" (22,7 [648,24-649,3]).[96]

Versöhnung resultiert im ökumenischen Bekenntnis zu Gott, welches das positive Gegenstück zur Verweigerung des Bekenntnisses in der Zeit der Feindschaft darstellt:

> „Heute aber, da unser Herr gekommen ist und durch das Blut des Kreuzes befriedet hat, was auf Erden und was im Himmel ist (Kol 1,20), gehorchten auch die Menschen durch die Propheten und durch unseren Herrn und seine Apostel und durch die Lehrer und durch die Starken und die Ermahner und jedermann sagt: Der Herr ist Gott" (9,15 [236,5-10]).

Mag das Bekenntnis auch schwach sein,[97] so lässt es Gott doch als Grund für seine Versöhnung gelten, denn das Versöhnungsgeschehen gilt nicht nur als Initiative Gottes, sondern ebenso als seine Antwort auf das Bekenntnis des Menschen:

> „Deshalb versöhnte sich der Herr mit ihnen zu dieser Zeit, auch wenn sie nicht rein sind im Glauben, bis dass das künftige Gericht kommt ..." (9,15 [236,16-18]).

---

95 Vgl. dazu o. 2.3.5, S. 56.

96 Die Begriffe der Feindschaft und Versöhnung auch schon bei Aphrahat, wenngleich längst nicht mit dem systematischen Gewicht wie beim Autor: „Und er versöhnte unsere Feindschaft mit seinem Vater, weil er uns liebte (Dem 2,19 [PS I,1 88,22-24]).

97 Das Bekenntnis wird hier, einzig im LG, trinitarisch gefasst: „Denn es wird heute unser Herr durch die Schöpfung verkündet, die den Vater bekennt oder den Sohn oder den Geist bekennt, und ob sie's nun gut oder nicht gut verstehen ..." (9,15 [236,11-14]).

4.4.1.3 Die Gegenwart unter dem Vorzeichen des Neuen Testamentes und des kommenden Gerichtes

Die zuletzt genannte Aussage zeigt, dass der Autor seine Zeit durch zwei Momente bestimmt ist, durch die mit dem NT gegebene Versöhnung und das kommende Gericht.

Dem Autor, dem offenbar das Faktum der erfolgreichen Ausbreitung des Christentums vor Augen steht, ist freilich bewusst, dass dem Evangelium auch widersprochen wird. Nur kann sich der Mensch jetzt nicht mehr mit dem Zwangshandeln Gottes in der Ära der Feindschaft entschuldigen. Aller Unfriede entsteht nun aus des Menschen eigenem Willen:

> „Von dem Tage aber an, dass unser Herr die Feindschaft löste (Eph 2,14) und durch das Blut seines Kreuzes versöhnte, was auf Erden und was im Himmel ist (Kol 1,20), und er die Kriege von den Enden der Erde entfernte, erweckt nicht unser Herr den Assyrer, wenn er sich erhebt, und nicht lässt unser Herr den Römer herabkommen, wenn er zum Kampfe herabkommt. Und nicht sendet unser Herr den Propheten, wenn er hingeht und in Eifer eifert und die Sünder tötet, sondern das Böse hat sich heute bei allen erhoben. Denn unser Herr hat Frieden gemacht und die Söhne Adams wollen nicht, dass Friede sei ... (9,6 [216,15-25]). Es sei denn, dass sie Abstand nehmen wollen von den bösen Taten, (so) machte unser Herr heute nicht Krieg wie in den früheren (Zeiten). Die Menschen kriegen heute durch ihren eigenen Willen" (9,6 [217,3-6]).

Der Autor muss feststellen, dass die politische Realität der ntlichen Friedensära entgegengesetzt ist:

> „Wenn unser Herr also sagte, dass Frieden werde an allen Enden, so wollen unterdessen die Menschen nicht, dass Friede werde. Und sie töten sich, einer den anderen" (22,7 [649,3-6]).

Anders als zur atlichen Zeit, als Gott auf „die Juden, als sie gefrevelt hatten (...) das assyrische Zepter" brachte und sie damit „züchtigte", wirkt er „von dem Tage an, dass unser Herr die Feindschaft löste" (9,6 [216,13-16]) nicht mehr durch seine „Gerichte" in der Geschichte. Wie gesehen wurde, lassen sich die kriegerischen Auseinandersetzungen der Gegenwart nicht mehr als Wirken Gottes begreifen. Ebenso wenig kann in der ntlichen Ära das eifernde Auftreten eines Propheten, der selbst Hand anlegt und richtet, als Offenbarung Gottes gelten. Gott

sendet heute, in der Zeit des allgemeinen Bekennens, keine solchen
Propheten mehr:

> „Siehe, dass von dem Tag, an dem sie bekannten, er die Propheten nicht
> (mehr) gegen sie sandte. Wenn sie sich aber nicht bekehren wollen, so be-
> wahrt er sie für den Tag des Gerichtes. Heute aber schickt Gott nicht
> (mehr) jemand wie die Propheten" (22,4 [641,19-22]).

Offenbar hat sich Gott mit dem Beginn der ntlichen Ära als ge-
schichtsmächtig Waltender zurückgezogen und seine ganze Kraft in
die Ohnmacht des Wortes gelegt. Für den Autor, der in der Ära des NT
lebt, mit dem Gericht vor Augen, hat das NT seine praktische Bedeutung in der Erfüllung der ntlichen Gebote.

4.4.2 Vom Gesetz zum Evangelium

Die Lehre des Autors vom Gesetz beinhaltet einerseits Gesetzeskritik,
auf der anderen Seite nimmt sie den Gesetzesbegriffes im Rahmen der
Heilsgeschichte positiv auf. Die Gesetzeskritik ist dabei als der Rahmen
zu verstehen, innerhalb dessen eine positive Gesetzesauslegung zur
Geltung kommt.

4.4.2.1 Der Rahmen der Lehre vom Gesetz: sein Anfang als Notverordnung, sein Ende in der Liebe

Das Gesetz bringt nur im uneigentlichen Sinne Gottes Willen zur Geltung. Es ist eine Notverordnung, die veranlasst durch den Sündenfall
erlassen wird. Das Gesetz wird aufgrund des Erbarmens Gottes und
der Reue Adams und Evas gegeben, um dem Willen des Satans zu
steuern:

> „Und nicht stellte Gott ihn (scil. Satan) gemäß dem, was er ausgeheckt hat-
> te, zufrieden, sondern er erbarmte sich Adams und Evas um ihrer Reue
> willen[98] und setzte ihnen ein Gesetz auf Erden fest, dass, wenn er's täte, der
> Mensch dadurch lebte (vgl. Röm 10,5 nach Lev 18,5)" (21,18 [628,23-
> 629,1]).

Hinsichtlich des mosaischen Gesetzes stellt der Autor mit Gal 3,19 fest:

---

98 Zur Buße Adams vgl. das Leben Adams und Evas §§1-8.17 (Charlesworth, Pseude-
    pigrapha 2, 258.260.264).

„Denn es spricht der Apostel: Das Gebot wurde wegen der Abirrung hinzugefügt, dieses, das durch Mose gegeben wurde" (26,4 [764,1-3]).

Am Ende der Heilsgeschichte stellt sich die Liebe als das Jenseits des
Gesetzes heraus:

„Über den Mann aber, der im Geiste der Liebe nachfolgt, hat das Gesetz
keine Macht, sondern er ist über dem Gesetz" (16,8 [405,10f]).

Wer der Liebe nachfolgt, ist insofern über dem Gesetz, als er nunmehr
mit dem Gesetzgeber selbst Gemeinschaft hat:

„Und wenn du mit dem Herrn der Schriften sein willst, liebe deinen Herrn
und liebe alle Menschenkinder, die aus der Nachkommenschaft Adams
sind. Und siehe, du hast das Gesetz vollendet" (16,8 [405,16-19]).

Der Autor fährt fort:

"Die Summe, heißt es, des Gesetzes ist Liebe aus reinem Gewissen und
Glauben ohne Unruhe" (16,9 [405,20f]).

Das freie Zitat nach I Tim 1,5 ist mit Röm 13,10 kontaminiert, indem
παραγγελία „Weisung" (P: ܦܘܩܕܢܐ „Gebot") durch ܢܡܘܣܐ „Gesetz" ersetzt
wurde.[99] Die Aussage bezieht sich nunmehr auf den eminent dogmatischen Gesetzesbegriff. Gesetz schmeckt nach Begrenzung. Liebe ist jenseits des Begrenzenden. In einer eigenwilligen Reformulierung von Gal
5,23 sagt der Autor:

„Sondern Gott gab den Menschen Macht, dass sie Gutes und Schönes täten
wie sie wollten und wie es ihnen gefiel, weil eine Grenze für die Liebe und
das Gute nicht gesetzt ist, wie Paulus sagt (Gal 5,23). Wenn so alle Menschenkinder täten, wäre das Gesetz nicht, spricht er, Grenzen setzend.
Sondern das Gesetz ist allen auferlegt, die Böses tun (I Tim 1,9)" (22,14
[665,22-668,5]).

Der Autor fährt fort:

„Nicht also ist den Gerechten und den Heiligen das Gesetz auferlegt und
den Segnenden und den sich Erbarmenden und den Liebenden und denen,
die Gutes tun, und den Gnädigen und den Sanftmütigen und den Seligen.

---

99   Der erste Satzteil ist auch syntaktisch an Röm 13,10 angeglichen: Der Nominalsatz
      mit der Aussage der Existenz ist durch den Nominalsatz mit Kopula ersetzt. Vgl.
      ܣܘܦ ܡܠܝܘܗܝ ܕܢܡܘܣܐ ܗܝ ܚܘܒܐ I Tim 1,5 (P) mit ܚܘܒܐ ܡܕܡ ܕܗܘ ܡܘܠܝܐ ܗܟܝܠ ܕܢܡܘܣܐ Röm 13,10
      (P) und ܚܘܒܐ ܠܟ ܗܘ ܕܝܢ ܣܘܦ ܡܠܝܘܗܝ LG 16,9 (405,20).

Ihnen ist das Gesetz nicht auferlegt, denn sie sind sich selbst das Gesetz (Röm 2,14) der Liebe" (22,14 [668,17-22]).100

Liebe lässt sich somit auch im Rahmen des Gesetzesbegriffes aussagen, sofern er Autonomie meint, wie der Autor im Rückgriff auf I Tim 1,9 sagt:

> „Den Gerechten[101] aber ist das Gesetz nicht gegeben, denn sie sind sich selber Gesetz.[102] Denn es ist dem Menschen erlaubt, dass er für sich selbst das Gesetz der Liebe wird, wie es die Urväter gewesen sind. Und sie haben sich Gott angeglichen, der seine Liebe über Gute und über Böse aufgehen lässt ..." (22,10 [657,7-13]).

Mit den „Urvätern", die für sich selbst das Gesetz der Liebe gewesen seien, greift der Autor vielleicht auf die Argumentation von Gal 3,17ff zurück, gemäß der Paulus Abraham ausdrücklich vor der Ära der Gesetzgebung verortet.

4.4.2.2 Entfaltung des Gesetzesbegriffes auf dem Hintergrund der Heilsgeschichte

4.4.2.2.1 Niedergang der Gesetzeskultur durch den Sündenfall

In seiner Lehre vom Gesetz wendet der Autor die ihm eigene Methode der Unterscheidung an und gelangt, aufbauend auf die Diskussion der ersten christlichen Jahrhunderte, zu eigenen Formulierungen. Der differenzierte Gesetzesbegriff des Autors lässt sich am Verlauf der Heilsgeschichte darstellen.

---

100 Vgl. 22,10 (657,7). Zur Zitiertradition von Röm 2,14 in Zusammenhang von I Tim 1,9 vgl. o. 2.3.1 (S. 27). Aphrahat versteht Röm 2,14 von den Gerechten des AT: „Denn diese alle haben die Werke des Gesetzes gezeigt, und für ihre Gerechtigkeit war das Gesetz nicht auferlegt. Und sie waren das Gesetz für sich selbst" (Dem. 2,2 [PS I.1, 52,6]).

101 Die Gerechten sind hier mit den „Vollkommenen" gleichzusetzen. Der Begriff ist hier durch die biblische Vorlage vorgegeben und nicht im Rahmen der beim Autor sonst üblichen Terminologie zu verstehen, nach der die „Gerechten" durch ihre weltchristliche Ethik definiert sind.

102 Vgl. hierzu Barn 21,4: „Werdet eure eigenen guten Gesetzgeber" (Übers. Wengst, SUC 2, 193). Hasler verwirft den Gedanken, hier könne Autonomie gemeint sein, da es im Kontext um das Leben nach den „Rechtsforderungen des Herrn" gehe (Hasler, Gesetz und Evangelium, 28).

Zunächst ist festzuhalten, dass der Urstand Adams, ebenso wie am Ende der Heilgeschichte die Liebe oder auch das Evangelium, als „Gesetz" begriffen wird, als ܢܡܘܣܐ ܩܕܡܝܐ „ursprüngliches Gesetz":

> „Nachdem er (scil. Adam) gesündigt hatte und beschämt wurde und ihm das Gesetz auferlegt wurde, das niedriger ist als jenes ursprüngliche ..." (15,1 [336,3-5]);
>
> „... und er (scil. Gott) legte ihnen ein anderes Gesetz auf, nachdem sie das ursprüngliche Gesetz übertreten hatten ..." (15,8 [353,12-14]).[103]

Somit ist, nach der systematischen Darstellung, die das Verhältnis von Gesetz und Evangelium im 26. Traktat erhält, die Ordnung, die Gott dem Adam für seinen Weltumgang erlässt, bereits das zweite Gesetz, das „Gesetz der Gerechtigkeit" (26,1 [757,9]). Dieses Gesetz bezieht sich konkret auf Besitz, Arbeit, Ehe und Kinder und ordnet diese weltlichen Stände gemäß den Geboten der zweiten Tafel (26,2). Der Fall bringt jedoch einen noch weiteren Niedergang der Gesetzeskultur mit sich, denn Adam wird vorhergesagt, dass seine Nachkommen auch von dieser zweiten Stufe fallen werden:[104]

> „Denn es werden deine Nachkommen abirren und auch von der Gerechtigkeit fallen, die ich dir heute geboten habe." (26,1 [760,13-15]).

Da die adamitische Menschheit, der schon das „Gesetz der Gerechtigkeit" als Notverordnung gegeben wurde, das Gesetz weiter bricht, muss dieses durch weitere Notverordnungen unterboten werden. Offenbar handelt es sich hier um die Gesetzgebung des Mose oder Teile davon, da gesagt wird, dass diese erst nötig war, als die Adam gebotene Gerechtigkeit ihrerseits übertreten wurde (26,4).

> „Dem Rest aber der Menschenkinder (scil. im Gegensatz zu den Gerechten des AT) wäre, wenn sie bei dieser Gerechtigkeit geblieben wären, die vorgeschrieben ist, in der Adam und die Gerechten wandelten, kein weiteres

---

103 Die Lehre vom ursprünglichen Gesetz weist auf den syrischen Raum. Bereits Theophilus von Antiochien habe, so Kühneweg, in seinen Büchern ad Autolycum (nach 180) gelehrt, dass es dem Christentum um die Wiedergewinnung des paradiesischen Gesetzes zu tun sei. Vgl. dazu Kühneweg, Das neue Gesetz, 242: „Im Zentrum der Theologie des Theophilus steht das Gesetz, freilich nicht das Mosegesetz, sondern das älteste Gesetz Gottes, das bereits dem ersten Menschen im Paradies gegeben war."

104 Zur dreifachen Abstufung der Gebote vgl. die klare Darstellung bei Martikainen, Güte und Gerechtigkeit Gottes, 24f.

Gesetz gegeben worden, bis dann der Herr kam und dieses Evangelium gab, das er jetzt gab" (26,4 [761,23-764,1]).

Wie die Differenzierung zwischen der Adam gebotenen Gerechtigkeit und der späteren mosaischen Gesetzgebung inhaltlich vorzunehmen ist, wird aus Traktat 26 nicht ganz klar. Einen Hinweis gibt eine in Traktat 22 genannte Klasse von Gesetzen, „durch die niemand gerettet wird und die nicht gut sind". Hierbei ist an diejenige Gesetzgebung zu denken, die umgangssprachlich noch heute als alttestamentarisch bezeichnet wird, insbesondere an das Talionsgesetz:

> „Deshalb, als Gott sah, dass die Menschen so sind, dass sie einer dem anderen nicht nur Böses für Böses vergelten, weder das Volk, noch seine Richter, schrieb er und zeigte ihnen durch jenes frühere Gesetz, dass sie (nur) Böses für Böses vergälten, wie es heißt: ‚Ich gab ihnen Rechte, durch die niemand gerettet wird, bösen Menschen gab ich Gebote, die nicht gut sind und Rechte, wie sie selbst (sie), heißt es, gewollt haben' (Hes 20,25) ..." (22,7 [649,24-652,2]).

Mit seiner Lehre von einer weiteren, inferioren Gesetzgebung steht der Autor in einer theologischen Tradition. Schon Irenäus kannte eine weitere Gesetzgebung außer dem Dekalog, die wegen des Ungehorsams Israels nötig wurde und charakterisiert diese mit demselben Prophetenzitat.[105] Inhaltlich zeigt sich jedoch eine Differenz: Während es sich hier nach Irenäus um das Zeremonialgesetz handelt, meint der Autor das Talionsrecht. Damit gleicht er der in seinem Brief an Flora entfalteten Lehre des Gnostikers Ptolemäus, der in seiner dreifachen Aufspaltung des Gesetzesbegriffs an zweiter Stelle einen Teil kennt, der „mit dem Schlechteren und dem Unrecht verflochten ist."[106] Dabei handelt es

---

105 Irenäus, Adv. haer. IV,15,1: „Aber sobald sie sich zur Herstellung eines Kalbes wandten und in ihren Seelen sich nach Ägypten zurückwandten, indem sie danach verlangten, Sklaven anstatt von Freien zu sein, empfingen sie passend für ihr Begehren den übrigen Dienst, der sie zwar von Gott nicht abschnitt, sie jedoch unter das Joch der Knechtschaft bändigte, wie auch der Prophet Ezechiel, indem er die Gründe für solches Gesetz darlegt, sagt: Und nach dem Begehren ihres Herzens waren ihre Augen, und ich gab ihnen Gebote, die nicht gut sind, und Satzungen, durch die sie nicht leben werden (Hes 20,24f.)" (Rousseau/ Hemmerdiger/Doutreleau/Mercier, SC 100,550,11-20).

106 Epiph., Panar. 33,5,1 (Quispel, SC 24bis, 60,11). – Eine deutsche Übers. des Briefes an Flora in Haardt, Gnosis, 125-132.

sich namentlich, wie beim Autor des LG, um das Talionsgesetz.[107] Die
Auseinandersetzung mit dem jüdischen Zeremonialgesetz kommt für
den Autor nicht in Betracht,[108] da sich ihm das Problem dieser Auseinandersetzung praktisch – wohl in Ermangelung eines jüdischen Ge-
sprächspartners – nicht stellt. An einer einzigen Stelle scheint er, nach
dem Vorbild von Hebr das Neue Testament auf dem Hintergrund des
Gegensatzes zum Zeremonialgesetz zu predigen:

> „Darum, mein Sohn, merke auf das Neue Testament, und es sei in deinen
> Augen erhaben über alle Testamente, gemäß dem, dass es als größeres e-
> xistiert, weil in ihm der angenehme und vollkommene Wille Gottes (Röm
> 12,2) im Geiste erfüllt wird. Und weiter schrieb Paulus: Wehe denen, die
> das Testament des Sohnes Gottes wie das von jedermann halten. Den Geist
> der Gnade verachten sie, indem sie das Testament unseres Herrn mit dem
> von jedermann gleich machen (Hebr 10,29). Denn diese (scil. Testamente)
> sind mit dem Blut stummer Tiere gesiegelt (vgl. Hebr 9,12). Und dieses ist
> mit dem sprechenden und reinen und heiligen Blut (vgl. Hebr 12,24) des
> Dreieinigen, unseres Herrn Jesus Christus gesiegelt"[109] (19,8 [465,23-
> 468,10]).

Auf den ersten Blick handelt der Autor hier von der Überwindung des
Zeremonialgesetzes. Da hier aber, anders als in Hebr, eine Pluralität

---

107 „Das aber mit Unrecht verflochtene ist dieses, welches gemäß der Vergeltung und
der Rache an denen, die vorher Unrecht getan haben, gesetzt ist, das befiehlt, dass
Auge um Auge und Zahn um Zahn ausgeschlagen (Mt 5,38; Ex 21,24) und Mord für
Mord vergolten werde (Lev 24,20)" (Epiph., Panar. 33,5,4; Quispel, SC 24bis, 62,1-4). –
An erster Stelle steht bei Ptolemäus der reine, im Dekalog offenbarte Gotteswille, an
dritter das typologisch zu verstehende Zeremonialgesetz (Epiph., Panar., 33,5,1f
[These], 33,5,1f [Ausführung]: Quispel, SC 24bis,60,6-12; 60,17-62,15). Eine ähnliche
Dreiteilung nimmt Irenäus vor: An erster Stelle steht das gelegentlich mit dem Dekalog identifizierte Naturrecht, an zweiter Stelle das Zeremonialgesetz, das u.a. typologisch zu interpretieren ist, und an dritter Stelle die Konzessionsgebote, etwa die
Ehescheidung betreffend (nach Kühneweg, a.a.O., 253). Der Autor kennt, da er an
einer typologischen Deutung des AT nicht interessiert ist, nur eine zweifache Unterscheidung.

108 Darin unterscheidet sich der Autor von seinem Lehrer Aphrahat, der ganz in der
Linie der kirchlichen Tradition das Gesetz, soweit es abzuschaffen ist, auf das Zere-
monialgesetz bezieht. Vgl. Dem. 2,6 (PS I.1 57,13-15): Das Opfer Jesu löst die in den
„Gebräuchen des Gesetzes" gebotenen Tieropfer ab.

109 Das Gegensatzpaar „stumm – sprechend" verdankt sich zunächst Hebr 12,24 („das
Blut der Besprengung, das besser redet als Abels Blut"), wobei der Gegensatz
stumm in der Adaption von Hebr 9,12 ergänzt wurde. Zudem scheint, wie II Petr
2,16 zeigt, das „stumme Tier" sprichwörtliche Redewendung zu sein.

der Testamente, die mit einem Opferkult verbunden sind, genannt ist, hat der Autor offenbar nicht das jüdische Zeremonialgesetz des AT, sondern, wie auch sonst, seine heidnische Umwelt im Blick. In dieser muss das NT heilig gehalten und bewährt werden.

4.4.2.2.2 Das Gesetz als Vormund

Wenngleich die mosaische Gesetzgebung sich der Sünde des Menschen verdankt und Gebote enthält, „durch die niemand gerettet wird", eignet ihr als vorläufige Institution ein relativer Sinn. Je nach den verschiedenen Zugängen zur atlichen Gesetzgebung, die der Autor wählt, erscheint es mehr oder weniger sinnvoll. Der Ausgangspunkt der Betrachtung wird stets vom NT genommen. Christus ist jedoch Autor auch der atl Gesetzgebung und so geschieht die Neuschöpfung der Menschheit auf dem Hintergrund der Einigung von AT und NT. Zugrunde liegt hier die Einheitslehre von Eph 2,14, die der Autor so uminterpretiert, dass statt der beiden Parteien von Juden- und Heidenchristen die beiden Testamente eins werden[110]:

> „Denn siehe, der Apostel sagt: Er hat die Testamente gemacht, das erste und das letzte, ein Testament. Und er hat das Gesetz der Gebote, die nicht notwendig waren, durch seine Gebote außer Kraft gesetzt, dass er durch die beiden Testamente (...) jene Menschen, die er zu einer Hoffnung gemacht hatte, aufs neue erschaffe." (19,7 [461,21-464,5]). [111]

Das Entweder-Oder von Gesetz und Glaube, das Paulus in Gal lehrt (Gal 3,2), erscheint im LG von vornherein in der von Eph inspirierten Einheitslehre aufgehoben. Im Grunde ist das NT von Anfang an da. Es war nur verborgen und wird mit dem Erscheinen Christi offenbar. In diesem Kontext wird das atliche Gesetz, da es nach Gal 3,23f.4,2 lediglich Vormund ist, zur reinen Negativfolie für das NT:

> „Solange Christus nicht gekommen war, waren wir unter dem Gesetz, welches über uns wie ein Vormund war über das Haus Gottes (vgl. Gal 3,23f. 4,2). (...) So waren auch wir, die wir das Haus Gottes sind, solange wie die-

---

110 Vgl o. 2.3.7, S. 61.

111 Die Neuschöpfung ist mit der Rückkehr zur adamitischen Vollkommenheit identisch, wie am Ende von §7 deutlich wird: „... und wir auf dem Weg laufen, den unser Herr Jesus vor uns gebahnt hat und wir zu jenem Ort gehen, von dem unser erster Vater ausgegangen ist" (19,7 [465,20-22]).

ses Neue Testament verborgen war, unter dem Gesetz des Alten Testamentes wie unter Vormündern. Heute aber, dieweil der Erbe des Hauses offenbart wurde, sind wir nicht unter den Vormündern, sondern unter der Hand des Herrn des Hauses, welcher der Sohn ist, der Christus in dem Neuen Testament, welcher unser Herr Jesus Christus ist" (19,7 [464,5-21]).

Indem der Autor in seinem Zitat von Gal 3,23f den παιδαγωγός durch den ἐπίτροπος (syr. ⲓⲟⲟⲁⲫⲟⲓ) von Gal 4,2 ersetzt, unterscheidet er sich deutlich von der theologischen Tradition, die stets darum bemüht war, das Gesetz als Propädeutik im Blick auf Christus zu würdigen.[112] Anders der Autor, der ihm in seiner Interpretation von Gal 3,23f.4,2 keinen positiven Sinn zugesteht, sondern in ihm nur das „Joch der Knechtschaft" sieht. Welchen Unterschied der Wechsel vom Gesetz zum Evangelium ausmacht, wird durch die Bildrede vom Wegnehmen der Last des AT und dem Aufnehmen des Joches des NT deutlich:

„Das heißt, er hat uns entledigt von dem Joch der Knechtschaft (vgl. Gal 5,1) der Sünde und von den schweren Lasten des Alten Testamentes. Und

---

112 So erkennt Irenäus, Adv. haer. IV,14,3 in der Zeremonialgesetzgebung eine göttliche Pädagogik: „Er aber erzog ein Volk, das geneigt war, zu den Götzen zurückzukehren, durch viele Beschäftigungen vorbauend, dass sie durchhielten und Gott dienten, indem er sie durch das, was sekundär (i. e. die Zeremonialgesetzgebung) war, zu dem Primären rief ..." (Brox, FC 8/4, 108,14-17). Zudem eignet dem Gesetz eine prophetische Qualität, indem es auf Christus weist: „Deshalb war ihnen das Gesetz sowohl Züchtigung als auch eine Prophetie zukünftiger (Dinge)" (Adv. haer. IV,15,1 [Brox, FC 8/4, 110,8f]). Vgl. dazu Hasler, a.a.O., 51. – Für Clemens vgl. Quis div. salv. 9,2: „ ... denn das Gesetz ist heilig (Röm 7,12), bis zu einer gewissen Erziehung mit Furcht und einer Vorschule zur Gesetzgebung Jesu, die hoch ist und bezüglich der Gnade vorrückt. Die Fülle des Gesetzes ist Christus zur Gerechtigkeit jedem, der glaubt (Röm 10,4;13,10), indem er diejenigen, die den Willen des Vaters erfüllen, nicht zu Sklaven macht als ein Sklave, sondern zu Söhnen und Brüdern und Miterben" (Stählin, Clemens Alex. 3, GCS 17,165,19-24). Vgl. dazu Hasler, a.a.O., 60. - Ebenso Origenes, bei dem die Gebote propädeutische Bedeutung haben. Vgl. z.B. Comm. in Mt. X,9: „ Jede Seele also, die zur Kindheit kommt und auf dem Weg zur Vollkommenheit (vgl. Hebr 6,1) ist, bedarf, bis ihr die Fülle der Zeit (vgl. Gal 4,4) bevorsteht, des Pädagogen und der Verwalter und Vorsteher, damit, nach diesem allen, wer früher sich in nichts unterschied von einem Sklaven, obwohl er Herr von allem war (vgl. Gal 4.2.1), (nun) befreit von dem Pädagogen und den Verwaltern und Vorstehern, das väterliche Erbteil empfange, das der sehr wertvollen Perle und dem kommenden Vollkommenen Entsprechende, welches das Stückwerk (I Kor 13,10) vernichtet ..." (Girod, SC 162,19-26). – Hasler betont, dass ungeachtet des Bruches die Kontinuität von Gesetz und Evangelium im göttlichen Erziehungsplan bei Origenes der leitende Gedanke bleibt: „Diese erzieherische Bedeutung des Gesetzes zeigt darum seine Einheit mit dem Evangelium" (a.a.O., 81).

er hat uns das sanfte und geringe Joch des Neuen Testamentes aufgelegt und die geringe Last (vgl. Mt 11,30; Barn 2,6)" (19,7 [465,8-12]).

4.4.2.2.3 Aufhebung der alttestamentlichen in die neutestamentliche Gesetzgebung

Das Bleibende an der atlichen Gesetzgebung ist dem Autor ebenso wie dem Gnostiker Ptolemäus der Dekalog, den der Autor im 22. Traktat als „Jod" bezeichnet.[113] Mit seiner Lehre vom „Jod" als der „Kraft des Gesetzes und der Propheten" prägt der Autor in Traktat 22,21 einen Begriff, der für eine inklusive Gesetzesdeutung steht, gemäß der das Bleibende des Alten Bundes in den Neuen Bund aufgenommen wird.[114] Seinen Ausführungen über das „Jod" stellt der Autor die These von der Aufhebung des Alten durch den Neuen Bund bei gleichzeitiger Vereinnahmung des Alten in den Neuen voraus. Beide Aspekte werden durch eine Deutung der heilsgeschichtlichen Lehre des Eph auf die Gebotsthematik begründet:

---

113 Diese Bezeichnung ist auf eine symbolische Deutung des ἰῶτα in Mt 5,18 zurückzuführen. Der Buchstabe wird LG 22,21 als das Zahlzeichen „Zehn" verstanden und auf den Dekalog gedeutet. – Damit nimmt der Autor nur die eine Hälfte der in der Überlieferung doppelten Symbolik auf. Sowohl in in der syr. Didaskalia deutet das „Jod" außer auf die Zehn Gebote (Didaskalia XXVI [Achelis/Flemming, 129,21-27], vgl. Didaskalia VI,15,4 (lat.) [Funk I, 348,4-8]) auch auf den Jesusnamen (Didaskalia XXVI [Achelis/Flemming, 128,32-129,3]; vgl. Didaskalia VI,15,2 (lat.) [Funk I, 346,11-16]). So auch bei Origenes: ἰῶτα deutet auf den Anfangsbuchstaben des Namens Jesu und weist damit auf die ewige Christus-Wahrheit, die im Gesetz verborgen liegt (Fragmenta in Mt. 99 [Klostermann/Benz, Origenes 12, GCS 41, 56]). Origenes zur Zahlsymbolik des Iota: „Das Iota aber wäre, wie Er selbst sagt, auch die 10 Gebote des Gesetzes. Denn alles vergeht, und diese vergehen nicht" (a.a.O., l. 6-8). Vgl. dazu Hasler, a.a.O., 90. – Aphrahat gebraucht den Begriff des „Jod" ebenfalls, spielt jedoch nicht mit seiner Bedeutung als Zahlzeichen, sondern versteht ihn als Zeichen für das doppelte Liebesgebot (Dem. 2,2 [PS I.1, 61,6-10; 64,7-10]).

114 Inhaltlich bringt die Reihe allerdings nur das fünfte bis achte Gebot, dem das doppelte Liebesgebot vorangestellt wird (22,21 [684,11-17]). Kmosko, a.a.O., CIII, versucht, die Zehnzahl der Glieder dieser Reihe zu erkennen: (1) „Höre, Israel, unser Herr und unser Gott ist einer (Dtn 6,4; Mk 12,29), (2) auf dass du den Herrn, deinen Gott liebst (3) von deinem ganzen Herzen (4) und von deiner ganzen Kraft (5) und von deiner ganzen Seele (Mt 22,37). (6) Und du sollst deinen Nächsten lieben wie dich selbst (Mt 22,39). (7) Du sollst nicht töten. (8) Du sollst nicht ehebrechen. (9) Du sollst nicht stehlen. (10) Du sollst nicht ein Lügen-Zeugnis bezeugen (Ex 20,13-16; Mt 19,18)."

> „Da er nun sagt, dass er aus zweien einen Bund gemacht und das Gesetz der Gebote durch seine Gebote aufgehoben hat, dass er durch einen Bund alles erneuere (vgl. Eph 2,14-15a; 1,10) ..." (22,21 [681,21-23]).[115]

Der Aspekt des Aufhebens wird durch Zitate aus Hebr gestützt:

> „Denn jegliches, das altert, ist aufgebraucht und dem Verderben nahe (Heb 8,13). Und über dieses sind wir daher nicht schuldig zu sprechen (vgl. Heb 9,5)" (22,21 [684,2-5]),

während der Aspekt der Aufnahme des Alten in das Neue mit Mt 5,18 begründet wird:

> „Diese 10 Sätze, die ich hier mit einer Ziffer aufschreibe, sind das ‚Jod', das von dem Pentateuch und den Propheten nicht vergeht" (22,21 [683,9-11]).

Schon vorher, im 19. Traktat, hat der Autor in unnachahmlich systematischem Eifer das „Aufheben" im hegelschen Doppelsinne in einer von der Einheitslehre in Eph 2,14 inspirierten Sprache formuliert:

> „Denn er hat diese großen Gebote des Alten Testamentes aufgehoben, diese, an denen die ganze Kraft des Gesetzes und der Propheten hängt (vgl. Mt 22,36-40), und hat sie in das Neue Testament eingesetzt, und er hat seine ganze Kraft, die erste und die letzte gesammelt und sie in ein Testament, nämlich das Neue gesetzt, dass wir unterscheiden und sehen, welche die Kraft ist, die aus dem Gesetz und den Propheten mit diesen zwei Geboten (vgl. Mt 22,37-39) übereinstimmt, damit wir sie mit der Kraft des Neuen Testamentes verbinden und auf dem Weg laufen, den unser Herr Jesus vor uns gebahnt hat und wir zu jenem Ort hingehen, von dem unser erster Vater (scil. Adam) ausgegangen ist." (19,7 [465,12-22]).

Es wird deutlich, dass noch nicht der Dekalog als solcher, sondern das Doppelgebot der Liebe der Prüfstein für den Umgang mit dem AT ist. Die Gesetzgebung des Herrn erfährt dabei Bestätigung durch den Apostel:

> „... wie unser Herr sagte, dass die ganze Kraft des Gesetzes und der Propheten in diesen beiden Geboten hängt (Mt 22,40). Und wer diese zwei Gebote tut, wird das ganze Gesetz erfüllen, wie Paulus gesagt hat: „Das Ganze wird durch wenig erfüllt, durch jenes: Du sollst deinen Nächsten lieben wie dich selbst (Gal 5,14)" (22,22 [685,3-9]).

---

115 Ähnlich Aphrahat, Dem. 2,6: „Und er machte sie, die beiden, eins, und hob das Gesetz der Gebote durch seine Gebote auf" (PS I.1,157,11f). Aus dem folgenden erhellt, dass Aphrahat die aufzuhebenden Gebote auf das atliche Zeremonialgesetz bezieht.

Mit dieser Lehre von der Aufhebung des AT in das NT greift der Autor
auf Aphrahat zurück:

> „Denn er nahm das Gesetz und die Propheten und hing sie an die beiden
> Gebote und (doch) nahm er nichts von ihnen weg" (Dem 2,7 [PS I.1, 61,10-
> 12]),

übertrifft seinen Lehrer jedoch darin, dass er die Aufhebung des Gesetzes systematisch in den Rahmen des NT einstellt. Es geht nicht um eine
Vereinfachung des Gesetzes, sondern um dessen grundsätzliche Neubewertung im Rahmen des Evangeliums. Es ist also der Paulinismus
des Autors, durch den er sich von seinem Lehrer unterscheidet. Sofern
sie nicht vom ‚Jod‘ abgedeckt wird, gilt die Gesetzgebung als „Testament der Sünden". In Nähe zu Gal 3,19 formuliert der Autor:

> Was aber außer diesem Jod in dem Gesetz und in den Propheten ist, wird
> Testament der Sünden genannt, denn wegen der Sünden des Volkes wurde
> das Testament der Sünden eingemeißelt" (22,23 [685,19-22]).

Der aufnehmende Aspekt der Lehre vom Gesetz erlaubt dem Autor die
Integration der Gerechten des Alten Bundes, welche „im Geiste dieses
Jod befolgten" (24,1 [685,23f]). Die Antithese von dem eingemeißelten
Gesetz und dem Befolgen des Jod im Geiste reflektiert die pl Antithese
aus II Kor 3,3 vom „Geist des lebendigen Gottes", der auf die fleischer-
nen Tafeln des Herzens schreibt und den „steinernen Tafeln".[116] Als
Schriftbeleg für die Gerechtigkeit jener Geistes-Diener des Alten Bun-
des wird dabei der Spruch des Apostels von seiner Untadeligkeit das
Gesetz betreffend herangezogen – durchaus gegen die Intention des
Apostels, der darin gerade nicht seine Ehre legen wollte:

> „Also gereiche es allen von den Alten, die im Geiste dieses Jod befolgten,
> zur Ehre, wie Paulus sagt: In der Gerechtigkeit des Gesetzes bin ich ohne
> Beschämung (Phil 3,6)" (22,24 [685,23-26]).

Den Dienst des ‚Jod‘ und den Dienst der anderen Gebote, „durch die
kein Mensch leben kann" unterlegt der Autor mit der pl Antithese von
Geistesleben und Fleischesdienst:[117]

> „Und alle, die außer dem Jod im Fleische dienten wegen ihrer Streitsucht,
> die lehrte nicht der Geist, sondern (...) zu Sünden gereichten ihnen die Ge-

---

116 Das Gegenstück, die „fleischernen Tafeln des Herzens", findet sich beim Autor
    nicht.

117 Vgl. dazu bes. Röm 8 und Gal 5,13-26.

bote, die nicht schön sind und die Gesetze, durch die kein Mensch leben kann" (22,24 [688,8-13]).

Schon zur Zeit des Alten Bundes zeigt sich somit die Differenz zwischen den Dienern des Geistes und des Fleisches, zwischen denen, welchen „das Testament (scil. der Alte Bund) zur Ehre" gereicht und den Widerspenstigen, denen „die Gebote, die nicht gut sind, und die Gesetze, durch die kein Mensch leben (kann)" zur Sünde gereichen. Durch das Evangelium[118] wird die Zweiheit der Testamente in eine neue Einheit aufgehoben:

> „Lasst uns also mit dem Evangelium übereinstimmen und (mit) dem Jod, welche das eine Testament sind, durch das die Menschen auf neue Weise geleitet werden" (22,23 [685,16-19]).

Dieses Evangelium stimmt, gemäß der Lehre des Autors vom Zusammenfallen des Endes mit dem Anfang, mit dem Urstand Adams überein:

> „Dieses Evangelium aber, das Jesus gab, ist jenes, das Adam übertreten hat - und er ist gefallen" (26,5 [764,23f]).

Da mit dem Evangelium also eine Wiederkehr des ersten Gesetzes vorliegt, ergibt sich eine paradoxe Umkehr der Reihenfolge der Gesetzgebungen: Das mosaische Gesetz ist nunmehr im Verhältnis zum Evangelium das frühere, während es vorher, im Verhältnis zum urständlichen Gesetz, das später gekommene war:

> „Und jene Gerechtigkeit, die Mose gegeben hat und die Propheten, ist jene, die dem Adam gesetzt wurde, nachdem er das urständliche Gebot übertreten hatte. Und es wurde das urständliche Gesetz zum letzten und das letzte zum früheren, gemäß jenem: „Letzte werden Erste sein, und Erste werden Letzte sein" (Mt 20,16; 26,5 [764,24-765,3).[119]

---

118 Der Autor verwendet den syr. Begriff ܣܒܪܬܐ und das gr. Fremdwort ܐܘܢܓܠܝܘܢ nebeneinander. Ein Bedeutungsunterschied ist nicht festzustellen.

119 Der Spruch ist nicht einfach auf den gegebenen Sachverhalt anzuwenden. Ein Lösungsvorschlag: Das Letzte, also das Evangelium, wird Erstes sein, mithin die urständliche Ordnung wiederbringen, und das erste, die Gesetzgebung des Mose, die zeitlich vor dem Evangelium lag, wird hinter diesem zurücktreten und ein Letztes werden. Ebenso Martikainen, Gerechtigkeit und Güte, 24: „Christus hat die Ersten, d. h. die ursprünglichen, adamitischen Gebote zu den letzten, und die Letzten, d. h. die mosaischen Gebote, die er abgeschaffen (sic) hat, zu den Ersten gemacht, d. h. für überholt erklärt."

Das Evangelium ist für den Autor nichts Anderes als Vollkommenheit und Heiligkeit gemäß den Sätzen der Bergpredigt, wie zum Beschluss des 26. Traktats ausgeführt wird und schließt somit den Bogen zum Gesetz des Urstands.

Für den heutigen (evangelischen) Leser wirkt es befremdlich, dass das Evangelium für den Autor zwar im Gegensatz zur mosaischen Gesetzgebung steht, gleichwohl aber im hermeneutischen Horizont des Gesetzesbegriffs verstanden wird. Hier steht der Autor in einer langen Tradition. Der älteste Beleg für die Auffassung Jesu als Gesetzgeber findet sich bekanntlich in Barn 2,6, wo Christus als Autor eines neuen Gesetzes im Gegensatz zum jüdischen Zeremonialgesetz erscheint.[120] Diese Linie lässt sich über die apostolischen Väter,[121] die Apologeten,[122] und Irenäus[123] bis zu Clemens von Alexandrien und Origenes[124] verfolgen, wie Victor Ernst Hasler gezeigt hat. Der markante Unterschied des Autors zum Hauptstrom der Theologie besteht jedoch 1. in der Schärfe der Unterscheidung der Gesetze, „durch die niemand gerettet wird" von dem „Jod", 2. in dem Verzicht auf die typologische Deutung des Zeremonialgesetzes und 3. in der zumindest in einer Gedankenreihe möglichen Überbietung aller Gesetzgebung durch die Liebe.

Die ersten beiden Beobachtungen lassen sich zunächst dadurch erklären, dass der Autor keine Logoslehre kennt und damit über keine Theorie für eine wesentliche Harmonie der Gesetzgebung verfügt, wie sie etwa bei Irenäus vorliegt[125] und dann bei Origenes zu einer ge-

---

120 „Das also hat er ungültig gemacht, damit im neuen Gesetz unseres Herrn Jesus Christus, das ohne Zwangsjoch ist, die Opfergabe nicht von Menschen bereitet sei" (Übers. Wengst, SUC 2, 141).

121 Z.B. Hirt des Hermas, Sim. V 6,3: „Nachdem er also selbst die Sünden des Volkes gereinigt hatte, zeigte er ihnen die Wege des Lebens, indem er ihnen das Gesetz gab, das er von seinem Vater empfangen hatte" (Übers. Leutzsch, SUC 3, 265). Vgl dazu Hasler, a.a.O., 30. Zu Sim. VIII 3,2, wo der große Baum mit dem Gesetz Gottes und dieses wiederum mit dem Sohn identifiziert wird (SUC 3, 285), schreibt Hasler, a.a.O., 31: „Das Evangelium ist als Gesetz gefasst".

122 Zu Justin vgl. Hasler, a.a.O., 32.

123 Vgl. Hasler, a.a.O., 50-54.

124 Vgl. Hasler, a.a.O., 58ff

125 Adv. haer. IV,9,1: „Utraque autem testamenta unus et idem paterfamilias produxit, Verbum Dei, Dominus noster Iesus Christus ..." (Brox, FC 8/4, 68,23-25). Vgl. dazu Kühneweg, a.a.O., 258.

zwungen wirkenden Harmonisierung von AT und NT führt.[126] Während Origenes sich stets deutlich von der markionitischen Trennung des Gottes des Evangeliums von dem Gott des Gesetzes abgrenzt,[127] scheut sich der Autor nicht, die Differenz festzuhalten, auch wenn er nicht die gnostische Konsequenz der Aufspaltung Gottes nachvollzieht. Liebe als Jenseits des Gesetzes ist eine Denkmöglichkeit, die auch schon bei Irenäus aufscheint,[128] der Autor bringt sie jedoch klar auf den Punkt.

4.5 Ekklesiologie

Das reflektierte Kirchenbild des Autors wird im folgenden, angefangen von der Sicht des Autors auf die empirische Gestalt der Kirche, aufsteigend zu dem Idealbild als einer unter der informellen Leitung der Vollkommenen stehenden charismatischen Kirche und schließlich in der Darstellung der aus dem Konflikt zwischen empirischer und idealer Kirche erwachsenen ekklesiologischen Systematik erörtert.

---

126 Vgl. Hom. in Jer. 9 „So darf ich wohl sagen, daß Christus an Mose erging, an Jeremia, an Jesaja und an jeden der Gerechten. (...) Denn wir wollen, dass der Gott des Evangeliums derselbe sei, derselbe Christus, damals, jetzt und für alle Zeiten" (Klostermann/ Nautin, GCS, Origenes 3, 64,10-12.18-20; Übers. Schadel, BGrL 10, 113,17-19.25-27). Cels. VII,25 geht Origenes, um die Einheit des Gottes des Gesetzes und des Evangeliums darzulegen, so weit zu behaupten, dass das Gebot der anderen Wange (Mt 5,39) schon im AT stehe: Klagel 3,27-29 (Borret, SChr 150, 70,8-72,22).

127 Hom in Jer. 9 „Es werden aber Leute auftreten, die die Gottheit, die gemäß ihrer Auffassungsweise vor der Ankunft des Heilands liegt, von der durch Jesus Christus angekündigten Gottheit absprengen. Wir aber kennen nur einen Gott für damals und jetzt, nur einen Christus für damals und jetzt" (Klostermann/Nautin, GCS, Origenes 3, 64,20-24; Übers. Schadel, BGrL 10, 113,27-31). Vgl. dazu Hasler, a.a.O., 84.

128 Irenäus spricht Epid. 96 von Menschen, die das Gesetz als Erzieher nicht mehr nötig haben, weil sie ihr Verlangen und ihre Leidenschaften so sehr überwunden haben, dass sie den Dekalog sowie dessen Verschärfung in der Bergpredigt hinter sich gelassen haben. Diese Vollkommenen, die mit dem Vater sprechen und „ihm von Angesicht zu Angesicht gegenüber" stehen, sind durchweg als Asketen gezeichnet (Übers. Brox, FC 8/1,93f). Vgl. dazu Hasler, a.a.O., 54. Der Begriff der Liebe fehlt hier jedoch.

4.5.1 Die empirische Kirche

Die Kirche in ihrer pastoralen Praxis und ihrer hierarchischen Struktur ist dem Autor ein bekanntes Phänomen. Als Lehrer nimmt er eine eigenartige Zwischenstellung ein, indem er sich einerseits der Mission der Kirche verpflichtet weiß und andererseits in der verfassten Kirche keinen Platz hat.

Im Zusammenhang des 13. Traktates „Über die Lebensführung der Gerechten" wird ein Blick auf die kirchliche Praxis eröffnet. Im Anschluss an das Vierte Gebot lehrt der Autor Ehrerweisung auch gegenüber der Kirche und ihren Priestern sowie die Beobachtung der kirchlichen Gebräuche. Die Beobachtung des kirchlichen Herkommens wird als Betätigung auf der ethischen Stufe der Gerechtigkeit gesehen. Deutlich wird dabei die Außenperspektive des Autors und damit seine Distanz zur kirchlichen Praxis:

> „Die Gerechtigkeit[129] ehrt die Eltern, die sie geboren haben. Und nicht hören sie von ihr ein hartes Wort. Und die Alten ehrt sie und grüßt sie. Und die Priester ehrt sie und hört auf ihre Worte. Und sie geht zu ihnen hin und gibt ihre Erstlinge ihren Priestern, von allen ihren Erträgen und die Erstlinge ihrer Backtröge (vgl. Num 15,20; Hes 44,30) und die Erstlinge von allem, was sie erworben hat. Und sie bringt es hinein in das Haus des Herrn. Und sie beneidet nicht das Wohlleben der Priester, die ihre Toten bestatten und ihre Kranken besuchen und ihre Lebenden lehren und erbauen. Und am ersten Tage der Woche nimmt sie in das Haus des Herrn vom (Ertrag) ihrer Arbeit für die Bedürftigen (vgl. I Kor 16,2), denn sie kommen im Hause unseres Herrn zusammen. Und in den Stationen des Fastens händigt sie alles Aufgesparte dem Hause des Herrn aus. Und sie ist besorgt, dass sie hingeht und zu ihrer Zeit betet und sieht, ob es heute Bedürftige gibt, (und) sie stellt sie zufrieden, damit sie Lohn von unserem Herrn empfange" (13,2 [308,20-309,10]).

Die Kirche wird durch lokale Bischöfe regiert, die in ihren Diözesen eine erstaunlich weit- gehende juristische Vollmacht ausüben (LG 19,24.31).[130] Entsprechend seiner distanzierten Betrachtungsweise ver-

---

129 ,Gerechtigkeit' ist im folgenden Subj.

130 Einen Vergleichspunkt bietet die Lehre vom monarchischen Episkopat in der syr. Didaskalia. Hier steht der Bischof an der Stelle Gottes; seine Vollmacht besteht im Binden und Lösen (Didaskalia V, VI und IX [Achelis/Flemming, 19,23-26; 27,31-33;

meidet der Autor jedoch den Begriff ܐ̈ܦܣܩ̈ܘܦܐ und setzt stattdessen ܪ̈ܫܐ
„Oberhäupter".[131] Nach 19,31 ist dieser Obrigkeit das Recht zur Judika-
tive gegeben, mit der Maßgabe, den Schwachen beizustehen und den
Bösen zu wehren:

> „Den Oberhäuptern aber, ein ums andere Land gehört ihnen, dass sie, wie
> es nötig ist, mit Milde zurechtweisen und wie es gerecht ist, nach Ange-
> messenheit alles unterscheiden, was nötig ist in den Versammlungen, die
> von Land zu Land (stattfinden), und alles, was hilfreich ist, sei es für die
> Kinder, sei es für die Schwachen, sei es für die Unverschämten, sei es für
> die Widerspenstigen" (19,31 [505,11-16]).

Den Zweifel des heutigen Lesers, ob es sich bei diesen ܪ̈ܫܐ nicht eher
um politische Machthaber handelt,[132] zerstreut der Vergleich mit LG
22,5-7, wo der Begriff, wenn er Könige, Statthalter, Richter und Henker
bezeichnen soll, negativ qualifiziert wird: ܪ̈ܫܐ ܒ̈ܝܫܐ „böse Oberhäupter"
(22,6 [648,5]) bzw. ܪ̈ܫܐ ܕ̈ܥܠܡܐ ܒ̈ܝܫܐ „Oberhäupter der bösen Welt" (l. 15).
Mit dieser Qualifizierung wird angezeigt, dass das Kirchenregiment in
den Augen des Autors noch auf der Stufe der Gerechtigkeit steht, während das politische Regiment unterhalb derselben angesiedelt ist.[133]
Das Verhältnis der Vollkommenen zu den kirchlichen ܪ̈ܫܐ wird nach
zwei Seiten bestimmt: Den Vollkommenen ist die Annahme eines

45,17-20]; vgl. Didascalia II,11,1 [Funk, 46,17-20; nicht so in Const. Ap]; II,18,2 [Funk,
    46,17-20; nicht so in Const. Ap.], II,26,2 [Funk, 164,4-6; ähnlich in Const. Ap. II,26,4:
    „Dieser ist euer irdischer Gott nach Gott" [Funk 105,7]]). Vgl. dazu den Kommentar
    bei Achelis/Flemming, 269f.

131 Die selbe Distanz ist bei Origenes zu spüren, wenn er von den „superiores" spricht:
    „Die Oberen aber sind zum geringen Teil von denjenigen, die - es sei gestattet - we-
    niger an Vernunft, doch mehr an Einfalt und Unschuld bewahren" (Hom. in Gen.
    II,3 [Doutreleau, SC 7bis, 92,51-53]).

132 Nach Didaskalia IX ist der Bischof wie ein König zu ehren (Achelis/Flemming, 49,9f;
    50,10f; vgl. Const. Ap. II,34,1 [Funk, 117,12f], II,34.5 [Funk, 119,7f]). – Sucht man aus-
    gehend von den Aussagen des LG über das kirchliche Leitungsamt, die den Leser
    wegen der starken Betonung seiner richterlichen Gewalt zu der Frage, ob von einem
    kirchlichen und nicht vielmehr von einem politischen Amte die Rede sei, veranlas-
    sen, ein kirchengeschichtliches Datum, möchte man an die Anerkennung des Bi-
    schofsgerichtes durch Konstantin i. J. 318 denken (vgl. Ritter, Alte Kirche, 125 [Nr. 52
    d]). Dabei bliebe freilich noch zu klären, in wie weit die römischen auf die persi-
    schen Verhältnisse übertragbar sind, wenn denn der LG auf persischem Boden ge-
    schrieben wurde.

133 S. u. 5.3, S. 178f.

kirchlichen Amtes verwehrt und den Amtsträgern der Zugang zur
Vollkommenheit:

> „Die Vollkommenen streben obrigkeitliche Würde (زَمَشَاﺋِ) nicht an, und
> wenn sie in obrigkeitlicher Würde sind und zur Vollkommenheit gehen,
> verlassen sie die obrigkeitliche Würde. Und dann vermögen sie's, dass sie
> vollkommen werden, weil die Vollkommenen jedermann mit Demut leh-
> ren und sie die Menschen nicht mit Zwang fordern können wie die Ober-
> häupter. Den Oberhäuptern aber, die über einzelne Länder Gewalt haben,
> ist erlaubt, dass sie alles mit Gerechtigkeit einfordern und dass sie den mit
> Angemessenheit zurechtweisen, welcher gegen die Gerechtigkeit rebelliert
> und dass sie ihn aus ihrer Mitte verbannen, bis er bereut. (...). Die, welche
> Recht und Vergeltung einfordern, können nicht vollkommen werden. (...)
> Sie können den vollkommenen Willen des Herrn nicht tun, weil sie, solan-
> ge sie Versammlungen vorstehen, diese kleinen Gebote nicht verlassen und
> zu den großen Geboten gehen können, in denen der vollkommene und an-
> genehme Wille unseres Herrn (vgl. Röm 12,2) ist" (19,24 [493,10-496,7]).

Allerdings ist dem Autor die Notwendigkeit des kirchlichen Amtes um
der Eindämmung des Bösen und des Schutzes der Schwachen willen
bewusst. Er wirbt sogar bei den Seinen um Verständnis für diese Obrigkeit, da ihre Residenzpflicht Vorraussetzung für die Ausübung ihrer
richterlichen Pflicht ist (19,31 [505,19-508,3]).

Ebenso soll die lokal residierende Obrigkeit Verständnis für die
predigend reisende Existenz der Vollkommenen haben, die offenbar
einen Streitpunkt in der Beziehung zu den lokal residierenden Bischöfen darstellte:

> „Auch ihr Oberhäupter, habt Verständnis für die Lebensweise der Voll-
> kommenheit und seid nicht ungehalten über uns und tadelt uns nicht bei
> etwas, das unser ist, und hasst uns nicht ohne Grund, und verfolgt uns
> nicht umsonst, (indem ihr uns entfernt) von dem Dienst, welcher für uns
> gerecht ist, dass wir in ihm wandeln und zu jedermann hinausgehen ..."
> (19,31 [508,5-10]).

4.5.2 Die charismatische Gestalt der Kirche

Der Autor lebt allerdings mit einem Kirchenbegriff, der ihm nicht aus
der Empirie, sondern aus der Schrift gegeben ist. In pl Tradition stellt
er einen charismatischen Kirchenbegriff vor. Allerdings hebt der Autor
die lehrhaften Charismen auf Kosten wunderhafter Kraftwirkungen

heraus, wie die Gegenüberstellung des P-Textes von I Kor 12,28 mit der Adaption im LG erweist:[134]

> Und der Apostel zeigt, dass Gott in der Kirche eingesetzt hat Vollkommene und nach ihnen Propheten und nach ihnen Starke und Lehrer und Erbauer und Helfer und nach ihnen Gaben der Heilung (LG 9,14 [233,18-21]).

Aus der achtteiligen Reihe des Apostels hat der Autor vier Glieder in seine siebenteilige Reihe übernommen. In Wegfall kamen dabei die Wundertäter und die Zungenrede. An der Neugestaltung der pl Reihe lässt sich eine starke Betonung auf der Lehre und dem Wort in der Charismenlehre des Autors ablesen, wobei die Vollkommenen als Nachfolger der Apostel die geistige Führerschaft beanspruchen.[135]

In der alten Kirche bestanden zwei verschiedene Vorstellungen über die Nachfolge der Apostel, eine, die vom Amt, eine andere, die vom Charisma ihren Ausgangspunkt nimmt. Während für den Kirchenmann Irenäus die Priester und Bischöfe die Nachfolger der Apostel sind, da sie als deren rechte Erben die Lehre unverfälscht bewahren,[136] stellt sich für den Theologen Origenes, der die Apostel nicht in erster Linie als Amtsträger, sondern in ihrer inneren Würde als Vorbilder der Vollkommenheit ansieht,[137] derjenige als Nachfolger der Apostel heraus, der sich ihrer Vollkommenheit angleicht.[138] Die Ersetzung „Vollkommene" für „Apostel" zeigt, dass der Autor der zweiten Traditionslinie zuzurechnen ist. Wenn nach Origenes äußeres Amt und Charisma durchaus zusammenfallen können, auch wenn die geschichtliche Pra-

---

134 Vgl. o. 2.3.7, S. 48.

135 Ähnlich schon Origenes, der in der allegorischen Auslegung der Arche Noah diejenigen, „die durch vernünftige Erkenntnis leben und in der Lage sind, nicht allein sich zu beherrschen, sondern auch andere zu lehren", an die Spitze der in der Arche präfigurierten Hierarchie stellt: „Und diese sind, welche auf die höchste Stufe gestellt sind und auf den höchsten Punkt der Arche platziert werden" (Hom. in Gen. II,3 [Doutreleau, SC 7bis, 39-41,46f]).

136 „Deshalb gehört es sich, denen, die in der Kirche Presbyter sind, zu gehorchen, die das Erbe von den Aposteln haben, wie wir gezeigt haben, die mit der Erbschaft des Bischofsamtes das Charisma der Wahrheit als ein gewisses gemäß dem Wohlgefallen des Vaters empfangen haben" (Adv. haer. IV,26,2 [Brox, FC 8/4, 206,5-8]).

137 So Vogt, Kirchenverständnis, 16. 59.

138 Nach Origenes können nur die Apostel und die ihnen ähnlich werden sagen: „Wir sind Christi guter Duft" (Hom. in Cant. 1,2 [Baehrens, GCS 33, Origenes 8, 30,14]). Vgl. dazu Vogt, a.a.O., 16.

xis eher das Gegenteil lehrt,[139] der Autor aber die Bischöfe von der Vollkommenheit ausdrücklich ausschließt, erhält seine Ersetzung der „Apostel" durch die „Vollkommenen" eine provokante Note.

In der gottesdienstlichen Praxis hat die Schriftlesung die Glossolalie abgelöst, wie die Interpretation der pl Gottesdienstordnung I Kor 14,27 durch den Autor zeigt:[140]

> „Wenn die Schriften gelesen werden, zwei oder drei und so weiter,so möge auslegen jener, der auslegt, d. h. wer mit dem Geist verschwistert ist" (LG 1,1 [12,18-13,1]).[141]

4.5.3 Eine zweipolige Ekklesiologie (Traktat 12)

Die beiden im 12. („Über den Dienst der verborgenen und der offenbaren Kirche") und im 28. Traktat („Über die Seele des Menschen, dass sie nicht Blut ist") enthaltenen ekklesiologischen Ausführungen bieten eine systematische Ekklesiologie, die seit Kmosko das Interesse der Forschung geweckt hat.[142]

Anlass für die Entfaltung seiner Ekklesiologie ist die Absicht des Autors, der verfassten Kirche die Mitarbeit der nach Vollkommenheit strebenden Asketen zu erhalten. Sein Kirchenmodell entfaltet der Au-

---

139 Vgl. dazu Vogt, a.a.O., 61.

140 Es muss vorerst offen bleiben, ob der Autor hier seinen eigenen Unterricht oder einen Gottesdienst meint. Selbstverständlich ist für den Autor die geistige Schriftauslegung seine Form des Gottesdienstes.

141 S.o. 2.3.7, S. 63.

142 Kmosko hat in seiner praefatio der Ekklesiologie und der Sakramentenlehre des Autors einen Abschnitt gewidmet (a.a.O., LXXXVIII-XCV). Vööbus führt die Kirchenlehre des LG als Argument gegen die Einordnung des LG in den Messalianismus an (ders., PETSE 7 [1954], 111-113). –- Murray setzt die Ekklesiologie des LG, die in einer „uniquely systematic way" dargelegt sei (Murray, Symbols, 275) und die er mit der des Ps.-Makarius und des Balai für vergleichbar hält, von der früheren individualistischen Frömmigkeit der ‚Bundessöhne' ab (a.a.O., 274). – Böhlig hat in seiner Untersuchung „Zur Rhethorik im Liber Graduum" dem 12. Traktat „Über den Dienst der verborgenen und offenbaren Kirche" einen eigenen Absatz gwidmet, in dem er die Abfolge der Argumentationsschritte vom exordium über die narratio bis zur peroratio anhand seiner Paraphrase des Textes demonstriert (Böhlig, Gnosis und Synkretismus Tl. 1, 206-208). – Nagel hat an den einschlägigen Texten die zugleich typologische und eschatologische Struktur der Entsprechung von sichtbarer und unsichtbarer Kirche aufgezeigt (Nagel, SOrth 3 [1996], 40-42).

tor in zwei gegenläufigen Bewegungen: Einerseits empfängt die sichtbare Kirche ihr Wesen von der unsichtbaren Kirche, andererseits wird die Schau des Herrn der jenseitigen Kirche nur dem offen stehen, der den Dienst in der irdischen Kirche nicht scheut. In ihrem Sein kommt die Kirche von oben her, in ihrem Werden baut sie sich von unten her auf. Ausgangspunkt der Ekklesiologie des 12. Traktates ist die Mahnung an die Fortgeschrittenen, den Dienst an der Basis nicht zu verweigern. Die Argumentation des Autors bedient sich dabei für die irdische Existenz des Kirchenchristen des Bildwortes vom Leib als Tempel des Heiligen Geistes (I Kor 6,19), für die jenseitig existierende Kirche einer Sprache, die von Gal 4,26 ("die Freie") und von Hebr 12,23f, dem Lob des himmlischen Jerusalems, angeregt ist.

> „Und da wir wissen, dass es ein verborgenes Fasten[143] des Herzens gibt, (d.h. der Enthaltung) von bösen Gedanken, lasst uns auch offen sichtbar fasten wie unser Herr uns seine Prediger gefastet haben, die ersten und die letzten.[144] Und da wir wissen, dass der Leib ein verborgener Tempel (vgl. I Kor 6,19) und das Herz ein verborgener Altar für den Dienst im Geiste ist, sollen wir an jenem offenbaren Altar Eifer zeigen und vor diesem offenbaren Tempel, damit, während wir uns mit diesen abmühen, wir von Ewigkeit zu Ewigkeit in jener freien, großen Kirche, die im Himmel ist (vgl. Gal 4,26) leben und an jenem großen, im Geiste geschmückten und aufgerichteten Altar, vor dem die Engel und alle Heiligen dienen und (wo) Jesus als Priester und Einsegner wirkt (vgl. Hebr 12,23f), vor ihnen und über ihnen und von allen Seiten"[145] (12,1 [285,14-288,13]).

Der Weg zu dem unsichtbaren Ziel der sichtbaren Kirche[146] geschieht in der leiblichen Existenz. Hier hat das Pauluswort vom Leib als Tempel seinen Sitz in der Argumentation des Autors:

> „Aber, dass wir von diesem, das sichtbar ist, zu diesem, das den Augen des Fleisches nicht sichtbar ist, das im Himmel ist, gelangen, indem unsere

---

143 Das concretum „Fasten" steht hier für das abstractum „Enthaltsamkeit".

144 Unter den „ersten und den letzten" sind entweder die Propheten des Alten Bundes und die Apostel mit den späteren Predigern des Neuen Bundes oder, nur auf Seiten des Neuen Bundes die Apostel einerseits und die Prediger andererseits zu verstehen.

145 Die eigentümliche christologische Motivik von dem Priesterdienst leistenden Christus scheint ihren Ausgangspunkt in dem „Mittler des neuen Bundes" von Hebr 12,24 zu haben. Für das Stichwort des Altars wäre an Hebr 13,10 zu denken.

146 Der Autor macht die Sichtbarkeit der Kirche an den drei notae Kirche, Altar und Taufe fest. Dabei ist „Altar" offenbar auf das Herrenmahl zu deuten.

Leiber Tempel sind und unsere Herzen Altäre[147] und wir offenbar machen (scil. das Unsichtbare) und eintreten (scil. in das Unsichtbare), während wir in dieser Kirche sind mit ihrer Priesterschaft und mit ihrem (Gottes)dienst, dass sie gute Beispiele seien für alle Menschen, die sich in ihr an das Wachen und das Fasten und die Duldsamkeit unseres Herrn und seiner Verkündiger angleichen - dafür lasst und wirken und lehren" (12,2 [287,23-289,5]). [148]

Die Mitarbeit in der Kirche geschieht in dem Wissen, dass die sichtbare Kirche ihr Sein von der unsichtbaren Kirche empfängt:

„... so dass alles, was in dieser Kirche ist, durch die Abbildlichkeit (ܟ̇ܡܕܐ)[149] jener verborgenen Kirche Bestand hat" (12,2 [289,12]).

---

147 Dem Autor ist das Zitat vom Leib als Tempel des Hl. Geistes nicht geläufig Er kennt nur das verkürzte Stichwort, das aber mit dem des Herzens als eines Altars zu einem synonymen Parallelismus ergänzt wird.

148 Origenes lehrt ähnlich über die Mitarbeit in der sichtbaren Kirche. Jedoch behauptet er diesen Dienst nicht mit der gleichen Unbedingtheit wie der Autor; er ist bedingt erforderlich, nämlich durch das Bedürfnis der „Fleischlichen" und aufgrund der Verantwortung der Begabten für diese, wie Origenes Comm. in Joh. I,7,42f sagt: „[Wie Paulus sich um der Juden willen jüdischen Riten angepasst hat] so ist der, der zum Nutzen von Vielen herausragt, nicht in der Lage, allein durch das Christsein im Verborgenen diejenigen, die in dem offenbaren Christsein wandeln, zu bessern und zum Besseren und Oberen voranzubringen. Und wo es nötig ist, das leibliche Evangelium zu verkündigen, das sagt, nichts zu wissen bei den Fleischlichen als Jesus Christus und diesen gekreuzigt (I Kor 2,2), so ist dieses zu tun. Wenn sie aber erfunden werden, dass sie im Geiste bereitet sind und in ihm Frucht bringen und die himmlische Weisheit lieben, ist ihnen das Wort mitzuteilen, das von dem Fleischgewordensein (Joh 1,14) zu dem ‚Es war im Anfang bei Gott' (Joh 1,2) aufsteigt" (Comm. in Joh. I,7, §§42.43; [Blanc, SC 120, 82,17.84,8]).

149 ܐܠܡܕܗܪ ist entweder im Hinblick auf die sichtbare Kirche „durch die Abbildlichkeit" oder in Hinsicht auf die unsichtbare Kirche „nach dem Urbild" (so Nagel, SOrth 3 (1996), 41) zu verstehen. Für „Abbild" spricht: Brockelmann, Lexicon, ܐܠܡܕܗ 7. typos, figura, für „Urbild" die Verwendung in Gen 1,26 (ὁμοίωσις). Da jedoch für „Urbild" ܐܠܡܕܐ in Gebrauch steht und dieses zudem in Opposition zu ܐܠܡܕܗ verwendet wird: „Deshalb hat Gott zuerst den Propheten und den Aposteln im Fleische Bilder (ܐܠܡܕܗܪ) des Heils geformt. Und dann zeigte er ihnen im Geiste das vollendete Urbild (ܐܠܡܕܐ)" (28,8 [800,12-14]), möchte ich ܐܠܡܕܗ als Synonym für das ebenfalls in Gebrauch stehende Fremdwort ܐܠܛܘܦܣ (τύπος) (800,6) auffassen. So stehen die beiden Begriffe 28,8 auch nebeneinander: „Und alles, was sichtbar ist, ist ein Abdruck (ܐܠܛܘܦܣ) von etwas, das man nicht sieht. Und durch das Abbild (ܐܠܡܕܗ) von jenem das nicht sichtbar ist, wird dieses gebildet, das sichtbar ist." (28,8 [800,5-8]). – Ich verstehe also den Satz in 12,2 in folgendem Sinne: „... so dass alles, was in dieser Kirche ist, darin Bestand hat, dass sie Abbild jener verborgenen Kirche ist."

Dieselbe Lehre von der seinsmäßigen Priorität der himmlischen Kirche in dichterische Sprache gekleidet:

> „Denn jene Kirche im Himmel – von dort beginnt alles zu sein, was schön ist, und von dort ist uns das Licht aufgegangen an allen Enden. Und zu ihrem Abbild (ܕܡܘܬܐ) ist die Kirche auf Erden und ihre Priester und ihr Altar und nach dem Abdruck (ܛܘܦܣܐ) ihres Dienstes dient das Fleisch von außen her und leistet das Herz Priesterdienst von innen her" (12,2 [292,13-19]).

Wird die offenbare Kirche jedoch verachtet und ihre Autorität angezweifelt, so zerbricht das Gleichnis vom Leib als Tempel und das Ziel der himmlischen Kirche wird verfehlt:

> „... so wird unser Leib nicht Tempel und unser Herz nicht Altar und Quelle des Lobpreises sein. Und nicht wird jene erhabene Kirche und ihr Altar und ihr Licht und ihre Priesterschaft uns offenbar werden, wohin alle Heiligen versammelt werden" (12,2 [289,18-22]).

Allen Verächtern wird die Heiligkeit der Kirche entgegengehalten. Das Bildwort des Tempels gilt auch ihr:

> „Sie ist in Wahrheit Kirche und gesegnete Mutter, welche alle Kinder erzieht, und das Fleisch und das Herz, in welchem unser Herr weilt. Und weil der Geist in ihr wohnt, ist sie der Tempel in Wahrheit und Altar, weil unser Herr dort wohnt" (12,2 [292,6-10]).

Die an dieser Stelle folgende Schriftbegründung für das Bekenntnis zur Kirche gilt jedoch nicht eigentlich dieser selbst als Institution, sondern den einzelnen Menschen, aus denen sie besteht:

> „wie geschrieben steht: Eure Leiber sind Tempel des Herrn (vgl. I Kor 6,19), und in eurem inneren Menschen wohnt Christus (Eph 3,16)" (12,2 [292,11-13]).[150]

Die Kirche ist Tempel nur im abgeleiteten Sinne. Insofern lässt sich sagen, dass die „individualistic piety"[151] der frühsyrischen Asketen in der Ekklesiologie des Autors gleichwohl noch erhalten ist und sogar deren Kern bildet. Offenbar ist dem Autor von seiner theologischen Tradition

---

150 Mit dieser Zitatkombination gelingt es dem Autor, die Harmonie zwischen äußerer und innerer Wahrheit der Kirche zum Ausdruck zu bringen. Der Satz steht zwischen den beiden thematischen Schwerpunkten von Traktat 12,2. War zu Beginn die Rede von der äußerlich sichtbaren Kirche, die in „Wahrheit" Kirche ist, so wendet sich der Autor zum Beschluss des § zur inneren Wahrheit der Kirche: Sie empfängt ihr Sein von der himmlischen Kirche.

151 Murray, a.a.O., 274.

her das heutigen Kirchenchristen geläufige Bild von der Kirche als Leib Christi (I Kor 12,12) nicht vorgegeben. Mit dem Tempel Gottes ist schon bei Origenes der Menschenleib, nicht die Kirche gemeint.[152]

Die Mutter Kirche hat einen pädagogischen Auftrag.[153] Sie gebiert Kinder und zieht sie auf (12,3) und gibt Anfängern und Fortgeschrittenen die jeweils zuträgliche geistige Nahrung (12,4f). Die Vollkommenen führen diesen pädagogischen Auftrag aus und bauen so die Kirche.[154] Hier stellt sich heraus, dass das Bildwort vom Leib als Tempel erst für den Fortgeschrittenen gilt:

> „Und dann kommen sie zum Fortschritt und zur Erkenntnis des Leibes und des Herzens. Und sie machen ihre Leiber zu Tempeln und ihre Herzen zu Altären ..." (12,3 [293,2-5]).

Die Stufenfolge der Pädagogik führt den Autor zu einer seinsmäßigen Stufung, in der er nunmehr drei Kirchen und den ihnen entsprechenden Dienst unterscheidet, den „dieser Kirche" von dem „des Herzens und des Geistes" und dem der „Kirche, die im Himmel ist", die gemäß der präsentischen Eschatologie des Autors für die Vollkommenen

---

152 Das Gegenbild zum heidnischen Tempel ist bei Origenes nicht die Kirche, sondern der geheiligte Leib: „Wenn man aber auch Tempel mit Tempeln vergleichen muss, damit wir denen, die das (scil. die Anschauungen) des Kelsos annehmen, darlegen, dass wir uns nicht davor scheuen, Tempel zu errichten, die den besagten Götterbildern und Altären entsprechen, wir uns aber (davon) abwenden, dem Anführer allen Lebens tote und unbelebte Tempel zu errichten, (so) soll's hören, wer will, auf welche Weise wir lehren, dass unsere Leiber Tempel Gottes (I Kor 3,16) sind, und wenn jemand durch die Schamlosigkeit oder die Sünde den Tempel Gottes verdirbt (I Kor 3,17), dieser als wahrhaft Gottloser in Bezug auf den wahren Tempel verdorben werden wird" (Cels.VIII,19 [Borret, SC 150, 214,1-9]). – Bei Ps.-Clemens Rom., De virginitate 1,9.2 sind die Asketen der Tempel, wobei sich das Bild hier enthusiastisch zur Stadt weitet: „Und sie sind wahrhaftig die Stadt Gottes, und Häuser und Tempel, in denen Gott wohnt und weilt und unter denen er einhergeht, wie in der heiligen Stadt, die im Himmel ist" (Duensing, ZKG 63 [1951], 175,3-5).

153 So auch Origenes, nach Vogt, a.a.O., 228: „Die Kirche erweist sich als Mutter, sie gebiert und nährt und zieht groß in besonderer Weise durch ihre Lehre."

154 „Dieser Mensch also, der liebt und vervollkommnet wird, kann die Kirche bauen, denn er weiß, mit wem es sich schickt, die Gebote des Glaubens zu besprechen, dass er durch sie bewahrt und gerettet werde, und mit wem es sich schickt, dass er von den Geboten der Liebe spreche, dass er durch sie wachse, und für wen es angemessen ist, dass er ihn den Dienst der Gerechtigkeit lehre, dass er durch sie wachse" (30,3 [868,11-18]). – Die Ausdrucksweise „die Kirche bauen" ist wohl für den Autor eine Spur zu banal und kann als Hinweis darauf gewertet werden, dass der 30. Traktat einem Schüler des Autors zugehört.

schon auf Erden im Herzen erreichbar ist (12,3f). Entsprechend der er-
reichten Stufen verhält sich der eschatologische Lohn. Die Schriftbegründung für diese Stufung findet der Autor in I Kor 15,40f. Aus der
Lehre über die abgestufte Herrlichkeit von Himmelskörpern entnimmt
der Autor den Grundsatz:

> „Aber hervorragender ist eine Herrlichkeit gegenüber (einer anderen)
> Herrlichkeit" (12,4 [293,24f]),

löst ihn aus dem eschatologischen Zusammenhang und überträgt ihn
in seinen ekklesiologischen Argumentationsgang. Die Unterschiede in
der Herrlichkeit beziehen sich auf den Dienst in den drei Kirchen, den
„dieser Kirche", „der des Herzens und der des Geistes". Insofern als
die letztere das eschatologische Ziel bezeichnet, wird der Autor alllder-
dings dem Sinn von I Kor 15,40 gerecht. Wiederum prägt der Autor
den Seinen ein, dass man bei diesem Aufstieg die sichtbare Kirche nicht
hinter sich lässt, sondern im kirchlichen Dienst des jenseitigen Horizon-
tes ansichtig wird:

> „Wenn sich aber jemand dieser Kirche, die sichtbar ist, widmet, wird er in
> jener des Herzens sein und in jener der Erhabenheit" (12,4 [296,8-10]).

Berufung auf Innerlichkeit wird als Bequemlichkeit enttarnt:

> „Und wenn wir wollen, dass wir uns keine Mühe mit der Kirche machen,
> reden wir uns (damit) heraus, dass unser Herz eine Kirche sei" (10,7
> [262,16f]).[155]

Zuletzt wird dem unkirchlichen Eremitendasein eine Absage erteilt, da
dieses einer Aufkündigung des Mönchsgelübdes gleichkomme:[156]

---

155 Der Gesprächspartner des Autors könnte hier gut Ps.-Makarius sein, für den der
   Gottesdienst vor allem in der Seele stattfindet. Vgl. Hom. 12,15: „Kirche wird nun
   gesagt in Bezug auf viele und in Bezug auf eine Seele. Denn die Seele selbst ver-
   sammelt alle die Gedanken und ist Kirche für Gott. Denn vermählt zur Gemeinschaft ist die Seele dem himmlischen Bräutigam, und sie vermischt sich mit dem
   Himmlischen" (Dörries, PTS 4, 115,196-116,199). Nach Hom 15,45 gilt von dem wohl
   bereiteten Herz: „Denn in einem solchen Herzen lässt sich Gott und die ganze
   himmlische Kirche nieder" (a.a.O., 154,645f).

156 Hier stimmt der Autor mit Johannes Chrysostomus überein, welcher der Weltflucht
   der Mönche eine Absage erteilte und sie für den Dienst der Verkündigung in den
   Dörfern und Städten zu gewinnen suchte: „Wo sind nun die sagen, dass es nicht
   möglich sei für jemand, der sich mitten in der Stadt aufhält, die Tugend durchzuhal-
   ten, sondern dass es der Einsiedelei bedarf und des Verweilens in den Bergen? (Es
   folgt der Verweis auf Lot, der als Gerechter unter den Sodomiten lebte.). Und deshalb wollte ich, dass gleich wie dieser Selige, die Tugendhaften besser mitten in den

„Wenn jemand sich von ihr (scil. der Kirche) zurückzieht und auf dem
Berge dient, wird er schuldig oder geht in die Irre. Aber wo er auch sei, soll
es für ihn wahr sein, dass das Leben in ihr (scil. der sichtbaren Kirche) ist,
und er löse seinen Bund (ܡܶܡܠܐ)[157] nicht" (12,4 [296,19-22]).[158]

4.5.4 Eine systematische Ekklesiologie (Traktat 28,8)

Anders im Ton ist die Ekklesiologie von Trakat 28,8. Ausgehend von
der Ekklesiologie in Traktat 12 schreitet sie zu einer abstrakten Systematik voran. Diese wird vertikal als Seinslehre und horizontal als
Heilsgeschichte und Eschatologie entfaltet.[159] Ausgangspunkt ist die
Lehre von der mit dem Geistempfang verbundenen Taufe. Diese heilt
die inneren, durch die Sünde verletzten Glieder (LG 28,8) und damit
auch die Unfähigkeit, zu verstehen, „was von jener Welt der Wahrheit
und unsichtbar ist" (28,6 [796,2]). Diese andere Seite der Schöpfung
steht mit der sichtbaren in Korrespondenz:

> „Gott hat zwei Welten gemacht[160] und zwei Dienste, damit von dem, was
> sichtbar ist, jenes ersehen werde, das nicht sichtbar ist (vgl. Röm 1,20).

Städten seien, damit sie gleichsam Sauerteig den anderen geworden, viele in den ge-
eigneten Eifer einführten (in cap. XIX Genes. hom XLIII,1 [PG 54, 396,32-35.51-54]).
Vgl. dazu Ritter, FKDG 25, 90 u. Auf der Maur, Mönchtum und Glaubensverkündigung, 148. – Anders Ephraem, der voll des Lobes ist für die Eremiten, die in der Ein-
samkeit der Berge leben (so Frank, ΑΓΓΕΛΙΚΟΣ ΒΙΟΣ, 141f).

157 Der Autor hat hier durchaus den Bund im spezifischen Sinne des „testamentum
inter monachum et deum" (Brockelmann, Lexicon, 653b) im Blick.

158 Die stark betonte Kirchlichkeit des Autors hat bei Murray Misstrauen geweckt. Er
schreibt sie einer gewissen Besorgtheit des Autors zu, der von der Kirche auf der einen und von radikalen Asketen auf der anderen Seite verstanden werden möchte:
„... the author reveals some anxiety about his relationship to the public Church (de-
fending his position, perhaps, on two fronts) ..." (Murray, a.a.O., 275).

159 Vgl. das Fazit Nagels in SOrth 3 (1996), 42: „Einerseits ist sie (scil. die Anschauung
des Liber Graduum von der Kirche) durch das typologische Verhältnis von Urbild
und Abbild, unsichtbarer/himmlischer und sichtbarer/"empirischer" Kirche vertikal
strukturiert, andererseits ist sie eschatologisch orientiert, indem der Vollkommene
über den Dienst in der sichtbaren Kirche hinaus die himmlische erstrebt ..."

160 Die „beiden Welten" sind ein Ausdruck für Diesseits und Jenseits. So auch Ephraem
mit Bezug auf das Geschick des gefallenen Adam: „In beiden Welten wurde verun-
glimpft; in beiden Welten hat er Ungnade getragen" (Ephraem, Traktat gegen Bardaisan, Strophe XC [Mitchell/Bevan/Burkitt, S. Ephraim's Prose Refutations II,
167,15-17; vgl. die Übers. lxxviii]). Vgl. auch das, nach de Halleux von der persischen

> Denn es gleicht das offenbare Testament dem verborgenen
> und es gleicht die offenbare Kirche der verborgenen,
> und es gleicht die offenbare Taufe der verborgenen,
> und es gleicht die offenbare Speise der verborgenen,
> und es gleicht das offenbare Gebet dem verborgenen,
> und es gleicht der offenbare Altar dem verborgenen,
> und es gleichen die offenbaren Gaben den verborgenen.
> Und in der Summe von allem gleicht der Dienst, der auf Erden ist, dem
> Dienst, der im Himmel ist" (28,8 [797,10-22])

Dieser Schematismus der Korrespondenz erhält schließlich seine Begründung in einem vorgeblichen Pauluszitat:

> „Dieses, das sichtbar ist, sagt der Apostel, ist von diesem (her), das nicht
> sichtbar ist" (28,8 [800,10]).[161]

In heilsgeschichtlicher Hinsicht wird die Existenz der Kirche in die atliche Zeit zurück verlängert; die Kirche bestand schon zu den Zeiten der
Propheten. Ihre Gründung erfolgte nach dem Sündenfall, motiviert
durch das Entgegenkommen Gottes. Das Datum des Neuen Bundes
und die mit ihm eingetretene Versöhnung hingegen bewirken, dass der
eschatologische Blick auf die himmlische Kirche wieder frei wird:

> „Deshalb hat Gott zuerst den Propheten und den Aposteln im Fleische Bil-
> der (وصة#) des Heils geformt. Und dann zeigte er ihnen im Geiste das voll-
> endete Urbild (أهـكا). Da aber die vom Hause Adam den himmlischen Got-
> tesdienst vergessen haben, seit sie das Gebot übertraten, dass sie Engeln
> gleich mit Engeln dienten, gab ihnen Gott den sichtbaren Gottesdienst auf
> Erden zu einem Abbild jenes himmlischen, damit sie nicht gänzlich
> zugrunde gingen. Jetzt aber, siehe!, nachdem sich unser Herr versöhnt hat,
> hat es unser Herr jedem Menschen, der's begeht, dass er im Himmel im
> Geiste diene, von neuem gezeigt" (28,8.9 [800,12-24]).

Beide Aspekte der Ekklesiologie werden an der Taufe beispielhaft demonstriert. Die Taufe als Spiegelbild (nach I Kor 13,12) intendiert das
Urbild, das die Vollkommenen dann auch erkennen. Heilsgeschichtlich
gesehen entspricht die Taufe als sichtbare nota ecclesiae der anthropo-
morphen Offenbarung Gottes in atlicher Zeit. So wie den Propheten
Gott menschlich erschien, sie ihn aber geistlich vernahmen, so ist auch

---

Synode 410 angenommene Bekenntnis: „Er, der in seinem Sohn den Himmel und die
Erde gemacht hat – und in ihm wurden die Welten, die oben und die unten (sind),
geschaffen" (GOF.S 17,162, Abs. I,2.3).

161 Zu Herkunft und Vergleichsstellen s. o. 2.4, S. 67.

die Taufe als etwas Sichtbares zu verstehen, das aber eigentlich auf das „Sehen von Angesicht zu Angesicht" hinaus will:

> „Du siehst, wie unser Herr (sic!) alle Propheten gleichsam als Mensch unterwies, und sie so erkannten und geistlich sahen und hörten. Heute werden also die Vollkommenen getauft wie in einem Spiegel, bis dass sie ihn von Angesicht zu Angesicht sehen" (28,11 [801,20-24]).

4.6 Eschatologie

Die Lehre des Autors ist durchgängig auf ein Ziel, das jenseits dieser Welt liegt, ausgerichtet. Die Dynamik des LG verdankt sich diesem stets vorgehaltenen Ziel, denn es soll in diesem Leben die Vollkommenheit erreicht werden, bevor dem menschlichen Streben mit dem Abscheiden ein Ende gesetzt wird. Das ständig präsente eschatologische Thema wird besonders in den Schlussparagraphen der Traktate eigens thematisiert. Im Gegensatz etwa zu Ephraems Sprache ist die Bildlichkeit, die der Autor entfaltet, sehr zurückhaltend und orientiert sich weitgehend am pl Zeugnis.

4.6.1 Leiden und Herrlichkeit

Wenn mit Nagel das „Hauptthema des Liber Graduum die Wiedergewinnung der göttlichen Glorie, die Adam einst innehatte (...) und die Rückkehr in das himmlische Paradies"[162] ist, so findet sich der Begriff des Letzten mit dem des Ersten zunächst in eins gesetzt. Der Garten Eden ist das Jerusalem des Himmels. So heißt es von Menschen des Geistes, die sich dann doch der Erde zuwenden, dass sie mit dem himmlische Jerusalem denselben Ort verlassen wie einst Adam:

> „.... und sie gehen hinaus von dem Jerusalem, das im Himmel ist, wie Adam von dem geistlichen Eden, welches das Jerusalem im Geiste ist, die Stadt Gottes" (21,8 [608,12-15]).

Wegen ihrer Leidensnachfolge übertrifft das Ende der Vollkommenen allerdings den Anfang Adams:

---

162 Nagel, FS Wießner, 128.

„Und sie übertreffen noch jene Schöpfung, die von Anfang an ist, da sie leiden und von den Bösen (Böses) zu ertragen haben" (28,11 [804,12-14]).

Eschatologie wird im LG auf dem Hintergrund des in der Gegenwart erfahrenen Leidens entfaltet. Daher ist Röm 8,17 ein Grundtext der Eschatologie des Autors:

„Denn wie sie mit ihm gelitten haben, so werden sie mit ihm verherrlicht werden. Wenn jemand mit ihm leidet, sagt Paulus, wird er auch mit ihm verherrlicht werden, gleich wie er mit ihm entehrt wurde" (15,15 [372,25-373,2]).[163]

Nach Röm 8,18 sind „die Leiden dieser Zeit" nicht der Rede wert im Vergleich zu der Herrlichkeit, die an den Vollkommenen offenbart werden soll:

„Ich denke, heißt es, dass die Leiden dieser Zeit nichts wert sind, und der Lauf, den die Vollkommenen laufen, (gegenüber) der Herrlichkeit und der Schönheit, die bereitet sind, dass sie sie empfangen (vgl. Röm 8,18),[164] (welche) kein Auge gesehen und kein Ohr gehört hat und zum Herzen des Menschen nicht hinaufgedrungen ist, was Gott auf den höheren Stufen bereitet hat, denen, die ihn lieben (I Kor 2,9), und die alles verlassen, was vergänglich ist und lieben, was nicht vergeht, dass sie mit ihm in seinem Königtum seien und mit ihm verherrlicht werden, weil sie mit ihm gelitten haben (vgl. Röm 8,17)" (16,11 [409,17-412,2]).

Der Autor fasst die Regel, dass sich die eschatologische Freude stets auf dem Hintergrund des Leidens erfüllt, in einem von pl Sprache angeregten Lehrsatz zusammen:

„Und ertrage die Bedrängnis einer kleinen Zeit, dass du zu der Ruhe gelangst, die nicht vergeht" (19,3 [453,8-10]).[165]

4.6.2 Unterschiedliche Grade der eschatologischen Hoffnung

An dem Zitat aus 16,11 wurde offensichtlich, dass die von Paulus bezeugten eschatologischen Verheißungen nicht mehr „uns", sondern

---

163 Zu diesem Lehrsatz s. o. 2.3.1, S. 27.

164 Statt „wir" bei Paulus setzt der Autor „die Vollkommenen" als Subjekt.

165 Dieser Lehrsatz ist in zwei weiteren Variationen überliefert, die sich von der pl. Vorlage mehr entfernen: „Lasst uns eine kleine Bedrückung ertragen, dass wir zu diesem Ort der Ruhe gelangen" (19,38 [520,18-20]; „Kommt, tragt ein wenig Bedrückung, und siehe, ihr werdet hinausgehen zur Erleichterung" (19,39 [524,2f]).

den im Sinne des Autors Vollkommenen, nicht aber den bloß Gerechten gelten. Auch hier gilt das Gesetz der Unterscheidung. Für die weltlichen Christen kommt der Tag ihres Abscheidens „wie ein Dieb" (1 Thess 5,2), der die Möglichkeit eines weiteren Vorrückens zu dem „Schauen von Angesicht zu Angesicht" abschneidet.[166] Hingegen werden sie an geringeren himmlischen Orten ihr Teil erlangen. So heißt es in dem eschatologischen Ausblick, den das Schlusskapitel des 19. Traktates bietet:

„Und sie wollen vervollkommnet werden und den großen Teil erben und wissen nicht, dass sie nicht vollendet werden, es sei denn sie bringen sich hinein in die Bedrängnis der großen Gebote, so lange sie Zeit haben in diesem Weltkreis. Denn plötzlich ist der Tag ihres Abscheidens da, und wie ein Dieb kommt er (I Thess 5,2), und weiter können sie nicht wandeln zu jener großen Stadt, in der sich unser König offenbar sehen lässt, von Angesicht zu Angesicht (vgl. I Kor 13,12), wenn sie auch ihr Heil an anderen Orten gemäß ihrer Taten ererben. Aber von jener Stadt der Heiligen, welche die großen Gebote und die Liebe halten und vollendet werden und so aufsteigen von dieser Welt, sind sie ausgeschlossen und können nicht in sie hineingehen, weil sie sein Gesetz nicht kennen und sich nicht gemäß dem wohlgefälligen und vollkommenen Willen (vgl. Röm 12,2) ihres Königs verhalten" (19,40 [524,12-525,3]).[167]

Das gestufte Jenseits ist in der Alten Kirche schon seit Clemens Alexandrinus bezeugt[168] und wird bei den Syrern von Ephraem ausführlich entfaltet.[169] Im diesem Sinne legt der Autor I Kor 15,40-42 aus:

---

166 Die Vollkommenen hingegen haben sich vorbereitet, indem sie darum sorgten, dass ihre Seele mit dem Heiligen Geist begabt wird: „Und wenn an ihr (scil. der Seele) der Heilige Geist ist, geht sie hin zum Hause des Lebens, zu den Scheunen des Lichts. Und wenn an ihr nicht der Heilige Geist ist, so geht jene allein aus dem Leibe" (28,4 [792,11-13]).

167 Vgl vorher 19,36: „Und sie kommen nicht hinein zu jener Freude unseres Herrn (vgl. Mt 25,21.23), und auch werden sie nicht mit ihm verherrlicht. Noch sehen sie ihn von Angesicht zu Angesicht in dem Hochzeitsbett seiner Herrlichkeit und in der Freude seines Angesichtes" (19,36 [513.516]).

168 TRE 10, 301f (May). Origenes lehrt Hom. in Num. XXII,1 eine unserem Autor ähnliche Zweiteilung des eschatologischen Ausgangs: Während die Diener und Priester als ihr „Erbteil Gott" selbst empfangen, erhalten die Täter guter Werke nur das „Land der Verheißung" (Baehrens, GCS 30, Origenes 7, 205,11-17).

169 Ephraem, Hymnen de paradiso 2,10-13, kennt drei Abteilungen im Paradies, die je nach Verdienst zugeteilt werden, für die Büßer, die Gerechten und die ܬܒ̈ܐ „Hervorragenden", „Sieger", wörtl. „Strahlenden" (Hymnen de paradiso 2,11; Text: CSCO.S

Während Paulus mit seinen Beobachtungen an den Himmelskörpern auf die Unterscheidung des irdischen vom Auferstehungsleib hinaus will, hebt der LG auf Stufungen innerhalb der himmlischen Herrlichkeit ab. Statt um die „Auferstehung der Toten" geht es im LG um das (abgestufte) „Auferstehungsleben der Toten":[170]

> „Eine andere ist, die Herrlichkeit, die im Himmel ist, und eine andere, die auf Erden ist, und eine andere der Sonne und eine andere des Mondes und eine andere der Sterne. Und ein Stern ist hervorragender an Licht als ein (anderer) Stern. So, heißt es, (ist es) bei dem Auferstehungsleben der Toten" (16,12 [412,14-17]).

Die Auslegung ist dieselbe wie bei Aphrahat,[171] nur dass seine unbestimmte Graduierung im LG durch eine bewusste Zweiteilung überboten wird:

> „Und auch für die Gerechten und die Täter guter (Taten) ist herrlich, was bereitet ist. Aber jener ganze Äon ist herrlich und überragend für den, der in ihn hineingeht" (16,12 [412,6f]).

Die Unterscheidung der eschatologischen Hoffnung erhält einen besonderen Stellenwert in der Behandlung, die das Thema des Gerichtes nach den Werken erfährt.

78, 7,23-28; Übers. Beck CSCO.S 79, 7). Unter den „Strahlenden" sind „in erster Linie (...) die Märtyrer und Asketen" zu verstehen (Beck, a.a.O., Anm. 8).

170 Die bei P und Aphrahat übereinstimmende Übers. von Οὕτως καὶ ἀνάστασις τῶν νεκρῶν heißt ܡܝܬܐ ܕ ܚܝܐ ܐܦ ܗܟܢ. „So auch die Auferstehung der Toten". In geringfügiger Variation der Autor: ܡܝܬܐ ܕܚܝܬܐ ܠܟ ܗܘܐ „So (ist es) bei der Auferstehung der Toten." Die Konstruktusverbindung ܡܝܬܐ ܚܝܐ ist idiomatisch. Die Wendung ist auch als Genitivverbindung bezeugt: ܕܡܝܬܐ ܚܝܐ (Brockelmann, Lexicon, 229a). Das subst. ܚܝܐ ist wohl von ܚܝ „lebendig" abgeleitet, aber sonst nicht bezeugt. Offenbar wollten die Übersetzer ἀνάστασις im Sinne des Zustandes, nicht des Geschehens der Auferstehung interpretieren. Diese Absicht versuche ich mit meiner Übers. „Auferstehungsleben" wiederzugeben. Diese syr. Übers. hat vermutlich den Weg zu der Deutung der Stelle bei Aphrahat und dem Autor geebnet, die sie auf verschiedene Stufen im „Auferstehungsleben" bezogen wissen wollten. Anders H, der wörtlich übersetzt: ܡܣܩܬܐ ܕܡܝܬܐ „Auferstehung der Toten".

171 Vgl. Dem. 22,19: „Und auch der Apostel spricht: Ein Stern ist hervorragender als ein (anderer) Stern durch sein Licht. So auch das Auferstehungsleben der Toten (I Kor 15,41f). Daher wisse: Auch wenn die Menschen zum Heil kommen, so ist doch eine Belohnung besser als eine (andere) Belohnung, und eine Herrlichkeit ist hervorragender als eine (andere) Herrlichkeit. Und ein Lohn ist mehr als ein (anderer) Lohn. Und eine Stufe ist im Vergleich zu ihrer benachbarten erhabener, und ein Licht ist schöner an Aussehen als ein (anderes) Licht" (PS I.1,1029,9-16).

4.6.3 Das Gericht nach den Werken

Das Thema des Gerichtes nach den Werken, dessen Schriftbegründung durch Röm 2,6 und II Kor 5,10 erfolgt, erscheint stets mit der Frage verknüpft, wen es betrifft und wer von ihm ausgenommen ist. In das Gericht kommt, wer lediglich Gutes tut, aber nicht vollkommen ist:

> „Wenn es jemand gibt, der Gutes tut von Zeit zu Zeit und Schönes ausrichtet dann und wann, so sagt der Apostel: Er wird an jenem Tage des Gerichtes einem jeden nach seinen Werken vergelten (Röm 2,6), sei es Gutes oder sei es Böses (aus II Kor 5,10)" (3,5 [53,20-23]).

Gemäß der Tradition, dass die Märtyrer eine Sonderstellung einnehmen,[172] werden auch solche Blutzeugen, „die Sünder sind" und nicht wissen, „was vollkommene Liebe ist, sondern nur, was Glaube und Taufe allein" (8,4 [196,19-24]), dem Gericht entnommen:

> „... und sie kommen nicht ins Gericht, auch wenn alle Menschen vor dem Richterstuhl Christi versammelt werden, so wie der Apostel sagte, dass wir alle stehen müssen vor dem Richterstuhle Christi (II Kor 5,10)" (8,4 [197,3-6]).

Gleichwohl wird den Märtyrern die Palme entrissen, denn das Vorrecht, nach Mt 19,28 auf Thronen zu sitzen und „die Stämme der Menschen" zu richten (8,4 [197,13f]), das nach Dionysius von Alexandrien noch den Märtyrern galt,[173] gehört, gemäß dem Autor, alleine den Asketen, denen, „die seinen ganzen vollkommenen Willen (vgl. Röm 12,2) tun" (197,10).

Eine ausführliche Diskussion des Gerichtes nach den Werken erfolgt in 14,3:

> Und im übrigen: Einem jeden wird vergolten gemäß dem, was durch ihn getan wurde (vgl. Röm 2,6), ob Gutes oder ob Böses (aus II Kor 5,10), aus dieser Welt in jener Welt, gemäß seiner Werke, ob Gutes oder Böses, wie der Apostel gesagt hat: Wir alle haben zu stehen vor dem Richterstuhl

---

172 Zur eschatologischen Sonderstellung der Märtyrer und Asketen vgl. TRE 10, 302f (May).

173 Dionysius, seit 247 Bischof von Alexandrien, schreibt den Märtyrer der Decianischen Verfolgung das Vorrecht des Richtens mit Christus zu: „Gerade unsere trefflichen Märtyrer, welche jetzt neben Christus thronen, an seiner Herrschaft teilhaben und an seinem Gerichte teilnehmen und mit ihm Recht sprechen ..." (Euseb, H.e. VI, 42,5. [Schwartz/Mommsen/Winkelmann, GCS NF 6,2, Eusebius 2,2, 610,26-28; Übers. Haeuser/Gärtner in: Kraft, Eusebius Kirchengeschichte, 312]).

Christi, damit jedem einzelnen von uns erstattet werde an seinem Leibe, was durch ihn getan wurde (II Kor 5,10)" (332,3-10).[174]

Für die einen ist ein Aufenthalt in der Qual vorgesehen, anderen wird Erbarmung zuteil und sie werden aus der Qual errettet. Für die Vollkommenen gilt jedoch, dass sie dem Gericht gemäß den Werken gänzlich entnommen sind:

> „Wer aber dem Wort unseres Herrn gehorcht hat, sei es betreffs der Gerechtigkeit, sei es betreffs der Vollkommenheit, wird zum Gericht nicht kommen, sondern auch wenn er (dahin) kommt, (so deshalb) damit er vor dem Richterstuhl Christi angesichts der ganzen Welt verherrlicht werde oder dass er die Sünder richte" (332,14-18).

Der Ausschluss der Vollkommenen aus dem Gericht wird mit I Kor 2,15 begründet:

> „Der Mann des Geistes aber, d. h. wer die Wahrheit kennt und sich vervollkommnet hat, richtet jedermann und wird von niemand gerichtet" (332,20-22).

Einen vergleichbaren Gedanken, nur in einer anderen, der Sprache der Apokalyptik verpflichteten Diktion, äußert der Autor, wenn er behauptet, dass die Vollkommenen die Anklage des Satans förmlich hinter sich gelassen haben, weil sie bereits das Firmament durchschritten und die Stadt von Hebr 12,2f erreicht haben:

> „Denn sobald sie sich entäußert haben und sich heiligen und auf das Himmlische blicken, kann er nicht mit ihnen streiten, weil sie ihn nach oben überstiegen haben, und er für sich unter ihnen zurückbleibt. Denn er vermag es nicht, das Firmament zu durchsteigen, noch in jene Welt, die bei Gott ist, hineinzugelangen, so wie der Sinn derer, die sein sind, hinübergeht und zum oberen Jerusalem aufsteigt, wie geschrieben steht: Jener wird uns nach oben aus dem Tode führen (vgl. Joh 12,32). Und ihr, heißt es, seid zum Berg Zion gelangt und zur Stadt Gottes, die im Himmel ist, zu den Truppen der Engel und zu den Geistern, heißt es, der Gerechten, dieser früheren, die in Gerechtigkeit entschlafen sind und durch Jesus vollendet wurden und in das geistige Paradies eingetreten sind (Hebr 12,22f mit Interpretation)" (25,4 [740,25-741,12])."

---

174 Zu Mischzitaten von Röm 2,6 mit II Kor 5,10 vgl. o. 2.3.3, S. 52.

4.6.4 Die Eschatologie der Gerechten des Alten Testamentes

Der Autor hätte die hier kenntlich gemachte Interpretation nicht in den Text von Hebr 12,22f eingeschoben, wenn für ihn der Ausgang der Gerechten des AT nicht ein Thema von brennendem Interesse gewesen wäre. Es liegt nahe, dass der Autor bei diesem Thema auf Hebr 11 zurückgreift. Dabei wird Hebr 11,13 so interpretiert, dass die Hoffnung der Gerechten des AT auf das Christusereignis gerichtet ist:

> „Deshalb haben sie aus Entfernung den Frieden gesehen, der bereitet war, dass er durch unseren Herrn Jesus Christus geschehe, und sie grüßten ihn und ersehnten ihn" (LG 9,12 [229,10-13]).

Der Begriff des Verheißenen wird dabei durch den des „Friedens" (ܫܠܡܐ) aus Eph 1,14 ersetzt, welcher im Zusammenhang eines Zitates aus Hebr als eine Wiedergabe des dem Hebr eigentümlichen Begriffes für das eschatologische Gut, der κατάπαυσις gelten könnte.[175]

Den Gerechten des AT ist derjenige Abschnitt des LG gewidmet, welcher eschatologische Vorstellungen aus dem Apostel und Hebr in ihrer größten Dichte enthält:

> „Und damit du weißt, wie Paulus gesprochen hat, dass alle Propheten und Gerechten und Rechtschaffenen, die den vollkommenen Willen unseres Herrn getan hatten und (doch) nicht ihre Verheißungen erlangten, vor unseren Augen vollendet würden, sprach er so: Ihr seid vollkommen, ihr seid zum Berg Zion gekommen und zur Stadt des lebendigen Gottes, dem Jerusalem des Himmels, und zu den Truppen der Zehntausenden von Engeln und zu der Versammlung der Erstgeborenen, derer, die im Himmel aufgeschrieben sind, und zu Gott, der alle richtet und zu den Geistern der vollendeten Gerechten und zu Jesus, dem Mittler des neuen Bundes (Hebr 12,22-24 mit Interpretation zu Beginn des Zitates), und er zeigte damit, dass es auch für ihre Seelen eine Erstattung gibt, dadurch dass er zeigte, dass sie vollendet wurden. Und dass die Propheten und Apostel heute mit unserem Herrn sind, gibt Paulus auch zu wissen kund durch jenes, das er spricht: Wann wir aus dem Fleische abscheiden, werden wir mit unserem Herrn sein (II Kor 5,8), bis dass jener Tag des Gerichts kommt und die Lei-

---

175 P gibt κατάπαυσις mit ܢܝܚܐ „Ruhe" wieder. Vgl. dazu o. 2.2, S. 33 Anm. 56. Der Begriff des Friedens kehrt im selben heilsgeschichtlichen Zusammenhang in einer (fiktiven) Rede Jesu an seine Jünger wieder: „Ich habe den Propheten versprochen, dass ich komme und sie vervollkommne. Denn allzumal, dass sie nicht vervollkommnet wurden, ist nicht (deshalb so), weil sie geringer wären als ihr, vervollkommnet zu werden, sondern weil in ihren Tagen nicht Frieden war (9,13 [232,14-17]).

ber aller Vollkommenen mit Herrlichkeit auferstehen und sie von dem Licht ihrer Geister verschlungen werden und sie mit unserem Herrn verherrlicht werden von Ewigkeit zu Ewigkeit" (15,15 [371,5-25]).

Mit seiner Aussage, „dass alle Propheten und Gerechten und Rechtschaffenen (...) vor unseren Augen vollendet würden", die auf eine Auslegung von Hebr 11,40 zurückgeht,[176] behauptet der Autor die Gleichzeitigkeit der Vollendung der Gerechten des AT mit der Generation der Apostel, in die sich der Autor mit eingeschlossen sieht. Somit stellt sich die Frage nach dem Geschick der Gerechten des AT in der Zwischenzeit von ihrem Abscheiden bis zur christlichen Ära und zum Tage des Gerichts. Dieselbe Frage erhebt sich bezüglich der inzwischen entschlafenen Apostel. Eine genaue Systematik liegt nicht vor, da der Autor nicht scholastisch, sondern auf das Existentielle hin denkt. Seine Antwort gibt der Autor mit II Kor 5,8, der Verheißung des Seins mit Gott, das zugleich mit dem Abscheiden gegeben ist. Damit ist jede Diskussion eines Zwischenzustandes abgeschnitten. In der Wiedergabe von II Kor 5,8 als Lehrsatz „Wann wir aus dem Fleische abscheiden, werden wir mit unserem Herrn sein." (LG 15,15 [372,20f)]; Aphrahat, Dem. 8,23 [PS I,1, 404,3f])[177] wie auch in der Auslegung dieser Stelle gleichen sich der Autor und Aphrahat: Beiden schwebt ein geistiges Sein mit dem Herrn nach dem Abscheiden vor, das der Ergänzung durch die Auferstehung des Leibes harrt. Aphrahat deutet die Stelle auf die Gerechten, deren vom Herrn empfangener Geist zu seiner Natur zurückkehrt,[178] der Autor im Besonderen auf die Propheten und Apostel. Freilich gilt der Trost von II Kor 5,8, gemäß dem Autor, nur den Vollkommenen.

---

176 S. o. 4.4.1.1, S. 128.

177 S. o. 2.2, S. 37f.

178 Aphrahats Denken ist materiell und handfest, da er die Dinge der Auferstehung ganz auf derselben Linie wie die der Natur dieser Welt beschreibt: „Die Kinder an Denken aber sagen: Wenn niemand aber (bis jetzt; vgl. 8,22 [PS I.1, 401,14]) Vergeltung empfängt, warum sagt (dann) der Apostel: Wann wir aus dem Fleische abscheiden, werden wir mit unserem Herrn sein? Erinnere dich aber, mein Lieber, an diese Sache, von der ich dich in der Demonstration über die Einzigartigen (vgl. Dem. 6,14) überzeugt habe, dass der Geist, den die Gerechten empfangen haben, zu unserem Herrn hingeht, zu seiner himmlischen Natur, bis zur Zeit der Auferstehung, dass er das Fleisch wieder anziehe, in dem er gewohnt hat." (8,23 [404,1-9]).

5 Rezeption paulinischer Ethik

Der Begriff der Ethik ist grundsätzlich asketisch gefärbt. Der Begriff der Askese umgreift individualethisch die körperliche Askese und sozial-ethisch die Demutsethik.

5.1 Eschatologische Existenz und Weltentsagung

Wenn man von einer Zwei-Stufen-Ethik im LG spricht, gerät außer Betracht, dass die unterhalb der Vollkommenheit gelegene Stufe der Gerechtigkeit als eine grundsätzlich labile Existenzweise gesehen wird. Allein die auf den Himmel ausgerichtete Lebensweise der Vollkommenheit darf Sicherheit und Stabilität für sich beanspruchen, während die Ethik der Gerechtigkeit immer in Gefahr steht, zur Ungerechtigkeit und Sünde abzugleiten;[1] sie lebt im Grenzgebiet des Bösen.[2]

Daher muss denen, welche mit irdischen Dingen umgehen und die deshalb bestenfalls gerecht sind, die Übung der eschatologischen Existenz gepredigt werden. Es ist deutlich, dass der Autor hier I Kor 7,30f benutzt, doch gibt er die Stelle stark interpretiert wieder, und vermeidet es, den Apostel als seinen Gewährsmann zu benennen. So heißt es in der Rede Gottes an Adam und Eva nach dem Fall mit Zitaten aus dem Apostel:

---

1   „Sobald also der Böse den Menschen von den himmlischen (Dingen) abwendet und ihn zum Werk der Rechtschaffenheit einsetzt und er Gärten und irdische Paradiese und Güter und Gebäude erwirbt, so beginnt der Böse alsbald, ihn auch von der Gerechtigkeit herabzustürzen" (25,6 [745,27-747,4]).

2   „Denn die Vollkommenheit ist höher als der Himmel, und die Gerechtigkeit ist unten auf der Erde, die an der Grenze zur Bosheit steht. Und allezeit werden die Gerechten von ihr verschlungen, weil sie Söhne ihrer Grenze sind, und die Nachbarn ihres Gebietes Verfluchte sind: Verflucht ist die Erde um deinetwillen (Gen 3,17)" (25,9 [753,9-13]).

„Wenn ihr erwerbt, sollt ihr nicht wie für ewig erwerben und mich nicht vergessen. Und wenn ihr baut[3] – wie Menschen, die ihr wisst, dass ihr nicht auf ewig hier seid (I Kor 7,30). Vielmehr sollt ihr innewerden, dass ich die Erde vergehen lassen werde (I Kor 7,31) und alles, was auf ihr ist; und es wird Gericht sein und Ruhe sein, und jedermann wird gemäß seiner Werke vergolten werden (Röm 2,6)" (26,3 [761,4-10]).[4]

Die Verbindung mit dem Gerichtsthema beweist, dass der Autor nicht lediglich eine Klugheitsregel angesichts der Sterblichkeit des Menschen aufstellt, sondern – auch für den nur Gerechten! – auf eine grundsätzlich eschatologische Existenzweise hinaus will.[5]

Allerdings gilt die Regel des „dialektischen Weltverhältnisses" nur für die noch auf der Stufe der Gerechtigkeit Befindlichen. Wer den Weg zur Vollkommenheit eingeschlagen hat und diesen unter Berufung auf das „Haben als hätten wir nicht" des Apostels mit Weltgenuss vereinbaren möchte, wird zur Zielscheibe des grimmigen Spottes des Autors. Die apostolische Urheberschaft des Gedankens war dem Autor sicher bewusst, wiederum nennt er den Namen des Apostels nicht, da es ihm um die Bekämpfung eines Missbrauchs der Schriftautorität zu tun ist, und legt daher die Maxime des Apostels seinen Gegnern als Selbstbekenntnis in den Mund:

---

3   Der Autor macht das ὡς μή am Erwerb und Hausbau fest. Anders die Akten des Paulus und der Thekla, in denen I Kor 7,29 als Schriftgrund für die Predigt von der Keuschheit in der Ehe bemüht wird: „Selig sind, die Frauen haben als hätten sie nicht, denn sie werden Gott beerben" (Taten des Paulus und der Thekla 5 [NTApo5, 217]). Unser Autor ist nicht in der Lage, diese enkratitische Konsequenz aus dem ὡς μή zu ziehen, da er neben Jungfräulichkeit und Ehe ein Drittes nicht kennt.

4   Im Weiteren werden die Protoplasten gewarnt, nicht auch noch von der Stufe der Rechtschaffenheit zu fallen: „Genug ist es für euch, Adam und Eva, dass ihr von der Jungfräulichkeit und von der Vollkommenheit gefallen seid. Fallt nicht außerdem von der Rechtschaffenheit und von der Gerechtigkeit. Denn wie der Vollkommenheit die ganze Schönheit der Erde, die den Augen des Fleisches sichtbar ist, entgegengesetzt ist, so ist der Gerechtigkeit alles, was Böse ist und dem Menschen schadet oder allem Beseeltem Leiden schafft, entgegengesetzt (26,3 [761,10-17])."

5   Vgl. dazu die treffliche Formulierung Bultmanns: „... während das Festhalten am Gedanken der Welt als Schöpfung und zugleich am Gedanken der Entweltlichung durch die Teilhabe am eschatologischen Geschehen ein dialektisches Weltverhältnis begründen muß, wie es in dem paulinischen ὡς μή (1. Kr 7,29ff.) seinen Ausdruck finden wird" (ders., Theologie, 182 [9. Aufl., 186]).

„Und wenn wir außerdem erwerben und bauen wollen, sprechen wir: „Wir erwerben, indem wir nicht besitzen, und wir haben, indem unser Sinnen nicht daran gebunden ist" (10,8 [264,6-8]).[6]

Im folgenden weist der Autor nach, dass es sich hier nur um eine schöne Einstellung, nicht aber um ein Christentum, das auch in der Tat besteht, handelt. Dies geschieht zunächst, indem er seine Gegner in die Enge treibt:

„Nun wird jemand von dir diesen deinen Besitz erbitten. Und ich werde sehen, ob du ihn gibst und nicht (doch) an ihn gebunden bist" (264,8-10; es folgen gleich laufende Argumente)

und schließlich seine Position ad absurdum führt:

„Nun, wenn Besitz erworben wird als würde er nicht erworben und ein Haus gebaut wird, indem wir nicht daran hängen, so wird auch Diebstahl begangen, indem nicht gestohlen wird, und hässliche Taten werden begangen, indem sie nicht begangen werden" (264,17-21).

Das „Haben als hätte man nicht" stellt sich mithin als Ausrede heraus, vielmehr noch, als ein Aufgeben der Eschatologie zugunsten einer innerweltlichen Weisheitslehre. Der in seiner Weisheit Selbstgenügsame ist sich selbst schon der Himmel:

„Und wir würden sagen, dass der Himmel und die Erde und alles, was darinnen ist, wir sind, dass das Paradies und Jerusalem wir sind, wie wir denn auch nicht sehnlich (danach) verlangen und jenem ruhmvollen Ort untertan werden, dessen die Welt nicht wert ist ..." (264,22-25).

Das Vaterhaus ist jedoch einzig derer, „die die Gebote in ihrem Fleisch und in ihrer Seele halten" (264,26-265,1). Eine das spiritualisierende Missverständnis richtig stellende Auslegung von I Kor 7,30 bietet der Autor freilich nicht. Die Alternative zum permissiven Christentum einer bloßen Gesinnung ist die apostolische Entäußerung, ein Fasten an Leib und Seele. Noch einmal reflektiert der Autor das „Haben als hätten wir nicht", indem er von sich weist, dass „unser Herr und seine Apostel" sich jemals solcher Denkungsart bedient hätten:

„Denn niemals sagten sie: ‚Wir fasten', indem sie ihrer selbst genossen und sich aufblähten, und nicht: ‚Wir entäußern uns, während wir erwerben', auch nicht: ‚Wir bauen, als ob wir nicht bauen'"(10,10 [268,6-9]).

---

6   Der erste Satzteil aus I Kor 7,30, der zweite im Sinne des Apostels dazu komponiert, so dass insgesamt ein synonymer Parallelismus entsteht.

Der Versuchung, ein Christentum der Gesinnung und nicht auch der äußeren Werke zu leben, muss widerstanden werden. Ein solches Christentum widerspräche dem Grundgebot asketischer Ethik, nämlich der Demut:

> „Wir wollen uns nicht demütigen an unserem Herzen und unserem Fleisch, dass an unserem Herzen unsere Demut und unsere Unterwerfung unter Gott kund würde und an unserem Fleische unsere Demut und Unterwerfung für jedermann offenbar würde, wie geschrieben steht: Kund werde eure Demut allen Menschen (Phil 4,5)" (10,3 [252,19-24]).

Das „dialektische Weltverhältnis", wie es der Apostel I Kor 7,29ff empfiehlt, gilt gemäß dem Autor nur für die auf der Stufe der Gerechtigkeit befindlichen, während der Weg der Vollkommenheit die Aufkündigung eines materiell verpflichteten Weltverhältnisses bedeutet. Der Asket verhält sich nach Kol 3,1f,[7] indem er der Welt entsagt, sein Geschick mit dem Jesu verbindet und sein Sinnen ganz auf das Himmlische richtet:

> „Deshalb ist, wer sich nicht vervollkommnet viel kleiner als wer an das Kreuz geheftet wird und dessen Hände und Füße gebunden werden und welcher der Erde nicht gebrauchen kann, sondern nach oben blickt und sucht, was droben ist und dem, was droben ist, nachsinnt, dort wo Christus in den Höhen zur Rechten Gottes sitzt (Kol 3,1f), und der Welt gestorben ist (Kol 3,3) zu seinen Lebzeiten" (3,14 [76,11-18]).[8]

5.2 Ethik nach Maßgabe der Gerechtigkeit: Arbeit und Ehe

Im ethischen System des LG stehen Arbeit und Ehe auf der Stufe der Gerechtigkeit und werden von den Geboten des Nicht Sorgens (Mt 6,25) und der Jungfräulichkeit überboten. In der Antithesenreihe des 19. Traktats, in der beide ethischen Stufen einander gegenübergestellt erscheinen, werden die Gebote der Gerechtigkeit jeweils mit pl, besonders an die Ethik der Past gemahnenden Anklängen formuliert. Dem Gerechten ist Arbeit geboten:

---

7   Kol 3,1f gehört zu den oft zitierten Paulusstellen (11x); in dieser Ausführlichkeit jedoch nur in 3,14.

8   Diese Frömmigkeit begegnet noch heute im Evangelischen Gesangbuch: „.... in der Welt der Welt entfliehen auf der Bahn, die er uns brach, immerfort zum Himmel reisen, irdisch noch schon himmlisch sein ..." (EG 384,1 [Sigmund von Birken, 1653]).

„Ihr sollt arbeiten und (so) Brot essen (II Thess 3,12) und nicht schwer auf jemand liegen (vgl. I Thess 2,9; II Thess 3,8)" (19,13 [473,18-20]).

„Wenn einer nicht arbeitet, soll er nicht essen (II Thess 3,10)" (19,16 [477,14f]).

Arbeiten und Almosen geben ist besser als Stehlen:

„Wer ein Dieb war, soll arbeiten und erwerben, dass er zu geben habe dem, der bedürftig ist und er gerettet werde (Eph 4,28)" (19,19 [481,8-10]).

Der heutige Leser fragt sich an dieser Stelle, wie der Autor mit der Nachricht über die handwerkliche Arbeit des Apostels umgegangen ist (Apg 18,3. 20,34; I Kor 4,12; I Thess 2,9; II Thess 3,8). An einer Stelle scheint er auf diese zu sprechen zu kommen, in einem Zusammenhang, in dem es um die jedem Erkenntnisstand zuträgliche Lehre geht:

„Und so, des weiteren, gebieten sie demjenigen, der jung ist seiner Natur nach und sich nicht bewusst ist, dass er (scil. der Apostel)[9] gearbeitet und dann gespeist hat (vgl. II Thess 3,8), bis dass er stark wurde. Nicht aber des Brotes hat der Apostel verschont,[10] sondern (darum ging es ihm), dass er nicht, wenn er mit der sichtbaren Arbeit aufhörte und die verborgene Arbeit nicht zu tun wüsste, Unsinn (ܩܶܨܡܳܐ) und Lüge und Verleumdung lehrte und er in senile Geschichten (ܐܰܟܬ݁ܳܐ ܩܶܬ݁ܣܳܐ ܡܳܚܬ݁ܳܐ; vgl. I Tim 4,7)[11] und in Spaß und Gelächter und in Erzählungen, die nicht schön sind, verfiele und vergäße, dass er ein Christ ist" (12,6 [300,9-18]).[12]

Für die nicht ganz einfach zu verstehende Stelle schlage ich folgendes Verständnis vor: Offenbar nahm der Autor bei dem Apostel selbst ein geistliches Wachstum als gegeben an. Dieser habe sich zunächst selbst an seinen eigenen Grundsatz gehalten und gearbeitet und dann geges-

---

9   Der Subjektswechsel und Bezug auf den Apostel nach Nagel. Kitchen/Parmentier, 124 übergehen den Tempuswechsel, der allererst die Frage provoziert, wer gemeint ist mit dem, der „gearbeitet hat" und übersetzen falsch: „one whose nature is childish and not conscious that he must work". ܘܠܐ ܗܘܐ kann nicht heißen „that he must work".

10 D.h.: Nicht um die Rechtfertigung des Broterwerbs an sich ging es dem Apostel.

11 Die „ungeistlichen Altweiberfabeln" von I Tim 4,7 sind dem Autor der Inbegriff der Haltlosigkeit und des Müßiggangs. Der Autor greift aus dem Text Stichworte heraus. P: ܫܠܝ ܐܝܠܝܢ ܕܝܢ ܡܢ ܡܬܠܐ ܘܡ ܐܝܠܝܢ „Den unsinnigen Geschichten aber der alten Weiber verweigere dich." Das Adj. „unsinnig" bringt der Autor vorher als Subst.

12 Die Warnung vor Müßiggang und geschwätziger Geselligkeit breit ausgeführt bei Ps.-Clemens Rom., De virginitate 1,10.3-1,11.2 (Duensing, ZKG 63 [1951], 175,27-176,6).

sen, „bis dass er stark wurde", wie der Autor interpretierend hinzu-
fügt, also bis er mit der körperlichen Arbeit aufgehört und sich gänzlich seiner apostolischen Mission gewidmet habe. Seine Arbeit habe
aber im Grunde nichts mit seiner Ernährung zu tun gehabt. Vielmehr
er habe so getan, um ein Beispiel für die Nachfolger der Apostel zu geben. Sie sollten mit Bedacht den Schritt von der körperlichen zur geistigen Arbeit tun. Dieser Stufenfolge nun solle ein unreifer Mensch ein-
gedenk sein, dass er nicht sein Handwerk voreilig aufgebe und statt
Verkündigungsdienst zu leisten in Müßiggang verfalle.

Wer aber die nötige innere Reife mitbringt, gibt die körperliche Arbeit auf und gibt sich ganz dem Lehrberuf des Versöhnens, Ermahnens
und Zurechtweisens hin, wie im Folgenden entfaltet wird.[13] Die Wanderasketen des LG unterscheiden sich somit radikal von den ägyptischen Mönchen, die, nach Johannes Cassian, gerade darin dem Apostel
nachfolgen, dass sie Tag und Nacht arbeiten.[14]

---

13 „Dem aber, der groß ist in seinem Verstand und bewusst ist in seinem Herzen und
der weiß, dass er ein Werk tut, das nicht sichtbar ist, zu dem spricht unser Herr und
seine Verkündiger: Sorge dich nicht um deinen Leib, was du anziehen sollst, und
auch nicht um deine Seele, womit du dich nähren sollst (Mt 6,25), sondern suche,
was droben ist und sinne dem nach, was droben ist (Kol 3,1f). Denn welcher so ist,
kann ermahnen und versöhnen und zurechtweisen und die Menschen lehren, dass
sie dem, der alles lebendig macht, gefallen" (12,6 [300,18-302,1]). Der Autor begründet die Ablehnung der Arbeit für die Asketen mit zwei verschiedenen Argumenten.
Das erste gleicht dem der frühesten Eremiten: Der engelgleich Lebende dient Gott
und lebt ansonsten sorglos (Vgl. dazu Dörries, WuSt I, 279). Das andere bezieht sich
auf das schon von Paulus I Kor 9,6 zitierte Recht des Predigers auf Freiheit von der
Erwerbsarbeit.

14 Cassian betont schon zu Beginn seiner Institutiones (Abfassung ca. 420-424 [Guy, SC
109,11]), bei der Beschreibung des Mönchshabits, mit einer Zitatenkombination aus
Apg 20,34 und II Thess 3,8.10 die Arbeit der Mönche (Inst. I,5 [Guy, SC 109, 46,10-
14]). Inst. X, 8-10 stellt er, im Zusammenhang des Kampfes gegen die acedia, die Arbeit des Apostels als Vorbild hin (bes. 8,2 mit Zitat von II Thess 3,8 [Guy, SC 109,
400,10-19]). Vgl. dazu Dörries, a.a.O., 290; Kemmer, a.a.O., 66. Anders Evagrius:
Dem „philosophischen Mönch" (Dörries, a.a.O., 289) liegt nur insofern am Erwerb,
als er zu einem Mindestmaß an Gastfreundschaft verpflichtet ist. Der Erwerb von
Reichtum zum Zwecke der Armenfürsorge ist ein „Betrug des Bösen", weil er zu eit-
ler Ehre führt und den Geist durch Betriebsamkeit in Beschlag nimmt (Rerum mona-
chialum rationes IV [PG 40, 1256A]). Darin gleicht er dem Autor, der Erwerb von Besitz, Errichtung von Gebäuden und die Anlage von Gärten um der Gastfreundschaft
und der Krankenpflege willen für einen Fallstrick des Bösen hält, welcher von der
Vollkommenheit ablenken und auf die Stufe der Gerechtigkeit herabziehen will (LG
25,5 [741,20-744,13]).

Wie die Arbeit so ist auch die Ehe nur den Gerechten geboten:[15]

> „Das ist für den gesagt, der sich selbst nicht richtet und seinen Leib nicht unterwirft (I Kor 9,27), weil es für ihn (scil. den Unbeherrschten) besser ist, dass er heiratet und nicht schamlos im Ehebruch und in Hurerei wird (vgl. I Kor 7,9)" (19,14 [476,11-14]).

Die Ehe soll nach Hebr 13,4 zuchtvoll geführt werden:

> „Die Ehe, spricht er, sei in Ehre, und ihr Bett sei rein" (19,15 [477,4f]).

Das Gebot der Arbeit und Ehe steht nicht etwa deshalb in Geltung, damit in solchem Tun und Stand eine Erfüllung des Lebens gesucht,[16] sondern damit der böse Hang im Menschen eingehegt werde. Der Haltlose, der nicht in der Lage ist, die himmlischen Güter durch Askese zu erarbeiten, soll wenigstens nach irdischem Maßstab arbeiten. Die Arbeit befähigt den Menschen dazu, äußerlich, dass er Almosen gebe, innerlich, dass er dem Bösen Widerstand leiste. Ebenso ist demjenigen, „der seinen Leib nicht unterwirft" die Ehe zur Einhegung des Triebs geboten, damit dieser nicht ins Böse ausschlägt.[17] Die Gebote der Ge-

---

15 Kmosko, a.a.O., LXXIII, weist im Zusammenhang seiner Darstellung der Lehre des Autors von Gesetz und Evangelium auf den Origenes-Schüler Hieracas von Leontopolis, der nach Epiphanius, Haer. 67,1.7f die Ehe für eine atliche Einrichtung erklärt habe, die durch die ntliche Enthaltsamkeit aufgehoben sei: „... und es sei im Alten Testament erlaubt worden, sagt er, sich in der Ehe zu vereinigen, seit der Ankunft (scil. Christi) aber müsse man nicht mehr die Ehe billigen, auch könne er nicht das Himmelreich ererben (Epiphanius, Haer 67,1.8 [Holl/Dummer, Epiphanius 3, GCS, 133,26-134,2]). – Die Denkstruktur des Hierakas berührt sich zwar mit der des Autors. Dieser würde jedoch die Ethik der Gerechtigkeit nie alttestamentarisch nennen, da für ihn das AT als solches nicht mehr besteht, sondern in die Einheit des NT aufgehoben wurde.

16 „... die Arbeit als Beruf zu verstehen, hat der ganzen Alten Kirche ferngelegen" (Dörries, a.a.O., 300).

17 So auch Hierakas von Leontopolis mit Bezug auf I Kor 7,2: „Denn wegen der Unzucht soll jeder seine eigene Frau haben, sagt der Apostel nicht, um die Heirat nach der Erscheinung (scil. Christi) zu loben, sondern als Zugeständnis, dass sie nicht in schlimmeres Verderben fielen" (Epiphanius, Haer. 67,2.5 [Holl/Dummer, Epiphanius 3, GCS, 134,17-20]). - Mehr als den positiven Sinn der Ehe, die Einhegung des Bösen, hat der Autor jedoch die abschüssige Linie im Blick: Für einen unbeherrschten Menschen bleibt nur noch die Ehe als letzte Möglichkeit, „weil er sich nicht gedemütigt und von allen Speisen gefastet hat, dieweil sein Leib im Saft stand und jung war, und weil er nicht im Gebet verharrte und seine Seele (nicht) von allem Bösen bewahrte (...), deshalb ist er auch von der Begierde des Fleisches überwunden, und wird dreist und besiegt und zum Verbrecher" (19,14 [476,14-23]). Vor diesem stets präsenten Abgrund der menschlichen Sexualität ist das Gebot zur Ehe zu verstehen.

rechtigkeit verfolgen somit ein sozialethisches und ein individualethisches Anliegen.

5.3 Ist die Obrigkeit von Gott eingesetzt?

Anders als den Ordnungen der Arbeit und der Ehe kann der Autor der Institution des Staates den Status der Gerechtigkeit nicht zuerkennen. Der 22. Traktat über die „Rechte, durch die nicht gerettet werden, die sie tun" (nach Hes 20,25) enthält in §§4-9 eine grundsätzliche Abrechnung mit den politischen Machthabern. Im Zusammenhang des 22. Traktates geht es um die Unterscheidung der durch das Talionsrecht charakterisierten atlichen Ethik der Vergeltung und damit des Richtens überhaupt von einer ntliche Ethik, welche auf Inanspruchnahme des Rechts verzichtet und Gott das Gericht anheimstellt. Die Diskussion des Staates bildet in diesem Zusammenhang einen Exkurs, ausgelöst durch den Einwand, dass Gott selbst, wenn es nach Röm 13,1 keine Herrschaft gibt, die nicht von Gott wäre, das Richteramt sanktioniert hat und mithin der Gedanke auch an die Durchsetzung eines persönlichen Rechtsanspruches theologisch gedeckt ist. Der Autor, der die pl Herkunft des Zitates übergeht, da ihm das Zitat offenbar ein Anstoß war, widerspricht seinem Gesprächspartner:

> „Und wenn du sagst: Ich mache mich Richtern ähnlich, weil es keine Herrschaft gibt, die nicht von Gott wäre (Röm 13,1) – siehe, zum Bösen haben sie Gewalt, und Urteile fällen sie, durch die kein Mensch gerettet wird. Und siehe, dass böse Richter die böse Welt richten" (22,4 [641,25-644,3]).

Wie kommt der Autor dazu, sich für die Frage, ob die Obrigkeit von Gott eingesetzt sei, zu interessieren? Zunächst, weil anzunehmen ist, dass er mit offenen Augen durch die Welt gegangen ist. Obgleich er keine innerweltlichen Absichten hat, nimmt er doch die ganze Welt in den Blick; seine Lehre versteht sich als Anweisung für asketische Lehrer, die „allen alles werden" und ihren Auftrag an die gesamte Öffentlichkeit, an Christen und Heiden gerichtet verstehen.[18] Somit hat der

---

18   Vgl. dazu o. 3.1.1, S. 53.

Autor auch die politischen Verhältnisse seiner Zeit wahrgenommen. Das Bild, das er von diesen zeichnet, ist düster:[19]

„Sie nehmen Bestechung an und sehen die Person an, etwas, das der Herr nicht gesagt hat" (22,5 [644,21f]).

„Aber weil sie Geld lieben[20] und Ehre und vergänglichen Ruhm, bestechen sie bestechend und werden Befehlshaber und nehmen die Herrschaft des Schwertes in Anspruch, dass sie, wen sie wollen, töten. Und durch Bestechung werden sie Henker, dass sie Mörder werden. Und nur deshalb sind sie auf Bestechung aus, dass sie Böses antun und rauben. Denn wenn jemand das Böse fliehen will, wird er nicht König, auch nicht Befehlshaber, auch nicht Henker" (22,6 [645,18-648,3]).

„Und weil wir halsstarrig wandeln, haben sich böse Richter über uns erhoben, die kein Erbarmen kennen und Blut wie Wasser vergießen und die ein Übel mit hundert Übeln vergelten und Bestechung lieben und ungerecht richten" (22,8 [653,2-6]).

Der Autor nennt die Staatsmacht mit vier Ämtern beim Namen: Könige, Befehlshaber,[21] Richter und Henker.[22] Die Auswahl dieser Titel ist

---

19 Das düstere Bild vom Staate, das der Autor entwirft, hat den Herausgeber Kmosko verwundert, zumal die aus dem nördlichen Syrien stammende Didaskalia (Mitte 3. Jh.) der römischen Justiz ein gutes Zeugnis ausstellt: Didaskalia XI (Achelis/Flemming, 64,17-32; vgl. Didascalia II, 52 [ed. Funk,148.150]) wird den als Adressaten angesprochenen Bischöfen das weltliche Gerichtswesen wegen der sorgfältigen Befragung und der Zeit, die sich Richter lassen, bis sie ein Todesurteil vollstrecken, als vorbildlich für das Bischofsgericht dargestellt. Allerdings wird auch gesehen, dass Unschuldige fälschlicherweise zu Tode gebracht werden. Kmosko schließt, die Rechtsbeugung, die der Autor feststellt, könne sich nur auf die diokletianische Christenverfolgung beziehen: „Si proinde Syri tyrannidi principium (sic. Besser: principum) orientalium assueti, de re iudicali Romanorum tam bene sentiebant querelae L¹ G. de iniustitia magistratum nonnisi de aevo severae persecutionis Diocletianae intelligi possunt" (Kmosko, a.a.O., CLVIII).

20 Bei der Polemik unseres Autors mag man das VIII. Buch der Oracula Sibyllina vergleichen, nach welchem die Geldgier an der Wurzel der Übel des römischen Staates steht (vgl. Treu [Übers.], NTApo⁵ II, 605, 17f).

21 Syr. ܗܓܡܘܢܐ (ἡγεμόνες). ἡγεμών ist polyvalent und nicht gr. Entsprechung eines bestimmten röm. Amtstitels, kann auch einen „provincial governor" (Liddell/Scott, 763) bezeichnen. Die gr. Entsprechung für procurator ist eigentlich ἐπίτροπος. Wenn Mt 27,2 Pilatus als ἡγεμών bezeichnet wird, ist er „als Besitzer der militärischen Kommandogewalt" (Adolf Schlatter, Matthäus, 768) angesprochen (vgl. Apg 23,24). – In der militärischen Organisation Syriens gab es seit Diokletian vier duces (Chapot, La frontière de l'Euphrate, 164f). Möglich wäre, dass der Autor statt eines Provinzgouverneurs mit dem ἡγεμών einen solchen dux vor Augen hatte.

wahrscheinlich durch ihr Vorkommen im NT bestimmt. Die politische Wirklichkeit wird nicht einfach abgebildet, sondern im Gewand biblischer Sprache dargestellt. Die Amtsführung der Machthaber und Amtsträger wird charakterisiert durch Bestechlichkeit, Ämterkauf, Bereicherung, unmenschlichen Justizvollzug und den inflationären Gebrauch der Todesstrafe.

Im syrischen Bereich hat die Kritik des Autors ihren Vorläufer in der 14. Unterweisung „Über die Ermahnung" des persischen Weisen aus dem Jahre 344, in welcher die Verfolgung unter Schapur II. als Gericht Gottes über die Verfehlungen der Christenheit gedeutet wird.[23] Die genannten Laster sind hier zum Teil die gleichen wie im LG, zum Teil andere: Leihen auf Zins, Bestechlichkeit, Rechtsbeugung und Verachtung der Armen (Dem. 14,3). Anders als der Autor des LG spricht Aphrahat kirchliche und staatliche Würdenträger gleichermaßen an.[24] Charakteristisch für Aphrahat ist die innerkirchliche Kritik, welche der Autor des LG nicht teilt. An dem Vergleich mit Aphrahat fällt zudem auf, dass der Autor des LG, der etwa eine Generation später als Aphrahat anzusetzen ist, eine entschieden schärfere Sprache spricht. Seine aggressive Sprache entspricht der Aggressivität des Beobachteten. Welches Staatswesen hat er im Blick? Vermutlich das römische, insbesondere das Militärregime im Orient. Einen entscheidenden Hinweis gibt der Vorwurf des Ämterkaufes[25]: Nicht nur in der zivilen Verwaltung

---

22   Syr. ܐܣܦܘܩܠܛܪܐ (speculatores). Speculatores ist ursprünglich die Bezeichnung für die in der milit. Einzelaufklärung eingesetzten Soldaten. Im kaiserzeitlichen Heer dienen die S., von denen es in jeder Legion zehn gibt, im officium des Provinzstatthalters. „Zu den Amtspflichten der S. im Stabe gehörte die Hinrichtung Verurteilter." (Pauly/Wissowa, RECA 2. R., 6. Halbbd., 1583-1586). Von daher ist die Bedeutungsverengung „Henker" zu erklären. So heißt in Mk 6,27 der Henker im Dienste des Herodes Antipas σπεκουλάτωρ, syr. ܐܣܦܘܩܠܛܪܐ. Chapot erläutert a.a.O., 226f ihre Funktion als Kuriere, ohne auf ihre Aufgabe als Henker einzugehen.

23   Vgl. die Einführung bei Bruns, FC 5/2, 327-330.

24   Vgl. Dem. 14,3 (PS I.1,580,2-4): „Und der Priester war wie das Volk (Jes 24,2; Hos 4,9). Der Amtsträger (Bruns, FC 5/2, 333,1: Staatsbeamte) fordert: ‚Gib!' und der Richter spricht ‚Bestich!' Und der Vornehme spricht nach seinem eigenen Gutdünken."

25   Zum Ämterkauf im röm. Reich und seinem selbstverständlich werdenden Ausgreifen auf die hohen Staatsämter in der Spätantike vgl. Schuller, Der Staat 19 (1980), 57-71 und die Kurzfassung seiner Thesen in ders. (Hg), Korruption im Altertum, 201-208, hier 203f. Schuller führt die Auswüchse des Ämterkaufes in der Spätantike darauf zurück, dass die Dekurionen, d.h. der niedere Verwaltungsapparat sozial nach

war der Ämterkauf üblich, sondern auch in der militärischen Hierarchie, wie Ramsay MacMullen dargestellt hat.[26] Gerade im Amt des Provinzstatthalters, das der Autor mit dem ἡγεμών im Blick haben könnte,
während sich in den speculatores der Stab des Provinzstatthalters erkennen ließe, verbinden sich Zivilverwaltung und Militär. Eine militärisch durchdrungene Zivilverwaltung[27] kann der Autor aus eigener
Anschauung kennengelernt haben: In oder vor den Städten des Ostens
waren Truppen ohne eigentliche Abgrenzung von der Zivilbevölkerung stationiert oder einquartiert und das tägliche Leben muss durch
die dauernde Präsenz des Militärs geprägt worden sein.[28] Militärisch
dominiert war die Verwaltung besonders an zwei Punkten, wie Mac-
Mullen ausführt, im officium des Provinzstatthalters und im Steuereinzug. Beiden, sowohl dem ἡγεμών als auch den speculatores wirft der
Autor vor, ihr Amt gekauft zu haben.[29] Was die anderen Vorwürfe betrifft, so ist die Bestechlichkeit der Richter bei weltlichen und kirchlichen Schriftstellern gut bezeugt.[30] Für die Brutalisierung des Rechtes
führt MacMullen an, dass die Zahl der todeswürdigen Delikte in der
Kaiserzeit kontinuierlich angestiegen sei.[31] Insbesondere markiere der

---

oben drängte (Schuller, Der Staat 19,59) und andererseits das Sozialprestige der hohen Ämter, wie das des Provinzstatthalters, durch deren Vermehrung seit Diokletian
gesunken war (a.a.O., 69f). So „vermischte sich der bisherige eher anrüchige Kauf
der hohen mit dem selbstverständlichen der niederen Ämter" (Schuller, Korruption
im Altertum, 203).

26 MacMullen, Corruption and the Decline of Rome. – Zum Ämterkauf in der zivilen
Verwaltung, den Korporationen der decuriae vgl. MacMullen, a.a.O., 124, in der militärischen Hierarchie a.a.O., 129. Der Verkauf des Amtes des centurio und niedrige-
rer Ränge ist bezeugt (a.a.O., 132). Bekannt ist der Fall des Sabinianus, der als rei-
cher, aber militärisch unfähiger Mann das Amt des magister militum per Orientem
im Jahre 359 gekauft und dann den Entsatz des von den Persern belagerten Amida
versäumt hat (a.a.O., 165).

27 Im späteren römischen Reich war das Militär, anstelle der Sklaven, zunehmend in
der Zivilverwaltung, insbesondere im Steuereinzug tätig, was ständigen Kontakt mit
der Zivilbevölkerung zur Folge hatte (MacMullen, a.a.O., 130). – Gegen die These
von der „Militarisierung der Verwaltung" Schuller, Der Staat 19, 70.

28 MacMullen, a.a.O., 145. Eine Liste der syrischen Städte, in oder vor denen Truppen
stationiert waren a.a.O., 214f.

29 Nach Schuller, Der Staat 19, 58 war unter den politischen Ämtern „insbesondere das
Amt des Provinzstatthalters" käuflich.

30 MacMullen, a.a.O., 132f (Bestechlichkeit der Richter), 151-157 (illegale, aber durch
Gewohnheit sanktionierte Gebühren; Kauf des Richteramtes).

31 MacMullen, a.a.O., 139.

Beginn der Tetrarchie 293 für den Justizvollzug die Wende zu einem „barbarous age".[32] Der Niedergang der politischen, militärischen und juristischen Kultur des späten römischen Reiches bildet somit den Hintergrund, auf dem der Autor sein polemisches Bild vom Staate zeichnet.[33]

Die Polemik des Autors ist nur mit wenigen grellen Strichen skizziert, denn als einem streng systematisch denkenden Theologen ist es ihm um eine theologische Verortung des Staates zu tun. Die Begründung eines individuellen Rechtes auf Richten durch die göttliche Sanktionierung des richterlichen Recht des Staates ist, so der Autor, deshalb falsch, weil der Staat zur Offenbarung des Zornes Gottes gehört und mit der ntlichen Offenbarung, an der allein sich die Lebensgestaltung auszurichten hat, in keinem Zusammenhang steht. Ursächlich für dieses Handeln Gottes im Zorn ist der Sündenfall der adamitischen Menschheit. Während Adam von der Stufe der Vollkommenheit auf die Stufe der Gerechtigkeit gefallen ist, welche durch die Ordnungen von Arbeit und Ehe und die goldene Regel beschrieben wird, stürzten seine Nachkommen noch tiefer. Um einer noch größeren Verrohung der Menschheit, insbesondere maßloser Vergeltung entgegenzuwirken, setzt Gott die staatliche Autorität ein:

> „Was aber dieses betrifft, dass Gott böse Richter eingesetzt und böse Rechte gegeben hat, (so) ist (dies) nicht, damit die Richter gerechtfertigt würden und die gerichtet werden Ruhe hätten. Denn die Menschen wurden auch von der Gerechtigkeit abtrünnig, welche die Gebote sind, die nach unserem (sic) ersten Abfall unseres Vaters Adam (erlassen wurden)" (22,4 [644,4-10]).

Staatliche Gewalt ist nichts als eine Notverordnung. Denn diese rechtfertigt weder die Amtsträger, noch schafft sie bei denen, welche die strafende Gerechtigkeit zu spüren bekommen, Ruhe des Gewissens. Der Staat entspricht nicht Gottes eigentlicher Intention, sondern entspringt seinem Zorn. Die prophetische Königskritik des AT bildet den Ausgangspunkt zur Beurteilung der Obrigkeit:

---

32 MacMullen, a.a.O, 140.

33 Sollte Ämterkauf ein Phänomen der römischen Verwaltung und nicht der des Sassanidenreiches sein, wäre der Autor im römischen und nicht im persischen Mesopotamien zu verorten.

„Sie nehmen Bestechung an und sehen die Person an, etwas, das der Herr nicht gesagt hat, denn auch durch diese Gesetze wird nicht jemand gerettet, weil sie im Zorn gegeben sind (vgl. Hos 13,11). Denn der Herr spricht: Ich will böse Richter einsetzen, die nicht Mitleid haben, denn die Menschen selbst riefen und sagten: Gib uns einen König und Richter, welche uns hart versklaven (I Sam 8,5)" (22,5 [644,21-645,3]).

Die göttliche Einsetzung der Obrigkeit ist auch jetzt noch Antwort auf menschliche Schuld:

„Und weil wir halsstarrig wandeln, haben sich böse Richter über uns erhoben, die kein Erbarmen kennen und Blut wie Wasser vergießen und die ein Übel mit hundert Übeln vergelten und Bestechung lieben und ungerecht richten" (22,8 [653,2-6]).

Die Warnung Samuels (I Sam 8,11.13.17) und das halsstarrige Beharren Israels auf dem Wunsch nach einem König bilden den Hintergrund, auf dem der Autor auch die Tyrannen seiner Zeit sieht. Die Realität dieser Welt zwingt den Autor zu dem Eingeständnis, dass staatliche Obrigkeit vonnöten ist:

„Aber für diese Welt, in der sie nicht vom Bösen ablassen und sich einander fressen (Gal 5,15), sind diese Richter notwendig" (22,7 [649,19-21]).

Denn ohne sie herrschte Anarchie:

„Und sie schrieen: Diese Richter sind für uns passend, die mit dem Schwert alle Übeltäter töten (vgl. I Sam 8,19f.). Andernfalls werden wir uns einander fressen (vgl. Gal 5,15)" (22,6 [645,7-9]).

Eigentlich müsste es keine staatliche Ordnung geben. Selbst auf der Stufe der Gerechtigkeit, d. h. des gerechten Weltumgangs unter dem Vorzeichen der goldenen Regel, wäre der Staat vermeidbar:

„Denn wenn jeder von uns auf seinem Wege ginge, sei es auch in dieser Welt, die wir lieben wie Adam, wegen der vergänglichen Schönheit, und wenn wir gerecht wären, ein jeder in dem, was sein ist, und arbeiteten und lebten, und wir nichts, was wir hassen, den Kindern unseres Fleisches antäten und so, wie wir wollen, dass uns jedermann täte, wir jedermann täten, wären nicht Morde noch Kriege noch Schläge, und nicht wären böse Richter erforderlich, noch Könige" (22,9 [653,22-656,5]).

Den Ausgangspunkt hat der Exkurs des Autors an dem für ihn irritierenden Pauluszitat aus Röm 13,1 genommen. Es bleibt zu untersuchen, welchen Stellenwert die eigenwillige Exegese des Autors in den Anfängen der patristischen Paulusexegese einnimmt. Eine entscheidende Weichenstellung ist schon durch Irenäus um 180 n. Chr. gegeben, der den Staat als Notverordnung für Heiden begreift. Irenäus sieht die irdische Herrschaft durch Gott bestimmt als Mittel zur Eindämmung heidnischer Ungerechtigkeit, „damit die Menschen, die Herrschaft von Menschen fürchtend sich nicht gegenseitig wie die Fische fressen" (Haer. V,24,2).[34] Eine andere Auslegungsrichtung schlägt Tertullian zu Beginn des 3. Jh. ein, wenn er die Christenheit, sich selbst eingeschlossen, durchaus als Adressat der pl Mahnung versteht. Die Grenze des Gehorsams sieht der grundsätzlich kaisertreue römische Patriot Tertullian[35] allein durch die christliche Ablehung des Götzendienstes gesetzt.[36] Ebenso Hippolyt von Rom in seinem um 204 geschriebenen Danielkommentar: Die geforderte Unterordnung bezieht sich nicht etwa auf die Verleugnung des Glaubens, sondern dient den Christen dazu, dass sie aus Furcht vor der Staatsgewalt vom Bösen lassen.[37]

Es ist bemerkenswert, dass das Problem, wie denn grausame oder dekadente Herrscher als von Gott eingesetzt gelten können, erst durch Origenes aufgeworfen wird.[38] Bei ihm zuerst wird der polemische Ton deutlich, die Abscheu vor der Staatsmacht, welche die tatsächlich Regierenden eindeutig auf der Seite des Unrechts stehend wahrnimmt, so in seiner 244-49 geschriebenen Apologie gegen Celsus.[39] Eine ausführliche Behandlung erfährt Röm 13,1 in dem ebenfalls um 244 entstande-

---

34   Brox, FC 8/5, 184,16f.

35   Vgl. Tertullian, Ad Scapulam 2,6 (Dekkers, CCL 2, 1128, 24-28): „Es ist nötig, dass er (scil. der Christ) auch ihn selbst (scil. den Kaiser) liebe und verehre und wertschätze und sein Wohl wolle, mit dem ganzen römischen Reich; wie lange die Welt besteht, so lange nämlich wird es bestehen" (l. 26-28).

36   Tertullian, De idololatria 15,8 (Reitterscheid/Wissowa, CCL 2, 1116,27-31).

37   Comm. in Dan. 3,23,2 (Bonwetsch/Richard, Hippolyt II.1, GCS NF 7, 176,19-24). Zur Auslegung von Röm 13,1.4 im Danielkommentar des Hippolyt vgl. H. Rahner, Kirche und Staat, 54.55. Rahner tituliert Comm. in Dan. 3,20-25.31 „Die älteste christliche Predigt vom Staat."

38   Cels. VIII,65 (Borret, SC 150, 324,21-26). Für das durch Röm 13,1 gestellte Problem verweist er hier auf seinen Römerbriefkommentar (SC 150, 324,15-17).

39   „Uns ist allerdings das sich Geneigtmachen von Menschen und Königen etwas Verächtliches, nicht allein, weil wir sie unter der Bedingung der Befleckung mit Mord und durch Zügellosigkeit und grausamste Taten geneigt machen (müssten), sondern auch unter der Bedingung der Ruchlosigkeit gegen den Gott des Alls oder durch eine Äußerung mit Sklavensinn und Erniedrigung, was fremd wäre tapferen und großherzigen Männern, welche die Standhaftigkeit als größte Tugend den anderen zugesellen wollen" (Cels. VIII,65 [SC 150, 323,1-7]).

nen Römerbriefkommentar.[40] Indem er das Subjekt, dessen, der Unterordnung schuldet, „jede Seele" auf dem Hintergrund seiner Stufung von Seele und Geist versteht, gelingt es Origenes, die Aussage des Apostels insofern zu relativieren, dass nur derjenige Christ der staatlichen Autorität bedarf, welcher Seele und noch nicht Geist ist. Seele ist derjenige Mensch, der in den Handel und Wandel der Welt verstrickt ist. Wer aber nach I Kor 6,17 mit dem Herrn ein Geist ist, ist dem Herrn untertan; er bedarf der weltlichen Gewalten nicht.[41] Das Problem der Korruption der von Gott eingesetzten Amtsträger löst Origenes, indem er zwischen göttlich verliehener Gewalt und gottlosem Gebrauch derselben unterscheidet.[42] Ambrosius (+397), ein Zeitgenosse des syrischen Anonymus, bringt diese Differenzierung auf den Begriff der Unterscheidung von Amt und Person: „nec potestas mala, sed is qui male utitur potestate."[43]

In der Sicht des Staates als einer Notverordnung für Heiden bei Irenäus und dem der relativen Gültigkeit der staatlichen Gesetzgebung für unreife Christen bei Origenes sind die Grundlagen für die radikale Auslegung zu sehen, die Röm 13,1 bei dem syrischen Anonymus erfährt. Beide Autoren haben in der Weisung des Apostels nichts spezifisch Neutestamentliches erkannt. Der syrische Autor des späten vierten Jahrhunderts ging, geleitet durch seine Anschauung der politischen Verhältnisse und seine theologische Systematik so weit, dass er die staatlichen Amtsträger nur im Lichte der atlichen Offenbarung eines zornigen Entgegenkommens Gottes als von ihm eingesetzt sehen konnte. Die Abstraktionsleistung der Unterscheidung von Amt und Person war ihm nicht möglich. Für ihn bleibt beides untrennbar verbunden: Gott hat böse Richter eingesetzt. Das Gebet für die Obrigkeit[44] kennt der Autor nicht.

Eine gewisse Nähe des Autors zur Gnosis wird erkennbar, die mit ihrem Überlegenheitsgefühl über den Schöpfergott auch eine „Distanz

---

40 Die Datierungen nach Hermann J. Vogt, Origenes. Der Kommentar zum Evangelium nach Matthäus I, Stuttgart 1983 (BGrL 18), 316.318.
41 Comm. in Rom. IX,25 (Heither, FC 2/5, 92,3-9).
42 Comm. in Rom. IX,26 (Heither, FC 2/5, 94,4-6).
43 Expos. ev. sec. Luc. 4,26 (Adriaen, CCL 14, 116,348f).
44 Vgl. I Tim 2,2.

(...) zu den irdischen Herrschaftsverhältnissen"[45] einnimmt und so im Widerspruch zur hellenistischen Politologie steht, welche „die irdische Herrschaft als ein von der göttlichen Vernunft (...) regiertes System begreift."[46]

5.4 Fortschritt in Richtung auf Vollkommenheit

Der Autor hat drei Gegensatzpaare aus dem Apostel übernommen, an denen er den Spannungsbogen des Aufstiegs von den Anfängern bis zu den Vollendeten aufzuzeigt: Milch und feste Speise (I Kor 3,1f und Hebr 5,12-14), Schwache und Starke (Röm 14,2; 15,1), Kind und Mann (I Kor 3,1.13,11). Somit steht ihm ein Begriffsrepertoire zur Verfügung, mit dem er, in Aufnahme des pl Fortschrittsgedankens, seinen protreptikos, eine Ermunterung zum Aufstieg von der geringeren zur höheren Stufe, entwirft.

5.4.1 Milch und feste Speise[47]

Das Gegensatzpaar von Milch und fester Speise gibt dem Autor, gemäß Hebr 5,14 und I Kor 3,1 zugleich die Stichworte des Vollkommenen und des Kindes an die Hand. Bereits im ersten Traktat eingeführt wird das Gegensatzpaar im Rahmen der Grundunterscheidung des Autors allegorisch interpretiert. So steht die Milch für die kleinen, die feste Speise hingegen für die großen Gebote. Entsprechend ist noch Kind, wer mit den ersteren umgeht, während letztere die „feste Speise der Vollkommenen" (19,5 [456,20]) ist:

> „Wir aber bestehen (noch) in den kleinen Geboten, welche Gemüse und Milch sind und nicht in den großen, welche die feste Nahrung sind. Des-

---

45   Rudolph, Gnosis, 285.

46   Rudolph, a.a.O. Rudolph weist hier auf die Apokalypse des Adam (NH V,5) hin, in welcher die Gnostiker sich als „das Geschlecht, das keinen König über sich hat" begreifen (NH V,5,82,19; kopt. Text: BCNH.T 15, 54).

47   Zu „Milch und feste Speise" in I Kor 3,1f und Hebr 5,12-14 vgl. Schlier, ThWNT 1, 644 u. Balz, EWNT 1, 557. Zusammenfassend Löhr, Umkehr und Sünde, 167: „Das Bild vom Unmündigen und Erwachsenen, von Milch und fester Speise zur Charakterisierung verschiedener intellektueller oder moralischer Entwicklungsstufen des Menschen, ist Gemeinplatz antiken, zumeist philosophischen Schrifttums."

halb wissen wir nicht zu unterscheiden, nicht die großen Gebote von den kleinen und nicht den oberen Dienst von dem unteren Dienst" (1,2 [16,11-17]).

Die Gegensatzpaare Milch/feste Speise und Kind/Mann werden ausgehend von I Kor 3,1f miteinander verschränkt:

> „Auch das Kind des Geistes gelangt so, wenn es erstarkt ist, zur festen Speise derer, die mit Kraft ausgebildet sind, zu verstehen und den oberen von dem unteren Dienst zu unterscheiden (vgl. Hebr 5,14). Als wie Kindern, heißt es, in Christo habe ich euch Milch zu trinken gegeben (I Kor 3,1f). Kommt jetzt zu der festen Speise (Hebr 5,14), d.h. von den kleinen Geboten zu den großen" (11,5 [281,17-25]).

Im Vergleich zu P ist zu ersehen, wie der Autor Hebr 5,14 seiner Systematik dienstbar macht, indem er bei der Kunst des Unterscheidens den Gegensatz von Gut und Böse durch den vom oberen und unteren Dienst ersetzt:

P	LG 11,5 (281,19-21)
Den Vollkommenen aber ist die feste Speise, denjenigen, die weil sie ausgebildet sind, ihre Sinne geübt haben, das Gute und das Böse zu unterscheiden.	... zur festen Speise derer, die mit Kraft ausgebildet sind, zu verstehen und den oberen von dem unteren Dienst zu unterscheiden.[48]

5.4.2 Starke und Schwache[49]

Woher nahm der Autor das Synonym „Gemüse" für „Milch"? Die Antwort wird in der allegorischen Auslegung von Röm 14,2 gefunden: Die Schwachen, die nur Gemüse essen, werden als diejenigen verstanden, die nur mit den kleinen Geboten umgehen, während die Starken, die alles essen, diejenigen sind, die den großen Geboten gehorchen. Das „schwache Gewissen" ist im Unterschied zu Paulus nicht das zarte Gewissen, das leicht angefochten wird, sondern bedeutet einen gerin-

---

48 Vgl. 19,5: Jene, heißt es, feste Speise (ist) dieser, heißt es, die mit Kraft ausgebildet sind" (456,20-22).

49 Für „Starke" setzt der Autor auch das Synonym „Gesunde", für den „Schwachen" auch das „Kind". Zu ἀσθενής bei Pls vgl. ThWNT 1, 490 und EWNT 1, 412f.

gen Erkenntnisstand. So verteidigt der Autor seine offensichtlich gegen den Wortsinn laufende allegorische Auslegung:

> „Es gibt (jemand), heißt es, der glaubt, er (könne) alles essen; und welcher, heißt es, schwach ist, isst Gemüse (Röm 14,2). Kann es nun sein, dass der Apostel über diese Speisen redet, die sichtbar sind? Siehe, wer alles isst: unter den ‚Einzigartigen'[50] ist er klein, und er ist nicht hervorragend wie sie. Und siehe, der Apostel gebietet uns: So ist es besser, dass wir nicht Fleisch essen und nicht Wein trinken (Röm 14,21). (Im folgenden wird die Argumentation durch das Herrenwort Lk 21,34 unterstützt.) Siehe, ist es nicht offenkundig, dass Paulus den, welcher schwach ist in seinem Gewissen und dessen Erkennen klein ist, schwach nennt und er nicht den, welcher fastet und Brot und Gemüse und Salz isst, schwach nennt? Denn wenn er fastet und betet - hervorragend, wer so ist. Aber welcher nicht die großen Gebote hält, den schmäht er und nennt ihn schwach" (19,6 [457,21-460,15]).

Das pl Gebot der Rücksichtnahme des Starken für den Schwachen thematisiert der Autor in 11,3f. Der Fall des Essens des „Götzenopferfleisches" aus I Kor 8,7.10 wird, wie oben gezeigt wurde,[51] vom Autor des LG aufgenommen und in seine Situation übertragen:

> „Welcher schwach ist in seinem Gewissen, wird sehr angefochten, wenn er denjenigen, der gesund ist in seinem Gewissen, sieht, wie er mit den Heiden isst und sie ermahnt" (11,3 [277,9-12]).

Schwach ist, wie schon bei Paulus, wer es nötig hat, sich aus Gründen des Selbstschutzes abzugrenzen.[52] Nach der Logik der „Unterscheidung" ist daher die Weisung des Apostels, dass sich die Gemeinde von groben Sündern abzugrenzen und die Tischgemeinschaft mit ihnen aufzukündigen hat (I Kor 5,9-11) als Gebot allein für die Schwachen aufzufassen:

> „Esst nicht mit Ehebrechern und Ungerechten[53] und Zügellosen und Gierigen und Fluchenden" (5,1 [100,2-4]).[54]

---

50 Der Autor verwendet hier die feste Bezeichnung für den Asketen des syrischen Ostens: ‏ܝܚܝܕܝܐ‎. Vgl. dazu Adam, ZKG 65 (1953/54), 217-222.

51 S. o. 2.3.7, S. 62.

52 Vgl. dazu Stählin, ThWNT 1, 490: „Den beiden Gruppen der ἀσθενεῖς in Korinth und Rom ist gemeinsam, dass ihnen die γνῶσις der Vollchristen fehlt (1 K 8,7), daß sie sich noch nicht restlos von ihrer vorchristlichen Vergangenheit gelöst haben."

53 ‏ܚܛܘܦܐ‎. ‏ܥܠܘܒܐ‎ steht auch in P für πλεονέκτης.

„Wenn ein Bruder ist, der hurt (wie P) oder flucht oder geizig ist oder ein Trunkenbold (wie P), mit diesem, heißt es, ist nicht einmal Brot zu essen" (19,10 [469,8-10]).

An diese Weisung hat sich der Schwache zu halten, da er sonst durch den schlechten Umgang verdorben würde:

„Das wird für das Kind angeordnet, dass es nicht mit ihnen Brot esse und sich nicht mit ihnen zusammentue (I Kor 5,11.9), weil es jung ist, damit sie es nicht zu ihrem Willen verleiten, weil es nichts weiß, und es verführt wird wie die Unmündigen" (5,1 [100,4-8]).

Der Autor ist sich dabei über die Psychologie der Abgrenzung vollkommen im klaren. Der Suggestion der aus der Abgrenzung resultierenden Feindbildern ist zu widerstehen:

„Es ist allein, spricht der Apostel, dass du nicht Brot mit ihnen issest (I Kor 5,11), nicht aber, dass du ihnen zum Feind werdest, und nicht, dass du sie bloßstellst" (5,1 [102,8-10]).

Der Abgrenzung vom „Unreinen" ist allerdings das Denken in Feindbildern unentrinnbar inhärent wie aus der Deutung des Zitates von Tit 1,15 „Den Reinen ist alles rein" erhellt:

„Den Reinen, heißt es, ist alles rein, d.h.: Wes Herz rein ist vom Satan, denkt nicht Böses über jemanden, sondern alles Gute. Wes, heißt es, Gewissen mit dem Satan vermischt ist, denkt Schmutziges über Menschen" (11,3 [277,15-19]).[55]

---

54   Die ersten beiden Glieder aus Pls, die anderen frei formuliert. – I Kor 5,9.11 wird sehr oft, aber nie wörtlich zitiert. Außer in Paraphrasen wird auch in kurzen Weisungen auf die Stelle angespielt, z.B.: „Verkehre nicht mit Sündern!" (5,17 [132,7]), „Iss nicht mit den Ehebrechern!" (11,4 [277,26f. 280,6f]). – Ps.-Clemens-Rom., De virginitate 1,10.3 bezieht das pl Verbot der Tischgemeinschaft auf sittlich heruntergekommene Wanderasketen (Duensing, ZKG 63, 175,27-31).

55   Auch in den Apophthegmata wird Tit 1,15 im Sinne der Aufhebung der Abgrenzung vom Sünder verstanden. Nach Poimen ist die Intention von Tit 1,15 erreicht, wenn man sich dem schlimmstmöglichen Sünder unterordnet: „Sprach der Vater Poimen: Wenn ein Mensch an den Spruch des Apostels gelangt, an das ,Alles ist rein den Reinen', sieht er sich selbst geringer als alle Schöpfung. Spricht zu ihm der Bruder: Wie kann ich mich selbst für geringer als den Mörder halten? Spricht zu ihm der Greis: Wenn ein Mensch an diesen Spruch gelangt und einen Menschen mordend sieht, spricht er: Allein diese Sünde hat dieser getan, ich aber töte jeden Tag" (Poimen 97 [PG 65, 345B]). Vgl. dazu Dörries, WuSt 1, 256.

Schwäche an sich verdient also kein Wohlwollen,[56] sondern muss abgelegt werden. Es gilt daher nicht, die Schwachen in ihrer Schwäche schlicht hinzunehmen, sondern sie voranzubringen. So wird die dem Autor geläufige Maxime Röm 15,1 vom „Tragen der Schwachen"[57] als eine erzieherische Aufgabe im Rahmen des Lehrberufs der Adressaten des LG verstanden:

> „Wir Starken sind schuldig, dass wir die Schwäche der Schwachen tragen (Röm 15,1), und dass wir sie jeden Tag besuchen und sie demütig zurechtweisen" (11,3 [277,5-7]).[58]

Bis es jedoch dazu kommt, „dass sie gesund werden" (11,4 [277,21]), stellt sich für die Starken, wie gesehen wurde, die Aufgabe der Rücksichtnahme (11,3). Im Anschluss an Paulus (I Kor 8,9.11f.) formuliert der Autor daher eine Weisung an die „Gesunden":

P	LG 11,4 (277,20-23)
I Kor 8,9 Sehet aber zu, dass diese eure Freiheit für die Schwachen nicht zum Anstoß wird.	„Werdet nicht zum Anstoß für die Schwachen (I Kor 8,9),
	bis dass sie gesund werden.
11 Und zugrunde geht durch deine Erkenntnis jener, welcher krank ist, um dessentwillen Christus gestorben ist.	Und wenn nicht, (so) sterben sie (11),
12 Wenn ihr aber sündigt an den Brüdern und verletzt ihr schwaches Gewissen, so sündigt ihr an Christus.	und ihr sündigt an Christus (12),
	der für sie gestorben ist (11)."

Die Ambivalenz der Begriffe „Freiheit" und „Erkenntnis", welche der Apostel durchschaut, wird vom Autor nicht verstanden. Anders als bei Paulus, der die Schlagworte derer, die die Erkenntnis haben, in Frage stellt, werden die Ideale der Vollkommenen nicht hinterfragt. Der mögliche Verzicht auf die Ausübung der Freiheit gilt nur temporär, hat mithin ein agogisches Motiv. Wie der „Gesunde" nun praktisch den Anstoß vermeiden soll, darüber schweigt der Autor.[59]

---

56 Ganz anders das Lob der Schwäche im gegenwärtigen homiletischen usus.
57 Sie wird insgesamt zehn Mal zitiert.
58 Zur Kombination von Röm 15,1 mit verschiedenen anderen pl Weisungen vgl. o. 2.3.2, S. 49.
59 Das Gebot der Vermeidung des Anstoßes nach Röm 14,15 und I Kor 8,12f wird bei Ps.-Clemens Rom., De virginitate 2,5 breit ausgeführt. Der Fall des Anstoßes wäre gegeben, wenn eine Gruppe von Wanderasketen bei einer Christin einkehrte. Auch

Das Gegenstück zum Gebot der Abgrenzung ist das Demutsgebot Phil 2,3: „Halte jedermann für besser als dich."[60] Sehr sorgfältig wird 19,10 der Weg von der Abgrenzung zur Demut als ein vom Geiste geführter gezeichnet:

> „Damit nicht ein Kind und ein Schwacher von diesem Gebot, welches die große Stufe ist (d.h. Phil 2,3) falle, hat ihm der Geist diesen Pfad (d.h. I Kor 5,11), der in Richtung dieser Stufe verläuft, ausgehen lassen, bis dass er stark oder geheilt ist, dass er hingehe (und) in rechter Weise auf ihr aufsteige, wie der Apostel sagt: Macht euch jetzt auf, heißt es, die ihr Männer seid, zu dieser festen Speise (vgl. Hebr 5,14). Wenn er nun den Kindern und Schwachen gestattete, dass sie die Sünder für besser als sie (selbst) achteten, dann vermischten sie sich mit ihnen und täten deren Taten und fielen von jener steilen Höhe jenes großen Gebotes. Aber er hat sie ein klein wenig von dem Fuß der Stufe abgeführt, bis dass sie groß wären und geheilt würden. Das heißt: Er hat sie von den Bösen getrennt, bis dass sie Kraft aus der Höhe empfingen (vgl. Lk 24,49), dass sie nicht ohne Kraft zwischen die Bösen hineinkämen und umkämen; d. h., dass sie nicht ohne Kraft auf jene Stufe aufstiegen und es ihnen schwindelte und von ihr herabstürzten" (469,10-472,7).

5.4.3 Kind und Mann[61]

Es wurde bereits gesehen, dass der Autor das Gegensatzpaar Kind und Mann synonym zu Schwacher und Starker bzw. Gesunder verwendet. Selbstredend wird I Kor 13,11 gemäß der bereits hinlänglich bekannten Systematik des Autors wiedergegeben und interpretiert:

> „Ich, spricht er, als ich ein Kind war, wandelte ich wie ein Kind in den kleinen Geboten; als ich, spricht er, ein Mann wurde, legte ich das Denken meiner Kindheit ab. Das heißt aber, spricht er: Ich verließ die einfachen

---

für den Fall, dass es sonst keinen Christen am Ort gibt, darf ihre Gastfreundschaft nicht in Anspruch genommen werden (Duensing, ZKG 63 [1951], 182f).

60 An anderer Stelle fungiert eine ganze Kette von Zitaten als Gegenstück zu I Kor 5,11: Röm 15,1, Apg 10,28, Phil 2,3 (12,5 [297,21-300,3]).

61 Zu ἀνήρ bei Pls vgl. EWNT 1,237. Zu νήπιος ThWNT 4, 918-922 und EWNT 2, 1142. In der Gegenüberstellung von Kind und Mann nimmt Pls „einen beliebten Topos der hellenistischen Rhetorik auf". Vorausgesetzt ist die in der hellenistischen Diatribe vorgenommene Wertung, „die ja das Bild des Kindes wesentlich negativ verwendet" (Bertram, ThWNT 4, 920.919).

Pfade, welche die leichten Gebote sind und ich wurde, spricht er, ein Mann und wurde vollkommen" (LG 19,5 [457,4]).[62]

In dem 27. Traktat „über das Thema ‚Raubzüge'" führt den Autor die Auseinandersetzung mit einem Missstand innerhalb der asketischen Bewegung zu einer Betrachtung dessen, was Mannsein in seinem Verständnis ausmacht. Der Misstand besteht in einer unverantwortlich schnellen Heranführung junger Leute zum asketischen Leben. Junge Leute werden dazu verleitet, das Leben des Wanderasketen zu ergreifen, obwohl sie nicht dafür gerüstet sind.[63] In seiner Auseinandersetzung greift der Autor auf die ihm aus I Kor 13,11 geläufige Antithese von Kind und Mann zurück. Der junge Draufgänger soll sich prüfen, ob er denn schon zum Wanderasketen tauge. So muss, wer zu Verleumdungen nicht schweigen kann wie ein Stein, „der mit hundert Axtschlägen geschlagen nicht redet", noch als ein Kind gelten:

> „Wenn du dir aber in deinem Verstande vornimmst, dass du alles erträgst, was über dich kommt, Lüge, Bedrückung und Ungerechtigkeit, indem man dir sagt: Du hast Ehebruch begangen und (ein Kind) gezeugt, und du schweigst wie der gute Stein, der mit hundert Axtschlägen geschlagen nicht redet[64] – und wenn nicht, geh nicht (in die Welt) hinaus, weil du immer noch ein Kind bist" (27,3 [773,7-13]).

Zeichen des Mannseins ist stoisches Dulden:

> „Denn der Mann erträgt Größeres als dieses und Schlimmeres, bis dahin, dass sie ihn wegschleppen und geißeln und ihn kreuzigen wie die Apostel.[65] Er erträgt's, indem er schweigt, und sein Ruhm ist zwischen ihm allein und seinem Herrn (vgl. I Kor 1,31; II Kor 10,17)" (27,4 [773,14-19]).

Der Lernweg zum Mannsein wird in sechs Stufen analog den Tagen der Schöpfung skizziert, mit dem Ziel, am sechsten Tage eine „neue Schöpfung" (vgl. II Kor 5,17) zu sein „wie Adam", die in ihrer ethischen Dimension durch Demut charakterisiert wird:

---

62 An dieser Stelle folgt der apostolische Appell zur Nachahmung seiner selbst (I Kor 11,1 vgl. I Kor 4,16).

63 Von daher ließe sich die Überschrift des Traktates verstehen: Die Verführer machen „Raubzüge" unter jungen begeisterungsfähigen Menschen. Oder anders: Unerfahrene Draufgänger veranstalten „Raubzüge" in das den Vollkommenen vorbehaltene Gebiet der Askese.

64 Der Anakoluth ist sinngemäß zu ergänzen: „so bist du ein Mann".

65 Vgl. Acta Petri 37f.

„Und am sechsten Tage wirst du eine neue Schöpfung sein wie Adam, und wenn du daran bleibst, wird deine Demut allen Menschenkindern kund werden (vgl. Phil 4,5)" (27,4 [776,16-18]).[66]

Es zeigt sich, dass das Gegensatzpaar Kind – Mann auf derselben Linie wie das des Schwachen und Starken gedeutet wird: Der Mann vermag es wie der Starke, sich der außerkirchlichen Welt auszusetzen. Eine Steigerung erfährt der Ausgang des „Mannes" darin, dass dieser die Welt als feindliche erfährt.

5.5 Ethik der Vollkommenheit

5.5.1 Die Früchte des Geistes

Abgesehen von der oben diskutierten Deutung von I Kor 12,31[67] stellt der Autor sonst nicht die Pluralität als Merkmal der geringeren Gaben der Einzigkeit des Parakletengeistes gegenüber. Es ist ihm genauso gut möglich, die Einzigkeit des Geistes durch die Pluralität der Gaben auszulegen. Auf diese Weise kommt der Autor, trotz seiner befremdlichen Grundunterscheidung, zu einer schlichten Pneumatologie, die Eitelkeit und begriffliche Leere meidend, mit dem Geistbegriff sogleich die ethische Verpflichtung verknüpft. So, wenn der Autor demjenigen, der „mit dem Geist verschwistert ist" und dem er die Autorität zur Schriftauslegung zubilligt, zugleich eine nach Gal 5,22 verfasste Liste von Früchten des Geistes mit auf den Weg gibt. So wird der Eindruck einer leeren Autorität vermieden:

„... so möge auslegen, welcher auslegt (vgl. I Kor 14,27), d. h. wer mit dem Geist verschwistert ist. Und weiterhin spricht er: „Die Früchte des Geistes sind insgesamt: Güte und Demut und an sich Halten und Geduld und Freundlichkeit und Lindigkeit und Freude und Frieden mit jedermann und Liebe zu jedermann" (1,1 [13,1-6]).[68]

---

66 Das eschatologische Ziel ist freilich der siebte Tag: „So wirst du dich am siebten Tag erholen bei dem, der dich zum oberen Jerusalem berufen hat" (776,18f).

67 S. o. 4.2.2, S. 108.

68 Die Reihe hat wie Gal 5,22 neun Glieder, jedoch unterscheidet sich die Reihenfolge von der pl Vorlage. Außerdem lässt der Autor „Glaube" fort und füllt seine Reihe mit „Lindigkeit" auf.

Die Reihe der „Früchte des Geistes" (Gal 5,22), die mit der Reihe über die Kleidung des neuen Menschen (Kol 3,12) kontaminiert wird, bildet den Ausgangspunkt für eigene Reihen des Autors, die hier im Vergleich mit P zusammengestellt werden:

P	LG 1,1 (13,2-6)	LG 2,7 (37,22-39,2)	LG 21,3 (589,21-23)	LG 21,3 (589,23ff)
9 Glieder	9 Glieder	7 Glieder	5 Glieder	7 Glieder
„Die Früchte aber des Geistes sind:	„Die Früchte des Geistes sind insgesamt:	„Die großen Bäume aber des geistigen Paradieses (...) sind diese:	„Aber die Früchte (...) des Geistes sind diese, dass wir anziehen	„... d.h., dass wir miteinander übereinstimmen in diesen Früchten des Geistes, in Liebe und in Geduld (ܡܣܝܒܪܢܘܬܐ
Liebe, Freude, Frieden, Geduld (ܡܣܝܒܪܢܘܬܐ), Freundlichkeit, Güte, Glauben, Demut, Enthaltsamkeit"[69]	Güte und Demut und Enthaltsamkeit und Geduld (ܡܣܝܒܪܢܘܬܐ wie Kol 3,12) und Freundlichkeit und Lindigkeit und Freude und Frieden mit jedermann und Liebe zu jedermann."	Glaube, Niedrigkeit (=Askese), Demut, Liebe, Hoffnung (vgl. I Kor 13,13), Wahrheit und Heiligkeit in unserem Herrn."	Mitleid und Erbarmen (Kol 3,12) und Übereinstimmung und Frieden und Lobpreis des Herrn."	wie Kol 3,12) und Freundlichkeit und Demut[70] und Enthaltsamkeit und Lindigkeit und Heiligkeit, die nicht begehrt."

---

69 Ἐγκράτεια wird in P mit ܡܣܝܒܪܢܘܬܐ wiedergegeben, das entweder „patientia", „tolerantia" oder „abstinentia" zu übersetzen ist (Brockelmann, Lexicon, 457b). Ausgehend von der gr. Vorlage wähle ich die dritte genannte Bedeutung und übersetze im asketischen Sinne.

70 „Freundlichkeit und Demut": in dieser Reihenfolge Kol 3,12.

Diese Reihen stehen allesamt im Kontext der großen Gebote, mithin auf der Seite der vollkommenen Geistesgabe. In diesen Tugenden manifestiert sich der ursprüngliche paradiesische Zustand:

> „So also, entsprechend der Darlegung, die wir vorgestellt haben, war das Sinnen Adams im Himmel rein und süß in diesen Früchten des Geistes, die der Apostel herausgestellt hat" (21,8 [608,15-18]).

In demselben Sinne kommentiert der Autor die zuletzt genannte Reihe:

> „Das sind die Früchte des Geistes, an denen sich die Heiligen in Eden laben[71]" (21,3 [592,1f]).

Wenn in 1,1 Enthaltsamkeit an die dritte Stelle rückt und in 2,7 Heiligkeit bzw. 21,3 „Heiligkeit ohne Begehren"[72] in die pl Reihen eindringt, wird die asketische Interpretation der pl Tugendkataloge deutlich erkennbar.

5.5.2 Glaube und Liebe

Ein weiteres Gegensatzpaar, das die Spannung von einem anfängerhaften zu einem fortgeschrittenen Stadium ausdrückt, ist das von Glaube und Liebe. Durch I Kor 13,13 ist die Überordnung der Liebe über den Glauben vorgegeben. Bei den großen Alexandrinern wird die Höherordnung der Liebe, der gegenüber der Glaube eine erste Stufe christlichen Erkennens einnimmt, programmatisch.[73]

---

71   Kmosko übersetzt ܘܙܢܐ ܠܗܘܢ ܡܬܒܥܐ ܚܕܝܪ „quos sancti in Eden cogitant." Bei „cogitant" dachte er offenbar an II ܒܥܐ, das aber nur im Etpaal existiert und mit Li konstruiert wird (Brockelmann, Lexicon, 738a). Ich übersetze nach I ܒܥܐ „weiden" (tr. u. intr.), „fressen", „essen" (a.a.O., 737b).

72   „»Heiligkeit« ist überhaupt ein in Syrien fester Terminus für dauernde (sexuelle) Abstinenz" (Kretschmar, ZThK 61 [1961], 40).

73   Vgl. Clemens Alex., Strom. II, 12,55,4 als vorgebliches Zitat aus dem „Hirten": „Der Glaube macht den Anfang, die Furcht baut auf, die Liebe aber vollendet" (Stählin/Früchtel, Clemens 2, GCS, 143,4f). Allerdings kennt schon Hermas eine Kette, an deren Anfang der Glaube und an deren Ende die Liebe steht (Herm. Vis. III 8,7). Ähnlich Strom. II, 7,53,1. – Nach Strom. VII, 7,46,3 gehört der Glaube als erster Schritt zur Konversion, die Liebe zum Fortschritt im Sinne der christlichen Gnosis: „Wer nun von den Heiden umkehrt, wird nach dem Glauben, wer aber zur Erkenntnis aufsteigt, wird nach der Vollkommenheit der Liebe verlangen" (Stählin/Früchtel, Clemens 3, GCS, 34,24-26). Vgl. dazu v. Campenhausen, BHTh 14, 218. – Auch bei Origenes gilt Glauben als niedere Stufe christlichen Erkennens. Er kennt

Der Autor gibt die Wertung des Apostels zwar nur in einer Anspielung wieder:

> „Die Liebe, die alle liebt, diese, die der Apostel vor allen guten Gaben heraushebt ..." (19,36 [513,6-8]),

aber die pl Herkunft dieses Gegensatzpaares ist doch als sehr wahrscheinlich anzunehmen. Im 30. Traktat wird dieser Gegensatz, wie schon aus der Überschrift erkennbar ist, programmatisch: „Über die Gebote des Glaubens und der Liebe der ‚Einzigartigen'".[74] Inhaltlich zeigt sich, dass dieses Gegensatzpaar im 30. Traktat nichts anderes aussagt, als die bereits bekannten der Milch und festen Speise, der Schwachen und Starken, des Kindes und des Mannes. Die Ethik des Glaubens ist also wiederum durch die Abgrenzung vom Bösen, die der Liebe durch Universalität geprägt (30,1.2). Für die ‚Einzigartigen' gilt im Umgang mit denen, die noch nicht so weit sind, das Gebot der Herablassung:

> „Und für denjenigen, der kindlich ist in seinem Denken, beugt euch selbst herunter von den Geboten der Liebe und lehrt ihn die Gebote des Glaubens, welcher unterhalb der Liebe ist" (30,2 [865,17-19]).

Allerdings stellt der nachträgliche 30. Traktat den besagten Gegensatz in einer Vergröberung dar, während der Autor selbst diesen differenzierter und nicht einfach analog zu den drei oben behandelten Gegensatzpaaren behandelt.

Zunächst ist festzuhalten dass „Glaube" bei seiner ersten Erwähnung, in dem sog. „letzten Absatz", der im Vorwort mitgeteilt wird, als

---

zwei Möglichkeiten der Überbietung, eine intellektuelle und eine ethische. Das Gegenstück zum Glauben heißt bei ihm, gemäß der pl Antithese II Kor 5,7 „Schauen". Vgl. Comm. in Jo. XIII,53 §353: „Und es ist besser, durch Schauen zu wandeln als durch Glauben" (Blanc, SC 222, 228,12f). Comm. in Rom. V,10 erscheint die Liebe nach I Kor 13,13 als Überbietung von Glaube und Hoffnung: „Deshalb nämlich heißt die Liebe größer als Glaube und Hoffnung (I Kor 13,13), weil sie allein es sein wird, durch die man nicht mehr wird weiter sündigen können. Denn wenn nämlich die Seele zu dem (Grad) an Vollkommenheit aufgestiegen sein wird, dass sie aus ihrem ganzen Herzen und aus ihrer ganzen Seele und aus allen ihren Kräften Gott und seinen Nächsten wie sich selbst liebt, wo wird Raum sein für die Sünde?" (Heither, FC 2/3, 184,1-5). Der Autor folgt eindeutig der zweiten, ethischen Linie. Während Origenes eine Überbietung des Glaubens durch die Liebe, aber keinen Gegensatz formulierte, liegt die unverwechselbare Eigenheit des Autors darin, dass er die Liebe zum Glauben in Antithese setzt.

74 Vgl. dazu Nagel, FS Wießner, 127-142.

ein Begriff eingeführt wird, der nicht etwas Defizitäres, sondern
schlicht die gegenwärtige Situation des Christentums im Unterschied
zu der vergangenen Zeit der Wunder beschreibt und damit die gegenwärtige Prophetie als reine Wortverkündigung rechtfertigt:

> „Und wenn du sagst: die früheren Propheten und Apostel nehme ich an,
> da sie mir zuverlässig sind durch die Wunder, die Gott durch ihre Hände
> getan hat, der (selbst) durch sie gesprochen hat, (so höre:) Wenn auch die
> Propheten von heute keine Wunder tun, (so deshalb) weil unser Herr sie
> durch ihre Hände nicht tun will, weil er heute geglaubt wird. Denn wer
> den früheren Wundern nicht glaubt, würde auch neuesten nicht glauben"
> (Vorwort, „letzter Absatz" [8,22-9,3]).

Zum unterlegenen Gegenüber der Liebe wird Glaube erst im achten
Traktat. Dies geschieht, indem das Lob der guten Werke Mt 25,35f mit
der Aussage des Apostels über die Nutzlosigkeit guter Werke, die ohne
Liebe geschehen (I Kor 13,3) sowie der Nichtigkeit einer Glaubenser-
kenntnis ohne Liebe (I Kor 13,2), konfrontiert wird.[75] Die Auslegung
des Begriffes der Liebe geschieht in Abgrenzung und Überbietung der
beiden Glaubensäußerungen der Erkenntnis und der guten Werke.
Liebe überbietet sowohl kirchliche Orthopraxie als auch Orthodoxie.
Nachdem der Autor in §1 beide Positionen durch die Zitate von I Kor
13,3, dem Weggeben der Habe ohne Liebe, und I Kor 13,2, der Erkenntnis ohne Liebe, identifiziert hat, wendet er sich in §2 zunächst der
Verhältnisbestimmung der Liebe zur Orthopraxie zu. Ausgehend von
dem verkürzten Zitat

> „Wenn ich meinen Leib gebe, so dass er verbrannt werde und ich keine
> Liebe habe, (so) bin ich nichts (8,2 [192,16-18])."

gelangt der Autor über das Gebot vom Hinhalten der Wange (Mt 5,39)
zu der vollkommen Handlungsweise der Liebe, die geschieht, „wenn
er den liebt, der ihn schlägt" (8,2 [192,22]). Mithin gehe es dem Apostel
nicht darum, die Täter guter Werke schlecht zu machen, sondern den
überragenden Wert der Liebe herauszustellen:

---

75 Diese Entgegensetzung von Herrenworten und Worten des Apostels ist einmalig im
    LG und provoziert die Frage: „Und löst etwa der Apostel die Worte unseres Herrn
    auf?". Die Antwort erfolgt versöhnlich: „Nicht auflösend löst er auf, sondern auf-
    bauend baut er auf ihnen auf (8,2 [192,23-25]). Zu dem Verhältnis von Herren- und
    Apostelworten vgl. u. 2.2, S. 31.

„Nicht aber, dass sie nicht trefflich seien, sagt der Apostel, sondern er führt dort eine gewisse Größe ein: Derjenige, spricht er, der alles, was er hat, den Armen zur Speise gibt um Gottes willen und der sich entäußert, wie er (scil. Gott) ihm sagt, von allem, das er besitzt und der keine Liebe hat, jene demütige, die ihre Mörder liebt und die Füße ihrer Feinde küsst ..." (8,2 [192,25-193,6]).[76]

Nach Auffassung des Autors unterscheidet sich die vom Apostel intendierte „vollendete Liebe" von der ansonsten geübten durch ihre jede Begrenzung aufhebende Universalität: Die Beschränktheit der gewöhnlich geübten Liebe zeigt sich in ihrer Partikularität:

„Aber es kann sein, dass Menschen alles zur Speise geben, was sie besitzen, und bedürftig sind auf Erden um unseres Herrn willen und nicht zu dieser Demut kommen, sondern lieben, so wie sie (selbst) geliebt werden, und demütig sind zu einzelnen Menschen und nicht vor jedermann. Deshalb sind sie viel kleiner als der, welcher zur vollendeten Liebe kommt" (8,3 [196,1-4]).

Die Bekenner, die das Martyrium erdulden, jedoch „nicht wissen, was vollendete Liebe, sondern allein, was Glauben und Taufe ist" (8,4 [196,22-24]) sind mit demselben Makel behaftet. Zwar kommen sie nicht ins Gericht, doch sind sie weniger als diese, die „seinen ganzen vollkommenen Willen tun" (197,10).

Selbst die Asketen sind von der Kritik, die gemäß des Maßstabes der Liebe am Glauben geübt wird, nicht gefeit. Ihre Hingabe ist einseitig theologisch, es fehlt die Liebe zu den Menschen:

„Des Weiteren aber gibt es Menschen, die alles, was sie besaßen, verlassen haben um unseres Herrn willen (Mt 19,27). Und sie lieben unseren Herrn und sind ihm herzlich zugetan, und (doch) gibt es bei ihnen nicht jene Liebe, die Gott und die Menschen liebt" (8,5 [197,18-21]).

Als Gesprächspartner des Autors ließe sich hier die ganz auf die Gottesliebe ausgerichtete Askese des Ps.-Makarios gut vorstellen.[77] Die fol-

---

76   Diese „gewisse Größe", d.h. die Liebe, wird im folgenden in einer langen Reihung von Sätzen u. a. aus Pls und dem Evangelium expliziert. Am Ende verliert der Autor seinen syntaktischen Faden. Der Hauptsatz zum Relativsatz „Derjenige, der alles, was er hat (...) und der keine Liebe hat ..." wird nicht ausgeführt. Der vergessene Satz wird seinem Inhalt nach in 8,3 nachgeholt.

77   Vgl. Hom. 15,15: „Denn es steht geschrieben: Du sollst den Herrn, deinen Gott, von ganzem Herzen lieben (Dtn 6,5; Mk 12,30). Aber du sagst: Ich liebe und habe den heiligen Geist. Hast du das Gedenken und die Leidenschaft (ἔρως) und das Entbren-

genden Worte sind vielleicht als Spitze gegen ein rein theologisch ver-
standenes Christsein zu verstehen, in dem Orthodoxie das Maß aller
Dinge ist:[78]

> „Und weil sie unseren Herrn lieben, offenbart er ihnen die Geheimnisse im
> Himmel und alle Erkenntnis des Glaubens" (vgl. I Kor 13,2), aber die
> Wahrheit der Liebe begreifen sie nicht, und die Höhe und Tiefe und Länge
> und Breite (Eph 3,18), welche die Liebe begreift, begreifen sie nicht. Aber
> sie begreifen alle Geheimnisse und alle Erkenntnis, die im Glauben ist (vgl.
> I Kor 13,2), welcher kleiner ist als die Liebe, welche alle liebt und alle ver-
> söhnt. Denn der Glaube liebt unseren Herrn und die ihn lieben und die
> Söhne seines Hauses. Die Liebe aber liebt unseren Herrn und die ihn has-
> sen und die ihn töten und die Verleugner und die Sekten[79] ..." (8,5 [197,21-
> 200,6]).

In seiner Lehre von der Überlegenheit der Liebe über den Glauben hebt
sich der Autor von seinem Vorgänger Aphrahat ab, der in seiner zweiten Unterweisung zwar das selbe pl Material aus I Kor 13 bietet, das
Verhältnis von Glaube und Liebe aber nicht problematisiert, sondern
harmonisiert: Der Glaube wird durch die Liebe bekräftigt.[80]

5.5.3 Leidensnachfolge

Einmalig im ganzen LG ist die Intensität der Christusliebe im 17. Traktat, die sich allein in der Leidensnachfolge manifestiert und somit einen

---

nen zum Herrn? Bist du des Nachts und des Tages dort gebunden? Und wenn du
eine solche Liebe hast, bist du rein ..." (Dörries 136,197-200).

78 Stellt man an den Autor die Frage, warum der arianische Streit keine Spur in seinem
Werk hinterlassen hat, könnte man in diesen Ausführungen eine Antwort finden: Da
die Erkenntnis des Glaubens unterhalb der Wahrheit der Liebe steht, kann der Autor
an der Orthodoxie kein wirkliches Interesse finden.

79 ܕܚܠܬܐ, wörtl. „Furcht", kann „Religion" heißen oder die Spezialbedeutung „Sekte"
annehmen. Je nachdem ob an christliche Häresien oder heidnische Religionen gedacht ist, ist hier „Sekten" oder „Religionen" zu übersetzen.

80 „Und weiter sagt er: Die Liebe ist größer als alles (I Kor 13,13), und der Apostel zeigt
und erklärt, dass nach dem Glauben die Liebe hervorragender ist, und dass durch
sie ein festes Gebäude erbaut wird. Und er zeigt, dass die Prophetie durch die Liebe
auferbaut wird und dass die Geheimnisse in Liebe offenbart werden und die Erkenntnis in Liebe erfüllt wird und der Glaube in der Liebe bekräftigt wird" (Dem.
2,16 [PS I.1, 81,21-84,3]).

herben Zug trägt.[81] Als Leitmotiv wird das Zitat aus Röm 8,17 eingesetzt, zunächst im thetischen ersten Satz:

> „Über die Leiden unseres Herrn, der uns durch sie zum Vorbild wurde,
> dem wir uns angleichen sollen, damit, wenn wir mit ihm leiden, wir auch
> mit ihm verherrlicht werden" (17,1 [416,1-3]).[82]

Allein im Leiden ereignet sich die Gleichzeitigkeit Christi mit dem Asketen, in dem Christus mitleidet:

> „Das heißt: Mit ihm, unserem Herrn, wirst du leiden; denn auch heute,
> wenn du leidest, leidet er mit dir, wie der Apostel sagte, nachdem unser

---

81 Die als Leidensnachfolge verstandene Christusliebe des LG unterscheidet sich wohl-
    tuend von der erotisch aufgeladenen des Ps-Makarius.

82 Ignatius von Antiochien ist der erste unter den Vätern, der Leidensnachfolge auf den
    Spuren von Röm 8,17 thematisiert: „ ... doch nahe dem Schwert ist nahe bei Gott,
    inmitten der Bestien ist mitten in Gott – einzig im Namen Jesu Christi! Um mit ihm
    zu leiden (vgl. Röm 8,17), ertrage ich alles ..." (Smyrn 4,2 [SUC 1,206; Übers. Fischer,
    a.a.O., 207]). Allerdings interessiert sonst bei den Vätern an Röm 8,17 nur das Stich-
    wort der „Miterben mit Christus", nicht der Aspekt des Mitleidens. Das ist bei Ori-
    genes nicht anders. Eine beeindruckende Ausnahme bildet Comm. in Rom. VII,3
    (Heither, FC 2/4, 40,24-42,10), wo Origenes die Leidensnachfolge als Voraussetzung
    für das Erben mit Christus ausführt. Röm 8,17 führt hier eine Kette einschlägiger
    Pauluszitate an. Am Ende des Abschnittes zieht er das Fazit: „Dieser ist nämlich der
    Weg, den Christus seinen Miterben eröffnet hat, dass sie nicht aus Tapferkeit, noch
    aus Weisheit, sondern aus Demut erhoben werden und aus dem Erdulden der
    Drangsale die Herrlichkeit des ewigen Erbens erlangen" (FC 2/4, 42,6-10). – Cyprian
    zitiert selbst im Kontext der Leiden der Verfolgungen wiederum nur das Stichwort
    des „cohaeres Christi" und nicht das „Mitleiden mit Christus" (vgl. Ad Fortunatum
    13 [Weber, Cyprian I, CCL 3, 214,1-215,23], De dominica oratione 15 [Simonetti,
    Cyprian II, CCL 3a, 99,270.275-282]). – Bei den Kappadokiern wird die Leidensnach-
    folge zur Mystagogie. Dem συνδοξασθῆναι aus Röm entspricht hier als Gegenstück
    anstelle des schlichten pl συμπάσχεσθαι das συννεκρῶσθαι (Gregor Naz., Or. XLV in
    sanctum Pascha PG 36, 661 C) bzw. das συσταυρωθῆναι aus Röm 6,6 und Gal 2,19,
    das als Lebenshingabe für Gott verstanden wird (Gregor Nyss., De virginitate XXI-
    II,7 [SC 119, 558,44-560,48]). In seinem Beharren auf dem schlicht verstandenen Mit-
    leiden mit Christus findet unser Autor eher unter den lat. Vätern einen Wesensver-
    wandten: So Ambrosius, Ep. 22,4: „Mitverherrlicht wird allerdings jener, der im Lei-
    den für ihn mit ihm mitleidet" (Faller, Ambrosius X.1, CSEL 82,1, 161,40f). Ähnlich
    De Iacob I,6,23: „Nimm seine Leiden auf dich, damit du verdienst, oberhalb der Lei-
    den mit ihm zu sein" (Schenkel, Ambrosius II, CSEL 32, 19,2f). Der Ambrosiaster
    legt Ad Rom. 8,17,3 das Mitleiden als Martyrium und Askese aus: „Mitleiden heißt
    Verfolgungen zu ertragen und das Fleisch zu kreuzigen mit Lastern und Begehrlich-
    keiten" (Vogels, Ambrosiaster I, CSEL 81, 277, 7-9 [Rezens. γ]). Der schlichtere Ton
    der westl. Paulusexegese, der Mitleiden im Wortsinne begreift, steht dem Autor nä-
    her.

Herr gelitten hatte und erhöht wurde: Wenn wir mit ihm leiden, werden wir auch mit ihm verherrlicht werden (Röm 8,17)".

Auch das Thema der Leidensnachfolge impliziert eine unterscheidende Schriftauslegung:

> „Wenn du also das Neue Testament liest, so unterscheide die Leiden von den Wundern, und du wirst leiden, wie unser Herr gelitten hat, damit du verherrlicht werdest, wie unser Herr verherrlicht wurde" (17,1 [416,3-6]).[83]

Der Glaubende lässt die Wundergeschichten, die um der Ungläubigen willen geschehen sind, beiseite, geht auch nicht den Weg des reinen Erkennens, sondern nimmt den Weg des Leidens, als den ihm zuträglichen auf sich, auf welchem ihm auch Erkenntnis zuwachsen wird:

> „Wenn du also glaubst, dass Jesus Gott ist, sind für dich nicht die Wunder notwendig, und du sollst nicht das Wie und Weshalb verfolgen, sondern begib dich zu den Leiden und der Liebe, und siehe, es wird dir offenbart werden, wie und warum diese (Dinge) sind" (17,1 [417,17-22]).[84]

Der Weg des Leidens wird mit dem der Liebe identifiziert. Allein auf dem Wege der Liebe wird Erkenntnis gewonnen. Darin folgt der Autor der pl Erkenntnislehre:

> „Wenn jemand, heißt es, meint, er wisse etwas, weiß er bis jetzt nichts, gemäß dem, wie es sich für ihn zu erkennen ziemt. Wer aber Gott liebt, dieser hat erkannt (I Kor 8,2f)" (17,1 [417,22-25]).

Die passivische Pointe „der ist von ihm erkannt", mit der Paulus die Frage des menschlichen Erkennens im Erkanntwerdens durch Gott übersteigt, wird vom Autor freilich verkannt. So kann der Autor seine eigene Erkenntnislehre, ganz im Sinne seiner Lehre von der Perfektibilität des Menschen, von Paulus ableiten:

> „Du siehst, dass es durch die Liebe ist, dass jemand alles erkennt" (417,25f).

---

83 Auf dem Hintergrund der Dialektik von Erniedrigung und Erhöhung in Röm 8,17 ist auch der einzige Hinweis im LG auf eine individuelle Auferstehung formuliert: „Wenn du also mit ihm stirbst, so wirst du doch nach geringer (Zeit) auferweckt werden und oberhalb des Todes sein" (17,6 [424]).

84 Diese Unterscheidung nimmt in erstaunlichem Maße die von Luther in seiner Heidelberger Disputation geübte Unterscheidung des „Theologus gloriae" und des „Theologus crucis" vorweg (WA 1, 362,21f [These 21]). In These 20 verpflichtet Luther den Theologen auf das Leiden als auf den Punkt, an dem Gott erkannt werden will: „ .. voluit rursus Deus ex passionibus cognosci ... "(WA 1, 362,6f). Vgl. die prägnante Wiederholung des Axioms in These 21: „At Deum non inveniri nisi in passionibus et cruce, iam dictum est" (WA 1, 362,28f).

Beim Thema der Leidensnachfolge kommt auch das Leiden der Apostel in den Blick, „damit du nicht denkst, dass einzig unser Herr für die, die ihn töteten, betete" (17,8 [428]).[85]

Eine bemerkenswerte Gestalt erfährt die in der Leidensnachfolge manifeste Liebe in der pl Formel des „in ihm", durch die das „mit ihm" noch gesteigert wird:

> „Ehre (sei) unserem Herrn Jesus Christus, der außerhalb von ihnen litt[86] - und sie litten mit ihm in ihm. Das heißt, er litt für sich allein, und wurde für uns ein Beispiel, dass wir uns ihm anglichen und dass wir mit ihm in ihm leiden und gemäß seinem Bilde wandeln" (17,8 [428,21-24]).

Gleichzeitig mit dem „in ihm" der Leidensnachfolge wird das „extra nos" des Leidens Christi herausgestellt. Somit wird die Schwelle zur Mystik bewußt nicht überschritten.

Leidensnachfolge wird noch einmal im 27. Traktat thematisiert. Der Zusammenhang ist hier ein Disput mit verantwortungslosen Lehrern. Der Autor führt die Auseinandersetzung mit deren leerem Begriff der „Torheit", die sich jedoch über Weltweisheit erhaben dünkt, auf der Basis der Leidensnachfolge und der Demutsethik. Die Gegner berufen sich auf I Kor 1,27:

> „Erwählt hat Gott die Törichten, dass er durch sie die Weisen beschäme" (27,5 [778]).

Diese Torheit, als Abkehr von weltlicher Bildung verstanden, dünkt sich freilich im Besitz himmlischer Weisheit. So lautet das Motto der Gegner: „Weil ich irdische Weisheit zurückgewiesen habe, will ich himmlische Weisheit erwerben" (27,5 [778]).

Dem hält der Autor Leidensnachfolge als wahre Weisheit entgegen:

> „Ich aber spreche: Lernt die Leiden des Herrn und seine Demut. Und so werdet ihr an seine Leiden gebunden sein. Indem ihr steht und indem ihr euch hinsetzt, sollt ihr an unseren Herrn im Himmel gebunden sein (Eph 4,1)" (27,5 [778,17-20]).[87]

---

85 Die im LG hier folgenden Ausführungen verdanken sich Acta Pauli 7. 11,3-5.

86 Das „außerhalb leiden" möglicherweise aus Hebr 13,12.

87 „Gefangener im Herrn" (Eph 4,1) wird metaphorisch verstanden. Diese metaphorische Bedeutung schwingt schon bei Ignatius mit, der sich einen „Gefangenen (bzw. Gebundenen) in Christus Jesus" nennt (Trall 1,1; Röm 1,1; Phil 5,1). Den Hinweis auf die Ignatianen verdanke ich P. Nagel.

Mannsein besteht für den Autor somit nicht auf stolzen spirituellen Höhen, sondern in der Gebundenheit an den Herrn. Damit liegt der Autor durchaus auf der Linie des Apostels, der seine Freiheit als Gebundenheit an den Dienst versteht (I Kor 9,19) und seinen Lernweg in der Gemeinschaft der Leiden Christi versteht (Phil 3,10).

5.5.4 Demut

Dem Autor ist das Thema der Demut[88] (ﻣﻜﻴﻜﻮﺗﺎ) durch Schrift und Tradition vorgegeben. Sie gilt allgemein als hoher Wert in der christlichen Ethik[89] und besonders in der asketischen Literatur als Schlüsselbegriff der Tugendlehre.[90] Der persische Weise widmet ihr seine neunte Unterweisung, ein Loblied auf die Demut, in der diese als Ursprung aller anderen christlichen Tugenden dargestellt wird.[91] Anders der Autor, bei dem Demut nicht in eine Tugendlehre eingebettet, sondern an einsamer Spitze erscheint.[92] Ausgehend von Pauluszitaten führt er das Thema ganz eigenständig aus und entwickelt eine pointierte Demutsethik, die auf die Existenzweise des asketischen Lehrers zugeschnitten ist. Kernstelle der Demutsethik und zugleich eine der meistzitierten

---

88 Eine ausführliche Grundinformation bietet Dihle, RAC 3, 735-778.

89 Vgl.z.B. Origenes, Comm. in Cant. 2, wo Origenes auf die Frage antwortet, nach welchen Speisen die in der Seele gastende Trinität verlangt: „Friede ist hier die erste Speise, Demut wird zugleich aufgetragen und Geduld, Sanftmut auch und Milde, und, was ihm von höchster Süße ist, Reinheit des Herzens. Die Liebe aber nimmt in diesem Gastmahl den ersten Platz ein" (Baehrens, Origenes 8, GCS, 165,12-15). Vgl. dazu Dihle, a.a.O., 756.

90 In seiner Auslegung von Lk 1,48 versteht Origenes die „Niedrigkeit" der Maria als Tugend, die mit der ἀτυφία und μετριότης der Philosophen gleich gesetzt wird (Origenes, Hom. in Lucam 8 [Crouzel/Fournier/Perichon, SC 87, 170,2-6). Zur Rolle der Demut in der asketischen Ethik vgl. Dihle, a.a.O., 765-771.

91 Vgl. Dem 9,14 (PS I.1, 441,13-21): „Schlicht sind die Demütigen und geduldig und beliebt und ohne Falsch und gerecht und geschickt zum Guten und klug und still und weise und schamvoll und ruhig und barmherzig und bereuend und milde und hoch(herzig) und gemütlich und wohlgefällig und willkommen. Wer diesen Baum liebt, dessen Früchte diese sind – selig ist seine Seele, die frei ist in der Ruhe, und in der jener wohnt, der die Ruhigen und Demütigen schätzt."

92 Eine prominente Rolle erhält Demut (ταπείνωσις) auch bei Ps-Makarius, der sie das „Zeichen des Christentums" nennt (Hom. 15,37 [Dörries, PTS 4, 149,534f]).

Paulusstellen ist Phil 2,3b: „Jedermann schätze den anderen[93] für hervorragender als sich selbst ein" (P).[94] Diese Weisung hat bei den Vätern bis ins 3. Jh. kaum Beachtung gefunden und wurde offenbar erst in der zweiten Hälfte des 4. Jh. als Kernstelle für die Demutsethik entdeckt, erhält jedoch bei keinem der Väter den Stellenwert, den ihr der Autor zumisst.[95] In Kombination mit Mt 18,22 (11,5 [284,7]; 12,5 [300,2]), Lk 10,8 (5,4 [105,22]), Röm 15,1 (30,14 [897,7]), I Kor 9,22 (2,6 [37,1]) und Phil 4,5 (8,5 [200,7]) erscheint das Gebot der Demut als Glied einer

---

93 ܚܒܪܗ heißt wörtl. „seinen Gefährten." ܚܒܪ bedeutet im Sprachgebrauch auch schlicht „der andere" (Brockelmann, Lexicon, 212a).

94 Phil 2,3b wird, wenn man die Anspielungen mit berücksichtigt, 16 mal zitiert. Obwohl bei Paulus der Beginn des Satzteils den Begriff der Demut enthält: „sondern in Demut der Gesinnung" (P), zitiert der Autor stets in der Kurzform.

95 Während bis Clemens und Tertullian Phil 2,3 überhaupt nicht zitiert wird, richtet sich bei Origenes das Interesse allein auf die Phrase μηδὲν κατ᾽ ἐριθείαν μηδὲ κατὰ κενοδοξίαν / nihil per contentionem neque per inanem gloriam (vgl. z. B. Origenes, Hom. in Jos. IX,2 [Jaubert, SC 71, 246,28f]). – Im Westen wird das Zitat als Tugendregel für die Gesinnung des Klerus entdeckt. Bei Ps-Cyprian, De singularitate clericorum 21 zuerst zitiert, ist das einander höher Achten ein Mittel gegen klerikalen Hochmut (Hartel, CSEL 3,3 appendix, 198,4-16). Bei Ambrosius, einem Zeitgenossen des Autors, gehört Phil 2,3 De officiis 2,27,134 zum Verhaltenskodex des Bischofs: „Wenn wir uns Gott empfehlen wollen, lasst uns Liebe haben, lasst uns einträchtig sein, der Demut folgen, indem wir einer den anderen höher achten als uns selbst. Das ist die Demut, wenn sich jemand nichts anmaßt und sich für niedriger achtet" (Testard, Saint Ambroise, Les Dévoirs tom. II 69,9-13). Im Osten ist es Basilius Caes., der Phil 2,3 als Grundsatz für die Demutslehre entdeckt. Auf die Frage: „Was ist Demut, und wie werden wir sie ins Werk setzen?" antwortet Basilius: „Demut ist das ‚Alle höher achten als sich selbst', gemäß der Regel des Apostels" (Regulae brevius tractatae, interrogatio CXCVIII [PG 31, 1213 B]; vgl. die Übers. Rufins: interrogatio LXII [CSEL 86, 99,13-100,1]). Man beachte die selbe Generalisierung („alle") wie bei unserem Autor! Die Aufmerksamkeit, die Phil 2,3 als Kronzeuge für die Demutsethik erhält, ist allerdings auch bei Basilius die Ausnahme. Geläufiger sind auch hier die schon bei Origenes zitierten Stichworte. In den 50 geistlichen Homilien findet sich Phil 2,3 nicht, jedoch in einer syr. überlieferten makarianischen Briefsammlung: „Jedermann fasse den anderen als hervorragender als sich selbst auf" (Al. ep. 5 bei Strothmann, GOF.S, Bd.21, Tl. 1, 226,13; vgl. o. 2.32.1, S. 28f). Im Kontext geht es um die gegenseitige Achtung der je verschiedenen Aufgaben und Tätigkeiten in der Mönchsgemeinschaft. Den patristischen Befund zusammenfassend ließe sich sagen, dass Phil 2,3 - von Vorläufern abgesehen - erst im 4. Jh. als Schriftgrund für die Demutsethik in West und Ost in Geltung kam. Die Gewichtung, die die Stelle bei unserem Autor erhält, wird ihr allerdings sonst nicht zugemessen. Darin ist der Autor einzigartig.

doppelten Weisung.[96] Das Objekt „den anderen" wird in den meisten Fällen generalisiert und durch „jedermann" ersetzt, z.B. 5,2:

> „Schätze jedermann für besser als dich selbst ein" (101,22).

Somit entgrenzt der Autor die Regel, die bei dem Apostel für das Gemeindeleben gilt,[97] zu einer Verhaltensweise, die jedermann entgegengebracht wird, denen, „die drinnen sind" und denen, „die draußen sind":

> „Und wenn er erstarkt ist und zu diesem Gebot (scil. Phil 2,3b) kommt, liebt er jedermann, die die drinnen sind und die, die draußen sind, und er hat sich (dabei) nicht geschadet. Und er ehrt sie, und er hält[98] sie für hervorragender als sich selbst" (5,2 [101,23-27]).

Das Demutsgebot gilt ausdrücklich für den Umgang mit den Heiden[99] und mit bösen Menschen:

> „Die Gerechten unterscheiden Gute von Bösen und erbarmen sich über sie. Die Vollkommenen aber halten sie für hervorragender als sich selbst" (14,1 [325,13-15]).[100]

Mit dieser Entschränkung wächst der Autor über Paulus und diejenigen Väter hinaus, welche die pl Weisung als Regel für den innerkirchlichen Umgang in Gebrauch nehmen.

---

96 Zu der Form des parallelismus membrorum vgl. o. 2.3.2, S.48-51.

97 Müller sieht, auf Überlegungen von Dihle, Merk und Theißen aufbauend, in der Weisung des Apostels eine Reaktion auf das Eindringen zeitgenössischer gesellschaftlicher Verhaltensweisen in die christliche Gemeinde. „Das Ergebnis ist eine bestimmte ‚Aufsteigermentalität', der Drang, vor den anderen herauszuragen. Ist diese der Hintergrund der Mahnung, so ruft Paulus im Gegenzug dazu auf, jeweils den anderen höher als sich selbst einzuschätzen" (Müller, ThHK 11/I, 88).

98 Der Autor setzt öfters, so auch hier, ܡܣܒ statt ܚܫܒ (P). Ich übersetze die verba mit „halten für" bzw. „einschätzen".

99 Die zweifache Weisung „Halte jedermann für hervorragender als dich selbst, und wenn ihr zu den Heiden hineingeht, esst, was sie euch vorsetzen (Lk 10,8)" (5,4 [105,22-25]) wird insgesamt als Weisung des Herrn apostrophiert.

100 Zu dieser Haltung finden auch die Geistgeborenen bei Ps-Makarius: „Ein andermal entbrennen sie durch den Geist in einem solchen Frohlocken und (solcher) Liebe, dass sie, wenn möglich, jeden Menschen, in ihr eigenes Gemüt hineinnehmen, ohne den Bösen vom Guten zu unterscheiden. Ein andermal demütigen sie sich dergestalt unter alle Menschen in der Demut (ταπειφροσύνη)des Geistes, so dass sie sich für die Letzten und Geringsten von allen halten" (Hom. 18,8 [Dörries, PTS 4, 180,109-181,113]). – Phil 2,3 selbst wird jedoch in den 50 geistlichen Homilien nicht zitiert.

Diese Verhaltensweise, die unter die großen Gebote gerechnet wird
(5,4), kommt denen zu, die „erstarkt" sind, d. h. den Vollkommenen,
und wird zum Gegenstück der I Kor 5,9.11 entnommenen Weisung der
Abgrenzung, welche die Gemeinschaft mit den Sündern verbietet und
für die Ungeübten zu deren Selbstschutz ergeht.[101] So wird im 12. Traktat dem „Kind von dreißig Tagen" geboten:

> „Iss nicht mit den Ehebrechern, und habt nichts zu schaffen mit den Hu-
> rern und den Ausschweifenden und den Fluchenden und mit allen, deren
> Werke böse sind" (12,5 [297,21-24]),

während dem „Dreißigjährigen" eine Reihe aus Weisungen aus Röm
15,1, I Kor 9,22, Apg 10,28 und zuletzt Phil 2,3 geboten wird:

> „Und zu dem Dreißigjährigen sprechen sie: Trage die Schwachheit der
> Schwachen, und sei alles mit allen und sage nicht über jemand: ‚Heide' o-
> der ‚Unreiner' oder ‚Böser', auch wenn dieser so ist. Und halte jedermann
> für hervorragender als dich selbst" (12,5 [297,24-300,3]).

Ebenso erscheint in der Antithesenreihe von Traktat 19 die Weisung
der Demut derjenigen der Abgrenzung aus I Kor 5,11 klar gegenübergestellt:

> „Der vollkommene und gerechte Weg ist dieser: Halte jedermann für her-
> vorragender als dich selbst. Der Pfad aber, der in seiner Nähe abzweigt,
> der Kinder und Schwachen wegen, ist dieser: Wenn ein Bruder ist, der hurt
> oder flucht oder geizig oder ein Trunkenbold ist, mit diesem, heißt es, ist
> nicht einmal Brot zu essen" (19,10 [469,5-10]).

Anders als in der Soteriologie, wo die Demut Christi als Gegenstück
zum adamitischen Hochmut erscheint, bilden im ethischen Kontext
Abgrenzung und Ausgrenzung den Gegensatz zur Demut.

Ein anderer locus classicus für seine Demutsethik ist dem Autor
Phil 4,5: „Kund werde eure Demut allen Menschen"[102] Die Stelle enthält
zugleich das vom Autor geschätzte, entgrenzende „alle Menschen". Die
beiden Stellen aus dem Philipperbrief werden gelegentlich gemeinsam
zitiert.[103] In 8,5 bilden die Zitate von Phil 2,3; 4,5 und Lk 6,27 eine Reihe,
welche eine Liebesethik lehrt, die ihrer Entgrenzung wegen – sie gilt
auch denen, die den Herrn hassen und ihn töten, den Verleugnern und
den Anhängern heidnischer Kulte – der bloßen Rechtgläubigkeit über-

---

101 S. o. 5.4.2, o. S. 186f.

102 τὸ ἐπιεικὲς ὑμῶν wird in P wie auch im LG übersetzt mit ܡܟܝܟܘܬܐ „eure Demut".

103 So in 2,6 (37,1.6), 8,2 (193,6.11), 8,5 (200,7.8).

legen ist (200,4).[104] Entsprechend dem Gesetz der Entgrenzung wird die Sitte des Kusses in der christlichen Gemeinde auf alle Welt ausgedehnt:

> „Kund werde, heißt es, eure Demut allen Menschen. Und gebt den Gruß mit dem heiligen und reinen Kuss jedermann (Röm 16,16; I Kor 16,20)" (2,6 [37,6-8]).

Der Autor lehrt hier Demut als den Weg, auf dem die Prediger verfeindeten Parteien die Botschaft der Versöhnung vermitteln und damit wiederum für sich selbst die Bäume des kraft Jesu Versöhnungstat wieder geöffneten Paradieses erwerben. Demut findet ihre Erfüllung in der Versöhnung. Eine Bestätigung für die teleologische Ausrichtung der Demut auf Versöhnung, findet sich in den Antithesen des 19. Traktates, wo die Seligpreisung für die Friedensstifter (Mt 5,9) mit Phil 4,5 kombiniert ist (19,11 [472,9]).[105]

Entscheidend für die Demut ist, dass sie nicht ein Moment der Gesinnungsethik bleibt, sondern sich äußerlich klar zu erkennen gibt. Daher betont der Autor das „kund werden" und legt es in zweifacher Hinsicht aus: Demut ist sowohl innerlich Gott zu erzeigen als auch äußerlich sichtbar dem Menschen zu erweisen:

> „Und wir wollen uns nicht demütigen an unserem Herz und unserem Leibe, dass an unserem Herzen unsere Demut und unsere Unterwerfung für Gott kund würde und an unserem Leibe unsere Demut und Unterwerfung für jedermann offenbar würde, wie geschrieben steht: ‚Kund werde eure Demut allen Menschen.' Denn wenn jemand mit seinem Herzen die Menschen grüßt und das Haupt des Herzens neigt, und sein Haupt und sein Herz nicht vor ihnen neigt, ist seine Demut Gott allein kund geworden. Den Menschen aber ist seine Demut nicht kund geworden, und er hat sie nicht gelehrt. Und wenn er die Menschen mit seinen Lippen äußerlich grüßt und das Haupt seines Leibes neigt, ist den Menschen seine Demut kund geworden, und er hat den Menschen gefallen und nicht Gott. Denn dem Herrn wird mit dem Herzen gedient und dem Menschen mit dem Sichtbaren" (10,3 [252,19-253,8]).[106]

---

104 S. o. 5.5.2, S. 195f.

105 Der Gegensatz, d. h. das Gebot für den noch unreifen Christenmenschen wird hier mit Lk 10,4 (nicht auf dem Wege grüßen) und I Thess 5,14 (Zurechtweisen der Sünder) ausgesagt.

106 Die Nähe zum Beschluss der Freiheitsschrift Luthers ist erstaunlich: Wenn der Autor um eine klare Gestalt des Begriffes der Demut ringt – sie gilt Gott im Herzen und allen Menschen in leiblicher Erweisung - so gilt bei Luther dieselbe Gestalt den Begriffen Glaube und Liebe: Der Mensch lebt nicht für sich selbst, im Glauben Christus

Demut, nicht als reine Innerlichkeit verstanden, sondern als ‚kund werdende'[107] beschreibt die Erfüllung des Menschseins. So wird, wer in ihr zunimmt, in einer den Schöpfungstagen analogen Stufung des Fortschrittes am sechsten Tage protologisch wie Adam und zugleich eschatologisch eine neue Schöpfung sein, welcher die Ruhe des siebten Tages verheißen ist:

> „Aber ich freue mich, dass du heute lernst und morgen deine Eltern lehrst. Und am nächsten Tag wird deine Demut den Priestern und am vierten Tag dem Mönchsstand[108] und am fünften Tag den jungen Männern <kund>, und am sechsten Tag wirst du eine neue Schöpfung (vgl. II Kor 5,17) sein wie Adam, und (wenn) du daran bleibst, wird deine Demut allen Menschen kund sein, und du wirst am siebten Tag dich erholen bei dem, der dich zum oberen Jerusalem berufen hat. Was (dem) ein Hindernis ist, dass du dich demütigst und die Wahrheit erkennst und anderen zum Vater wirst, das (geht) von dir aus" (27,4 [776,11-21]).

Demut findet ihr Ziel in der geistigen Vaterschaft und wird so zur Erfüllung menschlichen Seins. Im nachträglichen 30. Traktat verkommt Demut allerdings zum Schauspiel, da sie im Bewusstsein innerer Überlegenheit praktiziert wird:

---

und in der Liebe dem Nächsten (Von der Freiheit eines Christenmenschen §30 [WA 7,38]). Zu einer begrifflichen Differenzierung zwischen Gottesbezug (Glaube) und zwischenmenschlicher Beziehung (Liebe) ist der syr. Autor, der Glauben und Ethik in denselben Begriff der Demut fasst, allerdings nicht in der Lage.

107 Dem Autor gleich verwirft auch Methodius Demut als eine allein auf Gott bezogene innerliche Haltung; ihr muss äußerlich die Übung der Demut vor den Mitmenschen entsprechen: „Denn der Herr widersteht den Hochmütigen, den Demütigen aber gibt er Gnade" (I Petr 5,5; Jak 4,6) – jenen, die demütigen Sinnes sind gegen die Gleichgearteten, und nicht denen, die sich vor Gott dem Anschein nach demütigen, die aber gegen die Niedrigeren hoffärtig gesonnen sind. Was denn? (...) Erniedrigen wird sich vor Gott „Erde und Asche" (Gen 18,27)? Es besteht die Pflicht, sich vor den gleichgearteten Menschen zu demütigen, gerade so wie man das Brot und das Gewand dem, der hungert und dem Nackten gibt (vgl. Jes 58,7)" (Methodius, De lepra 12 [Bonwetsch, GCS 27, 466,14-20]. – Ps-Makarius könnte hingegen, wenn man den Maßstab des Autors anlegt, dem Vorwurf der bloßen Innerlichkeit verfallen: „Aber obgleich sie solche sind, Erwählte und Ansehnliche bei Gott, sind sie bei sich selbst die geringsten und sehr verworfen. Und dieses ist ihnen wie etwas Natürliches und etwas fest gewordenes, dass sich selbst für nichts achten" (Hom. 27,4 [Dörries, PTS 4, 221,58-60]).

108 ܡܨܥ verstehe ich hier im Sinne des term. techn „testamentum inter monachum et deum" (Brockelmann, Lexicon, 653b), als abstractum zu ܡܨܥ ܒܢܬ „Bundessöhne".

„Weil aber die Liebe weiß, wo ihre Jünger hingehen, dass sie den Sündern und Bösen Gewinn bringend Gewinn bringen, und wenn sie in das Haus der Schamlosen gehen, sie im Schamgefühl schamvoll machen, und die Sünder rechtfertigend gerecht machen und die Ehebrecher heiligend heiligen, und dass, wenn sie ihnen nicht gewinnbringend Gewinn bringen, die Jünger der Liebe von ihrer Gewissheit nicht fallen, (deshalb) hat sie ihnen geboten: ‚Schätzt jedermann für hervorragender als euch selbst ein', – während ihr in eurer Gesinnung wisst, dass ihr ihm überlegen seid –, dass ihr zu jedermann hineingeht und ihn lehrt. Und für denjenigen, der kindlich ist in seinem Geiste, beugt euch selbst herunter von den Geboten der Liebe, und lehrt ihn die Gebote des Glaubens, welcher unterhalb der Liebe ist. Und wenn ihr ihn gelehrt habt, wie er sicher im Glauben wandelt, steigt selbst auf zur Vollkommenheit, und schätzt ihn für hervorragender als euch selbst ein und stellt ihn euch voran und grüßt und verehrt ihn, als ob ihr kleiner wäret als er (30,2 [865,6-25])."

5.6 Gibt es eine zweite Buße?

Im 24. Traktat gibt der Autor Antwort auf die durch einschlägige Stellen aus dem Hebräerbrief (6,4-8; 10,26-31) gestellte Frage nach der Möglichkeit einer wiederholten Umkehr nach der Taufe. Dem Autor ist die Auffassung bekannt, dass diese ausgeschlossen sei.[109] Die Vorstellung dieser Position, die mit einer Kombination aus den beiden relevanten Stellen aus Hebr formuliert wird, eröffnet den Traktat.

„Bezüglich dem, dass es Leute gibt, die sagen: Wenn ein Mensch sündigt, nachdem er getauft wurde, gibt es für ihn keinen Ort für Umkehr, so wie es heißt, dass der Apostel gesagt hat: Wenn jemand abkommt und sündigt, nachdem er das Wissen der Wahrheit erlangt (Hebr 10,26a) und die Süße

---

109 Offenbar vertreten die Gegner des Autors eine Bußdisziplin, in der die Drohungen aus dem Hebr zum Schriftgrund für die Exkommunikation werden. Diese legalistische Interpretation missversteht den Sinn der Drohungen im Hebr. Löhr hat gezeigt, dass die Drohung im Hebr zu seiner rhetorischen Kunst mit seinem „raschen Wechsel von Mahnung, Tadel und Lob" gehört (Löhr, a.a.O., 216). Die Drohung „für den angenommenen Extremfall des Abfalls" in Hebr 6,4-8 ist „als ein ‚Reden also ob'" zu verstehen, das „die Adressaten von dem denkbar schlimmsten Vergehen abhalten soll" (Löhr, a.a.O., 216f). Ebenso ist auch Hebr 10,26-31 als „Drohung zur Unterstützung der Mahnung" aufzufassen. Auch hier wird „ein hypothetischer Extremfall des Fehlverhaltens eingeführt, um die Adressaten von Schritten in diese Richtung abzubringen" (Löhr, a.a.O., 223). Ähnlich das Fazit Gräßers, EKK XVII/1, 372.

des kommenden Zeitalters geschmeckt hat (Hebr 6,4b.5b), gibt es für ihn kein anderes Opfer, das für seine Sünden dargeboten werden könnte (Hebr 10,26b), sondern ihm ist, heißt es, der Neid des Feuers bereitet, das die Menschen frisst, die widersprüchlich gegen sich selbst waren (Hebr 10,27) und sich nicht bekehrt haben" (24,1 [713,1-9]).

Mit dem Problem der Vergebbarkeit der Christensünde nach der Taufe greift der Autor eine Diskussion auf, die zuerst im Hirten des Hermas ihren Niederschlag gefunden hat.[110] Der Autor besteht auf der Buße als einer Möglichkeit, die jederzeit offensteht. Er begründet seine Auffassung, indem er die Unmöglichkeit des „anderen Opfers" in dem Sinne einer Unmöglichkeit der Setzung eines neuen Kultus neben dem christlichen versteht. Die Ubiquität Gottes schließt einen anderen Kultus grundsätzlich aus. Es bleibt dem Sünder nur die Rückkehr zu eben dem Gott, gegen den er gesündigt hat. Die Auffassung der Gegner, die zweite Buße sei deshalb unmöglich, weil die Chance der ersten verspielt worden sei, wird abgewiesen:

„Nicht also, dass es für sei keine Buße gebe, spricht der Apostel, sondern dass es kein anderes, heißt es, Opfer für sie gibt" (24,1 [713,12-14]).
„Und es gibt für sie keinen Ort oder Platz, der diesem Gott fremd wäre, dass sie hingingen und ihm ein anderes Opfer opferten, es sei denn, dass sie sich zu diesem Gott bekehren, an den sie anfänglich geglaubt haben, und sie jenes Erkennen und Bekenntnis opfern, das sie von alters her geopfert haben" (24,1 [716,2-7]).

Buße ist mithin wesenhaft eine einzige und der Fallende und Büßende kann in diese eine Buße jederzeit eintreten.[111]

---

110 Für einen Überblick vgl. TRE 7, 452-473 (Benrath). Der HdH konzediert eine einzige Möglichkeit der Buße nach der Taufe: „Nach jener großen und heiligen Berufung, wenn jemand versucht vom Teufel sündigt, hat er eine Bekehrung" (Herm. Mand. IV 3,6 [SUC 3, 202,1f], vgl. Mand. IV, 1.8 [SUC 3, 198,12]). Diese Auffassung wurde von Tertullian bestätigt, nach seiner montanistischen Wende jedoch im Hinblick auf bestimmte unvergebbare Sünden zurückgenommen (TRE 7, 453). Origenes hat bei seiner Diskussion der Hebräerstellen besonders die Sünde der Apostasie im Blick. Er stellt die Frage, wie in einer solchen Situation noch eine Umkehr möglich ist: „Den Sohn Gottes selbst, der dich gefragt hat nach dem, was dem Frieden (dient), hat des Sünders Seele preisgegeben. Wer kann zurückkehren und (ihn) wiederum in Betreff des Friedens anrufen?" (Hom 13,2 in Jer [Klostermann/Nautin, GCS, 104,9-11]). Vgl. dazu TRE 7, 457.
111 Hier zeigt sich eine Übereinstimmung mit Johannes Chrysostomus. Dieser stellt der Einmaligkeit der Taufe als Neuwerdung die Buße als ständige Möglichkeit einer Wiederherstellung der Erneuerung gegenüber: „Die Sache aber der Umkehr ist,

Mit einer sonst nicht geübten Schärfe stellt der Autor die aus der Sicht des Seelsorgers schlimmen Folgen der Lehre einer Unmöglichkeit wiederholter Buße heraus. Solcherart belehrte Sünder verspüren keinen Antrieb mehr zur Buße und werden erst recht Opfer der Flamme und in Verzweiflung getrieben:

„Seit dass, heißt es, wir gesündigt haben, nimmt uns Gott nicht an" (716,13f).

Damit wiederholen sie den tödlichen Irrtum des Judas, den der Herr angenommen hätte, wenn er bereut hätte.[112] Die Lehre von der Unmöglichkeit der zweiten Buße wird somit als „Bosheit" (716,15) entlarvt. Wer sie vertritt, vergisst, dass er Teil der einen Menschheit ist, zu der die Sünde als conditio humana gehört:

„Sie brechen das Herz der Büßer, obwohl wir alle Büßer sind und uns allen die Sünde anhängt" (716,23f).[113]

Neugewordene, die wiederum gealtert sind durch die Sünden, von der Alterung zu erlösen und als neue darzustellen" (In ep. ad Hebr. Cap. VI. hom. IX, PG 63, 79). Die Auffassung, die Chrysostomus hier vertritt, Hebr. 6,4-8 ziele lediglich auf die Unmöglichkeit einer Wiederholung der Taufe, während die Möglichkeit der Buße jederzeit gegeben sei, wird vom Autor des LG allerdings nicht geteilt. – Vgl. dazu Gräßer, EKK XVII/1, 371.

112 Bei Ps-Makarius, Hom 11,15, gilt die Verzweiflung angesichts der Sünde als Effekt einer satanischen Einflüsterung: „Es trägt sich aber zu, dass der Satan mit dir im Herzen auseinandersetzt: Siehe, soviel Böses hast du getan, siehe, von so vielen Rasereien ist deine Seele erfüllt, und du bist beschwert von Sünden, so dass du nicht mehr gerettet werden kannst" (Dörries, PTS 4, 105,233-106,235).

113 Der Autor lehrt hier eine wesentliche Solidarität der Vollkommenen mit den Büßern, nicht etwa eine Solidarität der Herablassung. Origenes geht noch nicht so weit. Sein Versuch, Heiligkeit und Sünde in ein und demselben Menschen zusammenzusehen, bleibt in Erklärungen hängen, gemäß denen den an sich Heiligen noch Tatsünden unterlaufen. So löst er das Problem der „Sünden der Heiligen" (Hom. in Num 10,1 [Baehrens, Origenes 7, GCS 30, 68,17]): „Heilige und Sünder werden dieselben genannt, diejenigen, die sich zwar Gott geweiht haben und ihr Leben von dem Wandel des Volkes abgeschieden haben, dass sie dem Herrn dienten – ein derartiger Mensch also wird gemäß dem, dass er sich durch weitere beschnittene Handlungen dem Herrn zu eigen gab, heilig genannt – es kann aber geschehen, dass er in eben dem, worin er dem Herrn ergeben ist, nicht alles so ausführt, wie es sich schickte, dass es ausgeführt werde, sondern sich in einigen (Dingen) vergeht und sündigt (Hom. in Num 10,1 [Origenes 7, GCS 30, 70,16-21]). – Der Autor zeigt eine erstaunliche Nähe zu der ersten der 95 Thesen Martin Luthers: „Unser Herr und Meister Jesus Christus wollte, als er sagte: „Tut Buße etc.", dass das ganze Leben der Gläubigen eine Buße sei" (WA 1, 233,10f).

Während die Predigt der Gegner nur ein Ziel kennt, die Herabsetzung des Sünders durch den Gerechten, entwickelt der Autor aus der Einsicht, dass alle Büßer sind, eine doppelte Zielrichtung für seine Predigt, entsprechend dem Stand der Angesprochenen:

> „Welcher steht, der sehe zu, dass er nicht falle (I Kor 10,12) und demjenigen, der fällt, lasst uns ihm die Buße zeigen und ihn aufrichten" (24,1 [716,26-717,2]).

Im folgenden wird gemäß dem Grundsatz der wesenhaften Einheit der Buße das Verhältnis von Taufe und Buße geklärt. Buße ist schlicht Einkehr in die Taufe:

> „Wenn sie also abkommen und sündigen, nachdem sie getauft wurden, so ist, wann immer sie sich bekehren, für sie die Liebe da, durch die sie getauft und gereinigt wurden" (24,2 [717,16-19]).

Das emotional starke Bildwort von dem erneuten Gebären, das der Apostel in seiner Bußpredigt einsetzt, wird auf den Herrn der Taufe selbst übertragen:

> „Wenn wir aber ausgleiten, nachdem wir getauft wurden und uns bekehren, ist die Liebe Jesu da, die lebendiges Feuer ist, die unseren Schmutz und unseren Rost abwischt. Und sie hat Wehen und gebiert uns von neuem (vgl. Gal 4,19). Und sie versiegelt uns wie von Anfang an" (24,2 [720,6-10]).

Erst die Todesstunde setzt der Möglichkeit des Büßens ein Ende. Gemäß einem Agraphon gilt die Regel:

> „Am Tag des Abscheidens aber: Wie einer gefunden wird, wird er (hinüber)geführt" (720,12f).[114]

Das Thema des Traktats verliert sich in der Folge, indem es der Diskussion verschiedener Grade menschlichen Handelns und ihrer entsprechenden Vergeltung im jüngsten Gericht weicht. Diese weitere Diskus-

---

114 Dieses außerkanonische Herrenwort wird im LG in verschiedenen Variationen zitiert, außer der gen. Stelle noch 3,3 (49,26) und 15,4 (344,15). Zur Echtheitsfrage vgl. Hofius, NTApo[6] I, 78 und die ausführliche Besprechung bei Jeremias, Unbekannte Jesusworte 3. Aufl., 80-84. Zur Einordnung des Agraphons schreibt Jeremias: „Unser Agraphon gehört in eine Reihe mit solchen Worten und Gleichnissen in den Evangelien, die davon reden, daß die Hörer im Angesicht der kommenden letzten Katastrophe leben, und will sie aufrufen, sich des Ernstes der Stunde bewußt zu sein. (...) Dabei ist die Besonderheit unseres Agraphon, daß es den ganzen Ton darauf legt, daß der Zustand, in dem der einzelne vorgefunden wird, über sein endgültiges Geschick entscheidet." (Jeremias, a.a.O., 83f).

sion hat insofern thematischen Bezug, als gezeigt wird, dass noch auf jeder Stufe menschlicher Bosheit der Weg zur Buße offensteht. So heißt es am Ende von §6 über den Zorn (nach Eph 4,26) und verschiedene Grade des Umgangs mit demselben, vom Herunterschlucken bis zum Ausbruch im Mord:

> „Alle aber sind von der Gerechtigkeit abgekommen. Diese zwei aber sind des Todes schuldig: Jener, der ihm Böses tut oder ihn schlägt oder ihm flucht und jener, der ihn tötet. Die Pein aber des Mörders ist die schlimmste. Wenn sie aber Buße tun, werden sie alle gerettet. Wenn sie aber den großen Geboten nachfolgen, werden sie wahrhaft wachsen und vervollkommnet" (24,6 [725,17-24]).

Der Schluss des Traktates weicht von der üblichen Form der bloßen Wiederholung der Überschrift ab, da dem Autor aus seelsorgerlicher Verantwortung die rechte Entscheidung in der Frage der zweiten Buße am Herzen liegt:

> „Es schließt der vierundzwanzigste Traktat über Buße und Vergebung und über jenes, dass man jemandes Hoffnung nicht abschneide ..." (24,8 [732,22-24]).[115]

---

115 Das Argument der Hoffnung, die dem Sünder stets offengehalten werden muss, findet sich auch in der Bußordnung der syr. Didaskalia: „Hier also hat er den Sündern, wenn sie sich bekehren, Hoffnung gegeben, dass ihnen Erlösung zuteil werden soll in ihrer Reue, daß sie nicht ihre Hoffnung aufgeben, in ihren Sünden verharren und wieder (neue) ihnen hinzufügen, sondern Reue empfinden, seufzen und weinen über ihre Sünden und sich von ganzem Herzen bekehren (Didaskalia VI [Achelis/Flemming, 20, 11-16]; vgl. Didascalia II,12,3 [Funk, 48,10-14]). Die Vertreter einer harten Bußdisziplin werden gerade darum getadelt, weil sie die Hoffnung des Sünders abschneiden: „Ihr sehet also, vielgeliebte Kinder, wie groß die Liebe des Herrn, unseres Gottes und seine Güte und Barmherzigkeit gegen uns sind, und wie er von denen, die gesündigt haben, verlangt, dass sie sich bekehren sollen und an vielen Stellen darüber spricht und nicht Raum gibt den Gedanken der Hartherzigen und derer, die streng und unbarmherzig richten und diejenigen, die gesündigt haben, öffentlich verwerfen wollen, gleich als ob sie keine Reue hätten. Gott aber ist nicht also, sondern auch die Sünder ruft er zur Umkehr, und gibt ihnen Hoffnung; diejenigen aber, die nicht gesündigt haben, belehrt er und sagt ihnen, dass sie nicht glauben sollen, wir trügen mit oder wären teilhaftig an den Sünden anderer (Didaskalia VI [Achelis/Flemming, 24,13-24]; vgl. Didascalia II,15,1f [Funk, 58,11-20]).

6 Schluss

Hat der Autor Paulus verstanden? Wie Paulus setzt der Autor auf die Schwäche des Wortes (I Kor 1,17.21). Dem entspricht die Absage an das Wunder. Das Heute ist eine Zeit des Glaubens und des Leidens, nicht der Wunder. Für den Autor ist der Apostel Lehrer und nicht anders versteht er seine eigene Aufgabe und die seiner Adressaten. Gelehrt wird nach Röm 12,2 die nach Möglichkeit vollkommene Erfüllung des Willens Gottes. Die Erkenntnis desselben setzt, so der Autor in seiner Interpretation des „Prüfens" (δοκιμάζειν / ܗܰܦ Pe.), die Kunst der Unterscheidung voraus. Bei dieser Kunst bedient sich der Autor der durch den Apostel vorgegebenen begrifflichen Antithetik von Fleisch und Geist, der Starken und Schwachen, des Seins unter dem Gesetz des Alten Testamentes und in der Freiheit des Neuen Testamentes. So ist in der Paulusinterpretation des Autors bloßer Glaube von Liebe zu unterscheiden, ebenso ein rechtschaffenes Leben in Arbeit und Ehe von Heiligkeit und insbesondere die Abgrenzung vom Sünder von einer Demut, die ihn höher achtet als sich selbst (Phil 2,3b).

Wenn es nach Röm 15,1 Aufgabe der Starken ist, die Schwachen zu tragen, erkennt der Autor darin den Auftrag des Lehrers, die Christenheit von der niederen zu einer höheren Ethik emporzuheben. Alles asketische und pädagogische Bemühen geschieht um des Zieles des Seins mit Christus willen, des Sehens Gottes von Angesicht zu Angesicht.

Bei aller Gewissheit der Perfektibilität des Menschen hat der Autor doch gesehen, dass es keinen Menschen gibt, der nicht als Sünder gerettet wird, dass der Apostel eben dafür Zeuge ist und dass der Weg der Einkehr in die Buße für den Menschen, der in die Sünde zurückfällt, immer offen bleiben muss.

Wie der Apostel, der, obgleich er dem auferstandenen Herrn verpflichtet war, doch lebendige Zeitgenossenschaft mit seiner Welt suchte, so auch der Autor: Während er im Geiste in dem jenseitigen Jerusalem weilt, hält ihn die irdische Aufgabe des Lehrens und des Versöhnens ganz bei den Mitmenschen. Trotz radikaler Entweltlichung kann man den Autor nicht der Weltflucht zeihen. Auch in seinem Beruf zur öffentlichen Verantwortung ist er auf seine Weise Schüler des Apostels.

Im einzelnen zeigt sich, dass der Autor den Grund seiner Kenntnis des Apostels bei Aphrahat gelegt hat. Von ihm hat er einen Kanon zu zitierender Stellen und Grundlinien der Auslegung empfangen. Gleichwohl hat er seinen Meister an Gedankenschärfe übertroffen, wie etwa an der Darstellung ntlichen Gesetzesverständnisses erkennbar wird. So erkannte Aphrahat schlicht eine Vereinfachung des Gesetzes, der Autor jedoch dessen grundsätzliche Neubewertung im Rahmen des Evangeliums. Es ist der bewusste Paulinismus des Autors, durch den er sich von seinem Lehrer unterscheidet. Auf dem Wege seiner wandernden Existenz muss der Autor jedoch noch andere Größen der Schriftauslegung kennengelernt haben. Auf diese Weise ist er mit der Lehre des großen Alexandriners in Berührung gekommen, der sich auch schon als Schüler des Apostels empfand. Die zeitgenössische theologische Diskussion kann ihm nicht fremd gewesen sein, wie die bei aller Nähe spezifischen Unterschiede zu Ps.-Makarius erweisen. Gerade seine Demutsethik, insbesondere in ihrer Berufung auf Phil 2,3b, zeigt den Autor auf der Höhe seiner Zeit und hier sogar seinen Zeitgenossen überlegen. Er nimmt teil an einer Paulusrenaissance, die sich vom Osten bis in den äußersten Westen, bis zum Spanien eines Priszillian, erstreckt hat. Dass diese Paulusrezeption asketisch gefärbt war, bezeugt die Geschichte der Bekehrung Augustins im Jahre 386, dessen Pauluslektüre sich auf die Abkehr von den Begierden des Leibes bezieht[1] und im Zusammenhang der Lektüre der Vita des Antonius und der Diskussion von Enthaltsamkeit und Anachorese steht.

In der Härte der Leidensnachfolge möchte man den Autor eher neben die schlichteren lateinischen Autoren als die Kappadokier stellen, deren mystisches Anliegen er nicht teilt. Wenn schon von Mystik die Rede sein soll, dann beschränkt sie sich auf die Gemeinschaft mit den Leiden Christi nach Röm 8,17. Was Albert Schweitzer von der Mystik des Apostels gesagt hat, gilt auch für den Autor: Er kennt Christusmys-

---

1   Röm 13,13 f. in Conf VIII,12 (Skutella/Juergens/Schaub, BSGRT, 178,11-16).

tik, aber, im Bewusstsein des kategorialen Abstandes des Geschöpfes von seinem Schöpfer, nicht Gottesmystik.[2]

In der Schule des Apostels gelingt es dem Autor, ein nicht-mythologisches Verständnis des Glaubens zu lehren, das auf der Antithetik der Begriffe des Alten und Neuen, der Pädagogik des Nachahmens und der eschatologischen Zugkraft gegründet ist. In der Richtung auf ein modernes, zeitgenössisches Christentum, das auch heute noch ansprechend ist, übertrifft er noch seinen apostolischen Lehrer.

Im Verein mit dem elitären Erbe des altsyrischen Wanderasketen wird dem Autor die begriffliche Antithetik jedoch auch zum Verhängnis. Indem er auch noch – hier ganz gegen Paulus – den Begriff des Geistes unterscheidet und eine niedrigere Form desselben, die mit dem paulinischen „Angeld" (II Kor 1,22; 5,5, Eph 1,14) gleichgesetzt wird, dem einfachen Gläubigen zumisst und den Geist im Vollsinne, den Parakleten nur den Fortgeschrittenen erfüllen lässt, zerreißt der Autor die Einheit der Gnade und Liebe Gottes und der Kirche. Hier und in dem Gedanken, dass die höhere Form des Geistes nur aufgrund eines bestimmten Maßes asketischer Leistung verliehen wird, verlässt er den Grund paulinischer Lehre, der Rechtfertigung allein aus Gnade. Den Schlusspunkt dieser Verirrung kann man im 30. Traktat erkennen, der m. E. ein Nachtragskapitel darstellt und in dem die vorher noch fließende Grenze zwischen Gerechten und Vollkommenen vollends verfestigt wird.

Man wird dem Autor jedoch seine Maßlosigkeit verzeihen, wenn man bedenkt, dass er in seiner Zeit, in der er eine sich verfestigende und abgrenzende Kirche sieht, die Universalität des Evangeliums im Zeichen des „Alles mit allen werden" (I Kor 9,22) bezeugt.

Hat der Autor den Apostel verstanden? Für ihn ist er der Zeuge des Neuen Testamentes par excellence, den er zu Recht für seine Unterscheidung von Altem und Neuem Testament und für die Dynamik des eschatologischen Zuges vom Alten zum Neuen hin anruft. Seine Bindung an die geheiligte Tradition des enkratitischen Lebens stellt jedoch

---

[2]   „Paulus ist der einzige christliche Denker, der nur Christusmystik und daneben nicht auch Gottesmystik kennt" (Schweitzer, Mystik, 4f). Nach Schweitzer wird bei Paulus die Christusmystik in der eschatologischen Erfüllung schließlich von der Gottesmystik abgelöst (a.a.O., 13).

einen Hemmschuh im Verständnis dieses gewaltigen Botschafters des Evangeliums dar.

Literaturverzeichnis

1 Quellen und Übersetzungen

1.1. Bibel

Aland, Barbara /Aland, Kurt u.a., Novum Testamentum Graece, Stuttgart, 27. revidierte Aufl. 1993

The British and Foreign Bible Society (Hg.), The New Testament in Syriac, London 1950

Das Neue Testament in syrischer Überlieferung II. Die paulinischen Briefe, Berlin/New York 1991ff.

Tl. 1: Römer– und 1. Korintherbrief, hg. u. unters. von Barbara Aland und Andreas Juckel, ANTF 14, 1991

Tl. 2: 2. Korintherbrief, Galaterbrief, Epheserbrief, Philipperbrief und Kolosserbrief, hg. u. unters. von Barbara Aland und Andreas Juckel, ANTF 23, 1995

Tl. 3: 1./2. Thessalonicherbrief, 1./2. Timotheusbrief, Titusbrief, Philemonbrief und Hebräerbrief, hg. u. unters. von Barbara Aland und Andreas Juckel, ANTF 32, 2002

1.2 Zwischentestamentliche Literatur und neutestamentliche Apokryphen

The Old Testament Pseudepigrapha. Vol. 2, ed. by James H. Charlesworth, New York/London/Toronto/Sydney/ Auckland 1985

Neutestamentliche Apokryphen in deutscher Übersetzung, Bd. 2 Apostolisches. Apokalypsen und Verwandtes, hg. von Wilhelm Schneemelcher, Tübingen, 5. Aufl. 1989

1.3 Frühe christliche Quellen syrisch; in syrischer Übersetzung erhaltene griechische Autoren

Addai:

The Doctrine of Addai, the Apostle, now First Edited in a Complete Form in the Original Syriac with an English Translation and Notes by George Phillips, London 1876

Addai, der Apostel von Edessa, und die Wallfahrt der Protonice, in: Arthur Ungnad, Syrische Grammatik mit Ülbungsbuch, Clavis Linguarum Semiticarum VII, München 2. Aufl. 1932. 2. Nachdr. Hildesheim/Zürich/New York, 2001, 29*-43*

Ammon:

Ammonii Eremitae Epistolae syriace edidit et praefatus est Michael Kmoskó, PO 10,VI Nº 51, Paris 1914. Réimpr. Turnhout 1973

Aphrahat:

Afraatis Sapientis Persae Demonstrationes I-XXII, ed. Ioannes Parisot, PS I.1, Paris 1894
  Afraatis Sapientis Persae Demonstratio XXIII de acino, ed. Ioannes Parisot, PS I.2, Paris 1907
Aphrahat Unterweisungen. 1. Teilband. Aus dem Syrischen übers. u. eingel. von Peter Bruns, FC 5/1, Freiburg/Basel/Wien/Barcelona/ Rom/New York 1991
  Aphrahat Unterweisungen. 2. Teilband. Aus dem Syrischen übers. u. eingel. von Peter Bruns, FC 5/2, Freiburg/Basel/Wien/Barcelona/ Rom/New York 1991

Balai:

in: J. Josephus Overbeck, S. Ephraemi Syri Rabulae Episcopi Edesseni Balaei Aliorumque Opera Selecta, Oxford 1865
Ps.-Clemens Rom., De virginitate:
  Sancti Patris Nostri Clementis Romani Epistolae Binae de Virginitate, syriace edidit Joannes Theodorus Beelen, Lovanii 1856
Hugo Duensing, Die dem Klemens von Rom zugeschriebenen Briefe über die Jungfräulichkeit, ZKG 63, 1951, 166-188. Reprint Bad Feilnbach 1988

Didaskalia:

Die ältesten Quellen des orientalischen Kirchenrechts. Zweites Buch: die syrische Didaskalia, übers. u. erkl. v. Hans Achelis u. Johannes Flemming, TU N.F. 10,2, Leipzig 1904
Didascalia et Constitutiones Apostolorum, ed. Franciscus Xaverius Funk. Vol. I.II, Paderbornae 1905. Ristampa Torino 1979

Ephraem:

Saint Éphrem, Commentaire de l'Évangile Concordant. Texte Syriaque, Manuscrit Chester Beatty 709. Folios Additionnels édités et traduits par Louis Leloir, CBM 8, Leuven/Paris 1990
Des Heiligen Ephraem des Syrers Hymnen contra haereses, CSCO 169 (CSCO.S 76), Louvain 1957
  Des Heiligen Ephraem des Syrers Hymnen contra haereses. Übers. v. Edmund Beck, CSCO 170 (CSCO.S 77), Louvain 1957
Des Heiligen Ephraem des Syrers Hymnen de paradiso und contra Julianum. Hg. v. Edmund Beck, CSCO.S 78, Louvain 1957
  Des Heiligen Ephraem des Syrers Hymnen de paradiso und contra Julianum. Übers. v. Edmund Beck, CSCO.S 79, Louvain 1957
S. Ephraim's Prose Refutations of Mani, Marcion, and Bardaisan Transcribed from the Palimpsest B.M. Add. 14623 by the Late Charles Wand Mitchell and Completed by A. A. Bevan and Francis Crawford Burkitt. Vol II The Discourse called 'Of Domnus' and Six Other Writings, London/Oxford 1921

Liber Graduum:

Liber Graduum, ed. Michael Kmosko, PS I.3, Paris 1926
Liber Graduum, Übersetzung von Peter Nagel, unveröffentlichtes Ms.
The Book of Steps. The Syriac Liber Graduum. Translated, with an Introduction and
Notes by Robert A. Kitchen and Martien F. G. Parmentier, CistSS 196, Kalamazoo,
Mich. 2004

Ps.-Makarios:

Die syrische Überlieferung der Schriften des Makarios, ed. Werner Strothmann, Teil 1:
Syrischer Text. Teil 2: Übersetzung, GOF.S, Bd.21, Wiesbaden 1981

Oden Salomos:

The Odes and Psalms of Solomon, ed. Harris, Rendel and Mingana, Alphonse. Vol. 1:
The Text with Facsimile Reproductions, Manchester/London/New
York/Bombay/Calcutta/Madras 1916. Vol. 2: The Translation with Introduction and
Notes, Manchester/London/New York/Bombay/Calcutta/Madras 1920
The Odes of Solomon, ed. with translation and notes by James Hamilton Charlesworth,
Oxford 1973
G. Diettrich, die Oden Salomos. Unter Berücksichtigung der überlieferten Stichengliede-
rung aus dem Syrischen ins Deutsche übersetzt und mit einem Kommentar versehen,
Neue Studien zur Geschichte der Theologie und der Kirche 9, Berlin 1911. Neudr.
Aalen 1973

Severus:

A Collection of Letters of Severus of Antioch from Numerous Syriac Manuscripts Edited
and Translated by E. W. Brooks, PO 14.1, Paris 1920. Réimpression Turnhout 1988

Titus von Bostra:

Titi Bostrensi Contra Manichaeos Libri Quatuor Syriace. Paulus Antonius de Lagarde
edidit, Berolini 1859. Unv. Neudruck Hannover 1924

1.4 Frühe christliche Quellen griechisch, lateinisch und koptisch

Ambrosiaster:

Ambrosiastri qui dicitur commentarius in Epistulas Paulinas. Pars Prima. In Ep. ad. Romanos, rec. Henricus Iosephus Vogels, CSEL 81, Vindobonae 1966

Ambrosius von Mailand:

Saint Ambroise, Les Devoirs tome II. livres II et III. Texte établi, traduit et annoté par
Maurice Testard, CUFr, Paris 1992
Sancti Ambrosii Opera. Pars altera qua continentur Libri De Iacob, De Ioseph, De Patriar-
chis e. a., ed. Carolus Schenkl, CSEL 32, Pragae/Vindobonae/Lipsiae 1897
Expositio evangelii secundum Lucam, Fragmenta in Esaiam. Ed. M. Adriaen, P.A. Balle-
rini, CCL 14, Turnholti 1957

Sancti Ambrosii Opera. Pars Decima Epistulae et Acta I: Epistularum libri I-VI, ed. Otto Faller, CSEL 82, Vindobonae 1968

Augustinus:

Sancti Aurelii Augustini episcopi de civitate dei Libri XXII. Rec. Bernardus Dombart et Alfonsus Kalb. vol II lib. XIV-XXII. editio quinta, Stuttgart 1929. Nachdr. Darmstadt 1981

S. Aureli Augustini confessionum libri XIII, ed. Martinus Skutella. Ed. corr. cur. H. Juergens et W. Schaub, BSGRT, Stutgardiae, Lipsiae 1996

Basilius von Caesarea:

Regula a Rufino latine uersa. Ed. K. Zelzer, CSEL 86, Vindobonae 1986

Clemens von Alexandrien:

Clemens Alexandrinus. Erster Band: Protrepticus und Paedagogus. Hg. v. Otto Stählin. 3. durchges. Aufl. v. Ursula Treu, GCS, Berlin 1972
    Clément d'Alexandrie, Le Pédagogue. Livre III. Texte grec. Traduction de Claude Mondésert et Chantal Matray. Notes de Henri-Irenée Marrou, SChr 158, Paris 1970
Clemens Alexandrinus Bd. 2 Stromata Buch I-VI. Hg. von Otto Stählin. Neu hg. von Ludwig Früchtel. Mit Nachträgen von Ursula Treu, GCS, 4. Aufl. Berlin 1985
Clemens Alexandrinus Bd. 3 Stromata Buch VII u. VIII, Excerpta ex Theodoto, Eclogae Propheticae, Quis dives salvetur, Fragmente. Hg. von Otto Stählin. Neu hg. v. Ludwig Früchtel. Zum Druck besorgt von Ursula Treu, GCS, 2. Aufl. Berlin 1970

Cyprian:

Sancti Cypriani episcopi opera pars I Ad Qurinium. Ad Fortunatum ed. R. Weber. De lapsis. De ecclesiae catholicae unitate ed. M. Bévenot, CCL 3, Turnholti 1972
Sancti Cypriani episcopi opera pars II Ad Donatum, de mortalitate, ad Demetrianum, de opere et eleemosynis, de zelo et livore ed. M. Simonetti. De dominica oratione, de bono patientiae ed. C. Moreschini, CCL 3a, Turnholti 1976

Ps.-Cyprian:

S. Thasci Caecili Cypriani opera omnia, pars III. rec. et comm. crit. instr. Guilelmus Hartel, CSEL 3,3 appendix, Vindobonae 1871, 173-220

Epiphanius:

Epiphanius Bd. 3 Panarion haer. 65-80. De fide. Hg. v. Karl Holl. 2. Aufl. hg. v. Jürgen Dummer, GCS, Berlin 1985
The Panarion of Epiphanius of Salamis. Book I, Sects 1-46. Translated by Frank Williams, NHS 35, Leiden/New York, Kobenhavn/Köln 1987, 198-204.

Eusebius von Caesarea:

Eusebius Werke Bd. 2 Die Kirchengeschichte Tl. 1: Die Bücher I bis V. Hg. von Eduard Schwartz u. Theodor Mommsen, 2., unveränderte Auflage hg. von Friedhelm Winkelmann, GCS NF 6,1, Berlin 1999

Eusebius Werke Bd. 2 Die Kirchengeschichte Tl. 2: die Bücher VI bis X. Über die Märtyrer in Palästina. Hg. von Eduard Schwartz u. Theodor Mommsen, 2. unveränderte Auflage hg. von Friedhelm Winkelmann, GCS NF 6,2, Berlin 1999

Kirchengeschichte, hg. u. eingel. von Heinrich Kraft, Darmstadt, 3. Aufl. 1989. Unveränd. Nachdruck d. 3. Aufl. Darmstadt 1997

Gregor von Nyssa:

Grégoire de Nysse, Traité de la virginité. Introduction, texte critique, traduction, commentaire et index de Michel Aubineau, SC 119, Paris 1966

Hippolyt:

Hippolyt, Kommentar zu Daniel. Hg. Georg Nathanael Bonwetsch, 2., vollständig veränderte Auflage hg. von Marcel Richard, GCS NF 7, Berlin 2000

Johannes Cassian:

Jean Cassien, Institutions cénobitiques. Texte latin revu, introduction, traduction et notes par Jean-Claude Guy, SC 109, Paris 1965

Johannes Chrysostomus:

Panégyriques de S. Paul. Introduction, texte critique, traduction et notes par Auguste Piédagnel, SC 300, Paris 1982

Englische Übersetzung in: Mitchell, Margaret M., The Heavenly Trumpet. John Chrysostom and the Art of Pauline Interpretation, HUth 4, Tübingen 2000, 440-487

Irenäus:

Irenäus von Lyon, Epideixis. Adversus Haereses. Darlegung der apostolischen Verkündigung. Gegen die Häresien I. Übersetzt und eingeleitet von Norbert Brox, FChr 8/1, Freiburg/Basel/Wien/Barcelona/Rom/New York 1993

Irenäus von Lyon, Adversus Haereses. Gegen die Häresien III. Übersetzt und eingeleitet von Norbert Brox, FC 8/3 Freiburg/Basel/Wien/Barcelona/Rom/New York 1995

Irenäus von Lyon, Adversus Haereses. Gegen die Häresien IV. Übersetzt und eingeleitet von Norbert Brox, FC 8/4 Freiburg/Basel/Wien/Barcelona/Rom/New York 1995

Irenäus von Lyon, Adversus Haereses. Gegen die Häresien V. Übersetzt und eingeleitet von Norbert Brox, FC 8/5 Freiburg/Basel/Wien/Barcelona/Rom/New York 2001

Ps.-Makarios:

Die 50 Geistlichen Homilien des Makarios, ed. Heinrich Dörries, Erich Klostermann, Matthias Kroeger, PTS 4, Berlin 1966

Des Heiligen Makarius des Ägypters Fünfzig Geistliche Homilien. Aus dem Griechischen übersetzt von Dionys Stiefenhofer, BKV 10, Kempten, München 1913

Melito:

Die Passa-Homilie des Bischofs Meliton von Sardes. Hg. v. Bernhard Lohse, Textus Minores 24, Leiden 1958

Methodius:

Methodius hg. von G. Nathanael Bonwetsch, GCS 27, Leipzig 1917

Méthode d'Olympe, Le Banquet. Introduction et texte critique par Herbert Musurillo. Traduction et notes par Victor-Henry Debidour, SC 95, Paris 1963

Nag-Hammadi-Texte:

L'Apocalypse d' Adam, NH V,5. Texte établi et présenté par Françoise Morard, BCNH.T 15, Québec 1985

Les Leçons de Silvanos, NH VII,4. Texte établi et presenté par Yvonne Janssens, BCNH.T 13, Québec 1983

Origenes:

Origène, Homélies sur la Genèse. Nouvelle edition. Introduction de Henri de Lubac et Louis Doutreleau. Texte latin, traduction et notes de Louis Doutreleau, SC 7bis, Paris 1976

Origène, Homélies sur le Lévitique. Tome II, homélies VIII-XVI. Texte latin, traduction, notes et index par Marcel Borret, SC 287, Paris 1981

Origenes Werke Bd. 7 Homilien zum Hexateuch in Rufins Übersetzung. Tl. 2 Die Homilien zu Numeri, Josua und Judices. Hg. W. A. Baehrens, GCS 30, Leipzig 1921

Origène, Homélies sur Josué. Texte latin, introduction, traduction et notes de Annie Jaubert, SC 71, Paris 1960

Origenes Werke Bd. 3 Jeremiahomilien, Klageliederkommentar, Erklärung der Samuel- und Königsbücher. Hg. v. Erich Klostermann. 2., bearb. Aufl. hg. v. Pierre Nautin, GCS, Berlin 1983

Origenes, Die griechisch erhaltenen Jeremiahomilien, eingel., übers. und mit Anm. versehen von Erwin Schadel, BGrL 10, Stuttgart 1980

Origenes Werke Bd. 8 Homilien zu Samuel I, zum Hohelied und zu den Propheten. Kommentar zum Hohelied in Rufins und Hieronymus' Übersetzungen. Hg. W. A. Baehrens, GCS 33, Leipzig 1925

Origène, Commentaire sur l'évangile selon Matthieu. Tome 1 (livres X et XI). Introduction, traduction et notes par Robert Girod, SAC 162, Paris 1970

Origenes Werke Bd. 11 Origenes Matthäuserklärung II Die lateinische Übersetzung der commentariorum series. Hg. von Klostermann u. Ernst Benz, 2. Aufl. hg. von Ursula Treu, GCS, Berlin 1976

Origenes Werke Bd. 12 Origenes Matthäuserklärung III Fragmente und Indices. Erste Hälfte. Hg. von Erich Klostermann u. Ernst Benz, GCS 41, Leipzig 1941

Origenes, Der Kommentar zum Evangelium nach Mattäus (sic!) Tl. 2. Eingel. übers. und mit Anm. versehen von Hermann J. Vogt, BGrL 30, Stuttgart 1990

Origène, Homélies sur S. Luc. Texte latin et fragments grecs. Introduction, traduction et notes par Henri Crouzel, François Fournier, Pierre Lérichon, SC 87, Paris 1992

Origène, Commentaire sur Saint Jean. Tome 1 (livres I-V). Texte grec, avant-propos, traduction et notes par Cécile Blanc, SC 120, Paris 1966

Origène, Commentaire sur Saint Jean. Tome III (livre XIII). Texte grec, avant-propos, traduction et notes par Cecile Blanc, SC 222, Paris 1975

Commentarii in Epistulam ad Romanos. Liber Primus, Liber Secundus. Übers. u. eingeleitet von Theresia Heither, FChr 2/1, Freiburg/Basel/Wien/Barcelona/Rom/New York 1990

Commentarii in Epistulam ad Romanos. Liber Tertius, Liber Quartus. Übers. u. eingeleitet von Theresia Heither, FChr 2/2, Freiburg/Basel/Wien/Barcelona/Rom/New York 1992

Commentarii in Epistualm ad Romanos. Liber Septimus, Liber Octavus. Übers. u. eingeleitet von Theresia Heither, FC 2/4, Freiburg/Basel/Wien/Barcelona/Rom/New York 1994

Origène, Contre Celse. Tome I, Livres I et II. Introduction, texte critique, traduction et notes par Marcel Borret, SC 132, Paris 1967

Origène, Contre Celse. Tome III, livres V et VI. Introduction, texte critique, traduction et notes par Marcel Borret, SC 147, Paris 1969

Origène, Contre Celse. Tome IV, livres VII et VIII. Introduction, texte critique, traduction et notes par Marcel Borret, SC 150, Paris 1969

Origenes vier Bücher von den Prinzipien. Hg., übers., mit kritischen und erläuternden Anm. versehen von Herwig Görgemanns und Heinrich Karpp, TzF 24, Darmstadt, 2. Aufl. 1985

Polykarp:

Ignace d'Antioche. Polycarpe de Smyrne. Lettres. Martyre de Polycarpe. Texte grec, introduction, traduction et notes de P. Th. Camelot, SC 10, Paris 4e éd. 1969

Priszillian:

Priscilliani quae supersunt ed. Georgius Schepss, CSEL 18, Pragae/Vindobonae/Lipsiae 1889

Ptolemäus, Valentinianer:

Ptolémée, Lettre a Flora. Analyse, texte critique, traduction, commentaire et index grec de Gilles Quispel, 2e éd., SC 24bis, Paris 1966

deutsche Übers. in: Haardt, Robert, Die Gnosis. Wesen und Zeugnisse, Salzburg 1967, 125-132

Schriften des Urchristentums:

Didache, Apostellehre, Barnabasbrief, Zweiter Klemensbrief, Schrift an Diognet. Eingeleitet, hg. übertragen und erläutert von Klaus Wengst, SUC 2, Darmstadt 1984

Papiasfragmente, Hirt des Hermas. Eingeleitet, hg. übertragen und erläutert von Ulrich H.J.Körtner und Martin Leutzsch, SUC 3, Darmstadt, 1998

Tertullian:

Tertulliani adversus Marcionem ed. C. Moreschini, testi e documenti per lo studio dell'antichitá 35, Milano, 1971

Quinti Septimi Florentis Tertulliani Opera. Pars II Opera Montanistica. Ed. A. Reitterscheid et G. Wissowa [Idol.], E. Dekkers [Scap.], CCL 2,2, Turnholti 1954

2 Hilfsmittel

Bauer, Walter, Griechisch-deutsches Wörterbuch zu den Schriften des Neuen Testamentes und der frühchristlichen Literatur. 6., völlig neu bearbeitete Aufl. hg. von Kurt und Barbara Aland, Berlin/New York 1988

Biblia Patristica. Index des citations et allusions bibliques dans la littérature patristique 1 Des origines à Clément d'Alexandrie et Tertullien. Ed.: Centre d'analyse et de documentation patristiques, Paris 1975. Reimpr. 1986

Biblia Patristica. Index des citations et allusions bibliques dans la littérature patristique 2 Le troisième siècle (Origène excepté). Ed.: Centre d'analyse et de documentation patristiques, Paris 1977. Réimpr. 1986

Biblia Patristica. Index des citations et allusions bibliques dans la littérature patristique 3 Origène. Ed.: Centre d'analyse et de documentation patristiques, Paris 1980. Réimpr. 1991

Biblia Patristica. Index des citations et allusions bibliques dans la littérature patristique 5 Basile de Césarée, Grégoire de Nazianze, Grégoire de Nysse, Amphiloque d'Iconium. Ed.: Centre d'analyse et de documentation patristiques, Paris 1991

Biblia Patristica. Index des citations et allusions bibliques dans la littérature patristique 6 Hilaire de Poitiers, Ambroise de Milan, Ambrosiaster, Ed.: Centre d'analyse et de documentation patristiques, Paris 1995

Brockelmann, Karl, Lexicon Syriacum, Halle (Saale) 2. Aufl. 1928. Nachdruck Hildesheim/Zürich/New York 1995

Costaz, Louis, Dictionnaire Syriaque-Français, Beyrouth 2ème ed. 1986

Ausführliches Lateinisch-Deutsches Handwörterbuch, ausgearb. v. Karl Ernst Georges, 2 Bde., Hannover 10. Aufl. 1959

Nöldeke, Theodor, Kurzgefasste Syrische Grammatik, Leipzig 2. Aufl. 1898. Nachdruck Darmstadt 1966

Tan, Mesut, Schriftart AramaicShimoSyriac, 2000

Ungnad, Arthur, Syrische Grammatik mit Übungsbuch, Clavis Linguarum Semiticarum VII, München 2. Aufl. 1932. 2. Nachdr. Hildesheim/Zürich/New York, 2001

3 Bibliothekskataloge

Assemanus, Josephus Simonius, Bibliotheca Orientalis Clementino-Vaticana. Tomus primus: de scriptoribus syris orthodoxis, Romae 1719. Nachdruck Hildesheim/New York 1975

Assemanus, Stephanus Evodius et Assemanus, Josephus Simonius Assemanus, Bibliothecae Apostolicae Vaticanae Codicum Manuscriptorum Catalogus. Partis primae tomus tertius complectens reliquos codices chaldaicos sive syriacos, Romae 1749. Repr. Paris 1926

Dolabany, Mar Filoksinos Yohanna, Catalogue of Syriac Manuscripts in St. Mark's Monastery (Dairo Dmor Marqos). Edited and published with Introduction by Mar Gregorios Yohanna Ibrahim, Damascus 1994

Forshall, Josiah, Catalogus codicum manuscriptorum orientalium qui in Museo Britannico asservantur. Pars prima codices syriacos et carshunicos complectens, Londini 1838

Wright, William, Catalogue of Syriac Manuscripts in the British Museum Acquired Since the Year 1838. Part II, London 1871. Part III, London 1872

Zotenberg, Hermann, Catalogues des manuscrits syriaques et sabéens (mandaïtes) de la Bibliothèque Nationale, Paris 1874

4 Monographien, Aufsätze, Kommentare, Lexikonartikel

Adam, Alfred, Grundbegriffe des Mönchtums in sprachlicher Sicht, ZKG 65 (1954), 209-239

-, Rez. A. Vööbus. History of Asceticism in the Syrian Orient, GGA 213, 1960, 127-145. Jetzt in: Karl Suso Frank, Askese und Mönchtum in der Alten Kirche, WdF 409, Darmstadt 1975, 230-254

Aleith, Eva, Das Paulusverständnis in der alten Kirche, BZNW 18, Berlin 1937

Altaner, Berthold, Stuber, Alfred, Patrologie. Leben, Schriften und Lehre der Kirchenväter, 8. Aufl., Freiburg, Basel, Wien, 1978

Auf der Maur, Ivo, Mönchtum und Glaubensverkündigung in den Schriften des Hl. Johannes Chrysostomus, Par. 14, Freiburg, Schweiz 1959

Bäss, Peter, Der Liber Graduum – ein messalianisches Buch? in: XVII. Deutscher Orientalistentag 1968, Vorträge Teil 2, Hg. W. Voigt, ZDMG Supplementa I/2, Wiesbaden 1969, 368-374

Baker, Aelred., The ‚Gospel of Thomas' and the Syriac ‚Liber Graduum', NTSt 12 (1965/66), 49-55

-, The Significance of the New Testament Text of the Syriac Liber Graduum, in: Studia Evangelica Bd. 5, TU 103, Berlin 1968, 171-175

Balás, David L., The Use and Interpretation of Paul in Irenaeus's Five Books *Adversus Haereses*, SecCen 9 (1992), 27-39

Baum, Wilhelm; Winkler, Dietmar W., Die Apostolische Kirche des Ostens. Geschichte der sogenannten Nestorianer, Einführungen in das orientalische Christentum Bd. 1, Klagenfurt 2000

Baumstark, Anton, Geschichte der syrischen Literatur mit Ausschluss der christlich-palästinischen Texte, Bonn 1922

Beatrice, Pier Franco, Art. Sünde V Alte Kirche, TRE 32, Berlin/New York 2001, 389-395

Benrath, Gustav Adolf, Art. Buße V historisch, TRE 7, Berlin/New York 1981, 452-473

Benz, E., Das Paulusverständnis in der morgenländischen und abendländischen Kirche, ZRGG 3 (1951), 298-309

Beyschlag, Karlmann, Zur Geschichte der Bergpredigt in der Alten Kirche, ZThK 74 (1977), 291-322

-, Grundriß der Dogmengeschichte. Bd. II Gott und Mensch. Teil 1 Das christologische Dogma, Grundrisse Bd. 3/1, Darmstadt 1991

Böhlig, Alexander, Zur Frage der Prädestination in Manichäismus und Christentum, in: ders., Gnosis und Synkretismus. Gesammelte Aufsätze zur spätantiken Religionsgeschichte 1. Teil, WUNT 47, Tübingen 1989, 103-126

-, Zur Rhetorik im Liber Graduum, in: ders., a.a.O., 198-209

Bruns, P., Art. Liber graduum, LACL, Freiburg/Basel/Wien 1998, 397f

Bultmann, Rudolf, Theologie des Neuen Testamentes, Neue Theologische Grundrisse, Tübingen 1953. 9. Aufl., durchges. u. ergänzt von Otto Merk, Tübingen 1984.

Burkitt, Francis Crawford, Urchristentum im Orient. Deutsch von Erwin Preuschen, Tübingen 1907

Campenhausen, Hans Freiherr von, Kirchliches Amt und geistliche Vollmacht in den ersten drei Jahrhunderten, BHTh 14, Tübingen, 2. Aufl. 1963

Caner, David, Wandering, Begging Monks. Spiritual Authority and the Promotion of Monasticism in Late Antiquity, The Transformation of the Classical Heritage XXXIII, Berkeley/Los Angeles/London 2002

Chadwick, Henry, Priscillian of Avila. The Occult and the Charismatic in the Early Church, Oxford 1976

Chadwick, Owen, Art. Cassianus Johannes, TRE 7, Berlin/New York 1981,650-657

Chapot, Victor, La frontière de l'Euphrate de Pompée à la conquête Arabe, Studia Historica 33, Paris 1907. Ristampa Roma 1967

Corbett, John H., The Pauline Tradition in Aphrahat, in: IV Symposium Syriacum 1984, OCA 229, Roma 1987, 13-32

Dassmann, Ernst, Der Stachel im Fleisch. Paulus in der frühchristlichen Literatur bis Irenäus, Münster 1979

Davids, A. J. M., Von der Anonymität zur Pseudonymität. Der Liber Graduum und das Corpus Macarianum, in: XVII. Deutscher Orientalistentag 1968, Vorträge Teil 2. Hg. W. Voigt, ZDMG Supplementa I/2, Wiesbaden 1969, 375-379

Delekat, Lienhard, Die syropalästinische Übersetzung der Paulusbriefe und die Peschitta, NTS 3 (1957), 223-233

Desprez, Vincent, L'Ascetisme mesopotamien au IVe siècle III. Le „Livre des degrés", Lettre de Ligugé 262 (1992), 16-29

Dihle, Albrecht, Art. Demut, RAC 3, Stuttgart 1957, 735-778

Dörries, Hermann, Die Bibel im ältesten Mönchtum, ThLZ 72 (1947), 215-222; jetzt in: ders., WuSt 1,Göttingen 1966 251-276

-, Die Theologie des Makarios/Symeon, AAWG.PH Folge 3, 103, Göttingen 1976

-, Mönchtum und Arbeit, FS Johannes Ficker, Leipzig 1931, 17-39; jetzt in: ders., WuSt 1, Göttingen 1966, 277-301

Drijvers, Han Jan Willem, Athleten des Geistes. Zur politischen Rolle der syrischen Asketen und Gnostiker, in: Gnosis und Politik, Religionstheorie und politische Theorie, hg. von Jacob Taubes, Bd. 2, München/Paderborn/Wien/Zürich 1984, 109-120

-, Art. Edessa, TRE 9, Berlin/New York 1982, 277-288

-, Marcionism in Syria: Principles, Problems, Polemics, The Second Century: A Journal of Early Christian Studies 6 no. 3, Abilene (Tex.) 1987-88, 153-172. Jetzt in: Han J. W. Drivers, History and Religion in Late Antique Syria, Collected Studies Series CS464, Aldershot/Brookfield 1994, Aufsatz Nr. XI

-, The Persistence of Pagan Cults and Practices in Christian Syria, in: East of Byzantium: Syria and Armenia in the Formative Period, ed. Nina Garsoïan, Thomas Mathews and Robert Thompson (Dumbarton Oaks Symposium, 1980), Washington, D.C.: Dumbarton Oaks, 1982, 35-43. Jetzt in: Han J. W. Drijvers, East of Antioch. Studies in Early Syriac Christianity, Variorum Reprint CS198, London 1984, Aufsatz Nr. XVI

-, The School of Edessa: Greek Learning and Local Culture, in: Han Jan Willem Drijvers and Alasdair A. MacDonald (eds.), Centres of Learning. Learning and location in premodern Europe and the Near East, Brill's Studies in Intellectual History, 49-59

Escolan, Philippe, Monachisme et Église. Le monachisme syrien du IVe au VIIe siècle: un ministère charismatique, ThH 109, Paris 1999

Evans, Gillian R., Art. Prädestination IV Alte Kirche und Mittelalter, TRE 27, Berlin/New York 1997, 110-118

Fitschen, Klaus, Art. Euchiten, RGG[4] Bd. 2, 1648

-, Messalianismus und Antimessalianismus. Ein Beispiel ostkirchlicher Ketzergeschichte, FKDG 71, Göttingen 1998

-, Rez. Escolan, Philippe: Monachisme et Église. Le monachisme syrien du IVe au VIIe siècle: un ministère charismatique, ThLZ 125 (2000), 1030-1032

Fontaine, Jaques, Priszillian/Priszillianismus, TRE 27, Berlin/New York 1997, 449-454.

Frank, Suso, ΑΓΓΕΛΙΚΟΣ ΒΙΟΣ. Begriffsanalytische und begriffsgeschichtliche Untersuchung zum „engelgleichen Leben" im frühen Mönchtum, BGAM 26, Münster 1964

Gräßer, Erich, An die Hebräer 1. Teilbd. Hebr 1-6, EKK XVII/1, Zürich/Neukirchen-Vluyn 1990

-, An die Hebräer 2. Teilbd. Hebr 7,1-10,18, EKK XVII/2, Zürich/Neukirchen-Vluyn 1993

Gribomont, Jean, Les homélies ascétiques de Philoxène de Mabboug et l'écho du messalianisme, L'Orient Syrien 2 (1957), 419-432

Guillaumont, Antoine, Les „Arrhes de l'Esprit", in: Mémorial Mgr Gabriel Khouri Sarkis, Louvain 1969, 107-113

-, Art. Liber Graduum, DSpir 9, Paris 1976, 749-754

-, Situation et signification du „Liber Graduum" dans la spiritualité syriaque, OrChrAn 197, Roma 1974, 311-322

Haendler, Gert, Von Tertullian bis zu Ambrosius. Die Kirche im Abendland vom Ende des 2. bis zum Ende des 4. Jahrhunderts, KGE I/3, Leipzig 4. Aufl. 1992

de Halleux, André, Le symbole des évêques perses au synode de Séleucie-Ctésiphon (410), in: Erkenntnisse und Meinungen II, hg. v. Gernot Wießner, GOF.S 17, Wiesbaden 1978, 161-190.

Harnack, Adolf von, Die Mission und Ausbreitung des Christentums in den ersten drei Jahrhunderten, Bd. 1 Die Mission in Wort und Tat, Leipzig, 4. Aufl. 1924

Hasler, Victor Ernst, Gesetz und Evangelium in der Alten Kirche bis Origenes. Eine auslegungsgeschichtliche Untersuchung, Zürich/Frankfurt (M.), 1953

Manfred Hauke, Heilsverlust in Adam. Stationen griechischer Erbsündenlehre: Irenäus – Origenes – Kappadozier, KKTS 58, Paderborn 1993

Hausherr, Irenée, Quanam aetate prodierit „Liber Graduum", OCP 1 (1935), 495-502

Heither, Theresia, Translatio Religionis. Die Paulusdeutung des Origenes in seinem Kommentar zum Römerbrief, BoBKG 16, Köln/Wien 1990

Hilgenfeld, Adolf, Die Ketzergeschichte des Urchristentums urkundlich dargestellt, Leipzig 1884. Nachdruck Darmstadt, 1966

Jaspert, Bernd, Mönchtum und Protestantismus. Probleme und Wege der Forschung seit 1877. Bd. 3 Von Karlmann Beyschlag bis Martin Tetz, Regulae Benedicti Studia Suppl. 19, St. Ottilien 2007

Jeremias, Joachim, Unbekannte Jesusworte, unv. Nachdr. d. dritten unter Mitwirkung von Otfried Hofius völlig neu bearbeiteten Auflage, Gütersloh 1965

Juhl, Diana, Die Askese im Liber Graduum und bei Afrahat. Eine vergleichende Studie zur frühsyrischen Frömmigkeit, OBC 9, Wiesbaden 1996

Kemmer, Alfons, Charisma Maximum. Untersuchung zu Cassians Vollkommenheitslehre und seiner Stellung zum Messalianismus, Löwen 1938

Kerschensteiner, Josef, Der altsyrische Paulustext, CSCO 315. Subsidia 37, Louvain 1970

Kitchen, Robert A., The Gattung of the Liber Graduum. Implications for a Sociology of Asceticism, in: IV Symposium Syriacum 1984, OCA 229, Roma 1987, 173-182

Kowalski, Aleksander, Die Gebete im Liber Graduum, OCP 55 (1989), 273-281

-, Perfezione e Giustitia di Adamo nel Liber Graduum, OCA 232, Roma 1989

Kraft, Heinrich, Die Anfänge des Geistlichen Amts, ThLZ 100 (1975), 81-98

Kretschmar, Georg, Die Theologie der Kappadokier und die asketischen Bewegungen in Kleinasien im 4. Jahrhundert, in: Unser ganzes Leben Christus unserm Gott überantworten. Studien zur ostkirchlichen Spiritualität. Fairy v. Lilienfeld zum 65. Geburtstag, hg. von Peter Hauptmann, KO 17, Göttingen 1982, 102-133

-, Ein Beitrag zur Frage nach dem Ursprung frühchristlicher Askese, ZThK 61 (1964), 27-67

Kühneweg, Uwe, Das neue Gesetz. Christus als Gesetzgeber und Gesetz. Studien zu den Anfängen christlicher Naturrechtslehre im zweiten Jahrhundert, MThSt 36, Marburg 1993

Lammert, Friedrich. Art. Speculatores, Pauly/Wissowa, RECA 2. Reihe, 6. Halbbd., München 1929. Nachdruck München 1972, 1583-1586

Lietzmann, Hans, Geschichte der Alten Kirche. Mit einem Vorwort von Christoph Markschies, 4./5. Auflage in einem Bd., Berlin/New York 1999

von Lilienfeld, Fairy, Pauluszitate und paulinische Gedanken in den Apophthegmata Patrum, in: Dies., Spiritualität des frühen Wüstenmönchtums. Ges. Aufsätze 1962 bis 1971, hg. von Ruth Albrecht u. Franziska Müller, Oikonomia 18, Erlangen 1983, 48-61

Lindemann, Andreas, Paulus im ältesten Christentum. Das Bild des Apostels und die Rezeption der paulinischen Theologie in der frühchristlichen Literatur bis Marcion, BHTh 58, Tübingen 1979

Löhr, Hermut, Umkehr und Sünde im Hebräerbrief, BZNW 73, Berlin/New York, 1994

Lohmeyer, Ernst, Der Brief an die Philipper, KEK IX,1, Göttingen, 14. Aufl. 1974

Louf, André, Une ancienne exégèse de Phil 2,6 dans le ketābâ demasqātâ (Livre des degrés), in: Studiorum Paulinorum Congressus Internationalis Catholicus 1961, vol. 2, AnBib 17-18, Romae 1963, 523-533

Martikainen, Jouko, Das Böse in den Schriften des Syrers Ephraem, im Stufenbuch und im Corpus Macarianum, in: Makarios-Symposium über das Böse. Vorträge der Finnisch-deutschen Theologentagung in Goslar 1980, hg. von Werner Strothmann, GOF.S 24, Wiesbaden 1983, 36-46

-, Gerechtigkeit und Güte Gottes. Studien zur Theologie von Ephraem dem Syrer und Philoxenos von Mabbug, GOF.S 20, Wiesbaden 1981

May, Gerhard, Art. Eschatologie V Alte Kirche, TRE 10, Berlin 1982, 299-305

Merkel, Helmut, Art. Gesetz IV Alte Kirche, TRE 13, Berlin 1984, 75-82

Metzger, Bruce Manning., The Early Versions of the New Testament: Their Origin, Transmission, and Limitations, Oxford 1977

Mitchell, Margaret M., The Archetypal Image: John Chrysostom's Portraits of Paul, JR 75 (1995), 15-43

-, The Heavenly Trumpet. John Chrysostom and the Art of Pauline Interpretation, HUth 4, Tübingen 2000

Müller, Ulrich B., Der Brief des Paulus an die Philipper, ThHK 11/I, Leipzig 1993

MacMullen, Ramsay, Corruption and the Decline of Rome, New Haven and London 1989

Murray, Robert, The Exhortation to Candidates for Ascetical Vows at Baptism in the Ancient Syriac Church, NTS 21 (1974/75), 59-80

-, The Characteristics of the Earliest Syriac Christianity, in: East of Byzantium: Syria and Armenia in the Formative Period (Dumbarton Oaks Symposium 1980), ed. Nina G. Garsoïan, Thomas F. Mathews and Robert W. Thomson,Washington DC 1982

-, Symbols of Church and Kingdom. A Study in Early Syriac Tradition, Cambridge 1975

Nagel, Peter, Das Gleichnis vom verlorenen Sohn (Lk 15,11-32) im syrischen Liber Graduum, in: Dankesgabe für Heinrich Schützinger, HBO 29, Halle 2000, 115-121

-, Die „Märtyrer des Glaubens" und die „Märtyrer der Liebe" im syrischen Liber Graduum, in: Religion und Wahrheit. Religionsgeschichtliche Studien (FS Gernot Wießner), Hg. Bärbel Köhler, Wiesbaden 1998, 127-142

-, Manichäisches im syrischen Liber Graduum?, in: Religionsbegegnung und Kulturaustausch in Asien. Studien zum Gedenken an Hans-Joachim Klimkeit. Hg. Wolfgang Gantke, Karl Hoheisel, Wassilios Klein, StOR 49, Wiesbaden 2002, 179-184

-, Die sichtbare und die unsichtbare Kirche im syrischen „Buch der Stufen" (Liber Graduum), in: FS Konrad Onasch, SOrth 3 (1996), 40-42

Neymeyr, Ulrich, Die christlichen Lehrer im zweiten Jahrhundert. Ihre Lehrtätigkeit, ihr Selbstverständnis und ihre Geschichte, SVigChr 4, Leiden/New York/København/Köln 1989

Noormann, Rolf, Irenäus als Paulusinterpret. Zur Rezeption und Wirkung der paulinischen und deuteropaulinischen Briefe im Werk des Irenäus von Lyon, WUNT 2. Reihe 66, Tübingen 1994

Ortiz de Urbina, Ignatius, Die Gottheit Christi bei Afrahat, OrChr 31.1, Rom 1931

-, Patrologia Syriaca. Altera editio emendata et aucta, Romae 1965

Johannes Quasten, Musik und Gesang in den Kulten der heidnischen Antike und der christlichen Frühzeit, LQF 25, 2. Aufl. Münster 1973

Ignazio Efrem II Rahmani, I Fasti della Chiesa Patriarcale Antiochena, Roma 1920

Rahner, Hugo, Kirche und Staat im frühen Christentum. Dokumente aus acht Jahrhunderten und ihre Deutung, München 1961

Rist, Josef, Die Verfolgung der Christen im spätantiken Sasanidenreich: Ursachen, Verlauf und Folgen, OrChr 80 (1996), 17-42

Ritter, Adolf Martin, Alte Kirche, Kirchen- und Theologiegeschichte in Quellen Bd. I, Neukirchen, 6. Aufl. 1994

- Charisma im Verständnis des Joannes Chrysostomos und seiner Zeit, FKDG 25, Göttingen 1972

Rudolph, Kurt, Die Gnosis. Wesen und Geschichte einer spätantiken Religion, 2. Aufl. Leipzig 1980

Schlatter, Adolf, Der Evangelist Matthäus, Stuttgart 1929

Schnelle, Udo, Paulus. Leben und Denken, Berlin/New York 2003

Schürmann, Heinz, „... und Lehrer". Die geistliche Eigenart des Lehrdienstes und sein Verhältnis zu anderen geistlichen Diensten im neutestamentlichen Zeitalter, in: ders., Orientierungen am Neuen Testament. Exegetische Aufsätze III, Düsseldorf 1978, 166-156

Schuller, Wolfgang, Ämterkauf im Römischen Reich, Der Staat 19 (1980), 57-71

-, Prinzipien des spätantiken Beamtentums, in: Wolfgang Schuller (Hg.), Korruption im Altertum. Konstanzer Symposium Oktober 1979, München/Wien 1982, 201-208

Schweitzer, Albert, Die Mystik des Apostels Paulus, Tübingen 1930

Schwen, Paul, Afrahat. Seine Person und sein Verständnis des Christentums. Ein Beitrag zur Geschichte der Kirche im Osten, Neue Studien zur Geschichte der Theologie und der Kirche 2. Stück, Berlin 1907, Nachdruck Aalen 1973.

Siman, Emmanuel-Pataq, L'Expérience de l'esprit par l'église d'après la tradition syrienne d'Antioche, ThH 15, Paris 1971

Staats, Reinhart, Art. Messalianer, TRE 22, 1992, 607-613

Stiglmayr, Joseph, Sachliches und Sprachliches bei Makarius von Ägypten, Innsbruck 1912

Strothmann, Werner, Jesus-Sirach-Zitate bei Afrahat, Ephraem und im Liber Graduum, in: A Tribute to Arthur Vööbus. Studies in Early Christian Literature and its Environment, primarily in the Syrian East, ed. Robert Fischer, Chicago 1977, 153-158

Terzoli, Riccardo, Il tema della beatitudine nei padri siri. Presente e futuro della salvezza, Pubblicazioni del Pontifico Seminario Lombardo in Roma. Ricerche di Scienze Teologiche 11, Brescia 1972

Theißen, Gerd, Wanderradikalismus. Literatursoziologische Aspekte der Überlieferung von Worten Jesu im Urchristentum, ZThK 70 (1973), 245-271; jetzt in: ders., Studien zur Soziologie des Urchristentums, WUNT 19, Tübingen, 2. Aufl. 1983, 79-105

Thümmel, Hans Georg, Die Kirche des Ostens im 3. und 4. Jahrhundert, KGE 1/4, Berlin 1988

Tiwald, Markus, Wanderradikalismus. Jesu erste Jünger – ein Anfang und was davon bleibt, ÖBS 20, Frankfurt (M.)/Berlin/Bern/Bruxelles/New York/Oxford/Wien 2002

de Urbina, Ignatius Ortiz, Patrologia Syriaca, altera ed. emend. et aucta, Roma 1965

Völker, Walter, Paulus bei Origenes, ThStKr 102 (1930), 258-279

Vogt, Hermann Josef, Das Kirchenverständnis des Origenes, BoBKG 4, Köln/Wien 1974

Vööbus, Arthur, History of Asceticism in the Syrian Orient. A Contribution to the History of Culture in the Near East. I The Origin of Asceticism. Early Monasticism in Persia, CSCO 184. Subsidia 14, Louvain 1958

-, Liber Graduum. Some Aspects of its Significance for the History of Early Syrian Asceticism, in: Charisteria Iohanni Köpp, PETSE 7 (1954), 108-128

Westerhoff, Matthias, Rez. Diana Juhl, Die Askese im Liber Graduum und bei Afrahat. Eine vergleichende Studie zur frühsyrischen Frömmigkeit, ZAC 5 (2001), 342-344

Wickham, Lionel, Teachings about God and Christ in the Liber Graduum, in: Logos. FS Luise Abramowski, hg. von Hanns Christof Brennecke, Ernst Ludwig Grasmück und Christoph Markschies, Berlin/New York 1993, 486-498.

-, The 'Liber Graduum' Revisited, in: VI. Symposium Syriacum 1992, ed. by René Lavenant, OCA 274, Roma 1994, 177-187

Williams, Rowan, Methodius von Olympus, TRE 22, Berlin/New York 1992, 680-684

Zimmermann, Alfred F., Die urchristlichen Lehrer. Studien zum Tradentenkreis der διδάσκαλοι im frühen Urchristentum, WUNT 2. R. 12, Tübingen, 2. Aufl. 1988

Register

1 Stellen

1.1 Bibel

1.1.1 Das Corpus Paulinum im LG

mit Angabe des Traktates und des Paragraphen (*kursiv*), der Seite und Zeile in der Edition Kmoskos (*kursiv* in der Klammer) und mit Verweis auf vorliegende Studie (gerade)

Römer

1,9	*19,38 (520,8).* 107
1,20	*28,8 (797,11).* 157
1,23	*9,5 (216,2)*
2,6	*3,5 (53,23).11 (69,2); 24,5 (724,23); 26,3 (761,10).* 52. 163 164 Anm. 174. 168
2,14	*22,10 (657,8).14 (668, 21); 30,16 (900,22).* 34. 101
2,15	*30,16 (900,22)*
5,7f	*9,18 (240,21)*
5,15	*24,8 (729,26)*
6,2 mit 10,8	*15,5 (348,1).*118
6,19 mit 6,13	*15,9 (356,16).* 29. 114
6,16	*7,8 (164,4); 20,8 (545,15); 23,8 (705,2).* 98.114
6,16.18	*18,1 (432,13)*
6,23	*24,8 (729,12)*
7,17.20	*15,5 (345,20).* 118. 125
7,24f	*18,2 (436,19).* 90
7,25	*22,24 (688,8)*
8,9	*3,11 (68); 28,1 (788).* 27. 37. 83.89
8,10	*15,5 (348); 30,18 (904).* 118
8,13	*15,5 (345).* 118.125

8,15	*5,19 (133,23).* 52
8,17	*15,15 (372,27), 16,4 (396,17).11 (412,1); 17,1 (416,2.10); 2 (420,10); 30,6 (877,5).* 44. 160. 196. 197
8,18	*16,11 (409,17).* 56. 160
8,20	*21,10 (612,5)*
8,26	*26,4 (764,9).* 106
8,29	*30,24 (918,24)*
8,36	*30,2 (865,2)*
9,1.3	*21,15 (624,7).* 60. 85f
9,14	*23,3 (697,3). 10 (708,24).* 93
9,17	*23,2 (696,4).* 92
9,20	*19,22 (489,17).* 89
10,5	*21,18 (628,26).* 133
11,32	*23,3 (696,11). 10 (708, 21).* 92
11,33	*20, 17 (577,17)*
12,1	*29,4 (821,22).* 117
12,2	*1,1 (12,14); 3,2 (48,19); 6,2 (144,21); 15,11 (361,14); 18,5 (444,2); 19,24 (496,6). 40 (525,2), 20,7 (544,20), 28,2 (789,17); 29,6 (828,15); 29,19 (857,9); 30,3*

	(869,4).25. 119. 138. 149.
	161. 164
12,12	*29,8 (832,14)*
12,14	*2,3 (32,4); 19,14 (476,19)*
12,16	*21,3 (592,5)*
12,18	*30,12 (889,25)*
12,19	*5,12 (121,16), 22,3*
	(637,24; 640,11). 8
	(652,21). 33. 91 Anm. 5
12,21	*2,3 (29,17); 5,11*
	(120,11); 9,21 (245,23).
	34
13,1	*22,4 (641,26). 174. 179f*
13,7	*16,2 (389,22), 27,6*
	(780,24), 29,10 (837,8)
13,10	*16,9 (405,20)*
13,8	*27,6 (780,22), 29,10*
	(837,11)
13,14	*15,5 (348,2). 118*
14,2	*19,6 (457,21). 182*
14,4	*4,2 (89,1). 79*
14,21	*10,5 (257,23); 19,6*
	(460,5). 71. 184
15,1	*4,3 (89,16); 9,14*
	(233,10); 11,3 (277,5). 4
	(280,23); 12,5 (297,25);
	19,29 (501,16). 38
	(520,4); 30,2 (864,22).14
	(897,7). 35. 49. 51. 112.
	186. 200. 202
15,33	*29,10 (837,12). 53*
16,16	*(=I Kor 16,20) 2,6 (37,7).*
	50. 203

I Korinther

1,21	*16,7 (404,3)*
1,22.23	*30,21 (912,4)*
1,27	*27,5 (777,9). 35. 200*
1,31	*27,4 (773,25). 190*
2,9	*16,11 (409,20). 16,12*
	(412,20). 57. 161
2,14	*3,10 (65,1)*
2,15	*14,3 (332,20); 30,3*
	(868,7). 35. 57. 165
3,1f	*1,2 (16,12); 5,7 (112,7);*
	11,5 (281,21); 19,5
	(456,24); 30,13
	(893,12.20). 36. 182. 183
4,10	*30,8 (884,3)*

5,9.11	*5,1 (100,2.5;102,8). 7*
	(112,26). 17 (132,7); 11,3
	(276,26).4 (277,16.26);
	12,5 (297,21); 19,10
	(469,8). 18 (481,1). 26
	(497,22) 28 (501,9); 30,2
	(864,11). 14 (896,7.
	897,5.6). 48. 50 .51. 202.
	185. 187.
5,12	*4,5 (93,19)*
5,13	*19,25 (496,18). 32*
	(508,20)
6,7	*22,7 (648,24)*
6,19	*12,1 (287,3).2 (292,11).*
	50. 117. 152. 154
6,20	*7,16 (176,23). 116*
7,9	*19,14 (476,13). 173*
7,30.31	*10,5 (260,4); 26,3*
	(761,4). 167f
7,32	*21,3 (592,25). 48*
7,34	*19,15 (476,24). 62*
8,2f	*17,1 (417,22). 197*
8,7.10	*11,3 (277,9) 62*
8,8	*15,6 (348,6). 28.47*
8,9.11f	*11,4 (277,20).54. 186*
9,19	*29,1 (812,8). 87*
9,21	*30,13 (893,16). 51*
9,22	*2,6 (37,2); 5,5 (108,10). 7*
	(112,18); 11,4 (280,18);
	12,5 (297,25); 17,7
	(425,24); 19,26 (497,19).
	28 (501,15). 31 (505,9);
	30,2 (864,6.18). 13
	(891,15.17). 49. 51. 70.
	73. 200. 202
9,26	*25,5 (744,16)*
9,27	*19,14 (476,12); 29,1*
	(808,1).2 (816,2).13
	(845,11). 30,20 (909,12).
	86. 88. 173
10,11	*7,19 (181,23)*
10,12	*5,10 (116).24,1 (717). 3*
	(721). 45. 208
10,25	*30,19 (905,14)*
11,1	*3,13 (73,11); 19,5*
	(457,9); 21,15 (624,11).
	57. 82. 85. 188 Anm. 62
11,28	*29,1 (812,18)*
11,29	*20,16 (576,8); 29,1*
	(812,18)
11,30	*29,1 (813,2)*

5,1	*19,7 (465,9)*. 141	4,26	*13,4 (313,6); 24,6*
5,14	*22,22 (685,7); 30,26*		*(725,4.7)*. 56. 210
	(924,4). 143	4,28	*19,19 (481,8)*. 130
5,15	*22,6 (645,9)*. 179	4,29	*19,22 (492,3), 22,3*
5,19.21	*3,4 (53,13)*		*(641,24), 22,14 (668,14),*
5,19-22	*21,4 (593,14).8 (608,18);*		*23,11 (712,4), 27,6*
	29,2 (816,9). 102		*(780,15)*. 55
5,22	*1,1 (13,2); 2,7 (37,22);*	5,5	*4,5 (93,3)*
	21,3 (589,14.21.23). 144	6,12	*12,7 (304,1); 16,9*
5,23	*22,14 (668,1)*. 134		*(408,13)*. 58
5,24	*15,5 (345,21).118*	6,16	*22,13 (665,17)*
5,25f	*21,3 (589,16)*		
6,1	*4,3 (89,14)*. 38	**Philipper**	
6,2	*5,9 (116,24)*	1,2	*29,10 (837,12)*. 53
6,10	*3,1 (4,5); 8,5*	2,3	*2,6 (37,1);5,2 (101,22)*. 4
	(200,14),19,33 (509,12);		*(105,22).11 (120,12); 6,2*
	30,12 (891,1)		*(141,9); 8,2 (193,6).5*
			(200,7); 11,4 (277,24.
Epheser			*280,5).5 (284,7); 12,5*
1,5	*20,17 (581,1)*		*(300,2); 13,8 (320,11);*
1,10	*21,3 (592,17). 4 (593,10);*		*14,1 (325,15); 19,10*
	22,21 (681,23); 23,1		*(469,6); 30,2 (865,14). 14*
	(693,4).5 (701,13); 25,2		*(897,7)*. 47. 49. 51. 187
	(736,13); 30,24		Anm. 160. 200-202
	(920,7).46. 99. 101f. 103.	2,5-7	*21,11 (616,11)*. 58. 97.
	104f.		123
1,14	*15,19 (384,3)*. 109. 166	2,7	*20,8 (548,6)*. 96. 99
2,14f	*2,6 (37,19); 9,6*	2,10f	*29,19 (857,3)*. 39. 96
	(216,15.24); 15,12	3,3	*19,38 (520,8)*. 107
	(365,14.21); 19,7	3,6	*22,24 (685,25)*. 143
	(462,21); 21,3 (592,14);	3,7f	*18,5 (444,12)*. 60
	22,21 (681,21). 46. 53.	3,12	*20,15 (573,1)*. 74f
	60f. 103. 128. 131. 133.	4,5	*2,6 (37,6); 8,2 (193,11).5*
	140. 143		*(200,8); 10,3 (252,23);*
2,21	*30,21 (913,8)*		*19,11 (472,11); 27,4*
3,16f	*12,2 (292,12)*. 50. 118.		*(776,14.17); 29,10*
	155		*(837,1.7)*. 50. 170. 189.
3,18	*4,4 (92,5); 8,2 (193,17)*. 5		200. 202
	(197,24); 12,3 (293,12);	4,8	*1,1 (12,17)*
	14,2 (329,7); 15,9	4,9	*29,10 (837,12)*
	(356,11); 19,34 (509,23);	4,12	*21,6 (600,13)*. 54
	23,4 (697,18); 25,7		
	(749,11). 54. 196	**Kolosser**	
4,1	*27,5 (778,18.20)*. 198	1,12	*29,13 (845,16)*
4,7	*28,1.2 (788,18.21)*. 119	1,15	*30,23 (918,4)*. 104
4,8	*28,3 (792,7)*. 107	1,16	*30,23 (918,14)*
4,13	*22,13 (665,9)*	1,20	*2,6 (37,20); 9,6*
4,22	*20,17 (580,14); 29,19*		*(216,16).13 (232,11).15*
	(856,12)		*(236,5); 15,12 (365,9);*
4,24	*20,17 (580,15)*		*22,7 (648,26).10*

1.1.2 andere Bibelstellen

1.2. Frühe christliche Quellen außerhalb des Neuen Testamentes

2 Moderne Autoren

3 Personen und Sachen

4 Auswahl syrischer Wörter

ܐܘ̈ܢܓ̇ܠܝܢ	Evangelium	144 Anm. 118
ܐܝܬܝܐ	Existenz, Wesen (Gottesprädikat)	91 Anm. 4
ܡܠܦܢܐ	Lehrer	69
ܡܐܡܪܐ	Traktat	24
ܒܣܪܐ	Fleisch	115
ܕܚܠܬܐ	Religion, Sekte (wörtl. Furcht)	195 Anm. 79
ܨܠܡܐ	Abbild	154. 158
ܡܗܝܡܢܐ	Befehlshaber (von gr. ἡγεμών)	175 Anm. 21
ܗܕܡܐ	Glieder	115

ܚܒܪܐ	der andere (wörtl. Gefährte)	200 Anm. 93
ܚܝܝ ܡܝ̈ܬܐ /		
ܚܝܐ ܕܡܝ̈ܬܐ	Auferstehung(sleben) der Toten	162 Anm. 170
ܚܛܗ̈ܐ	äußerliche Sünden	124
ܚܛܝܬܐ	innere Sünde	124
ܚܫܒ	einschätzen	201 Anm. 98
ܛܝܒܘܬܐ	Güte (Gottesprädikat)	90
ܛܘܦܣܐ	Abdruck (von gr. τύπος)	154
ܐܝܚܝܕܝܐ	„Einzigartiger“ (Bezeichnung für den Asketen)	184 Anm. 50
ܟܪܘܙܐ	Prediger, Verkündiger	69
ܠܡ	Partikel, die an zweiter Stelle des Satzes stehend ein Zitat anzeigt	1 Anm. 1
ܢܓܝܪܘܬ ܪܘܚܐ /		
ܡܓܪܬ ܪܘܚܐ	Geduld	190
ܢܡܘܣܐ	Gesetz	134
ܢܨܝܚܐ	Hervorragender, Sieger, wörtl. „Strahlender“	161 Anm. 169
ܣܒܪܬܐ	Evangelium	144 Anm. 118
ܡܣܝܒܪܢܘܬܐ	Enthaltsamkeit	190 Anm. 69
ܣܝܓܐ	Gehege	130 Anm. 93
ܣܡ	halten für	201 Anm. 98
ܣܦܘܩܠܛܪܐ	Henker (von lat. speculator)	176 Anm. 22
I ܥܪܒ Etpe.	als Angeld gegeben werden	109
ܥܘܪܒܢܐ	Angeld (scil. des Geistes)	108
ܦܓܪܐ	Fleisch, Leib	115. 123
ܦܟܝܗܘܬܐ	Unsinn	171
ܦܪܩܠܛܐ	Paraklet	108
ܦܪܫ Pe.	unterscheiden	24
ܦܪܫ Pa.	auslegen	113
ܡܦܫܩܢܐ	Ausleger	113
ܨܒܐ	begehren	120
ܡܨܠܝܢܐ	Messalianianer, gr. εὐχῖται	7 Anm. 35
ܩܝܡܐ	Bund (scil. mit Gott)	157
	Mönchsstand	204 Anm. 108
ܩܝܡܬܐ ܕܡܝ̈ܬܐ	Auferstehung der Toten	162 Anm. 170
ܡܢ ܩܕܝܡ	von Anfang an	101 Anm. 28; 104
ܪܓܬܐ	Begehren	120
ܪܓ Etpe.	begehren	121
ܪܗܒܘܢܐ	Angeld (scil. des Geistes; von gr. ἀρραβῶν)	108
ܪ̈ܫܢܐ	Oberhäupter (pl. von ܪܫܐ Haupt)	122
ܪܡܘܬܐ	Hochmut	122
ܪܘܚܐ	Geist	105
ܡܢ ܪܝܫ	1. von Anfang an, 2. noch einmal	101f
ܫܒܪܐ	Kind; hier: töricht	122 Anm. 79
ܫܘܬܦ Etpe.	sich verschwistern mit (scil. im Geiste mit Gott)	112 Anm. 51
ܫܛܝܘܬܐ ܕܫ̈ܠܝܚܐ	Torheit der Apostel	81
ܫܠܡܐ	Friede	42 Anm. 56; 166